투쟁의 역사
성찰의 기록

한국 노동운동사
1987~2025

박준형 지음

벽너머

차례

서문 ··· 7
연표 ··· 14

1장. 민주노조운동의 태동과 성장 ················· 15

1. 1987년 이전, 억압적 노사관계와 민주노조운동의 태동 ············· 20
2. 87년 노동자 대투쟁의 폭발 ·· 33
3. 전국적 단결과 전노협 건설 ·· 43
4. 1990년대 한국 자본주의와 노동운동의 변화 ························· 64
5. '노동운동 위기 논쟁', 어떤 위기였나 ···································· 74
6. 전노협 청산과 민주노총 건설 ··· 82
7. 1996~97년 총파업 ··· 100
8. 정치적 노동자운동의 형성과 분화, 민주노동당 창당 ············· 110

2장. IMF 외환위기와 노동운동 ·······125

1. IMF 외환위기와 신자유주의 구조조정의 전면화 ····················· 128
2. 1998년 노·사·정 합의와 민주노총의 총파업 ····················· 140
3. 정리해고 폭풍, 대기업·공공부문 구조조정 저지 투쟁 ···············147
4. 정리해고 투쟁의 쟁점 ·································· 157
5. 공공·금융 부문 구조조정과 민영화 저지 투쟁 ·················· 169
6. 노동시간 단축 투쟁과 노동유연화의 함정 ························177
7. 외환위기 직후 비정규직 투쟁 ·································· 180
8. 노동시장 이중구조의 고착과 노동운동 대응의 한계 ·············· 206

3장. 외환위기 이후 노동운동의 전략적 모색 ··············· 211

1. 저성장 체제로의 전환과 노동시장 분절화 ························· 213
2. 산별노조 건설과 산별교섭의 좌절 ································215
3. 노무현 정부와 사회적 합의 시도, 노동운동의 갈등 ·················238
4. 민주노총 혁신 논의, 비리 사건과 직선제 도입의 역설 ··············· 253
5. 확산되는 비정규직 노동자 조직화와 투쟁 ························· 260
6. 한미FTA 반대 투쟁과 광우병 촛불 ································ 276
7. 외환위기 이후 노동운동의 전략 ·································· 287

4장. 세계 금융위기 이후의 노동운동 ·········· 291

1. 세계 금융위기 이후, 변화의 기회 상실 ··········· 294
2. 정리해고 반대 투쟁 ···················· 301
3. 공공부문 구조조정 대응 투쟁과 이명박 정부의 노조 탄압 ········· 313
4. 산별노조, 산별교섭의 한계와 새로운 시도 ················ 317
5. '방어투쟁'으로 전개된 사회공공성 운동 ················ 327
6. 서비스업으로 확대된 비정규직 투쟁 ················ 332
7. 최저임금 1만원 운동 ···················· 338
8. 이주노조 합법화와 이주노동자 운동 ············ 340
9. 보수 정권의 노동개혁 실패와 총파업-총궐기 투쟁 ········· 344
10. '반보수전선' 야권연대와 진보정당 운동의 퇴조 ·············· 350

5장. 문재인 정부 이후의 노동운동 ············· 361

1. 문재인 정부의 개혁 시도와 실패 ················ 363
2. 정규직 전환과 비정규직 투쟁의 전환점 ············· 375
3. 문재인 정부의 대북 정책과 민주노총의 통일운동 ········· 389
4. 문재인 정부의 실패, 민주노총의 실패 ············· 395
5. 윤석열 정부 출범과 노동자운동의 대응 ················ 404

6장. 1987년 이후 노동운동은 변화할 수 있는가 ······425

1. 1987년 이후 노동운동의 흐름과 역사적 경로의존성 ················428
2. 균열된 노동시장이라는 결과 ································· 440
3. 기존 전략의 실패와 새로운 실험 ···························445
4. 노동운동의 변화는 가능할까? ····························· 451

[부록] 독자 좌담회 ·································· 461

서문

* * *

 1980년대 이후 한국 사회는 큰 변화를 겪었다. 정치적 민주화와 경제성장을 함께 이루면서 선진국에도 진입했다. 이 과정에서 '민주노조운동'이라는 이름으로 형성된 노동자운동 역시 그 규모와 영향력이 크게 성장했다. 노동자운동은 노동자의 권리 확대를 넘어 한국 사회를 바꾸는 운동을 전개해왔다. 어떤 과제는 이루었지만, 어떤 과제는 이루지 못하기도 했다.
 오늘날 한국 민주노조운동은 1987년 노동자 대투쟁을 거치며 폭발적으로 부상하여 전노협과 민주노총을 건설한 운동의 유산이다. 물론 1970년대 이전에도 노동자들의 치열한 투쟁이 있었지만, 1980년대를 거치며 노동자운동은 새로운 단계에 이르렀다. 1980년 광주항쟁 패배 이후 군사독재가 강화된 상황에서 1980년대 후반 '3저 호황'으로 정점에 이른 한국경제의 성장과 산업노동자 인구의 팽창을 배경으로, 민주노조운동이 민주화운동이나 급진화된 정치·사회운동과 결합한 것이다. 이렇게 1980년대 정세에서 시작한 한국의 민주노조운동은 1990년대 본격화된 금융세계화와 재벌의 과잉투자라는 조건에서 더욱 성장하며 조직적으로는 민주노총을 건설하기에 이르렀다.

민주노총은 건설 후 불과 1년여 만에 엄청난 규모의 총파업을 조직하는 역량을 보여주었다. 그러나 1996~97년 총파업으로 저지한 듯 보였던 신자유주의 노동개혁은 IMF 외환위기로 인해 1년여 만에 재추진되었다. 이후 민주노조운동은 산별노조 건설과 정치세력화 운동을 중심으로 하며, 미조직 비정규직 조직화와 사회 공공성 운동을 시도했다.

그러나 이러한 시도들이 2000년대 후반 대체로 한계에 봉착한 가운데, 2008년 세계금융위기가 발생했다. 세계금융위기는 신자유주의 개혁의 한계와 한국과 세계 자본주의의 구조적 문제를 드러냈다. 그러나 고용위기와 구조조정에 맞선 민주노조운동은 변화된 정세에서도 기존의 투쟁 방식을 반복했고, 노선의 전환은 지체되었다. 이런 가운데 2008년 광우병 쇠고기 반대 촛불시위에서 시작하여 총선과 대선에서 반복된 '야권연대'가 2010년대 '범민주·진보 진영'의 핵심 전략이 되었다.

그 결과 2016년 '촛불항쟁'을 거쳐 2017년 민주당 문재인이 정권을 잡는다. 문재인 정부는 민주노조운동이 그간 제기한 여러 요구를 수용했지만, 그 요구는 왜곡되거나, 한계를 보이거나, 결과적으로 실패했다. 노동정책을 비롯해 문재인 정권의 전반적인 국정운영이 실패한 결과 정권이 교체되었지만, 민주노조운동 내에서는 이를 진지하게 성찰하는 태도를 찾기 어려웠다. 이러한 상황에서 무능하게 3년을 보낸 윤석열 정부가 비상계엄 선포로 자멸하고 다시 민주당 이재명 정부가 들어선다. 민주당이 이번 대선에서도 노동조합의 요구를 상당 부분 공약에 담으면서 새로운 기회의 창이 열리는 것처럼 보이지만, 노동자운동이 그 기회를 잡을 수 있는 역량이 있을지는 두고 보아야 할 것이다.

IMF 외환위기 이후, 신자유주의 구조조정이 가져오는 고용불안과 저임금·장시간 노동, 노동자 사이의 격차 심화를 노동자계급의 단결과 투쟁을 통해 해결하는 것이 바로 민주노조운동의 목표였다. 그러나 현재 노동시장과 노사관계 상황을 볼 때, 치열하고 헌신적이며 때로는 영웅적인 투쟁에도 불구하고, 민주노조운동이 애초의 목표를 의미 있게 달성했다고 보기는 어렵다. 특히 기업별, 고용형태별로 크게 벌어진 임금격차는 사회 양극화의 중요한 원인일 뿐 아니라, 노동자들의 단결을 저해하는 원인이 되었다.

이러한 문제를 해결하기 위한 전략으로 추진되었던 산별노조 건설과 노동자 정치세력화는 기대한 결과를 얻지 못했다. 2000년대 노동자운동이 합의한 노선과 전략이었던 산별노조-진보정당 양날개론은 세계금융위기 이후 2010년대에 위기에 봉착했다. 이러한 상황에서 산별노조와 노동조합 현장은 합의된 전략적 목표 없이 눈앞의 투쟁에 집중할 수밖에 없었다. 그 결과, 최근에는 민주노조운동이 노동자 간 격차 확대를 단지 막아내지 못한 것이 아니라, 어쩌면 그 격차를 심화하는 구조를 오히려 함께 만들어온 것은 아닌가 하는 의문도 제기된다.

왜 이런 결과가 나타났을까? 여기에 이르는 과정에서 어떤 일들이 있었을까? 이 책은 1980년대 중반 이후 2025년 윤석열 정부 퇴진과 이재명 정부 집권까지의 역사를 돌아보면서, 노동자운동의 입장에서 이 질문에 대한 답을 찾아가 보려 한다. 노동조합의 공식 노동운동사 서술에 주로 등장하는 '승리의 역사, 진군의 역사'만이 아니라 실패와 패배, 오류의 역사까지 살펴보려 한다는 것이 이 책의 가장 큰 특징이다.

이 책에서는 한국 노동자운동이 어떤 방향의 실천을 해왔고, 어떤 정치적·이념적 입장을 발전시켜 왔는지를 살펴볼 것이다. 노동자운동의 이념과 실천은 노동자운동의 형태를 직접적으로 만들어왔다. 그런데 이러한 이념과 실천은 관념 속에서 주관적으로 형성된 것만은 아니다. 노동자운동은 특정한 시공간에서, 당대의 자본주의 경제, 사회의 객관적 성격과 계급 관계(토대)의 구조 속에서 발전한다. 노동자운동은 산업구조와 이에 따른 노동시장 상황이나 노사관계 성격을 구체적인 조건으로 하여 전개된다. 따라서 이 책에서는 한국 노동자운동이 한국 자본주의 발전(경제사)의 어떤 조건 속에서 형성되고 이에 대응해 왔는지도 살펴본다. 객관적 요인이 노동자운동의 실천을 모두 결정한다는 것은 아니지만, 객관적 요건을 무시할 경우 운동은 실패할 수밖에 없다. 이는 앞으로도 그럴 것이다. 물론 노동자운동은 자신이 선 현실도 변화시켜 왔는데, 그 점도 함께 살펴볼 것이다.

노동자운동은 노동조합운동만이 아니라, 노동단체와 정치단체의 활동을 비롯한 여러 범위를 포함한다. 노동자운동은 크게 보아, 노동조합을 통해 경제적 요구를 중심으로 활동하는 '사회경제적 노동자운동'과, 정치단체(정당·정파)의 활동을 포함하며 정당이 우위에서 노동조합운동을 지도하는 '정치적 노동자운동'으로 구별할 수 있다. 전자는 영국과 미국의 비즈니스 노조주의를 비롯해 전후 유럽의 사민주의 체제에서 형성된 코포라티즘적 노조주의를 사례로 들 수 있다. 후자의 사례로는 정당이 노동조합의 결성을 지원하거나 지도한 19세기 후반 독일 사민당과, (이와 다른 판본으로서) 노동조합을 정당의 전달벨트로 본 러시아 볼셰비키가 있다.

한국 노동자운동에서도 정치적 노동자운동과 사회경제적 노동자운동은 서로 교차하면서 역사를 만들어왔다. 그러나 정치적 노동자운동이 1990년대 초반 약화되면서 이들이 지원하던 전노협도 약화된다. 결과적으로 노동조합운동에서 사회운동적 성격은 약화되고 대기업과 공공부문 노조가 주도하는 민주노총의 사회경제적 노동자운동이 주류가 된다. 한편, 정치적 노동자운동과 사회경제적 노동자운동의 구별을 지양하는 운동으로서 '사회운동 노조주의'가 제기되기도 했지만 기존 운동의 구조를 대체하지는 못했다. 따라서 이 책에서는 노동조합을 중심으로 한 사회경제적 노동자운동과 함께 정치적 노동자운동도 살펴볼 것이다.[1]

또한, 이 책에서는 '노동자운동'(Workers Movement)과 '노동운동'(Labor Movement)이라는 개념을 모두 사용하고 있다. 노동자운동은 '노동자(계급)의/에 의한 운동'으로, 노동운동은 '노동에 대한 운동'으로도 달리 표현할 수 있다. 전자가 노동자라는 '주체'와 '계급적 정체성'에 초점을 두고, 노동자 자신이 운동의 주체가 되어 스스로 해방을 추구하는 여러 운동을 포함한다면, 후자는 노동 문제 그 자체(임금·고용·노동조건 등)를 개선의 대상으로 보는 운동에 가깝다고 할 수 있다. 따라서 경제적 노동자운동만이 아니라 정치적 노동자운동을 포함할 때에는 '노동자운동'을, 노동조합을 중심으로 노동조건을 둘러싼 운동을 서술할 때에는 주로 '노동운동'을 사용했다. 물론 현실에서 이러한 운동들은 서로 긴밀하게 결합하여 있으므로, 내용과 문맥에 따라 적절히 혼용하여 사용했다는 점을 일러둔다.

---

[1] 세계 노동자운동의 역사에서 나타난 사회경제적 노동자운동과 정치적 노동자운동의 분화와 전개에 대해서는, 2005년 사회진보연대의 《사회운동학교》 자료집 「세계노동자운동사와 노동자 사회운동」을 참고할 수 있다. 한편, 유사하면서도 다소 다른 접근으로 아리기와 실버가 제시하는 노동자운동의 두 가지 유형도 있다. 이들은 생산의 공간에서 구조적 힘을 무기로 투쟁하는 '사회적'인 운동경로(미국)와 정당의 노동조합에 대한 통제를 우선하는 '정치적'인 운동경로(소련)를 제시한다. 각각을 사회경제적 노동자운동과 정치적 노동자운동의 다른 판본이라고 할 수 있을 것이다. 아리기·실버, 「남과 북의 노동자」, 『미국의 세기는 끝났는가?』, 백승욱 편저, 그린비, 2005.

크리스토퍼 놀란 감독의 영화 '테넷'(2020)에는, "일어난 일은 일어난다"라는 대사가 있다. 영화의 주인공(Protagonist, '주도자')에게 하는 이야기다. 등장인물들은 어떤 일이 일어날 것인지를 이미 알고 있지만, 그것을 알면서도 그 일을 하는 상황에 놓여있다. 우리 역시 그때로 돌아갔더라도 다르게 실천하기 어려웠을 수 있고, 어떻게 보면 미래가 상당 부분 정해져 있었을 수도 있다. 이 책에서 한국 노동자운동의 역사를 돌아보며 과거의 어떤 실천을 비판한다고 해서, 그것이 곧바로 '이렇게 했으면 미래가 달라졌을 것'이라고 주장하려는 것은 아니다. 다만 오늘날 시점에서 당시의 노동자운동과 그 주인공들이 무엇을 해야 했는지를 되돌아보는 계기는 분명히 필요할 것이다.

같은 감독의 영화 '인셉션'(2010)에서 주인공은, "아니면, 후회로 가득 찬 늙은이가 될 텐가"라는 질문을 받는다. 우리는 지난 역사를 지나온 덕에 이미 '일어난 일'을 알고 있는 주인공에 가깝다. 다만 영화에서와 달리, 우리는 미래를 아직 모르며 앞으로 '일어날 일'들은 열려있다. 올해는 마침 민주노조운동이 발전하는 중대한 계기가 되었던 1985년 구로동맹파업으로부터 40년, 1995년 민주노총 건설로부터 30년이 되는 해이다. 이 운동을 주도했던 노동자와 활동가는 이미 은퇴했거나 퇴직을 앞두고 있다. 노동자운동이 나아갈 미래를 탐색하기 위해 지난 시기를 돌아보기에, 지금이 너무 늦지 않은 시점이기를 바랄 뿐이다.

마지막으로, 이 책은 2021~22년에 진행된 사회진보연대 활동가들의 노동운동사 세미나를 바탕으로 2023~24년에 걸쳐 사회진보연대 기관지 《계간 사회진보연대》에 연재한 글을 대폭 수정·보완한 것이다. 세미나에서는 1980년대 이후 현재에 이르는 노동운동사를 비판적으로 돌아보는 풍부한 논의들이 진행되었는데, 당시 제기된 쟁점들을 이 책에 모두 담지는 못했다. 오류나 누락도 있을 것이고, 중요한 사건이었지만 서술의 맥락상 많은 투쟁을 다루지 못한 점도 아쉽다. 이는 모두 필자의 책임이다.

한국의 노동자운동에 참여한 모든 평범한 노동자·시민들이 이 역사를 만들어왔다고 생각한다. 그분들과, 이 운동을 자신의 인생을 바쳐 건설해 온 활동가들에게 무한한 경의를 표하면서 이 이야기를 시작하고자 한다.

2025년 8월
박준형

연도	주요 사건
1985	구로동맹파업 발생, 서울노동운동연합(서노련) 결성
1987	6월 민주항쟁, 7-9월 노동자 대투쟁
1988	전국노동운동단체협의회(전국노운협) 결성
1990	전국노동조합협의회(전노협) 창립
1991	박창수 열사 사망과 전노협 총파업, 한국사회주의노동당 창당준비위
1992	ILO 공대위 결성, 14대 대선 백기완 민중후보 출마
1995	전국민주노동조합총연맹(민주노총) 창립
1996	민주노총 노개위 참여, 정부여당 노동법 날치기 통과, 민주노총 총파업 시작
1997	총파업 투쟁 지속, IMF 구제금융 신청, '국민승리21' 건설 및 대선대응
1998	노사정위원회 사회협약 체결, 현대자동차 정리해고 투쟁
1999	민주노총 노사정위원회 탈퇴
2000	민주노동당 창당
2001	금속노조(산별노조) 출범, IMF 관리체제 졸업
2002	민영화 반대 발전, 철도, 가스 공공부문 3노조 공동파업
2003	주40시간제 노동법 개정
2006	완성차 노조 금속노조 가입(산별전환), 공공노조, 운수노조 출범
2007	금속노조, 한·미 FTA반대 총파업
2008	세계 금융위기, 광우병 촛불시위
2009	쌍용자동차지부 정리해고 반대 77일 옥쇄파업
2011	한진중공업 희망버스, 민주노동당-국민참여당 등 합당 통합진보당 창당
2012	통합진보당 분당 (정의당 창당)
2014	민주노총 위원장 직선제 1기 집행부 출범(한상균 위원장)
2016	공공기관 성과연봉제 저지 총파업, 박근혜 대통령 퇴진 촛불시위
2017	문재인 정부 출범, 공공부문 비정규직 정규직화 정책 추진
2018	최저임금 산입범위 확대, 민주노총 경사노위 참여 부결
2020	코로나19 위기극복 노사정 대표자회의 합의안 부결, 김명환 위원장 사퇴
2022	윤석열 정부 출범, 화물연대, 건설노조, 거제통영고성 조선 하청노동자 파업
2025	비상계엄 및 윤석열 정부 퇴진 운동, 이재명 정부 집권

1장
민주노조운동의 태동과 성장

1980년대 중반부터 민주노총 총파업까지

1장. 민주노조운동의 태동과 성장
1980년대 중반부터 민주노총 총파업까지

　　1980년대 중후반에 이르러 한국 자본주의는 중대한 변화를 겪는다. 1970년대 후반에 각국에서 신자유주의 개혁을 불러온 세계적인 경제위기는 가혹한 긴축정책과 구조조정을 거쳐 1980년대 중반 진정되기 시작한다. 한국은 1970년대 말 경제위기와 이에 따른 정치위기로 인해 박정희 군사독재 정권이 붕괴하고 전두환 신군부가 집권했다. 이후 저금리·저유가·저달러(엔고)라는 대외적 조건으로 인한 경제호황(이른바 '3저 호황')은 제조업 생산직 노동자의 수가 크게 증가하는 조건을 형성한다. 이와 함께 1970년대 반독재 민주화운동을 계승하면서도 1980년 광주항쟁을 거치며 급진화된 학생운동이 1980년대 초중반부터 대거 노동현장에 진출했다.

　　그런 가운데 1984년부터 시작된 유화 국면에서 야당(신민당)의 총선 승리와 1985년 인천 5·3민주항쟁을 거치며 전두환 군사독재의 폭압적 지배에 조금씩 틈이 벌어지기 시작한다. 또한 1985년 구로동맹파업과 대우자동차노조 파업은 1980년대 후반 투쟁의 전초전이었다. 결국 1987년 대선을 앞두고 야권과 민주화운동 세력의 투쟁은 6월 항쟁으로 집결한다. 군부독재 세력은 대중적 압력에 밀려 6·29 선언을 통해 대통령 직선제 개헌을 수용한다.

1980년대 호황기에 기업의 수익성이 늘어나고 신규채용이 확대되는 와중에도, 군사독재를 등에 업은 자본의 반인권적 현장통제와 임금억제에 짓눌려있던 노동자들의 분노가 6월 항쟁 이후 폭발한다. 1987년 7월 울산에서 시작된 노동자들의 투쟁은 그해 9월까지 부산, 울산, 경남과 수도권을 비롯한 전국으로 확산한다. 이 투쟁은 곧 지역적 노동자운동의 연대체인 지역노동조합협의회(지노협)와 전국적 연대체 건설(노동법개정투쟁본부)로 이어진다. 지노협은 1987년 노동자 대투쟁 과정에서 마산창원지역노동조합총연합(마창노련)이 결성된 것을 시작으로, 1988년 진주, 서울, 인천, 전북, 경기남부, 1989년 광주, 성남, 부산, 부천, 대구에서 건설된다. 이렇게 급속히 성장한 노동자운동은 1990년 전국노동조합협의회(전노협)을 건설하기에 이른다.

    한편, 비제조업 부문에서는 업종별 조직이 구성되었다. 1989년 말까지 사무금융노련을 시작으로 출판, 화물, 언론, 시설관리, 전문기술, 지역의보 등 조직이 건설된다. 이들 조직 중 일부는 나중에 전노협에 합류했고, 일부는 업종회의로 결집했다. 업종회의는 전노협에 조직적으로 참여하지 않은 12개 사무, 전문, 서비스 부문 노조 협의체와 연합체가 1989년에 구성한 연대조직이었다.

    그러나 이러한 노동자운동의 진전은 이내 반격에 부딪힌다. 1989년부터 경기침체가 진행되면서, 노태우 정권은 노동조합운동에 대한 탄압기조를 분명히 한다. 이와 함께 1990년대 산업구조가 개편되면서, 전노협의 주력 기반이던 중소·영세기업이 쇠퇴하고 수출대기업으로 자본이 집중된다. 전노협과 노동조합은 정권의 탄압 속에서 치열하게 투쟁했지만, 지속적인 조직적 타격을 받으면서 쇠약해진다. 이후 ILO 공대위(ILO 기본조약 비준 및 노동법 개정을 위한 전국노동자공동대책위원회)와 전노대(전국

노동조합대표자회의)를 거쳐 한국노총과 구별되는 '민주노조 총단결'의 조직적 실체로서 민주노총이 건설되지만, 민주노총이 전노협 운동의 정신을 계승했는지에 대해서는 의문이 제기된다.

한편, 1980년대 이후 한국의 노동자운동에서 두드러졌던 정치적 노동자운동의 부상에도 주목할 필요가 있다. 한국의 정치적 노동자운동은 1960~70년대부터 이어져 온 반독재민주화 투쟁의 전통과 1980년대 급진화된 지식인, 학생운동의 전통 속에서 성장했다. 1980년대 초중반 노동현장에 대거 진출하기 시작한 이른바 '학출'(학생출신) 활동가들은 1985년 구로동맹파업을 거치며 정치적 노동자운동의 구심을 형성하고 노동운동의 이념적 토대를 형성한다. 당시 이들은 1970년대 민주노조 운동과의 단절을 표방했지만, 실제로는 이를 계승하고 쇄신하는 측면도 강했다.

이들은 1987년 노동자 대투쟁을 거치면서 이념과 조직을 한층 확대, 발전시킨다. 이 시기 정치적 노동자운동의 목표는 변혁적 이념으로 노동조합운동에 개입하면서, 독자적인 정치운동 조직을 건설하는 것이었다. 여러 정파의 이합집산을 거치면서, 이들 중 일부는 (합법) 진보정당 운동을 건설하고자 했지만 성공하지 못했다. 1990년대 전반 소련 해체를 거치며 변혁적 이념이 위기를 맞고 정파가 크게 약화되는 가운데 전노협 역시 약화되면서, 급진적 정파와 연결된 지역 상담소나 교육기관을 비롯한 노동운동 단체와 노동조합운동의 결합도 느슨해졌다. 그리고 이는 정치적 노동자운동 전반의 쇠퇴로 이어졌다.

민주노총 건설은 이러한 조건에서 1995년 11월에 이루어졌다. 민주노총은 건설 직후 김영삼 정부가 제안한 노사정 협상(노개위)이 결렬되자, 초유의 1996~97년 총파업을 진행한다. 총파업은 정부·여당이 국회에서 날치기 입법으로 일방적으로 추진하려던 노동법 개악을 저지하는 성과를 보였으나, 이는 곧바로 1998년 2월 노·사·정 합의에서 뒤집힌다. 이 장은 1987년 노동자 대투쟁부터, 1996~97년 총파업까지를 다룬다. 총파업 불과 1년 후에 이어진 IMF 구제금융위기와 노동자운동의 불행에 대한 평가도 필요한 만큼, 이 시기를 주의 깊게 살펴본다.

1. 1987년 이전, 억압적 노사관계와 민주노조운동의 태동

1970년대 박정희 정권의 경제발전 전략은 중화학공업에 대한 투자와 육성이었다. 베트남 전쟁과 7·4 남북공동성명 이후, 남북한 체제 대결과 국방력 강화의 필요성이 경제발전 전략으로 연결되었다. 그러나 중화학공업에 대한 과잉투자는 1970년대 말 오일쇼크, 세계경제위기와 맞물려 1979년 경제위기로 이어진다. 1979년 4월 발표된 '경제안정화 종합시책'은 긴축재정, 통화량 관리, 중화학공업 투자조정 등 신자유주의 정책개혁을 최초로 포함하고 있었다. 당시 경제위기와 맞물린 이러한 정책 전환은 사회적 모순을 폭발시킨다. 이는 YH 노동자들의 투쟁, 김영삼 신민당 총재 제명과 부마항쟁을 거쳐 정치위기로 발전한다. 그 결과는 박정희 대통령이 암살당하는 10·26 사태와 유신 정권의 붕괴였다.

박정희 정권 붕괴 이후 1980년 봄 5·17 계엄확대 조치 이전까지 전국적으로 노동자 투쟁이 확산하였다. 격렬하게 진행된 사북탄광 파업부터 인천제철, 동국제강 등 파업 물결이 대표적이다. 그러나 '민주화의 봄'은 짧았다. 12·12 쿠데타와 5·18 광주항쟁 진압을 거쳐 권력을 장악한 전두환 정권은 민주노조운동을 무력화하고, 국가가 통제하기 쉬운 형태로 노사관계를 재편하려 했다. 전두환 신군부는 국가보위비상대책위원회(국보위)를 통해 '노동조합 정화지침'을 각 시도와 산업 현장에 하달했다. 이에 따라 전국 160여 개 지역의 지역별 노조 지부가 강제 해산되었고, 수백 명의 민주노조 간부가 해고되거나 구속되었다. 특히, 1970년대 민주노조의 상징이었던 원풍모방, 동일방직, YH무역, 청계피복 노조가 이 시기 합동수사본부와 경찰을 비롯한 공권력의 직접적인 개입과 폭력으로 인해 와해되었다. 이는 노동운동의 구심점을 파괴하고 노동운동가를 현장에서 축출하여, 정권의 의도대로 노사관계를 관리하기 위한 것이었다. 1980년 12월에는 노동관계법을 개정하여 지역별·산업별 노조의 설립 근거를 삭제하고, '제3자 개입금지' 조항을 도입해 산업별 조직의 지원을 봉쇄하면서 사실상 기업별 단위노조 형태만을 허용한다. 그러나 전두환 정권의 이러한 강압적 통제는 노동자의 불만을 누적시켰고, 역설적으로 1987년 민주화 이후 '노동자 대투쟁'이 더욱 폭발적으로 분출하는 원인이 된다.

한편, 전두환 정권은 박정희 정권에 이어 재벌 구조조정과 같은 신자유주의 정책을 계속 추진한다. 그러나 얼마 지나지 않아 1980년대 중반부터 '3저 호황'이 시작된다. 수출 중심의 한국경제가 '3저(低)', 즉 저유가, 저금리, 저달러(엔고)라는 유례없이 유리한 대외 환경에 힘입어 사상 최고의 호황기에 돌입한 것이다. 이 시기 한국은 연평균 10%가 넘는 엄청난 경제성장률을 기록한다. 이 과정에서 전두환 정권이 1980년대 초반 시도했던 재벌 구조조정은 중단되고, 수출재벌은 급격한 투자 확대로 태세를 전환한다. 이에 따라 폭발적으로 성장하는 수출 제조업을 중심으로 미숙련·반숙련 청년 노동자의 고용이 증가한다. 그러나 여전히 전근대적인 노무관리와 저임금 상태는 개선되지 않고 있었다. 이에 노동자들은 3저 호황의 정점인 1987년, 정치적 기회와 결합한 노동자 대투쟁을 거쳐 노동조합을 결성하고 임금인상 투쟁을 전개한다. 이러한 새로운 노동조합의 성장은 정권에 순치된 기존 한국노총 체제를 위협한다. 정권과 자본으로부터 독립적인 '민주노조운동'이 전면에 등장한 것이다.

1980년대 후반 '3저 호황'은 중화학공업화와 재벌 중심의 경제체제를 배경으로 발생했다는 점에 주목해야 한다. 1970년대 정부 주도로 시작되어 1980년대에 이르러 본격적인 생산 능력과 기술력을 갖춘 한국의 중화학공업 대공장은 남성 노동자가 중심이었다. 한국의 GDP 대비 제조업 비중은 1980년 24.7%에서 1990년 27.7%와 2000년 29.3%로 꾸준히 상승한다.[1] 대공장 남성노동자가 1987년 노동자 대투쟁을 주도할 수 있었던 데에는 이러한 특수한 산업구조가 존재했다. 그러나 한국 민주노조운동은 이러한 특수한 조건을 간과한 채, 당시의 경험, 즉 중화학공업 대기업 남성노동자의 집단적이고 전투적인 기업별 투쟁 방식을 노동조합운동의 이상적이고 기본적인 형태로 생각하는 경향이 있다.

이렇게 발생한 대기업 기업별노조의 전투적 경제투쟁은 당시 전두환 정권이 개정한 노조법이 강제하던 노동조합 형태와 맞물려, 기업별노조 혹은 기업별 노사관계 체제를 오늘날까지 강력하게 이어지는 유산으로 남겼다. 물론 기업별 노동조합이 주류적 형태로 자리 잡은 데에는 또 다른 역사적이고 구조적인 원인이 더 존재한다. 무엇보다 1987년 10월 개정 이전까지 노동법은 기업별 노조만 허용하고 있었다. 1989년 이 조항이 폐지되어 법적으로는 업종별, 산업별, 지역별 노조는 물

---

[1] 같은 시기 여성노동자 비중이 상대적으로 높던 경공업 비중은 1980년 10.3%에서 1990년 8.0%, 2000년 6.0%로 계속 하락한다. 조태형, 「한국경제 80년(1970-2050) 및 미래성장 전략」, 한국은행, 2023.

론 직종별 노조도 결성할 수 있었지만, 여전히 복수노조 금지와 '제3자 개입금지' 조항이 유지되면서 실질적으로는 산별노조 결성이 매우 어려웠다. 또한 한국의 재벌 중심 경제체제에서는 총수 일가가 그룹 전체를 통제하면서 노사관계도 관리하려 했는데, 이들은 산별노조가 그룹 전체의 경영권에 대한 중대한 도전이라고 인식했다. 이러한 경향은 현재까지도 이어진다.

여기에 이전 시기부터 축적된 노동운동의 관성이 복합적으로 작용했다. 1970년대 형성된 민주노조운동은 산업별로 노동조합을 관리하던 한국노총 산하의 산별노조로부터 독립적인 성격을 갖고자 했다. 상층의 노동조합 관료들과 대결하면서 현장 조합원의 의사에 기반하는 노동조합을 건설하려 했던 민주노조운동의 '현장'은 기업별 작업장일 수밖에 없었던 것이다. 게다가 1980년대 들어 수출 대기업의 성장 속에 1987년 노동자 대투쟁 이후 탄생한 대기업 민주노조들은 해당 기업의 이윤을 분배하는 것을 직접적 목표로 하게 되었다. 자연스럽게 기업별 교섭과 투쟁 구조가 가장 효과적인 것으로 인식되었고, 따라서 당시 노동조합의 '현장성'은 기업별 작업장에 충실한 활동으로 이해되었다. 이에 따라 1987년 이후 급증한 신규노조는 건설일용노조와 전교조, 청계피복노조, 서울제화공노조 등 소수의 예외를 제외하고는 대체로 기업별 단위로 결성되었다.[2]

한편, 1987년에 폭발한 노동자 대투쟁 이전에 이미 중요한 움직임이 진행되고 있었다. 먼저 한국노총과는 구분되는 자주적인 노동운동

---

[2] 이창근, 「한국 산별노조의 기원과 궤적(1987~2010)」, 충남대학교 사회학과 박사학위 논문, 2024.

단체가 준비되고 있었다. 1980년 5월 17일, 신군부의 '정화조치'로 민주노조들이 해체되고 노동운동 활동가의 재취업을 막기 위한 '블랙리스트'가 작성되었다. 이 블랙리스트로 인해 1983년 여성노동자들이 연이어 해고되면서 '블랙리스트 철폐운동'이 시작된다. 그러나 치열한 투쟁에도 불구하고 이는 뚜렷한 성과를 내지 못하고 마무리되었다. 이에 대한 평가 속에서, 폭력적인 정권의 탄압에 맞서기 위해서는 투쟁의 지속성을 보장할 조직이 필요하다는 의견이 제기됐다.

이에 1970년대 민주노조 핵심 간부와 학생 출신 현장 취업자로 구성된 해고자들은 고립되고 분산된 1970년대 민주노조운동에 대한 평가와 반성을 바탕으로 대안을 모색한다. 이들은 민주노조 건설과 노동운동의 통일적 발판을 구축하기 위한 노동단체 결성을 추진했는데, 이렇게 결성된 것이 바로 '한국노동자복지협의회'(노협)였다. 노협은 방용석(원풍), 김문수(한일도루코), 이총각(동일방직), 최순영(YH), 이영순(콘트롤데이타) 등 1970년대부터 현장에서 민주노조 운동을 전개했던 활동가들을 중심으로, '민주노조 건설과 노동운동의 통일적 발판 구축'을 목적으로 1984년 3월, 서울 홍제동성당에서 2천여 명이 모여 창립한 조직이었다. 노협은 기관지 '민주노동'을 발간하고, 교육·상담·법정투쟁 지원 활동을 펼쳤다. 또한, 청계피복노조 복구 투쟁, 노동법 개정운동을 전개하면서, 민주통일민중운동연합(민통련)과 민주화운동청년연합(민청련)을 비롯한 재야 단체들과도 연대했다.[3]

이후 투쟁의 중요한 계기는 1985년에 있었던 구로동맹파업과 대우

---

3 민주화운동기념사업회, 「한국노동자복지협의회 결성」, 『민주화운동사컬렉션』 오픈아카이브. https://archives.kdemo.or.kr/collections

자동차노조 파업이었다. 두 파업은 앞으로 펼쳐질 노동자운동의 중요한 두 흐름을 미리 보여준 사건이었다. 먼저, 구로동맹파업은 이전에 한국 노동조합 운동이 보지 못한 방식의 투쟁, 즉 중소기업사업장의 지역연대파업이 가능하다는 것을 보여주었다. 1984년 구로 지역의 대우어패럴, 가리봉전자, 효성물산, 선일섬유 등 여러 사업장에서 민주노조가 잇따라 결성되었다. 당시 열악한 노동조건에서 노동자들은 공단 안에서 조금이라도 임금과 노동조건이 높은 기업으로 끊임없이 이직했지만, 결국은 제자리걸음이었다. 이에 기업을 넘어 공단 지역에서 노동조건을 함께 바꾸는 것이 노동자들이 선택한 해법이었다. 기업별로 새로 결성된 노조들은 서로 정보를 교환하고 공동의 활동 전략을 모색하며 긴밀히 협력했다. 이러한 노동조합에는 1980년대 초중반에 노동현장에 투신한 학생운동 출신 활동가들도 다수 포진해 있었다. 이들은 구로 지역은 물론 인천, 경기남부, 울산 등 주요 공업지대의 공장에 대거 투신해 소모임을 조직하며 노조 결성을 준비하고 있었다. 이렇게 각 노동조합에 자리 잡은 활동가들은 비공개 지역 소모임에서 노동법을 학습하고 정세 토론을 진행했다.

 그러던 1985년 6월 22일, 구로공단 지역 차원의 공동 임단투를 주도하던 대우어패럴 노조 위원장 김준용을 비롯한 간부 3명이 경찰에 갑자기 구속되는 사건이 발생했다. 이에 조합원들이 항의하면서 파업이 촉발된다. 구로공단 지역의 노조 활동가들과 간부들은 논의를 거쳐, 이 구속을 노동운동에 대한 정부의 새로운 공세로 판단하고 즉각 파업에 돌입하기로 결의한다. 이들은 1970년대에도 치열한 투쟁들이 있었지만, 모두 사업장 단위 노조별 투쟁으로 진행되다가 각개격파 당했다고 평가하면서, 사업장을 넘어 함께 동맹파업에 돌입하기로 결정했다. 이에 6

월 24일 오전 대우어패럴 조합원 350여 명이 파업에 돌입한 후, 이날 오후에 효성물산, 선일섬유, 가리봉전자 노동자들이 구속자 석방과 노동운동 탄압 중지를 요구하며 연대파업에 돌입했다. 다음날 25일에는 남성전기, 세진전자, 롬코리아, 27일에는 삼성제약, 28일에는 부흥사가 투쟁에 동참했다.[4]

6월 24일부터 29일까지 파업은 지역 차원에서 지속되었고, 학생운동과 재야운동의 연대 투쟁도 확산되었다. 6월 26일에는 민통련과 민청련을 비롯한 22개 단체의 대표 50여 명이 청계피복노조 사무실에서 노동자들의 투쟁을 지지하는 농성에 돌입한다. 이 파업에는 5개 단위노조에서 1,400여 명이 동맹파업에 참여했고, 지지·연대 투쟁을 벌인 사업장을 포함해 총 2,500여 명이 투쟁에 참여했다.

구로동맹파업은 한국전쟁 이후 최초의 '연대파업'이었다. 기업별노조 체제에서도 사업장을 넘어선 지역차원의 동맹파업을 이뤄냈고, 민주화운동 단체들과의 공동투쟁으로 확대되었다는 점에서, 구로동맹파업은 이전에 보기 어려웠던 방식의 투쟁이었다. 노동조합들은 사업장을 넘은 동맹파업과 함께, 투쟁의 요구를 사회적으로 제기하는 사업장 점거 농성과 시위를 결합한 투쟁을 전개했다. "노조간부 석방하라", "노동3권 보장하라", "억압적인 노동법 개정하라", "민주노동탄압 중지하라"와 같은 파업 구호는 개별 사용자에 대한 요구를 넘어선 대중적인 정치 투쟁의 성격을 명확히 보여주었다. 즉, 구로동맹파업은 정부의 탄압에 의한 노조 존립 위기의 상황에서, 탄압의 수단이 된 제반 악법의 개정·폐지라는 정치적 요구를 각 사업장에서 생존권을 지키려는 경제적 요구

---

[4] 박준성, "1985년 6월 구로노동자동맹파업", 《노동과 세계》, 2023년 5월 30일.

1985년 6월 28일. 구로동맹파업 탄압분쇄를 향한 연대농성. (사진출처: 민주화운동기념사업회)

와 결합했다.[5] 또한, 구로동맹파업은 엄혹한 군사독재 시기에 노동운동이 사회민주화의 주체로 모습을 드러낸 투쟁이었다는 점에서, 반독재민주화 운동이 노동운동에 더욱 주목하게 된 계기가 되었다. 그러나 이 투쟁의 결과, 43명이 구속되고 노동자 약 700명이 해고되면서 노동조합 상당수가 와해되었다. 따라서 투쟁에 함께 한 노동자들을 어떻게 다시 묶을 것인가가 곧 과제가 되었다.

구로동맹파업 이후, 새로운 노동운동 조직의 필요성이 부각되었다. 파업으로 많은 조합원들이 해고되고 흩어졌지만 동시에 많은 노조 간부와 열성적인 조합원들이 배출되었다. 이러한 경험은 기존의 고립되고 분산된 소그룹 운동의 한계를 인식하며 '지역운동조직'을 모색하는 계

---

5   유경순, 「구로동맹파업의 발생과 노동운동사적 위치」,《역사연구》제11호, 2002.

기가 되었다. 또한 정치투쟁과 경제투쟁의 결합을 위한 조직의 필요성도 부각되었다.[6] 1970년대 노동운동을 조합주의, 경제주의로 규정한 '노방'(노동운동의 방향정립을 위하여)이라는 문건이 노동자운동 내에 큰 반향을 일으키면서, '노협'의 한계를 넘어 정치투쟁을 수행할 수 있는 대중정치조직이 필요하다는 논의가 확산된다.

이러한 논쟁의 결과, 1985년 8월, 김문수, 심상정 등 학출 활동가들이 주도하고 현장 노동자가 함께한 '서울노동운동연합'(서노련)이 결성된다. 서노련은 구로동맹파업에 참여한 노동자들이 7월에 결성한 서울노동자연대투쟁연합, 1970년에 분신한 전태일 열사의 뜻을 이은 청계피복노동조합, 1985년 4월 경인지역 노동운동가들이 결성한 노동운동탄압저지투쟁위원회(노투), 같은 달 구로지역의 성원제강, 한국음향 등의 노동조합 민주화를 위해 결성된 구로지역노조민주화추진위원회(구민연)의 4개 조직의 연합으로 출범했다.

서노련의 문제의식은 "노동3권이라는 가장 기본적인 권리마저 탄압하는 폭압적인 정치상황에서는 노동운동도 경제투쟁을 넘어서 정치적 민주화를 위해 앞장서야 한다"는 것과, "노동운동은 하나의 부문운동이 아니라 전체 사회변혁운동의 차원에서 이루어져야 한다"는 것으로 요약할 수 있다. 이에 따라 "노동조합으로만 노동자들을 조직하려 할 게 아니라 노동자들의 정치적 각성과 투쟁을 목표로 하는 새로운 노동자 대중조직이 필요하다"는 것이 서노련의 결론이었다. 이는 현장에서 민주노조 건설과 경제투쟁을 조직한, '노협'을 비롯한 이전의 민주노조 운동과는 다른 새로운 문제의식을 제기한 것이었다. 이듬해 서노련은 구로

---

[6] 유경순, 『1980년대, 변혁의 시간 전환의 기록 1』, 봄날의박씨, 2015.

지역을 중심으로 한 생활임금 쟁취투쟁과 학생운동과 연대한 개헌 투쟁을 진행했다. 인천지역에서는 같은 문제의식으로 인천지역노동자연맹(인노련)이 결성된다.

서노련의 구성 과정은 구로동맹파업을 계기로 사회변혁을 지향하는 대학생과 지식인 출신의 활동가들이 노동자운동과 융합하는 과정이기도 했다. 서노련은 '노동조합의 연대체'라기보다는, 활동가들이 결집한 '대중정치조직'으로서 정치적 노동자운동의 성격이 강했다. 또한 서노련은 학생운동조직이나 재야단체가 아니라 노동자 정치조직이라는 점에서 주목받았는데, '노동자들의 정치세력화, 사회변혁운동으로서의 노동운동'이라는 새로운 문제의식을 실천적으로 제기했기 때문이었다.

그러나 이러한 융합의 시도가 쉽지만은 않다는 것 역시 서노련 결성 직후부터 촉발된 내부 논쟁 과정에서 드러났다. 서노련이 정치투쟁을 우선하면서 노동현장과 대중조직과의 관계를 경시하는 활동 방식, 자신들이 앞서 싸우면 대중이 따라올 것이라는 '선도투쟁론', 노동조합의 임금투쟁을 비롯한 경제투쟁을 정치투쟁의 도구로 보는 인식, 관념적인 급진성 등에 대한 비판이 제기된 것이다. 결국 서노련과 인노련은 내부 논쟁과 공안 탄압 과정에서 해체된다.

다만 서노련과 인노련의 활동 경험은 이후 인민노련을 비롯한 정치적 노동자운동의 발전으로 계승된다. 먼저 서노련과 인노련의 사상·이론적 통일성 부재라는 측면이 새로운 운동그룹들에 의해 비판되면서, 제헌의회(Constitutional Assembly, 약칭 CA)그룹과 같이 마르크스-레닌주의를 표방한 급진 노동운동이 등장하고 분화한다. 이들은 서노련과 인노련이 노동자계급의 대중정치조직을 건설하는 데 목표를 둔 것을 비판하면서, 전국적인 전위정당 건설을 주장했다.[7] 이 시기에 만개한 한국사회성격 논쟁과 변혁노선 논쟁은 노동자운동 안팎의 사회운동에서 민족해방(NL), 민중민주(PD), 민족민주(ND) 등을 주창하는 다양한 운동노선 형성과 정치(정파)단체 결성으로 이어진다.

인천지역에서는 새로운 대중정치조직 건설을 추진한 활동가들이 '인천지역민주노동자연맹'(인민노련)을 결성한다. 노회찬·주대환·최봉근 등이 주도한 인민노련은 '대중운동과 과학적 사회주의와의 결합'을 주요한 목표로 설정했다. 이들은 매 시기 노동조합운동의 현황에 대한 평가와 전망과 그 '합법칙적인 발전대안'을 제시하려는 활동과, '노동조합운동의 올바른 이념정립과 단일한 조직구축을 위한 방안'을 수립하고 조직하는 활동을 전개했다. 이후 이러한 운동을 전국적으로 확산하고 조직하기 위해 기관지 《사회주의자》를 창간하고 서울과 영남권 등 각 지역의 활동가들을 조직하기 시작한다.

인민노련 외에도 지역·노동현장의 정치적 활동가 조직으로 '민족통일민주주의노동자동맹'(일명 삼민동맹), '안양지역민주노동자일동'(이른바 안양PD 그룹)과 지식인들이 다수 결합한 '노동계급'(LC) 등이 조직되어 활동한다. '노동계급'은 대중이론지인 《현실과 과학》에 참여하면서 한국사회를 '신식민지국가독점자본주의'로 규정하고, 변혁론으로서 민중민주주의변혁론(PDR)을 제시하면서 한국사회성격논쟁에서 주체사상파(민족해방파, NL) 등과 대결했다.

한편, 초반에 인민노련과 함께했던 주체사상파 성향의 조직은 이후 인민노련을 이탈하여 '인천부천민주노동자회'(인노회)를 결성한다. 민족통

---

[7] 이광일, 『좌파는 어떻게 좌파가 됐나』, 메이데이, 2008.

1985년 4월 16일, 대우자동차노조 파업 당시 임금체불에 관한 항의 집회
(사진출처: 민주화운동기념사업회)

해방파 활동가들은 정권의 폭력적인 탄압에 대응하기 위해서는, 전국적인 전위(정치)조직의 건설을 대중운동 역량강화 이후로 미루어야 한다는 산개론을 주장한다.

구로동맹파업과 함께 1985년에 나타난 또 다른 중요한 투쟁으로는 대우자동차노조 파업이 있다. 이 투쟁은 중화학공업 재벌 대공장 남성노동자 파업이 본격적으로 시작된다는 의미가 있다. 대우자동차는 1980년대 초부터 투자, 고용, 수익이 모두 증가하는 과정에 있었지만, 임금인상은 매우 낮은 수준에 머물렀다. 현장 노동자들의 불만이 누적된 결과, 1985년 4월 16일부터 열흘간 계속된 부평 공장 노동자들의 파업 농성 투쟁이 촉발된다. 파업 결과 8명이 구속되고 많은 노동자가 해고나 정직을 당하는 희생을 치렀지만, 막강한 공권력과 재벌 대기업에 맞서 높은 수준의 임금인상을 쟁취하고 승리를 거둔 투쟁이라는 점에서 큰 의미가 있었다.

또한, 파업이 시작되는 과정에서 대우자동차의 학출 노동자들이 주도한 '노동조합 정상화 추진위원회'가 당시 노조 집행부를 제치고 핵심적인 역할을 했다는 사실도 중요하다. 이들은 처음부터 끝까지 자신을 공개적으로 드러내고 현장 노동자들의 적극적인 지지를 받으며 투쟁을 주도함으로써, 당시의 소그룹운동방식에도 충격을 주었다. 학출 노동자와 현장 노동자의 결합이 노동조합 민주화를 주도했다는 점은 향후 노동조합 결성 과정에도 큰 영향을 주었다.

이 파업은 앞으로 중화학공업 대공장에서 벌어질 투쟁의 예고편 같은 것이었다. 수출 대기업이 저임금과 억압적 노무관리를 계속하려 하면 노동자들의 강력한 저항을 불러오게 될 것이라는 점을 미리 보여주었다. 또한, 대공장 남성 노동자들의 투쟁이 커다란 사회적 파급력과 영향력을 가진다는 점도 확인시켰다.

한편, 투쟁 확산을 우려한 사용자들의 양보로 인천지역 타 사업장의 임금도 따라 오르는 경험을 하게 된다. 대기업노조의 선도적 투쟁을 통해 일종의 '낙수효과'가 발생할 수 있다는, 지금도 노조운동에 주류로 남아있는 관념도 이때부터 형성되기 시작했던 것이다. 물론 이러한 조건은 통합된 '지역노동시장'이 분해되는 1990년대를 거치면서는 변화될 것이었다.

2. 87년 노동자 대투쟁의 폭발:
3저 호황과 정치적 민주화의 결합

1987년의 '노동자 대투쟁'은 억압받던 노동자의 인간 선언으로서, 지금의 민주노조운동을 실질적으로 형성한 역사적 사건이다. 이는 발전주의적 자본주의의 착취와 군사독재에 대한 저항이자, 임금과 노동조건 향상과 민주노조 건설을 결합시킨 투쟁이었다. 또한, 이는 노동운동만이 아니라 한국의 노사관계는 물론 경제, 사회 구조까지 바꾼 거대한 투쟁이었다. 1960년대 이후 지속되어 온 권위주의적 개발독재 체제의 노사관계 구조가 무너지는 출발점이었다. 오늘날까지 지속되는 노사관계의 형태가 이때부터 새롭게 만들어지기 시작한다.

1) 3저 호황: 87년 노동자 대투쟁의 조건

1987년 7~9월에 절정이었던 노동자 대투쟁은 학출 노동자들이 다수 포진했던 서울·경인지역보다 재벌 제조업 대기업 사업장이 많은 울산을 포함한 동남권 공업도시에서 먼저 폭발한다. 이 지역은 1980년대 말 '3저 호황' 과정에서 투자와 생산이 급속히 확대된 지역이었다. 생산과 함께 고용이 증가하고 동년배 청년층 노동자들이 대거 채용되면서 집단적 행동이 발생하기 쉬운 조건이 형성되기 시작했다. 그러나 호황의 와중에도 군사독재의 억압적 분위기가 유지되고 자주적인 노동조합이 거의 없는 상황에서, 노동자들은 열악한 저임금 상태를 벗어나지 못하고 있었다. 이는 대기업도 마찬가지였는데, 예를 들어 당시 현대정공(지금은 현대자동차로 통합)의 10년 경력자조차 기본급이 19만 원 수준으로, 4인 가족 최저생계비 48만 원에 크게 미달하는 수준이었다.[8] 노무관리도 군사적이고 전근대적인 방식을 그대로 유지하고 있어 노동자의 불만이 쌓여갔다. 이는 급격한 대중적 투쟁이 분출하는 조건이 되었다.

이러한 상황에서 정치적 격동이 시작되었다. 1987년 전두환 정권이 민주화운동을 탄압하는 과정에서 박종철 열사 고문치사 사건이 벌어진다. 정치적 위기에 몰린 전두환 정권은 대통령 직선제 개헌을 거부하는 4·13 호헌조치를 발표한다. 그러나 시민들의 반발과 시위는 더욱 확산될 뿐이었다. 6월 9일, 연세대 학생 이한열 열사가 시위 도중 최루탄을 맞아 사경을 헤매고, 노태우가 여당 대선 후보로 결정되는 6월 10일에 시위는 절정에 이른다. 결국 노태우 후보는 야당의 요구를 수용한 '6·29 선언'으로 대통령 직선제 개헌을 약속한다.

이러한 과정에서 폭압적 국가권력의 후퇴는 민주화 시위에 참여했던 노동자에게 자신감을 불러온다. 민주화 투쟁에 이어 저임금, 장시간 노동, 열악한 작업환경, 폭력적 노동 통제에 대한 노동자들의 저항이 폭발한다. 투쟁의 핵심적 요구는 임금인상에서 출발했지만, 사회 전반에 걸친 민주화에 상응하는 현장 민주화와 일방적 노사관계에 대한 개선 요구도 분출했다. 이 투쟁은 1987년 6월 항쟁의 정치적 민주화 요구를 노동현장으로 이어간다는 성격이 있었는데, 이미 동남권 공업지대의 마산, 창원, 울산 등지에서 거리 투쟁을 이끈 주체들은 대학생이 아니라 노동자들이었으며, 6월 항쟁 구속자의 상당수도 노동자들이었다. 인천지역민주노동자연맹(인민노련) 등 정치적 노동자운동도 민주화 투쟁 과정에서 노동자의 참여를 독려하고 조직을 확대했다. 즉, 민주화 투쟁

---

[8] 양규헌, 『[1987 노동자대투쟁] 노동자 인간선언』, 한내, 2017.

을 주도한 것은 중간계급이었지만 노동자 역시 많이 참여했고, 이내 현장으로 돌아온 노동자들이 작업장에서 민주화를 요구하게 된 것이다.[9]

이 시기 노동자 대투쟁을 주도한 것은 영남권의 제조업 남성 노동자들이었다. 1970년대 이후 중화학공업 수출 대기업의 발전과 3저 호황으로 인한 급속한 성장이라는 조건이 깔려있었다. 거대한 집단으로 형성된 이들 대기업 남성 노동자들은 이후 민주노조 운동의 주력이 된다. 노동자 대투쟁이 지역과 다른 업종으로 확대되기는 했지만, 당시 노동자 대투쟁을 주도한 것은 주로 제조업(중화학공업) 대기업 남성 노동자들이었다고 할 수 있다.

2) 87년 노동자 대투쟁의 폭발

6·29 선언 직후인 7월 5일, 현대엔진에서 현대계열사 최초로 노조가 결성된다. 이후 울산의 현대 계열사 전체로 노동조합 설립 물결이 퍼져나갔다. 7월 15일 미포조선에서 노동조합이 결성되었는데, 회사가 노조설립신고필증을 강탈하는 일이 벌어졌다. 이에 노동자들이 노조결성 보고 대회를 열고 격렬한 농성 투쟁을 벌이자, 사측은 서류를 돌려줄 수밖에 없었다. 이어 7월 27일 현대중전기, 8월 1일 현대정공 등 현대계열사 사업장에서 노조 결성이 순식간에 확산된다. 또한 7월 24일에는 현대자동차에서 노동조합이 결성되고, 7월 25일에는 현대중공업에서 노동자들이 어용노조 민주화 투쟁을 전개하는 등 울산에서 노동조합 결성이 7월 말에서 8월 초까지 이어진다. 8월 8일에는 울산에서 '현대그

---

[9] 남종석, 「87년체제와 노동운동: 회고·성찰·전망」, '6월 항쟁 30주년, 87년 체제와 부산지역 노동운동' 토론회, 부산민주항쟁기념사업회 부설 민주주의사회연구소, 2017.

룹노동조합협의회'가 결성되고 공동투쟁을 전개한다.[10] 정주영 현대그룹 회장은 "내 눈에 흙이 들어가기 전에는 노동조합을 인정할 수 없다"며 강경하게 버텼지만, 결국 노동조합을 인정하고 임금인상에 합의할 수밖에 없었다.

무소불위의 권력을 가진 것으로 보였던 재벌 대기업에서 노동조합 결성이 이어지자, 이러한 흐름은 더욱 확산된다. 울산을 넘어 7월 중하순부터는 부산, 마산, 거제를 비롯한 영남권으로 투쟁이 파급된 것이다. 7월 25일에는 대한조선공사(이후 한진중공업), 28일에는 국제상사에서 노동조합이 설립된다. 8월 1일에는 한국중공업(이후 두산중공업), 4일에는 대우중공업(현 한화오션), 7일에는 통일산업·효성기계, 10일에는 기아기공(현 현대위아)·삼미특수강 등 마산·창원으로 노동조합 결성이 확대되었다. 이어 8월에는 서울, 경기, 인천으로 확산하여, 8월 12일 삼익악기, 16일 영창악기, 17일 경동산업 등 노동조합 결성이 이어진다.

7월 8일 대한교육보험(현 교보생명) 노동조합 결성을 시작으로, 제조업 사업장 외에 사무·금융 업종으로도 노동조합 설립이 확산된다. 서울대병원 노동자들이 7월 31일 노동조합을 결성한 이후, 울산 해성병원(현 울산대병원), 중앙대병원, 한양대병원을 비롯한 병원에서도 노동조합이 설립되었다. 이외에 대학 교직원, 연구기관, 전문기술, 언론사 등 전 업종으로 노동조합 설립이 확대된다. 다만, 8월에 절정에 이른 노동자들의 투쟁은 9월 들어 현대자동차, 대우자동차, 현대중공업에 대한 정부의 탄압이 강화되면서 차츰 소강상태로 들어선다.

---

10 이 협의회는 1988년 '현대그룹노동조합연합회'로, 1990년부터는 '현대그룹노동조합총연합'(현총련)으로 재편되었다.

1987년 8월 18일. 울산 현대그룹 시위에 참가한 노동자들. (사진출처: 민주화운동기념사업회)

노동부 집계에 따르면, 1987년 들어 발생한 노동쟁의는 3,749건이었다. 이는 1980년대 들어 가장 많은 쟁의가 일어났던 1980년 407건의 무려 9배에 달하는 수준이었다. 특히 1987년에 발생한 쟁의 중 89%가 6·29 선언 이후인 7~9월에 집중적으로 나타났다. 1989년에는 전체 임금노동자의 19.8%가 노조에 가입할 정도로 노동자운동이 고양되었다. 또한, 이 시기 노동조합이 없는 사업장에서의 파업도 전체의 거의 절반에 이르렀다. '선파업 후협상'과 같은 노동법을 무시한 투쟁도 잦았다. 이는 당시 노사관계의 법과 제도가 현실의 노사관계를 반영하지 못하고 있었기 때문인데, 따라서 노동법 개정 문제가 부각될 수밖에 없었다. 아울러, 노동자 대투쟁은 노동조합을 통한 단체행동이 정착되는 과정이기도 했다. 이러한 단체행동은 자발적인 경제투쟁의 성격이 강해서, 주된

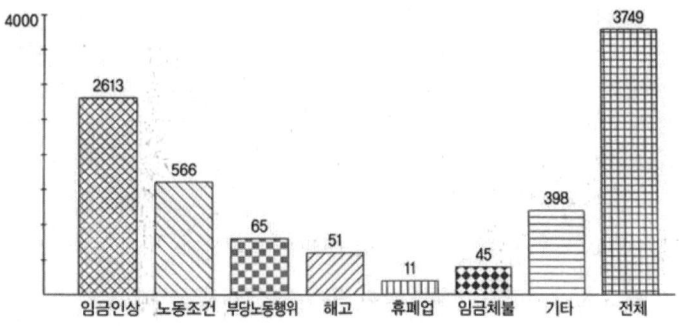

[그림] 1987년 노동자 대투쟁의 원인별 건수
(자료출처: 김영수 외, 『전노협 1990~1995』, 한내, 2013.)

요구는 임금인상과 노동조건 개선이었고 억압적 노무관리의 철폐와 작업장 민주화, 노동조합 활동 인정과 같은 요구가 그 뒤를 이었다.

87년 대투쟁 과정에서 노동자들은 임금인상과 근로조건 개선, 민주노조 인정을 요구하고 상당 부분 쟁취한다. 이때 노동자들의 요구를 보면, 체제 변혁을 요구하는 정치적 성격을 찾기는 어렵고, 임금인상을 요구하는 경제적 성격이 중심이었다. 새로 결성된 노동조합은 임금제도를 거부하는 것이 아니라 기업주와의 교섭과 협약체결을 강력하게 요구했다. 또한 기업 총수를 축출하는 것이 아니라 총수가 교섭 당사자로 직접 나설 것을 요구했다. 즉, 자본주의 체제를 바꾸자는 '혁명적' 투쟁은 아니었던 것이다. 결국 1987년을 주도한 것은 이념을 압도한 거대한 경제투쟁의 파도였다.[11]

실제로 1987년 투쟁 당시 노동 현장에서 가장 보편적이고 핵심적인 요구였던 임금인상과 노동조건 개선을 살펴보자. 7~9월에 발생한 쟁

---

[11] 최영기 외, 『1987년 이후 한국의 노동운동』, 한국노동연구원, 2001.

의 중 70%가 임금인상 요구를 포함했고, 작업환경 개선, 장시간 노동 해소 등의 요구가 그 뒤를 이었다. 노동자들은 평균 20~30%의 임금인상을 요구했는데, 이는 그해 상반기 평균임금 인상률 7.5%를 훨씬 웃도는 요구였다. 이는 경제성장의 성과를 재벌과 경영진만 독식하게 둘 수 없다는 노동자의 집단적 요구였다.[12] 1987년부터 1989년까지 한국 노동자들의 누적 명목 임금 인상률은 40% 이상(1987년 8.3%, 1988년 11.6%, 1989년 18.3%)을 기록했으므로, 이 시기 노동자의 경제투쟁은 상당한 성과를 얻었다고 할 수 있다.

물론 노동자 대투쟁은 노동자와 노동조합을 완전히 배제하며 작업장을 지배하던 통제구조를 무너뜨렸다는 점에서 중요한 정치적 의미도 있었다. 또한 억압적 국가권력을 등에 업은 사용자들이 강요한 저임금 체제를 분쇄하기 위해서는, 노동자가 임금투쟁을 최우선 과제로 삼을 수밖에 없었던 것이 당연한 상황이기도 했다. (다만 당시 정세에서 당연했던 이와 같은 운동 방식이 그 이후에도, 또는 지금까지 계속 적절한가 하는 질문을 제기할 수는 있을 것이다) 노동자 대투쟁 이후, 국가와 자본은 작업장 안에서는 물론 사회적으로도 노동자와 노동조합을 무시할 수 없게 되었다. 사용자가 일방적으로 노동자에게 폭력을 행사하여 현장을 통제하거나 임금과 고용을 결정할 수 있는 시대는 점차 저물어갔다. 노동자 대투쟁을 통해 노동자는 한국 사회 발전의 향방에 큰 영향을 줄 수 있는 계급적 세력으로 등장할 수 있었다.

급격히 터져 나온 87년 노동자 대투쟁은 이러한 역사적 의의와 함께 한계도 있었다. 먼저, 투쟁이 주로 각 사업장 단위의 초보적인 조직

---

[12] 노동자역사 한내, 「1987년 노동자대투쟁」, 《노동운동사건》, (www.hannae.org)

화 수준에서 준비되었고, 기업 단위를 넘어서는 조직적 지도력은 아직 형성되지 못했다. 즉 고립적, 분산적 투쟁일 뿐 본격적인 연대투쟁은 거의 조직하지 못했던 것이다. 또한 사업장 내 요구사항을 관철하는 데 집중하면서, 노동계급 일반의 요구를 제출할 능력은 결여하고 있었다.[13]

당시 부산, 울산, 경남의 동남권 지역에도 학출 활동가들의 현장 조직화가 있었으나, 수도권보다는 상대적으로 취약한 상태였다. 1980년대 중반에 현대엔진의 고적답사반, 현대자동차의 독서회와 같은 현장 소모임에서 노동자들은 노동조합 결성의 필요성을 토론하면서 주체적인 준비를 해나갔지만, 이들 모임을 수도권에 집중된 학출 활동가들이 추구한 급진적인 정치이념적 지향을 가진 조직으로 보기는 어려웠다. 학출 활동가들은 87년 노동자 대투쟁 이전보다는 오히려 대투쟁 직후 울산에 투신하여 조직사업을 진행하는 경우가 많았던 것으로 알려져 있는데, 이후 1990년대 초에 이르면 이들 중 상당수가 울산의 노동현장을 떠나게 된다.[14]

이 시기 분출된 노동조합의 투쟁이 정치적 성격을 강화하고 연대를 확대하기 시작한 것은 1988년 들어 본격화된 지역별 임단투 공동투쟁과 노동법 개정 투쟁을 거치면서였다. 지역별 임단투 공동투쟁은 각 지역별 노동조합협의회, 즉 지노협 결성으로 이어진다. 1987년 12월, 마산

[13] 김세균, 「1987년 이후의 한국노동운동」, 《한국정치연구》 11-1, 2002.
[14] 신진선, 「노동자의 역사를 노동자가 기록해야 합니다. 울산 선교협 노옥희 인터뷰」, 《사회운동》, 2007년 7~8월호. 노옥희 전 울산교육감은 현대고등학교에 교사로 재직하다 해직된 후, 1987년 당시 울산사회선교실천협의회의 노동문제상담소 간사로 활동하면서 노동조합 조직화 사업을 헌신적으로 지원했다. 87년 노동자대투쟁 당시 울산에서 건설된 대부분의 노동조합이 노옥희 선생의 지원을 받았던 것으로 알려져 있다. 선생은 울산 교육감으로 재직하다가 2022년 12월 8일, 갑작스레 유명을 달리하시고 말았다. 고인의 민주노조운동에 대한 헌신을 기억하며, 지면을 빌어 다시 한번 선생의 명복을 빈다.

1988년 11월 13일. 처음으로 개최된 '전태일 열사 정신계승 노동자대회'에서 차도를 따라 행진하고 있는 조합원들의 모습.

창원노동조합총연합(마창노련)을 시작으로, 1988년 진주, 서울, 인천, 전북, 경기남부에서 지역노동조합 협의회가 구성된다. 이 흐름은 1989년까지 계속되어 광주, 성남, 부산, 대구 등으로 확대된다. 업종별 연맹도 형성되기 시작했는데, 1987년 11월 전국사무금융노동조합연맹(사무금융노련)이 출발점이었다. 이후 1988년 들어 출판, 화물, 언론, 병원 등에서 업종별 조직이 결성되고, 1989년에는 시설관리, 일용노조, 지역의료보험, 전교조, 전문기술 등으로 확대된다. 사무금융·언론·병원·전문기술 등 업종별 연맹들은 한국노총의 인준 없이 설립신고증을 받아 합법성도 획득한다.

또한, 노동법 개정 투쟁 과정에서 노동조합은 사업장을 넘어 제도에 대한 요구를 정부와 국회를 상대로 제기하기 시작했다. 이러한 운동은 전국적인 조직을 필요로 할 수밖에 없었으므로, 지역적인 수준을 넘어 전국적인 노동조합의 연대구조가 급속히 발전한다. 1988년부터는 민주노조운동의 연대조직들 간의 공동활동도 본격적으로 시작되면서 전국적인 조직화의 길, 1990년 전노협 건설로 나아가기 시작한다. 87년 노동자 대투쟁 이후 2년여 만에 전국적 조직을 건설하는 데까지 급속히 발전한 것이다.

이러한 조직적·정치적 발전 과정에는 1988년 전국노동운동단체협의회(전국노운협)으로 결집하게 되는 노동운동단체들의 역할이 컸다. 1987년 노동자 대투쟁과 그 속에서 형성된 수많은 노동조합 자체는 경제적 투쟁의 폭발과 그 결과였다. 그러나 이후 지역적 연대를 지노협으로 조직화하고 이를 전노협이라는 전국적 중앙조직으로 발전시킨 것과, 노동법 개정 투쟁과 전국적인 노동탄압 분쇄 투쟁과 같은 정치적 투쟁이 전개된 것은 경제투쟁의 자연스러운 결과라고는 설명할 수 없는 과정이었다.

이 과정은 노동운동 단체들이 깊이 관여하는 가운데 진행되었다. 상당수의 노동운동단체는 1970년대 민주노조 운동 과정에서 형성된 활동가와 단체들로 구성되어 있었고, 1970년대와 1980년대 초 노동운동을 비판적으로 평가하면서 한 단계 더 정치적으로 나아간 서노련과 인노련의 운동을 계승하고 있었다. 따라서 1987년 이후 노동자운동이 그 짧은 기간 동안 급격하게 성장하는 놀라운 과정은, 이전 시기 노동자운동의 발전 과정과 떼어놓고 볼 수 없다는 사실을 인식할 필요가 있다.

3. 전국적 단결과 전노협 건설:
민주노조운동의 조직적 도약과 탄압

1990년, 민주노조운동은 전국적 중앙조직 '전국노동조합협의회'(전노협)을 건설한다. 1987년 이후 전개된 노동자 투쟁을 통해 축적된 조직적 역량이 모인 성과였다. 1990년 1월 22일, 눈 내리는 성균관대 수원 캠퍼스에서 기습적으로 전노협 창립대의원대회가 개최된다. 바로 같은 날, 민정당, 민주당, 공화당은 3당 합당을 진행하고 있었다. 민주노조 총단결과 같은 날, '보수대연합'이 결성된 것이다. 한편에서는 전노협 결성이 상징하는 노동자계급 단결이 이뤄지고 있었고, 다른 한편에서는 체제의 위기를 정비하기 위한 지배계급의 정치적 재편이 이뤄지고 있었던 셈이다.

1) "이제는 하나다! 전노협"

1987년 노동자 대투쟁 이후 1990년대 초까지 민주노조운동은 지역적 단결체로서 각 지역에서 지역노동조합협의회(지노협)를 건설한다. 1987년 노동자 대투쟁 이듬해인 1988년 상반기부터 대대적인 임금인상 투쟁이 진행되면서, 지역·업종 노조 간에 여러 형태의 모임이 시작된다. 지역의 노동운동단체들은 투쟁 과정에서 배출된 선진 노동자를 조직하고, 사업장을 넘어선 교류와 지역적 연대투쟁을 조직하면서 지노협 결성을 지원했다. 이들 단체의 활동가들은 지노협이 결성된 후 조직 운영도 적극적으로 지원한다.

1988년에 이르면 지역별로 마창노련(마산·창원)을 시작으로, 서울·인천·부천·경기·성남·대전·광주·대구·구미·울산·거제 등 13개 이상 지역에서 지역별 협의체가 만들어진다. 업종별로도 사무금융·전문기술·병원·출판언론·시설관리·화물운송 등에서 협의체가 만들어졌다. 이렇게 만들어진 협의체들은 1988년 임금 투쟁 공동대응과 함께, 1988년 11월과 10월부터는 전국노동자대회, 등반대회, 세계노동자의 날 기념집회를 진행하면서 연대활동을 대중적으로 확산한다.

1988년 3월에는 현대엔진 노조탄압 저지 연대활동이 발전한 '노동조합탄압저지 전국노동자공동대책협의회'(전국공대협)가 결성된다. 5월에는 '노동법 개정 전국노동조합특별위원회'(노조특위)가 구성되고, 10월에는 노동법 개정을 위한 '전국노동법개정투쟁본부'(전국투본)로 확대된다. 전국공대협의 활동 과정에서 각 지역의 노동운동 단체가 결집한 '전국노동운동단체협의회'(전국노운협)가 구성된다. 전국노운협에는 한국노동자복지협의회, 서울노동운동연합, 전태일기념사업회, 한국카톨릭노동청년회, 인천지역민주노동자연맹, 인천부천민주노동자회, 민중문화운동연합 노동분과, 경수지역노동자연합, 안산민주노동자연맹, 현대해고자복직실천협의회 등 다양한 성격의 노동운동단체가 참가했다.[15]

[15] 1987년 민주화 열기 속에 노동조합법이 개정된다. 한국노총이 요구한 노조설립 요건 완화, 기업별노조 강제규정 삭제, 유니언숍(노동조합 강제조직권) 확보, 단체교섭 권한위임 용이화, 냉각기간 단축, 공익사업 범위의 축소, 변형근로시간제 삭제 및 임금채권우선변제 확보 등이 이루어졌다. 그러나 민주노조 운동 진영이 요구하던 복수노조 허용에 역행해 제2노조 설립을 금지하는 규정을 신설하고 '소속된 연합단체의 명칭'을 설립신고서의 필요적 기재 사항으로 추가하는 등, 한국노총이 조직을 방어하기 위해 요구한 내용들이 포함된 개악 역시 이루어졌다. 또한 제3자 개입 금지 조항, 정치활동 금지 조항, 공익사업의 직권중재 조항 등 위헌성이 지적되던 사항에 대해서는 전혀 개정이 이루어지지 않았다. 결국 1987년 노동법 개정은 민주노조운동을 철저하게 배제하는 가운데 노동조합 활동과 노동자의 근로조건을 부분적으로 개선하는 데 머물렀다. 노사관계의 측면에서 볼 때, 정부, 자본, 한국노총은 민주노조진영을 배제한 채 노동을 관리하고자 했던 것으로 볼 수 있다. 최영기 외,

전국노운협은 노조특위와 함께 노동법 개정 요구안을 만들고 노동조합들과 함께 투쟁을 전개한다. 이들 노동단체는 신규노조결성, 노조민주화사업, 선봉대 조직 등과 같이 기업별 노동조합에서 할 수 없는 활동을 전개했으며, 지노협의 전국적 연대활동도 지원하며 노동조합운동의 정치적 투쟁도 조직했다. 지노협과 전노협의 상근자 중 다수도 전국노운협을 비롯한 노동운동단체를 통해 수혈되었다.[16]

[16] 『한국의 노동법 개정과 노사관계』, 한국노동연구원, 2000. 한편, 1988~89년 노동법 개정 투쟁 과정에서 민주노조운동 진영은 복수노조의 전면 허용, 교원과 공무원의 단결 허용, 정치활동 허용, 제3자개입금지 조항의 철폐, 조합원 자격제한의 철폐, 방위산업체 쟁의제한의 완화, 공익사업에 대한 직권중재의 폐지, 근기법의 전사업장 적용, 주 44시간제의 도입 등을 요구한다. 이러한 내용을 이후 국회의 야당이 수용하여 법 개정으로 나아갔다. 이미 1987년 노동자 대투쟁 과정에서 벌어진 선 파업·후 교섭, 이후 한국노총 소속이 아닌 지역·업종별 연대체 결성의 현실화와 같이 기존의 노사관계를 규율한 법제도가 작동하지 못하는 상황이었기 때문에, 지배계급 입장에서도 노동법을 손 볼 필요성이 대두되고 있었다. 당시 여소야대 국회 상황에서 1989년 3월, 국회는 공무원과 교사의 단결권 보장, 노동조합의 정치활동 금지 삭제, 제3자 개입금지 완화(사전신고) 등 노동법 개정을 통과시켰지만, 노태우 대통령의 거부권행사로 폐기되고, 근로기준법에서 적용 범위를 15명 이상에서 5명 이상 사업장으로 확대하고 법정근로시간을 주48시간에서 44시간으로 줄이는 개정만 시행된다. 이 거부권 행사는 '87년 체제'의 한계를 보여주는 상징적 사건이었다. 이는 형식적 민주화와 실질적 민주화 간의 괴리를 노출한데다, 군사정권의 연장선상에서 노동운동에 대한 억압이 계속되고 있다는 점을 보여주었다. 노동조합법의 개정은 이후 ILO 협약 비준 투쟁 등 민주노조운동 진영의 계속된 투쟁 과제가 된다.
(지노협과 전노협 상근자는) "결성초기 80% 정도가 전국노운협에서, 나머지 15% 정도는 노동교육협회, 5% 정도는 반합법 정파조직에서 수혈하였고요. 상임집행위원회는 전국노운협 60%, 노교협 40% 정도의 역량으로 구성되었어요." 노동운동단체 출신의 활동가들은 학생운동 출신(현장에 투신한 '학출'노동자 포함)이 다수였다. 노동운동은 현장에 들어온 지식인들을 매개로 해서 사회주의와 만나게 되었다. 물론 노동자들이 지식인들이 들고 온 사회주의를 온전히 학습하고 받아들였다거나, 전노협과 같은 노동조직이 사회주의로 무장했다고 보기는 어려웠다. 그러나 지식인들의 지표였던 사회주의 이념은 노동운동의 이론과 실천에도 지속적인 영향을 미쳤다는 것은 분명한 사실로 보인다. 유범상, 「한국의 노동운동이념: 이념의 과잉과 소통의 빈곤」, 한국노동연구원, 2005.) 한편, '노동교육협회'는 김금수, 천영세, 김유이 등이 주도해 1986년 4월 창립한 단체로, 1995년 현재의 '한국노동사회연구소'로 발전한다.

1989년 12월 17일. 전노협 창립준비위 결성대회에서 결의를 다지는 전노협 회원들의 모습. (사진출처: 민주화운동기념사업회)

이러한 활동은 이후 노동조합 조직이 지노협이 전노협으로, 또 노동운동이 정치적으로 발전하는 데 큰 도움이 되었다. 불과 1년 전에 폭발적으로 형성된 노동조합들은 아직 전국적 결속이 견고하지 못하고 정치투쟁의 경험이 없는 상태였기 때문에, 노동운동단체가 각 지역 노동운동의 현황을 파악하고 연대구조를 형성하며 이를 전국적으로 결속시키는 데 큰 역할을 했다.

전국투본은 1988년 11월, 지금까지 이어지는 '전태일 열사 정신계승 노동자 대회'를 최초로 연세대학교 노천광장에서 개최하고 여의도 국회까지 행진한다. 지노협 활동과 노동법 개정 투쟁으로 축적된 경험과 대중적 역량은 전국적인 연대 조직의 필요성을 더욱 부각시킨다. 이에 민주노조운동 진영은 그해 12월 '지역·업종별 노동조합전국회의'(전국회의) 결성으로 나아간다. 이는 16개 지노협과 4개 업종별 협의체를 망라하여 조합원 20만 명을 포괄한 연대체였다. 전국회의는 1989년 '전노협건설 준비소위원회'를 구성하고 본격적으로 전노협 건설을 위한 활동을 이어간다. 권역별 등반대회와 교육·선전 등 대중사업을 거쳐 1989년 11월에는 5만 명의 노동자 참여한 전국 노동자대회가 개최된다. 이어 전국회의는 1989년 12월, 전국노동조합협의회(전노협) 창립준비위원회를 발족한다. 그리고 1990년 1월 22일, 전노협이 결성된다.

전국회의는 전노협 건설의 필요성을 당시 노동운동의 한계에서 찾았다. 전국회의는 민주노조운동이 더 이상 단위노조나 지역적 단결만으로는 해결할 수 없는 어려움에 부닥쳐 있다고 진단했다. 기업별노조의 협의체적 관계로는 전체 노동자의 이해를 대변하고 투쟁하기 어려울 뿐 아니라 조직의 확대나 강화도 어렵다는 것이었다. 전국회의는 전국조직 건설을 대안으로 제시했다. 비록 전노협이 만병통치약은 아닐지라도, 전체 노동자가 하나의 대오로 결집하여 경제적 요구와 정치사회적 요구를 스스로 해결할 수 있는 조직적 힘을 형성하는 과정이 필요하다고 인식했던 것이다.

1990년 1월 22일 수원 성균관대에서 800여 명의 대의원과 1500여 명의 노동자가 정부의 봉쇄를 뚫고 결집하여 전노협 결성을 선언했다. 전노협은 456개 노조, 16만 6천여 명의 조합원, 14개 지역협의체·2개 업종협의회가 모여 첫발을 내디뎠고, 전교조, 전문기술노련, 화물운송연맹 등은 참관조직으로 참가했다. 전국 단위에서 민주노조 대단결의 토대를 놓은 것이다.

전노협은 창립선언문에서 "노동자의 처지를 근본적으로 변화시킬 수 있는 경제사회구조의 개혁과 조국의 민주화·자주화·평화통일을 앞당기는" 기본목표를 천명한다. 조직의 모토는 "평등사회 앞당기는 전노협"이었다. 또한, 선언문은 "업종별·산업별 공동투쟁과 통일투쟁을 발전시키는 속에서 기업별노조 체계를 타파하고 자주적인 산별노조의 전국중앙조직을 건설"하는 것을 목표로 제시한다. 이는 당시 민주노조운동의 지향, 즉 경제투쟁을 넘어선 정치투쟁의 방향과 산별노조로의 조직발전 지향을 집약한 것이었다. 전노협 창립은 지역·업종에서 전국으로, 현장에서 기반해 더 넓은 조직으로 단계적으로 단결을 확대하는 과정이었다. 특히 기업별 노조와 사업장 단위의 개별적 투쟁을 넘어, 전국적이고 전 계급적인 요구를 제기하는 투쟁을 전개할 수 있는 조직을 건설했다는 의미가 있었다.

한편, 같은 해 5월에는 사무직·전문직 연맹체들을 아우른 '전국업종노동조합회의'(업종회의)가 결성된다. 업종회의는 전노협에 가입하지는 않았지만, 민주노조진영으로서 긴밀한 연대활동을 이어간다. 다만, 업종회의는 사무전문직 노동조합이 갖는 특성으로 인해 내부 조직력이나 간부층이 취약한 상태였고 전노협과 비교할 때 느슨한 협의체 성격이 강했다.

전노협은 기업별노조에 기반을 둔 지역별 협의체들이 전국 단위로 모인 연합체의 성격을 지녔다. 전노협이 중점을 두고 전개한 활동은 두 가지였다. 첫째, 임단협 투쟁을 전국공동투쟁으로 조직하는 것, 둘째, 민주노조진영에 가해진 정부와 자본의 압박에 맞서 민주노조운동을 지키기 위한 '노동운동탄압 분쇄투쟁'을 조직하는 것이었다. 이외에 노동법개정투쟁에도 나서긴 했지만, 위의 두 주요 활동을 수행하는 것만도 벅찬 일이었다.

1990년 이래 전노협이 조직한 공동임금투쟁은 대체로 '지역-업종-전국별 공동투쟁체 구성(12~3월) → 요구안 확정을 위한 조합원 총회(3월) → 교섭시기 집중(4월) → 쟁의발생신고 집중(4월 말) → 총력투쟁(5~6월) → 임투 마무리(6월 이후)' 순으로 진행되었고, 이것이 점차 관행으로 정착했다. 전노협이 주도한 공동임투의 가장 중요한 특징은 시기를 집중시키는 데에서 더 나아가, 요구안을 통일함으로써 기업별노조의 한계를 극복하고 단일 투쟁 전선을 형성했다는 점이었다. 또한, 투쟁 역량이 강한 주요 사업장의 노조를 '선도적으로' 배치함으로써 노동조합의 역량을 전략적으로 활용했다는 점도 중요한 특징이었다. 당시 기업별 노조 체제의 한계 속에서 전노협은 이러한 투쟁 조직화를 통해 그 한계를 넘어서는 실천을 전개했던 것이다.

그런데 전노협 건설 과정에서, 노동운동 정파들을 중심으로 새로운 전국적 노동조합 총연합단체(노총) 건설 여부와 관련된 논란이 시작된다. 이 논란은 민주노총 준비위원회 건설 전까지 이어지는 논쟁의 첫 단계였다고 할 수 있다. 이때 제기된 '제2노총론'은 전노협 건설을 한국노총과는 분리된 '제2노총'의 건설로 가는 과정으로 파악하고 있었다. 반면 '노총민주화론'은 집행부 교체를 통해 한국노총을 민주화할 수 있다고 전망하고 노조법상 총회소집권자 조항을 개정하는 데 집중하자는 주장이었다. 이들은 '제2노총론'이 광범위한 중간적, 후진적 대중을 방기하는 것이라고 비판했다.[17] 그러나 '노총민주화론'은 민주노조운동에서 대중적 동의를 받지 못했는데, 한국노총이 신규노조를 지원하기는커녕 여전히 수수방관하거나 때로는 방해함으로써 신규노조들이 '한국노총 민주화'에 대한 기대를 일찍 포기했기 때문이었다.

[17] 권형철, 「전노협건설논쟁」, 『한국변혁운동논쟁사』, 일송정, 1990.

한국노총은 자신의 법적 독점권을 지키는 것을 최우선 목표로 하여 움직이는 한편, 1988년 임시대의원대회를 열어 '개혁파'인 박종근 위원장을 선출하는 등 내부적인 개혁을 추진한다.[18] 민주노조운동의 발전이 한국노총도 변화하지 않을 수 없도록 강제했던 것이다. 그러나 한국노총의 개혁 시도가 보인 한계는 분명했다. 대표적으로 노·경총 임금합의가 문제였다. 1990년대 초 급속한 임금인상 경향을 억제하기 위해 정부는 다양한 노력을 기울였는데, 그 수단 중에 하나로 추진된 노·사·정 임금가이드라인을 제정하는 협의에 한국노총이 참여하면서 정부의 임금억제 정책에 '들러리'를 서게 된 것이다. 한국노총 집행부는 노사관계에서 사회적 주도권을 지키려는 의도에서 그런 것이었지만, 오히려 한국노총 산하조직들이 대거 이탈하며 위기가 가속화된다. 한국노총이 이 협의에 불참하는 것은 민주노총이 건설되는 1995년에 이르러서였다.

한편, 전노협이 건설된 1990년은 대기업노조의 굵직한 투쟁이 이어진 해이기도 했다. 3월부터는 'KBS 방송 민주화 투쟁'이 전개된다. 1989년 파업의 연장선에서 투쟁을 시작한 현대중공업노조가 4월에는 '골리앗 농성'으로 이어진 파업 투쟁을 전개한다. 대우조선과 대우자동차, 현대자동차와 MBC노조의 파업도 이어진다. 하지만 울산을 중심으로 한 대기업 노동조합은 전노협에 합류하지 못하고, 사무전문직을 포함한 업종회의도 전노협과 통합하지는 않는다. 전노협은 산하에 '대공장노동조합특위'와 '업종분과위원회'를 두고 이를 통해 이 노조들을 전노협 조직에 포함하고자 노력했지만, 실질적인 성과를 얻지 못했다.

울산지역의 경우, 1987년 노동자 대투쟁으로 현대중공업과 현대자

---

[18] 노진귀, 「1987년 노동자 대투쟁과 노동운동의 고양」, 한국노총 중앙연구원, 2017.

동차에서 강력한 대규모 노동조합들이 탄생한 상태였다. 이들 노조는 조합원 수와 조직력 면에서 다른 지역의 중소 규모 노조들을 압도했다. 그러나 이들 노조는 개별 기업의 울타리를 넘어 지역 연대체를 건설하기보다는, '현대'라는 거대재벌 그룹에 공동으로 대응하며 '현대그룹노조협의회'(이후 현총련으로 발전)를 결성하는 방향으로 나아간다.

업종회의에서 활동한 사무금융, 언론, 병원, 전문 등 업종별 조직들은 각 업종의 고유한 요구가 생산직 노동자 중심의 전노협에서는 충분히 반영되기 어렵다고 보았다. 또한, 제조업 노동자들의 전투적 투쟁 방식을 그대로 따르기 어렵다는 정서도 있었다. 전노협에 집중된 정권의 가혹한 탄압도 합류를 망설이게 하는 요인이었다. 결국 전노협이 '민주노조운동 진영'을 모두 아우르지는 못한 셈이다. 이들 민주노조운동이 모두 결집하는 것은 1991년 한국의 국제노동기구(ILO) 가입을 계기로 조직된 'ILO 기본조약 비준 및 노동법 개정을 위한 전국 노동자 공동 대책위원회'(ILO공대위)와, 이어서 구성된 '전국노동조합대표자회의'(전노대)에 이르러서다. 이는 이후 민주노총 준비위원회로 발전한다.

2) 전노협의 투쟁과 가중되는 탄압

전노협 출범 이후, 정권은 전노협을 집중적으로 탄압한다. 저달러, 저금리, 저유가의 '3저 호황'이 1989년 상반기에 끝나고 하반기부터는 경기침체로 반전되기 시작하자, 노태우 정권은 더욱 강경하게 노동 탄압에 나선다. 1986~1988년까지 연 12% 수준의 경제성장률이 1989년에는 6.9%로 하락한다. 1989년부터는 임금 상승률은 높아지지만, 노동생산성 상승률은 하락하면서 기업들의 채산성이 악화된다.[19] 노태우 정권의 노동 탄압은 이러한 조건에서 일어난 것이다. 아울러 1987~89년 기간에 상당한 수준의 임금인상이 이루어지면서 정권과 자본은 임금억제를 위한 통제를 강화한다. 이와 함께 중소기업의 해외 혹은 무노조 지역 이전, 비정규직과 하도급 같은 고용 유연화도 진행되기 시작한다. 전노협이 출범한 1990년은 바로 이러한 변화가 본격화되는 시점이었다.

민주노조운동이 조직적 단결을 정비하는 동안, 정권과 자본도 숨가쁘게 대응 대체를 정비하고 있었다. 1989년 11월, 경총과 전경련, 대한상의, 무역협회, 은행연합회, 중소기업중앙회 등이 함께 '경제단체협의회'(경단협)을 결성한다. 노태우 정권은 치안관계장관회의, 경제장관회의 등을 잇달아 소집하고, 12월에는 '무노동 무임금' 지침과 정부 주도의 임금 억제 정책을 발표한다. 전노협이 창립되기 이틀 전인 1990년 1월 20일에는 노동운동을 통제하고 관리하기 위한 '노동운동종합대책'을 발표한다. 한편, 전노협이 창립하는 1월 22일에는 '보수대연합'을 선언하는 3당 합당이 진행된다.

1990년에 노태우 정권은 조직범죄를 척결하겠다며 "범죄와의 전쟁"을 내세웠는데, 노동 현장에서는 공안 탄압을 정당화하기 위한 용도로 활용되었다. 때마침 1989년 4월 문익환 목사의 방북은 공안정국 형성의

---

[19] 최영기 외, 2001. 당시의 조건은 노동집약적 수출산업부문의 임금 압박으로 연결되어 이들 부문의 구조조정과 지역 이전, 해외 이전, 업종 전환을 불러온 것으로 평가된다. 중소기업이 많은 노동집약적 부문에서 나타난 이러한 흐름은 전노협의 기반이 되는 지역 공단 사업장에 불리한 조건을 형성한다. 한편, 자본집약적인 수출대기업은 인건비 상승에 대응하기 위해 기업별노조에 대한 관리를 강화하고 생산과정을 개편하는 신경영전략을 추진하고 자동화를 가속한다.

명분이 되었다.[20] 즉, 정권은 새로운 경제 발전모델을 제시하고 노사관계를 민주화 이후 시대적 상황에 맞게 개혁하기보다는, 1987년 이후 급격한 임금상승으로 인한 노동비용 상승을 억제하기 위해 과거 개발독재 방식의 노조 탄압으로 되돌아간 것이다.[21]

전노협 소속은 아니었지만, 1990년 KBS 노조의 방송민주화 파업과 현대중공업 파업은 중요한 투쟁이었다. 8월부터 KBS노조는 정부의 서기원 사장 임명에 반대하면서 방송 제작 거부 투쟁을 벌였다. 이에 정부는 공권력을 투입한다. 4월에는 정부가 투쟁 중인 현대중공업노조 간부를 구속하고 공장에 공권력을 투입한다. 이에 현대자동차노조가 연대파업을 벌이고, 마창노련과 서노협을 비롯한 지노협이 연대투쟁을 결의한다. 전노협은 비상중앙위원회를 개최해 5월 1일부터 총파업을 결의한다. 비록 전노협 소속 노조에 대한 탄압은 아니었으나, 정권의 노동탄압에 전면적으로 대응하지 않으면 향후 전노협과 지노협도 버티기 어렵다는 판단이었다. 이에 따라 마창노련, 부노협, 경기남부노련을 중심으로 파업과 집회를 비롯한 투쟁을 진행했고, 수감 중이던 단병호 위원장을 포함한 간부들이 집단 단식을 진행한다.

---

20   물론 당시 방북이 적절한 정세적 실천이었는지에 대해서는 통일운동 측면에서 별도의 평가가 필요할 것이다. 임필수, 「노태우정부 전반기, NL·PD 논쟁의 태동」, 《계간 사회진보연대》, 2019년 가을호.

21   물론 노태우 정부가 노사관계를 개혁하고자 하는 구상이 전혀 없었던 것은 아니다. 국제정세의 변화 때문이기도 했지만, 노태우 정부는 1991년 12월에 ILO에 가입한다. 노동운동은 이를 계기로 훗날 민주노총 준비위원회로 이어지는 'ILO공대위'를 건설하기도 한다. 노태우 대통령 집권 초반(1988~89년)에는 사회 민주화의 요구와 변화된 노사관계 현실을 반영하여 노동법 개정을 추진하는 등 부분적으로 유화적인 접근도 있었으나, 1989년 하반기 이후에는 앞서 본문에 언급한 정세적 조건의 변화 속에서 노동자운동 등 민중운동에 대한 통제와 탄압을 강화하는 방향으로 기울게 된다.

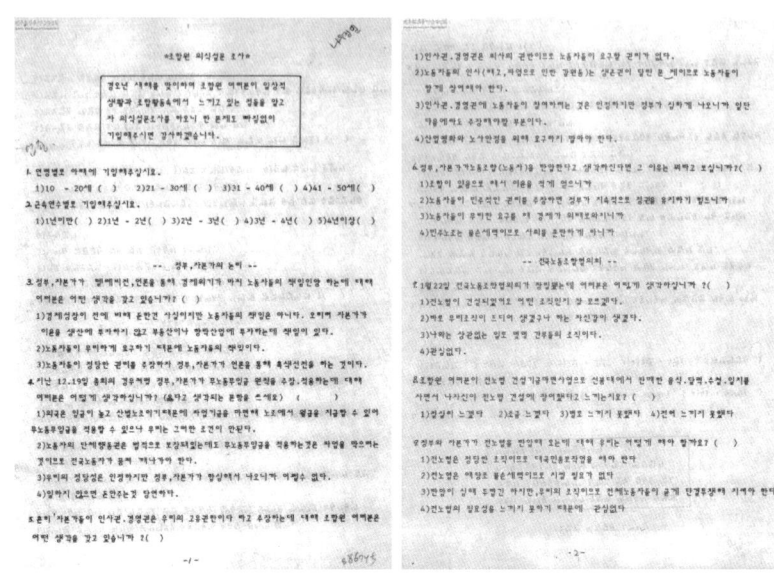

1990년 1월 23일에 이뤄진 서노협 구로지구 나우정밀 노동조합의 조합원 의식 설문조사지. "7. 1월 22일 전국노동조합협의회가 창립됐는데 여러분은 어떻게 생각하십니까?", "9. 정부와 자본가가 전노협을 탄압해 오는 데 대해 우리는 어떻게 해야 할까요?"라는 질문이 눈에 띈다. (사진출처: 민주화운동기념사업회)

 1990년 5월 총파업은 전노협이 소속 노조만이 아니라 계급 전체의 과제에 관한 정세를 진단하고 투쟁을 수행했다는 점에서 의미가 있었다. 그러나 한편으로는 상층(중앙)에서 결정하고 집행하는 과정에서 제대로 투쟁 조직화가 이루어지지 않거나 '내려먹기식' 사업에 그쳤다는 비판적 평가도 제기됐다. 이러한 비판은 이후에도 다시 제기될 쟁점이었다.

 전노협 간부에게 구속과 수배는 일상적인 일이었고, 전노협 가입 조직에 대해서는 노동청의 탈퇴 압박이 지속적으로 이어졌다. 1990년 노태우 정권은 "전노협 와해 대책"을 마련하는데, 제3자 개입 처벌, 핵심

현대중공업노조는 1987년 설립 이후 어용노조와의 투쟁을 거쳐 민주노조를 건설하였고, 1989년에는 128일간의 파업을 벌였다. 1990년 초, 회사와 정부의 탄압이 심화되면서 4월 20일, 노동조합 수석부위원장의 구속을 계기로 파업이 시작되었다. 노조는 '골리앗'이라 불리는 82m 높이의 크레인을 점거하여 13일간 농성을 벌인다. 노조 위원장 등 지도부가 투쟁을 책임지지 못하는 상황에서 이갑용 사무국장이 책임지기로 하고 농성에 돌입한다. 이 농성에 대한 경찰의 잔혹한 진압 작전은 '미포만 작전'으로 명명되었다. 이 투쟁은 현대자동차 노동자와 전노협의 연대로 이어지며, 전국적인 노동자 투쟁으로 확산되었다. 이는 결국 730명이 연행되면서 진압된다. 골리앗 농성은 노동자들의 단결과 저항의 상징으로 남았다. (사진출처: 노동자역사 한내)

인사 구속 및 수배, 전노협 가입 노조에 대한 업무조사, 관련 행사 원천 봉쇄를 비롯한 전방위적 대책을 망라한 것이었다. 5월 들어 전노협은 중앙위원 51명 중 17명이 구속되고 12명이 수배되어 반 이상이 정상적인 활동을 하기 어려운 상태였다. '좌경불순 급진세력'이라는 이념적인 선전 공세도 강해졌다.

전노협 중앙만이 아니라, 전노협에 가입한 단위노조들에 대해서도 직접적인 탄압이 이루어진다. 대표적인 것이 '업무조사'였다. 전노협 창립 직전 1990년 1월 19일 열린 '산업평화특별대책반'에서 등장한 업무조사는, 전노협 가입조직이라는 이유만으로 노동관청이 노조의 운영이나 회계를 조사한다는 명목으로 노조에 개입하거나 꼬투리를 잡아 전노협 탈퇴를 협박하는 방식을 의미했다. 사용자들도 '전노협을 탈퇴하지 않으면 회사 문을 닫겠다'라는 식으로 압박했다.

또한, 노태우 정권은 대기업노조가 전노협에 합류하지 못하도록 집중적으로 탄압한다. 1980년대 말부터 1990년대 초까지, 울산지역의 대기업노조들은 집행부가 불안정한 상황에서 전노협 가입을 결정하는 데 어려움을 겪는다. 현대자동차와 현대중공업 노조를 비롯한 울산의 대기업노조들은 '민주집행부 집권 → 전투적 투쟁 → 어용 집행부로 교체'되는 흐름이 반복되면서, 안정적인 민주집행부 지도력을 확보하지 못하고 있었다.

이러한 와중에 바로 1991년 '연대를 위한 대기업노조회의'(대기업노조연대회의) 참가자가 구속되고 한진중공업노조 위원장 박창수 열사가 사망하는 사건이 발생했다. 1990년 12월에 결성된 연대회의에는 서울지하철노조, 대우조선, 현대중공업, 한진중공업, 한국중공업을 비롯한 16개 주요 대기업노조가 참여하고 있었다. 이들이 1991년 2월, 임단투 공동투쟁과 노동운동 탄압 분쇄 투쟁을 논의하기 위해 수련회를 개최하자, 정부는 이른바 '제3자 개입금지'를 위반했다는 이유로 공권력을 투입하여 백순환 대우조선노조 위원장을 비롯한 67명의 노조 간부를 연행·구속한다.

전노협에 가입되어 있던 한진중공업노조의 박창수 위원장은 이 수련회에서 대기업노조들이 전노협에 합류할 것을 설득하려다가 함께 구속되었다. 그런데 박창수 위원장은 경찰 조사 과정에서 5월 6일, 입원했던 안양병원 마당에서 사망한 채로 발견된다. 경찰은 박 위원장이 투신

자살했다고 밝혔지만 믿기 어려웠다. 전국의 노동자들이 진상규명을 요구하며 안양병원에 모였고 경찰과 격렬한 몸싸움이 벌어진다. 이어 백골단(시위진압 체포조 사복경찰)이 장례식장에 난입해 시신을 탈취하는 사태가 벌어진다.

이미 4월 16일 명지대 학생 강경대가 시위 도중 강경 진압으로 사망하고, 5월에도 집회 진압 과정에서 성균관대 학생 김귀정이 연이어 사망하는 일이 발생한 데 이어, 분신도 잇따르면서 시위가 격화되고 있던 상황이었다. 여기에 전노협도 투쟁에 합류하면서 1991년 투쟁이 폭발한다. 전노협은 '고 박창수 위원장 옥중살인규탄 및 노동운동탄압분쇄 전국노동자대책위원회'를 구성하고, 5월 9일과 18일 총파업 돌입을 결정하고 격렬한 가두투쟁과 함께 임단투와 연계된 파업 투쟁을 진행한다.

노태우 정권은 더욱 강경하게 대응한다. 6월 3일에 한국외국어대학교에서 발생한 정원식 총리 폭행 사건으로 정세가 반전되면서 투쟁은 소강상태에 접어들고, 전노협은 박창수 위원장 장례를 6월 29일 치르기로 결정한다. 이 총파업은 임단투와 연계되었지만 정치적 성격이 강했다. 잇따른 정치적 파업에 대한 찬반 논란이 내부적으로 제기되었지만, 전노협은 정권의 탄압에 맞선 투쟁을 계속해야만 했다.

이렇게 노태우 정권은 급진적이고 전투적인 성격이 강한 전노협을 중심으로 노동자운동이 재편되는 것을 두고 보지 않으려 했다. 강력한 탄압 속에서, 1994년에 이르면 전노협은 조합원이 상당히 축소된다. 출범 당시 전노협 참가노조는 전체 노동조합의 5.8%, 조합원은 약 20만 명이었으나, 1년 후 조합원 수는 출범 당시의 약 44.9%로 감소한다. 이러한 감소는 정부의 탄압과 휴폐업 때문이었다. 결국 전노협을 중심으로 "민주노조 대단결"을 실현하고 산별노조 건설과 제2노총 설립을 이루려 했던 시도는 달성되지 못하고, 전노협은 민주노총 건설의 여러 주체 중 하나가 되고 만다.

3) 전노협 운동의 의의

전노협의 등장은 1987년 이후 폭발적으로 성장한 민주노조가 전국적으로 결집한 결과였다. 전노협은 각 지역의 투쟁을 전국적으로 연결하고, 노동자들이 전국적인 수준에서 단결하면서 국가와 직접 대결하는 정치적 투쟁을 전개할 수 있는 조직적 토대였다. 이로써 순치된 노조 상급 조직인 한국노총이나 기업별 노사관계로 노동자운동을 분할 통치하려던 정부의 기존 접근은 더는 작동하기 어렵게 되었다. 폭력적 탄압만으로 노동자계급의 정치적 발전을 막는 것도 점점 어려워졌다.

전노협은 '노동해방과 인간해방'이라는 급진적 이상을 민주노조운동의 기본 이념으로 공공연히 내세웠다. 이는 1987년 노동자 대투쟁 과정에서 경제적 요구나 초보적인 인권에 대한 요구를 넘어선 정치적 요구를 발전시킨 것이기도 했다. 전노협의 이념적 지향은 노동해방, 평등사회, 자유와 평등과 같은 핵심 구호로 집약된다.

'노동해방'은 구체적인 사회모델을 의미했다기보다는, 노동현장에서의 착취와 비인간적 대우를 극복하려는 노동자들의 강한 열망을 반영하는 구호였다.[22] 따라서 '노동해방'은 저임금 장시간 노동을 철폐하여 인간다운 삶을 쟁취하는 것, 억압적인 노동법과 정권의 탄압을 분쇄하는 것, 더 나아가 자본주의적 착취를 넘어서 '노동자계급을 해방'하는 것까지 다양한 수준으로 이해되었다. 다만 공통적으로는 노동자의 단

---

22 김진균, 「87년 이후 민주노조운동의 구조와 특징」, 《산업노동연구》 제1권 제2호, 1996.

결권 인정, 노동조합 자주성 실현, 개별 기업이나 사업장을 넘어서는 노동자들의 연대를 포함했다. 이는 장기적으로 노동자계급의 형성과 사회적, 정치적 조직화를 내포하는 것임은 분명했다.

전노협은 '자유와 평등의 사회'도 내세웠다. 전노협 창립선언문의 마지막 문장은 다음과 같다. "억압과 굴종의 세월, 어용과 비민주의 시대를 청산하고 전노협의 깃발 아래 강철같이 단결하여 자유와 평등의 사회를 향해 힘차게 진군하자!" 정권의 이념 공세 때문에 '사회주의'와 같은 급진적 표현보다 완화된 '자유와 평등'을 사용했다는 시각도 있으나, 반대로 이를 적극적으로 해석할 수도 있다. 즉, "자유 없이 평등도 없고, 평등 없이 자유도 없는, 자유와 평등이 사이좋게 조화를 이루는 각자의 자유로운 발전이 전체의 자유로운 발전의 조건이 되는 연합체와 거리가 가까운 사회"를 지향했다고 평가할 수 있다.[23]

또한, 전노협은 깃발에 '평등사회 앞당기는 전노협'을 새겼다. '평등사회'는 1990년 3월, 전노협 중앙위원회에서 결정하여 사용한 것으로, "노동자뿐 아니라 땀 흘리며 일하면서도 소외당하고 있는 도시 빈민, 농민 등 모든 민중의 요구를 한데 모아 평등사회를 앞당긴다는 것이 전노협이 추구하는바"였다.[24] 이는 조직된 노동자의 이익이나 임금투쟁 승리만을 추구하는 것이 아니라, 계급적으로 불평등한 자본주의 체제를 바꾸겠다는 의지를 담은 것이었다. 이러한 구호는 전노협 운동의 사회운동적, 변혁적 성격을 잘 보여준다.

지노협을 통한 전노협 건설은 개별 기업 단위를 넘어선 지역적 공

---

[23] 안태정, 「노동조직의 이념 비교: 전평, 전노협, 민주노총의 선언, 강령 비교 검토」, 전노협20주년 기념 토론회, 한내, 2010.
[24] 김영수 외, 앞의 책.

동투쟁과 단결을 통해 노동자 간 격차를 축소하고자 하는 실천이었다. 당시 노동조합 지역운동의 의의는 여기에 있다고 할 수 있다. 특정한 물리적 공간으로서의 '지역'이 아니라, 기업을 넘어선 연대가 실현되었다는 점이 중요하다. 당시 산업과 노동시장의 사회적 조건에 따라 그 연대의 범위가 특정한 '지역'들이 된 것이다. 지노협은 교섭위원 교육, 조합원 공동 결의대회 등 임단투를 함께 준비하고, 투쟁 시기를 집중하며 조직력이 있는 사업장의 파업을 선도적으로 배치하고 약한 조직은 시차를 두고 보조를 맞추는 등 지역차원의 공동투쟁을 조직했다.

지역을 중심으로 연대조직을 건설하는 운동은 지역(공단) 차원에서 기업별 일자리 이동이 활발했던 당시 노동시장 상황에서 자연스러운 발전경로일 수 있었다. 물론 기업별로 노동시장의 분할이 심화하여 일자리 이동이 상당히 어려워진 시점에서는 이러한 발전경로를 그대로 따르기 어려울 수 있겠지만, 중소·영세 사업장의 노동자나 특수고용·플랫폼 노동자를 비롯한 불안정한 노동자에게는 여전히 지역을 기반으로 한 운동이 중요하다.

그러나 현대그룹의 대기업노조가 주도하던 울산에서는 지노협이 건설되지 못했고 결국 노조 대부분이 전노협에 결합하지 못했다. 이는 당시 급속히 성장하던 수출 대기업 내에서 노조가 기업별 투쟁을 중심으로 성과를 실현할 수 있었기 때문이다. 실제로 1990년대 초부터 대기업의 임금인상은 지속되고 중소기업의 임금상승은 이에 따라가지 못하면서, 대기업과 중소기업 노동자 간 임금수준 격차가 점점 벌어졌다.

이에 비해, 지노협·전노협 운동은 초기업적 지향이 강하게 드러났다. 이러한 지역적 연대의 경험은 이후 금속산별노조를 지역에 근거해서 건설하는 지향으로 즉, 지금의 금속노조 지역지부 운동으로 계승된다. 물론 지노협과 전노협의 초기업적 단결에 한계가 있었다는 점도 부정할 수 없다. 지노협은 사업장을 넘어 공동투쟁을 전개했지만, 이는 본질적으로 기업별 교섭 체제에서 주로 임금인상을 쟁취하기 위한 연대 투쟁이었다. 지역별, 업종별로 사용자단체가 구성된 상황도 아니었으므로, 엄밀한 의미에서 초기업 교섭이 시도되거나 노사관계를 초기업적으로 형성한 것은 아니었다. 다만 일상적 교류를 통한 교육, 문화 활동, 정책 토론 등 연대활동은 비교적 왕성하게 진행되었고, 이를 통해 조합원이 노동자운동의 주체로 성장하는 과정이 활발하게 이루어졌다.

무엇보다 지노협이나 전노협은 지역적, 전국적 투쟁본부로서 역할이 강했다. 이러한 노조운동의 전통은 이후 산별노조 건설 이후에도 민주노총이 대정부 교섭 기구보다는 투쟁본부로서 성격이 부각되는 이유 중 하나다. 다만 전노협이 기업별 조직을 유지하면서 공동투쟁이 최선이라고 생각한 것만은 아니었다. 지역별 공동투쟁을 넘어 산별노조 건설로 나아가고자 한 것이다. 전노협 조직발전 논의 과정에서 핵심 쟁점은 '금속산별'을 어떻게 조직할 것인가였다. 전노협의 조직발전 논쟁은 이후 민주노총 가입을 어떤 단위로 할 것인지, 금속연맹을 어떻게 건설할 것인지에 대한 논쟁으로 이어졌는데, 이는 1998년 통합 금속연맹 건설로 귀결된다.

그러나 금속산업에서 산별노조 건설은 2001년에 이르러서야 진행되었다. 완성차 대기업노조가 합류한 것은 2006년이 되어서였다. 더구나 그 이후에도 산별교섭이 자리잡지 못했고, 금속노조 중앙보다 대기업지부의 권력이 더 강한 것이 현실이다. 기업을 넘어선 단결을 강화하려는 여러 노력이 있었지만, 1987년 노동자 대투쟁의 조직적 결과는 기업별 노조였다고 냉정하게 평가할 수 있다.

왜 기업별 노조와 기업별 노사관계라는 결과로 이어졌을까를 돌아보는 것이 중요하다. 제조업 대공장 노동자들의 투쟁이 전국적으로 폭발한 1930년대의 미국과 비교해볼 수 있는데, 1936~37년에 걸쳐 진행된 GM의 미시간주 플린트 공장 노동자들의 공장 점거 파업은 결국 회사가 산별노조인 전미자동차노조(UAW)를 인정하게 만들었다. 이 투쟁은 산별노조회의(CIO)의 상징적 투쟁이었고, 이후 미국노조운동은 산업별 노조가 주도한다. 한국에서도 울산에서부터 현대자동차, 현대중공업 등의 제조업 대기업 노동자들을 시작으로 투쟁이 폭발했지만 조직적으로는 산업별이 아닌 기업별 노조라는 특수한 조직형태로 이어졌다. 이는 이후 기업의 단층선에 따른 노동자들 간 격차 심화와 같이, 노동시장 체제에도 깊은 영향을 주었다. 만약 산별노조 운동이 1987년을 주도했다면 결과가 다를 수도 있었을 것이다.

왜 이런 차이가 나타났을까? 노동운동 활동가들의 노선 차이 때문이라고 보긴 어렵다. 1930년대 대불황기 미국에서는 기업이 도산하고 실업이 만연한 상황에서 기업별 교섭이 거의 의미가 없었고 산업 전체와 정부를 압박할 수 있는 거대한 집단적 힘이 필요했다. 반면, 한국의 1987년은 3저 호황이 정점에 이른 시기였으므로 수출 대기업에서 노동조합의 투쟁을 통해 초과이윤을 기업별로 배분 받을 수 있는 조건이 충분히 존재하고 있었다. 게다가 미국에서 1930년대 제조업 노동자들의 전투적 투쟁이 폭발할 당시에는 이미 미국노동총동맹(AFL)에서 분리된 숙련된 활동가들이 주도하는 산별노조회의(CIO)가 건설되어 있었고 이들이 현장의 노동조합 조직화와 투쟁을 주도했다.

또한, 당시 뉴딜 정책을 펼치던 루스벨트 정부는 노동운동 활성화를 지원하는 입장이었다. 1935년 제정된 전국노동관계법(일명 와그너법)

은 노동자들의 단결권과 단체교섭권을 법적으로 보장하고 사용자의 노조활동 방해 등의 부당노동행위를 처벌하는 내용을 담고 있었다. 성장하는 노동조합운동은 '뉴딜 연합'의 중요한 일부였다. 한국에서 전두환 정권이 기업별노조를 강제하고 노태우 정권이 집요하고 강경하게 노동운동을 탄압하던 것과는 상황이 달랐던 셈이다. 노동조합 간 연대나 상급조직의 지원도 '제3자 개입금지'법에 의해 처벌받았다. 정부의 탄압 속에서 노동조합 활동가들은 각 기업별로 조직된 노동조합을 지키는 데에 전력을 다해야 했다. 이러한 차이는 노동운동에 매우 오랫동안 이어질 영향을 남긴다.

한편, 정치적 노동자운동도 노동조합의 지역적 연대운동의 강화에 기여한다. 이 시기 정치적 성격이 강한 노동단체와 사회운동 단체들은 지노협·전노협 건설에 매진하면서 지역을 토대로 기업을 넘어선 운동으로 나아간다는 노동자운동의 발전 방향을 제시했다. 예를 들어 "민주노조운동이 계급적 대중운동으로 발전할 수 있도록 지원하고 선진노동자를 광범하게 조직하며 노동자계급의 정치적 진출을 확대 강화"하는 것을 목표로 1988년 6월 각 지역의 노동운동단체가 결집한 '전국노운협'은 지노협과 전노협의 투쟁에 일상적으로 결합했다. 또한, 최대 노동운동 정파 중 하나였던 인천지역민주노동자연맹(인민노련)은 노동자운동의 노선을 제시하면서 지역적 연대의 강화를 주문한다.

이러한 노조운동 안팎의 정치적 개입은 초기 노조운동이 지역을 중심으로 초기업적 연대투쟁을 펼치는 데 영향을 주었다. 또한, 노동운동단체들과 정치적 노동자운동의 지원은 1987년 노동자대투쟁 이후 민주노총 건설 본격화 이전까지 지노협과 전노협 운동이 민주노조운동을 주도할 수 있도록 하는 중요한 배경이 되었다. 이들이 수행한 지노협 조직화, 전노협 중앙 상근 역량 투입, 전국적 투쟁 지원은 노동운동 발전에 필수적인 것이었다.

이후 살펴보겠지만, 정치적 노동자운동이 쇠퇴하면서 이렇게 이념적 근거를 갖는 노동자운동 조직 혁신 시도도 점차 약화한다. 이들 운동의 쇠퇴는 그 지원을 받던 전노협 운동의 약화로도 이어졌다. 민주노총 건설 과정에서 전노협 운동의 중요한 특징 즉, 정치적 혹은 사회운동적 성격과 지역 중심의 강력한 연대구조가 제대로 계승되지 못하게 되는 것에도 영향을 주었다. 이 쟁점은 민주노총 건설 과정에서 전노협이 어떤 역할을 할 것인가라는 논쟁과도 연결되었다.

4. 1990년대 한국 자본주의와 노동운동의 변화

1) 1990년대 한국 자본주의의 구조적 변화

1989년~90년대 초 경기침체를 거치면서, 대기업의 투자 축소와 중소기업의 해외 이전과 같은 산업 구조조정이 진행된다. 1990년을 전후한 시기에는 걸프전으로 인한 원유가격 변동이나 선진국 경기 둔화와 같은 대외적 영향으로 경제성장이 둔화한다. 게다가 정부는 1992년부터 부동산 투기 억제와 물가안정을 위해 금융긴축과 건설억제책을 실시했고, 이는 내수 경기를 위축시켰다.

1993년에 출범한 김영삼 정부의 신경제 5개년 계획에 따라 세계화와 경제개방이 추진된다. 이 과정에서 한국은 경제개발협력기구(OECD)에 가입하고 관세 인하, 금융시장 개방, 자본자유화 조치를 시행한다. 이에 따라 한국경제는 국제 금융자본의 흐름에 더욱 노출되었다. 이 과정에서 기업의 부실채권 누적이나 단기외채 증가와 같은 위험이 쌓여가고 있었다. 특히 재벌 대기업은 금융자유화를 활용해 단기외채를 끌어와 대규모 투자를 늘리면서 자본의 집중을 강화했다.

재벌 대기업은 1990년대 초 경기침체를 거치면서도 1990년대 중반까지 고속 성장을 계속한다. 1980년대 후반 연평균 15% 안팎이었던 설비투자 증가율은 1990년대 들어 다소 둔화했지만, 외환위기 이전까지 여전히 평균 9% 정도의 높은 수준을 유지한다. GDP 대비 설비투자 비율도 1990년에 14.5%까지 상승하며 정점을 찍고 이후 점차 하락한다. 1990년대 한국경제는 외환위기 직전까지 높은 투자율에 기반한 성장세를 유지했다.

이에 따라 1990년대 중반까지 전체 노동시장은 거의 완전고용에 가까울 정도로 상황이 좋았다. 실업률 통계는 1980년대 후반에서 1997년까지 대체로 2%대 수준에 움직였다. 1990년에는 경기침체로 2.9%까지 올라갔으나 1996년에는 2.1% 수준이었다. (경제학에서 실업률이 2~3% 이하면 완전고용으로 간주한다) 그런데 1990년 이후 대기업들은 신규채용을 축소하고 최신 자동화 설비투자를 통해 생산성을 높이는 전략으로 전환하였다. 그 결과 1990년대 호황기에 대기업의 고용 흡수력은 제한적이었고 고용 증가율은 높지 않았다.

이 과정에서 노동시장 조건도 변화한다. 1987년 노동자대투쟁 이후 노동시장 체제가 크게 바뀌어, 주로 대기업·중화학공업·남성·생산 노동자라는 중핵 노동자의 '내부 노동시장'과 개발연대의 도시 하층과 연속성을 가진 중소기업 노동자를 비롯한 주변 노동자의 '외부 노동시장'으로 구성된 '분단 노동시장 체제로서의 87년 체제'가 1980년대 말에서

1990년대를 거치며 형성된 것이다.[25]

　이 시기 제조업 투자가 확대되는 과정에서, 대기업 사용자는 노동자들을 기업 내에 묶어두기 위해 연공급을 도입하고자 했다. 노동조합도 사용자와 중간관리자의 자의적인 인사 배치와 임금 결정에 반대하면서 근속기간이라는 단순한 요소로 설계된 연공급을 선호했다. (같은 기업 내에서) '같은 근속이면 같은 임금을 받는다'는 원칙이 임금 형평성으로 이해되기도 했다. (이후 대기업이 주도하는 민주노조운동은 이러한 임금체계를 이상적인 것으로 여긴다) 이는 대기업에서 고정자본 투자가 확대되고, 생산성이 증가하면서 임금을 인상할 수 있는 여력이 생겼기 때문에 가능했다. 노동조합들도 투쟁을 통해 기업의 이윤을 분배할 것을 요구했는데, 독점 대기업에서는 생산비용의 증가를 가격에 전가할 수 있으므로 가능한 일이었다.

　이와 함께 대기업은 비용 절감을 위해 저부가가치 중간재를 중소기업에 외주하면서 불필요한 생산설비 확대를 억제했다. 또한, 이러한 협력중소기업들을 활용하여 경기변동에 효율적으로 대응했다. 수출시장이 불황일 경우 대기업은 하도급 기업의 납품 비중을 줄이고 단가 후려치기를 통해 비용을 절감한 것이다. 이렇게 한국 대기업들은 세계시장의 위험을 중소기업에게 전가시키고 노동비용을 절약하면서 영업이익률은 크게 개선해 왔으며 세계시장에서의 점유율을 확대했다. 대기업 사용자들이 상대적 고임금을 유지함으로서 노조를 순치하고자 하는 의도도 있었다. 그 결과 1990년대 후반 현대중공업노조와 같은 전투적 투쟁의 상징이었던 노동조합에서도 온건한 실리주의 (어용)집행부가 장

---

[25] 요코타 노부코, 『한국 노동시장의 해부』, 그린비, 2020.

기간 집권한다.

대기업은 외주화만이 아니라 비숙련·반숙련 부문에서는 사내하청(사외공)도 광범위하게 활용하기 시작한다. 대기업들은 생산공정의 일부를 중소기업 협력업체로 이전하거나 하청을 확대하여 직접 고용한 인력의 증가를 억제했다. 파견노동자 숫자는 1992년에는 2만 7천명 수준이었지만, 1997년에 이르면 그 수가 22만 5천 명까지 확대된다.[26] 반면 중소기업은 노동집약적 부문을 중심으로 어느 정도 고용 증가가 있었으나 임시·일용직이 많았다. 노동집약적 산업에서는 노동수요 감소가 이어지며 고용 증가가 주춤한다. 특히 중소기업 부문에서 일자리 불안이 가시화되었다.

전반적인 임금인상과 함께 지속적으로 완화되던 임금 불평등은 1990년대 중반부터 다시 악화되기 시작했다. 주된 요인은 사업장 규모와 고용 형태에 따른 임금격차가 차츰 확대된 것이었다. 이미 1988년부터 대기업일수록 임금인상률 타결 수준이 높은 현상이 시작된다. 물론 중소기업(하청)은 임금인상률이 상대적으로 낮지만, 아직은 구직난보다 구인난이 더 심한 수준이었기 때문에 임금인상의 절대적인 수치는 여전히 높은 편이었고, 노조의 임금 투쟁으로 임금인상이 가능했다. 그러나 대기업을 추격할 수는 없었고 차이는 누적되었다. 결과적으로 1990년대 초부터 대기업(원청)·중소기업(하청)의 임금수준과 임금체계, 고용안정 수준이 점점 더 다른 길로 접어든다. 이후 살펴보겠지만 IMF 구제금융위기 이후에는 격차가 더욱 벌어진다.

노동시장의 이동성도 점차 낮아졌다. 대기업 노동자의 기업 정착성

---

[26] 정인수, 「파견근로의 실태와 정책과제」, 한국노동연구원, 1998.

은 1987년 노동자대투쟁의 결과로 뚜렷하게 자리 잡았으며, 임금 인상, 정기 승급제, 연공형 임금제 확립과 같은 노동조건 개선으로 나타났다. 예를 들어, 현대자동차에서는 노조 설립 전후로 이직률이 크게 감소하여 1990년에는 평균 0.27%에 불과했다. 동시에 예전과는 달리 사내하청 노동자를 원청에 고용하는 관행도 점차 사라졌다. 이는 기업 내 노동자들이 외부 노동시장의 경쟁 압력으로부터 보호받는 내부 노동시장이 구축되었음을 뜻한다.

이러한 변화는 전노협의 주력이던 지역 공단의 제조업 중소기업 노동조합에도 타격을 주게 된다. 1992년 한중 수교 이후에는 제조업의 해외 이전도 가속된다. 전노협의 기반이었던 중소 영세 사업장에서는 휴업·폐업, 고용불안과 실직 위험이 확대되었다. 전노협 산하 민주노조가 주로 포진했던 노동집약적 산업에서 사업체 폐업과 인력 축소가 진행된다. 이는 전노협 약화와 전체 노조 조직률 축소의 원인 중 하나였다.

결과적으로 이러한 변화는 기업별노조 체제의 강화와 임금 격차의 고착화로 이어진다. 87년 노동자 대투쟁 이후 이미 대세로 자리 잡은 기업별노조 체제가 앞으로도 더욱 강력한 힘을 발휘하게 하는 기반이 된 것이다. 분권적인 교섭 구조에서 개별 기업별노조 중심의 임금 극대화 및 기업 내부의 임금 평준화 정책은 결과적으로 점차 기업의 시장 지위 또는 기업 규모에 따른 임금 격차의 확대를 낳았다. 대기업 정규직과 중소기업 비정규직 간 임금 수준의 격차가 벌어지는 추세는 외환위기 이후 더욱 뚜렷해진다.

	1989년	1990년	1991년	1992년	1993년	1994년	1995년	1996년
협약임금 인상률	17.5	9.0	10.5	6.5	5.2	7.2	7.7	7.8
명목임금 인상률	21.1	18.8	17.5	15.2	12.2	11.2	11.2	11.9

[표] 협약임금 인상률과 명목임금 상승률 추이(%)

협약임금 인상률은 통상임금 기준. 단, 1992년은 총액임금 기준. (참고자료: 최영기 외, 2001.)

2) 정부의 임금 억제 시도와 실패

1989년부터 경기가 후퇴하는 상황에서 정부는 1987년부터 이어진 급격한 임금인상을 억제하기 위해 임금가이드라인을 발표했다. 1990년에는 '10% 일 더 하기 운동', '한 자릿수 임금인상' 정책을 추진하고, 1991년에는 공공기관과 대기업을 특별관리 대상인 '선도 부문'으로 지정하여 압박하기 시작한다. 1992년에는 시간 외 수당이나 성과급을 비롯한 각종 수당을 포함하여 임금인상률을 관리하는 '총액임금제' 정책을 추진한다.

정부가 일방적으로 임금을 통제한다는 인상을 피하고자, 김영삼 정부는 1993~94년에 "노총·경총 임금 합의"라는 노사정 합의 방식을 추진한다. 그러나 이 역시 사실상의 임금가이드라인으로 이어진다.[27] 노총과 경총이 임금인상률 폭을 정하고, 정부에 물가안정이나 주택공급 확대를 비롯한 경제정책과 제도 개선 사항을 건의하는 방식이었기 때문이다. 한국노총은 이를 '사회적 합의'로 규정하고 그 의미를 높이 평가

---

[27] '국민경제와 노사관계 발전을 위한 노·사·정 공동합의문'. 1993년 10월 27일.

1996년 6월 29일. 서울지하철 2호선 동대문운동장역 구내에서 서울지하철노조원들이 임시총회를 진행하고 있다. (사진출처: 민주화운동기념사업회)

했지만, 현장에서는 거센 반발이 나타났다. 특히 화학, 섬유, 금속, 금융 등 일부 산별노련은 한국노총과 경총의 협상을 무시하고 독자적인 임금요구안을 산하조직에 내려보냈다. 이는 1994년, 한국노총 산하 조직들이 대대적으로 맹비 납부를 거부하거나 한국노총을 탈퇴하고 민주노총에 합류하는 계기가 된다. 결국 커다란 조직적 타격을 입은 한국노총은 1995년부터는 경총과의 합의를 더 이상 추진하지 않겠다고 선언한다. 이와 함께 한국노총은 '노총 발전을 위한 특별위원회'가 상정한 '민주복지사회 실현을 위한 노동조합주의' 노선을 채택하며 다시 개혁을 시도한다. 정부의 임금 억제 정책은 정부에 대한 대중적 불만을 누적시켜, 김영삼 정부 말기 1996~97년 총파업이 발생하는 원인이 된다. 임금 억제를 위해 시작된 노사정 합의 방식은 이후에도 1996년 노개위, 1998년 노사정위원회를 거치지만, 매번 불안정한 역사를 반복한다.

한편, 후발주자로 출발한 공공부문노조는 1990년대 초중반 주요 공공기관 노조에서 일련의 민주 집행부 당선과 공동투쟁을 통해 활성화된다. 임금 억제를 위한 정부 주도의 가이드라인은 민간부문에서 실패했지만, 공공부문에서는 정부 지침으로서 직접적인 영향을 주었다. 이로 인한 임금인상 지체는 공공부문 노동자의 파업 투쟁으로 이어진다. 서울지하철노조와 부산지하철노조, 철도노조 내 기관사 조직인 '전기협'(전국기관차협의회)으로 구성된 '전지협'(전국지하철노조협의회)은 1994년 6월 27일 공동파업을 예정하고 있었다.[28] 6월 23일, 경찰은 공동파업을 막고자, 파업에 돌입하기도 전에 전기협 농성장을 먼저 침탈하여 집행부를 연행한다. 이에 따라 파업 투쟁이 촉발되어 서울과 부산 지하철 노조도 6월 24~25일 공동파업에 돌입하게 된다. 여기에 전노협과 전노대도 적극적으로 연대하면서 민주노조운동 진영이 결집하는 공동투쟁이 전개된다.

정부의 가혹한 탄압으로 인해 파업 자체는 큰 성과 없이 마무리되고 대규모 구속과 해고가 이어졌지만, 이는 공공부문 노동자들의 공동

---

[28] 1988년 철도청이 일방적으로 기관차 승무 구간을 늘린 데에 한국노총 산하의 전국철도노조가 대응하지 않자, 7월 26일부터 철도기관사들이 비공인파업(wildcat strike)을 전개한다. 이 파업이 실패로 끝난 뒤 철도노동자들은 민주파 지부 집행부를 선출하고 '전국기관차분회장협의회'(이후 전국기관차지부협의회로 명칭변경, 약칭 전기협)를 결성한다. 1994년 당시에도 전기협은 합법적인 쟁의권은 없었지만, 파업투쟁에 돌입한다. 파업 이후 이어진 정부의 가혹한 탄압은 철도노조 민주화를 위한 운동을 더욱 조직적으로 전개하는 계기가 된다. 당시 철도노조는 지부 대의원이 중앙 대의원을 선출하고 이들이 다시 철도노조 위원장을 선출하는 3중 간선제로 운영되고 있었다. 이는 어용 기득권 세력에게 절대적으로 유리한 구조였다. 따라서 철도노조 민주화 운동은 이 간선제를 철폐하고 조합원 직선제를 실현하는 것을 목표로 했다. 결국 2000년에 대법원이 이러한 3중 간선제가 위법하다는 판결을 내리자, 노조는 규약을 개정하여 직선제로 전환한다. 2001년에는 최초로 민주파 집행부가 집권한다.

투쟁이 확산되는 계기가 되었다. 이와 함께 1994년에는 당시 한국 최대 규모의 노동조합이었던 한국통신노조를 포함한 공공부문노조에 민주 집행부가 다수 들어선다. 1994~95년에 전기협·전지협 파업과 한국통신노조, 조폐공사노조의 투쟁이 집중적으로 이어진다.

이 시기 형성된 노동자운동 노선은 "자주성, 민주성, 투쟁성, 연대성, 계급성"으로 집약된다. 이는 오늘날에도 노동조합 교육에서 민주노조운동의 정신으로 강조하는 지향이다. 1987년에서 1997년까지 이어진 노동자 대투쟁과 전노협에서 민주노총 건설의 시기는, 노동운동의 전성기이자 한국경제의 마지막 고도성장기였다. 개인과 가구의 소득이 상승하며 절대 빈곤이 점차 완화된다. 이 시기 동안 한국인은 공적 복지 지출의 확대 없이 처음으로 절대 빈곤에서 벗어나기 시작했다.[29]

지금도 주요 노동운동 지도자들은 외환위기 직전의 이 시기를 가장 이상적이었던 시기로 간주하기도 한다.[30] 또한, 높은 기업별 고용 이동성으로 인해, 설사 한 기업이 망하더라도 노동자들은 다른 일자리를 비교적 쉽게 얻을 수 있었다. 이러한 조건에서는 "끝까지 투쟁하면 승리한다"라는 관념이 적합했다.

그러나 표면적인 안정 이면에는 구조적 문제가 누적되고 있었다. 무엇보다 노동시장 분할의 씨앗이 존재했다. 기존에 노동시장에서 비교적

---

29 윤홍식, 「성공의 역설, 한국정치·경제·복지 체제가 남긴 것」, 『성공의 덫에 빠진 대한민국』, 후마니타스, 2022.
30 민주노총 양경수 위원장은 언론과의 인터뷰에서 "비정규직 조직화, 노동시장 양극화 해소 방안을 제시해달라"는 질문에 대해 "한국 사회에서 비정규직 문제는 복잡해 보이지만 굉장히 단순한 문제다. IMF 이전 법 제도로 돌리면 된다"고 답변했다. ("파워인터뷰 민주노총: '비정규직 문제, IMF 이전으로 가면 된다'", 《내일신문》, 2021년 3월 23일.) 이는 외환위기 이전 1990년대에 대한 노동운동 활동가들의 통념으로, 노동운동 판 각주구검(刻舟求劍)일 것이다.

동질적이었던 산업노동자들의 지위가 분화하고, 기업 규모와 산업의 가치사슬에 따라 노동계급 내부의 분절이 본격화된다. 동일 산업 또는 동일 지역 노동계급 내부의 이질화가 심화하면서 기업별 노조운동의 성공이 전체 노동계급의 연대에는 부정적 효과를 미치는 역설적 결과를 초래한 것이다.[31]

대기업과 정규직 중심으로 노조가 조직되고 임금이 인상되는 동안, 중소기업과 비정규 부문 노동자들은 소외되고 있었다. 1987년 이후 노사관계에서 단체교섭의 위상은 커졌지만, 1990년대 중반 노동조합은 여전히 대기업 제조업 등 일부 부문에 편중되어 있었고, 전체 조직률은 12~14% 정도에서 정체되었다. 노동자의 80% 이상이 노조의 보호 밖에 있었던 것이다. 이들은 임금이나 노동조건 개선에서 상대적으로 뒤처지고 있었다.

대기업의 과잉투자로 인해 산업 구조조정은 미루어지고 있었다. 게다가 정치적 민주화가 진행되는 과정에서 재벌 대기업의 자율성과 도덕적 해이가 커지며 정치를 포획하고 있었다. 노동운동이 활성화되고 시민사회운동이 성장했지만, 여전히 대기업과 경제단체들의 영향력이 훨씬 컸다. 금권정치가 만연했다. 이들은 더 많은 차입으로 도박판을 키워갔지만, 정부는 이를 규제하지 못했다.[32] 위기가 다가오고 있었지만, 실업이나 불안정노동에 대한 사회안전망은 거의 갖추어져 있지 않았다.

이러한 조건에서 지역 공단의 중소기업 노동조합이 주력이었던 전노협은 점차 노동운동을 주도하기 어려워졌다. 정권의 가혹한 탄압과

31　유형근, 『분절된 노동, 변형된 계급』, 산지니, 2022.
32　모종린·배리 와인개스트, 『한국발전론 - 정치경제 불균형 극복의 동학』, 서울셀렉션, 2015.

함께 벌어지고 있던 대기업과 중소하청기업 노동자 간의 격차는 전체 노동계급 차원의 광범위한 연대 기반을 약화시켰다. 이는 대기업노조연대회의 소속의 대기업노조가 전노협에 가입하지 않는 결과로 드러났다.

5. '노동운동 위기 논쟁', 어떤 위기였나

1990년대 초반 경제위기와 구조조정 과정에서 '노동운동 위기 논쟁'이 촉발된다. 일단의 연구자를 중심으로, 노동조합의 전투적 경제투쟁이 노동운동을 국민으로부터 고립시켜 위기에 빠지게 만든다는 주장이 제기된 것이다. 1980년대 말에서 90년대 초, 현실 사회주의 체제가 무너지면서 노동운동의 급진적 이념에 대한 신뢰가 약해졌다. 세계적으로는 신자유주의 정책이 확산되고 있었다. 한국의 자본가들은 세계시장에서 경쟁력 강화를 명분으로 생산체제 자동화, 공장 해외 이전, 외주화 확대를 적극적으로 추진하고 있었다. 전노협에 대한 정권의 탄압이 가중되면서 전노협의 조합원과 가입 조직은 출범 당시와 비교하면 상당히 축소되고 있었다. 전노협만이 아니라 전체 노동조합 조직률도 1989년에 19.8%로 정점에 이른 후 1993년에는 15.6%로 하락하고 1997년에는 12.2%까지 하락한다. 노동자운동을 둘러싼 이러한 조건들의 변화를 정세적 배경으로 하여 노동운동 위기 논쟁이 촉발된 것이었다.

당시 김형기, 박승옥 등 '위기론자'들은 '전투적 조합주의'가 '엘리트주의적이고 분파주의적인 리더십 구조', '관념적 급진주의로 치달은 운동이념', 그리고 '전투적 투쟁 일변도의 운동방식'이라고 비판했다.[33] 이

---

[33] 김창우, 『전노협 청산과 한국노동운동』, 후마니타스, 2007.

들은 전노협의 이념과 실천 방식이 노동운동 위기의 주범이라고 지목한 셈이다. 이들은 전노협의 전투성이 조합원들과 사회로부터의 고립을 초래한다고 비판하면서, 노동조합이 사회 발전을 전제로 한 '사회발전적 노동운동', 즉 임금인상보다는 더 광범위한 사회정책 개혁을 요구하는 운동을 전개해야 한다고 주장했다.[34] 이후 이들은 코포라티즘을 수용하고 신자유주의 노동개혁과 유사한 방안을 받아들일 것을 제시한다.[35] 이는 급진적인 정치적 노동자운동을 노동조합과 분리하려는 시도이기도 했다.

그러나 전국노운협을 비롯한 노동자운동의 급진적 정파들은 대체로 이러한 비판이 노동자운동의 변혁성을 약화하려는 시도라고 반박했다. 자본에 의한 착취를 눈감아주며 나아가 공범이 되는 것이라는 격렬한 비난도 동반되었다.[36] 이들은 '전투적 노동조합주의'가 단순히 '호전성'을 의미하는 것이 아니라, "노사협조주의에 대한 거부이고 파쇼적 탄압에 대한 굴복의 거부"라고 주장했다. 또한, 정권의 탄압에도 불구하고 민주노조운동이 생존할 수 있었던 것은 바로 이러한 전투적 기풍 덕분이라고 보았다.[37] 국가와 자본의 억압이 이어지는 상황에서 노동조합의 투쟁성이 불가피했고, 민주노조와 노동자들의 생존권을 지켜내면서

---

34 이근중, 「노동 운동 위기, 진단과 미래」, 『길』, 1992년 7월.
35 '코포라티즘'(corporatism)은 국가가 노동조합과 사용자단체를 정책 결정 과정의 공식적인 파트너로 인정하고, 이들 간의 협의와 타협으로 경제정책과 사회정책을 결정하는 제도를 말한다. 일반적으로 코포라티즘은 민간의 자율적인 노동조합과 사용자단체가 자발적으로 국가와의 협의에 참여하여 정책을 함께 만들어가는 유럽의 사회적합의를 모델로 하지만, 한국에서는 정부가 주도하여 정책을 관철하는 수단이 되는 경우가 많았다.
36 유범상, 『한국 노동운동 리더십의 위기』, 한국노동연구원, 2008.
37 박승호, 「전투적 민주노조운동의 조합주의적 한계를 시급히 극복하자」, 《노동운동》, 전국노동운동협의회, 1992. 유범상, 2008에서 재인용.

사회적 정당성도 획득할 수 있었다는 것이었다. 따라서, 이들은 여전히 일상적인 노조 탄압이 지속되는 상황에서 노동운동의 전투성을 문제 삼는 위기론이 노동자운동의 이념을 하향평준화할 뿐이라고 주장했다.

위기론자들은 당시 전노협의 노선을 '전투적 노동조합주의', 나아가 과도한 '혁명적(변혁적) 노동조합주의'로 규정하고 이를 비판했다. 그러나 당시 전노협의 현실적인 이념은 '노동해방', '평등사회 실현' 정도의 추상적인 것이었다. 위기론자들은 노동조합운동도 이념을 지녀야 한다는 사실을 무시하고, 아직 추상적인 상태에 머물러있던 이념적 지향조차 포기해야 한다고 주장한 셈이었다.

당시 노동운동의 위기는 다양한 주관적, 객관적 원인으로 인한 복합적인 위기였는데, 이들이 제시한 처방은 객관적 조건을 변화시키기 위한 투쟁은 상대화하고 노동자운동의 전략이나 노선을 (자신들이 특별히 강조한) 사회 변화에 적응시키는 것에만 맞추어져 있었다는 점도 문제였다. 게다가 1992년 시점에서, 위기론자들이 제안했던 대부분의 대안은 사실상 거의 무망한 것이었다. 사회발전적 노동운동이든, 진보적 코포라티즘이든 간에 이를 실현할 수 있는 '사회적 파트너', 즉 코포라티즘적 정부와 이에 호응할 사용자가 당시 한국의 현실에는 존재하지 않았기 때문이다.[38] 결국 노동운동 위기 논쟁은 노동조합운동 이념의 탈각이나 전환을 예고하는 것이었고, 노동조합운동도 이념을 지녀야 한다는 사실을 무시하고 실용주의적이거나 코포라티즘적 대안을 제시한 것이었다.[39]

---

38 임필수, 「1990년대 한국 민중운동과 사회진보연대 출범」, 《사회운동》 2008년 11~12월호.
39 임필수, 「쟁점으로 보는 한국노동운동사」, 사회진보연대, 2012.

결과적으로 노동운동 내에서 위기론 논쟁이 확산되기는 했지만, 당시 노동운동 안에서 위기론 자체가 힘을 얻기는 힘들었다. 정권의 탄압에 대한 대응이 피 말리게 전개되는 상황에서, 내부 혁신보다는 조직 사수와 대정부 투쟁이 우선 과제였기 때문이다. 또한, 전노협이 어려움을 겪고 있기는 했지만, 대기업노조를 포함한 노동조합운동이 나름대로 꾸준히 성장하고 있었다는 점도 그 이유 중 하나였다. 1990년대 초 짧은 침체 뒤에 곧 경기가 회복되면서 과잉투자가 진행되고 임금인상이 활발하게 이루어지는 상황을 노동자운동이 '위기'로 인식하기도 어려웠다. 실제 가시적인 위기는 1998년부터 닥쳐올 것이었다.

　그런데 당시 위기론을 제기한 활동가와 전문가들의 주장이 완전히 허구적인 것만은 아니었다. 노동운동 위기 논쟁이 제기된 배경에는, 한국 노동운동이 급변하는 사회경제적 환경 속에서 자신의 이념, 전략, 정체성을 재정립해야 한다는 근본적인 질문이 부각된 현실적 조건이 있었기 때문이다. 1990년대 초중반까지도 노동자들의 투쟁 결의와 변혁적 잠재력은 높았으므로 노동운동 지도자들과 상층간부만 올바른 노선을 취했다면 위기나 후퇴는 없었을 것이라고 보는 의지주의가 우세했으나, 그것이 얼마나 적절한 인식이었는지는 의문이 제기될 수 있다. 노동자운동 주류는 부정하고 있었지만, 1990년대 초를 거치면서 경제위기와 구조조정이 진행되는 과정에서 산업과 노동시장의 조건은 분명하게 변화하고 있었기 때문이다. 위기론자들과의 논쟁에서는 이러한 변화에 대한 대안이 도출되어야 했다.

　그러나 위기론자들과 논쟁하는 과정에서, 노동자운동 주류는 위기론자의 대안과는 다른 방향의 쇄신을 모색하기보다는, 기존의 전투적 경제주의를 정당화하고 고수하려는 편향을 더욱 강화한다. 당시 전투적 경제주의는 실리적인 조합원과 변혁적인 활동가와 간부 양자를 충족시킬 수 있는 요소를 갖고 있었다. 변혁적인 활동가와 간부들은 경제주의적 성과와 관련 있는 임금인상과 단체교섭을 '전투적'으로 실천하는 가운데 노동자들의 계급성과 의식성을 향상할 수 있다고 보았다. 실리적 조합원들은 투쟁의 전투성과 선명성이야말로 임금인상과 기업복지 향상과 같은 경제적 실리를 획득하는 효과적인 수단이라고 보았다. 즉, 조합원에게 전투성이란, 계급성이나 변혁성이라기보다는 그야말로 전투적인 방식의 임금투쟁이었던 것이었다.

결과적으로 이러한 전투적 경제주의는 점차 기업별 임금 극대화 노선으로 귀결되었다. 외환위기 이전까지는 대기업노조의 임금인상이 전체 노동자에게 확산되는 효과가 있었다. 노동력이 부족하고 일자리 이동도 (이동성이 점차 낮아지기는 했지만) 어느 정도 가능했기 때문이다. 그러나 외환위기 이후 내부 노동시장이 강화되고 일자리 이동이 거의 힘들어지면서, 또한 원청 대기업이 하청 중소기업에 자신들의 비용을 적극적으로 떠넘기기 시작하면서, 대기업노조 임금인상의 확산 효과는 이제 찾아보기 어렵게 되었다.

그런데 이러한 경제구조의 변화는 노동자운동 지형의 변화와도 연결된다. 1990년대 초 전노협 위기론과 민주노총 건설은 단지 노선 전환만의 문제가 아니라 노동자운동의 조직적 중심이 변화하는 문제이기도 했다. 즉, 전노협에서 재벌 대기업노조와 공기업노조를 중심으로 노동자운동의 조직적 중심이 변화하던 현실을 반영한다.

전노협 선거에서 조직발전 방안에 대한 논쟁이 치열하게 진행되었지만, 전체적으로 "민주노조 총단결" 구호 하에 진행되는 민주노총 건설 흐름에 반대하는 이는 없었다. 결과적으로 전노협은 민주노총 건설은 물론, 집중하고자 했던 금속산업의 산별 조직 건설도 주도하지 못했다. 수출중심 경제구조가 강화되고 재벌기업이 성장하면서 노조운동의 주도권을 현총련이나 대노협과 같은 재벌 대기업 노동조합이 확보한 상황에서, 의지만으로 전노협이 중심의 금속산별노조를 건설하기는 어려웠을 것이다.

당시 위기 논쟁을 조직적인 측면에서는 전노대로 전환해가는 과정에서 전노협 노선을 폐기하여 노조운동의 총노선을 하향평준화시키고, 그럼으로써 노조 참여의 폭을 확대하며 노조운동의 주도권을 상대적으로 온건한 비생산직 노조 쪽으로 이전시키려는 시도로 볼 수 있다는 지적도 있다.[40] 이렇게 볼 때, 결과적으로 위기론자의 주장 중 상당 부분이 민주노총 건설과 함께 뒷문으로 수용되었다고 할 수 있다. 한편, 위기 논쟁은 노선적 측면에서는 민주노총 건설론이 제시한 '사회경제적 노동자운동' 노선이 전면화되는 과정이기도 했다. 민주노총이 건설되는 1995년에는 이미 코포라티즘을 대체할 수 있는 운동전략, 즉 변혁노선을 가진 정치적 노동자운동의 경향이 약화한 상황이었다. 이후 민주노총은 준비위원회 단계부터 김영삼 정부가 제안한 노사관계개혁위원회(노개위) 참여를 준비한다. 이미 민주노조운동 진영이 노사정 협상에 대응한다는 (혹은 대응하기 위해 대표성을 정비한다는) 구상을 세웠다는 말이다.

노동운동 활동가들의 이념적 측면에서의 위기도 노동운동이 다른 대안을 내놓지 못한 중요한 원인 중 하나였다. 노동운동 단체와 정파를

---

40 임영일, 「한국 노동체제의 전환과 노사관계: 코포라티즘 혹은 재급진화」, 《경제와사회》 40호, 1998.

비롯한 정치적 노동자운동은 (위기론자들과는 다른 방향에서) 객관적으로 정세를 진단하고 다른 대안을 제시할 필요가 있었다. 즉, 위기론자들이 대안으로 제시한 코포라티즘이 아닌 다른 대안을 제시하는 것이 필요했다. 그러나 정치적 노동자운동은 이미 1991년쯤부터 한국사회주의노동자당 준비위를 중심으로 합법정당 운동을 중심으로 하는 '신노선'으로의 노선 전환을 진행하고 있었다. 이들은 정당 건설에 주력하며 노조운동에서 철수하고 있었고, 이에 따라 노조운동에 대한 개입력도 약화된다.

또한, 1991년 소련 붕괴 이후 변혁운동에 대한 전망이 흔들리자, 학출 활동가들도 노동현장에서 대거 이탈하면서 역량이 더욱 취약해지고 있었다. 같은 시기에 좌파 지식인들 상당수는 포스트구조주의를 적극적으로 수용하거나 시민사회 운동으로 활동 공간을 옮긴다. 물론 완전히 사회운동을 떠나는 경우도 많았다. 이런 조건에서 위기론에 대한 제대로 된 비판을 제시할 수는 없었다. 그 결과는 위기론을 앞으로는 부정하지만 뒤로는 사실상 수용하는 즉, 전노협에서 민주노총으로의 재편이었다.

민주노총 건설이라는 노동운동의 커다란 조직적 재편기는 운동노선의 변화를 동반할 수밖에 없었지만, 그 과정에서 역설적으로 급진적 이념을 추구하는 정치적 노동자운동과 그 활동가들은 노조운동에서 철수하고 있었던 것이다. 진보정당추진위원회(진정추) 등 남아있던 진보정당 건설 운동도 노동조합운동과는 거리가 멀어지면서, 민주노총은 사회경제적 노동자운동의 성격이 한층 강화된다. 오랜 시간이 흐른 후, 역설적으로 진보당을 중심으로 '당 중심 노동운동' 노선을 채택한 NL 정파는 노동조합에 대한 정치적·조직적 개입력을 크게 강화하는데, 이는 후에 다시 살펴본다.

　이렇게 1990년대 전반기에는 '민주노조 총단결'이라는 구상에 근거하여 진행된 전노협, 업종회의, 대공장 노조 간 연대의 모색이 민주노총 건설로 이어졌다. 그리고 다른 한편으로는 정치적 노동자운동의 분화와 합법정당 건설이 이어졌다. 이 과정을 거치면서 민주노조운동과 정치적 노동자운동이 서로 독자적인 정체성을 강화하고 분리되는 결과로 이어졌다.

　민주노총 건설은 기존에 사회운동적 성격이 강하던 전노협으로부터의 변화이기도 했다. 이 때문에 민주노총 건설 과정은 '전노협 청산'이라고 비판받기도 한다.[41] 전노협이 민주노총으로 결국 '대체'될 수밖에 없었던 데에는 정권의 집중적인 탄압과 정치적 노동자운동의 소진을 비롯한 노동운동 내부의 변화로 전노협 운동이 지속적으로 약화된 탓이 컸다. 또한, 한국의 산업구조 변화로 인해 노동조합 운동의 주력이 수출 대기업과 공공부문 노동자들로 바뀌면서 대중적 토대가 변화했다. 민주노총은 이렇게 대중적 토대가 변화된 조직이었던 만큼, 운동의 방식이나 노선도 전노협과는 달라졌다. 이는 민주노총 출범 직후 곧바로 드러난다.

41　김창우, 앞의 책.

6. 전노협 청산과 민주노총 건설

1) 전노협 조직발전 논쟁

전노협은 건설 과정부터 '민주노조 총단결'을 목표로 했지만, 1987년 이후 새롭게 형성된 민주노조운동을 모두 포괄하지는 못했다. 정권의 탄압이라는 외부적 요인 외에도, 민주노조운동이 하나의 조직으로 결집하여 무엇을 할 것인가에 대한 공감대도 충분치 못했다. 아직은 공동투쟁을 통한 연대의 강화가 필요했다.

민주노조운동의 연대투쟁은 ILO공대위를 거쳐 공동의 조직건설을 논의하는 것으로 발전한다. 민주노조운동은 매년 11월 '전국노동자대회'를 노동법 개정을 요구하는 투쟁의 장으로 조직했는데, 이 대회는 전노협, 업종회의, 대기업노조와 한국노총 산하에 있는 일부 노동조합들까지 함께 모여 단결을 확인하는 계기가 되었다. 그 성과는 1991년 'ILO기본조약 비준 및 노동법 개정을 위한 전국노동자 공동대책위원회'(ILO공대위) 건설로 이어진다.

1991년부터 한국 정부는 남북한 동시 국제연합(UN) 가입을 추진하면서 산하기구인 국제노동기구(ILO)에도 가입했다. 민주노조 운동은 이를 한국의 노동기본권을 국제 기준에 맞게 보장할 기회로 보고 적극적으로 대응하기로 했다. ILO공대위는 한국의 복수노조 금지와 교사·공무원 단결 금지 조항이 ILO 협약을 위반한다고 제소하면서 국제적 여론을 불러일으키고자 했다. 이렇게 1991년 노동자대회를 거쳐 "민주노조 총단결" 구호도 대중적으로도 확산되고, 구호를 넘어 실제 민주노총 건설로 나아가기 위한 조직적 노력이 이루어지기 시작한다.

민주노총 건설이 전노협 이상으로 나아가기 위한 조직적 과정이어야 한다는 인식은 곧 산별노조 건설 전망에 대한 논의로 연결되었다. 단순히 조직을 합치는 것이 아니라 노동운동의 질적 발전을 담아야 한다는 문제의식이 있었기 때문이다. 이에 따라 ILO공대위에 참여한 전노협, 업종회의, 현대그룹노동조합총연합(현총련), 대우그룹노동조합협의회(대노협) 네 단위는 산별노조로 재편하여 민주노총에 합류해야 하며, 따라서 전노협이 금속(제조업) 산별노조로 조직을 발전해야 한다는 주장이 제기됐다. 1990년대 초반 정권의 탄압으로 인해, 기업별노조로는 정권과 자본의 탄압에 대응하기 어려우므로 전노협의 조직적 발전을 도모해야 한다는 당위론 역시 확산되고 있었다. 이러한 측면에서 민주노총 건설에 대한 논의는 전노협의 역할과 위상은 무엇인가, 따라 전노협의 조직발전을 어떻게 추진할 것인가와도 연결된 문제였다.

조직발전논의는 크게 3단계로 진행되었다. 첫째 단계는 민주노조운동의 구심으로서 전노협의 위상에 대한 것이었다. 1990년 대공장 노동조합들이 다수 민주화되고 12월 대기업노동조합연대회의가 결성되면서, 전노협을 확장하는 방식으로 민주노조 총단결이 추진될 수 있는지가 쟁점이었다. 둘째 단계는 1992년부터 이른바 '전노협 중심론'과 '전노협 한계론'을 둘러싼 논쟁이었다. 전자는 전노협으로 상징되는 민주노조운동의 투쟁성을 중시하면서 이를 계승할 수 있는 산업별조직으로 발전하자는 주장이었고, 후자는 전노협, 업종회의, 대기업노조들이 모두 포괄하는 전국조직의 건설을 중시하며 현실적으로 연대가 용이한 업종별 조직을 선호하는 주장이었다. 이 논쟁은 1994년 전노협 위원장 경선으로 이어졌다.⁴² 마지막 셋째 단계는, 이미 전노협의 중심성이 상당히 상실된 상황에서 1994년 민주노총준비위가 결성된 후 민주노총이 출범하기까지의 1년간 금속산별노조 건설 방향을 둘러싸고 벌어진 논쟁이었다.

조직발전 논쟁 과정에서 전노협은 조직발전특위를 구성한다. 특위는 '전노협 1안', '전노협 2안', '업종회의안'을 놓고 논의를 진행했다. 이 논의에서 민주노총 건설이 필요하다는 공감대는 확인됐지만, 건설방식이나 전노협의 역할에 대해서는 입장이 갈렸다. (아래 표 참고) 전노협 1안이 자주적, 민주적 노동운동의 역사성과 이념을 계승하는 민주노조 총단결을 주장했다면, 업종회의안은 보다 광범위한 참여가 가능하도록 최소 강령 수준에서 민주노총이 건설되어야 한다고 보았다.

치열한 논쟁 끝에, 전노협을 중심으로 민주노총을 건설하기보다는 민주노총 건설의 여러 주체 중 하나로 전노협을 상대화 하는 전노협 2안(한계론)이 조직적 우세했다고 평가할 수 있다. 또한 '산별연맹을 중심축으로 하며 지역조직은 보조축으로 설정한다'는 절충적 합의로 수렴되었다.

42 1994년 1월, 전노협 정기대의원대회에서 최초로 위원장 경선이 치러진다. 그전까지 전노협 위원장은 내부 협의에 따른 추대 형식으로 선출되었다. 위원장 선출이 경선으로 이어진 이유는 조직발전 논쟁 과정에서 입장의 차이가 확인되었기 때문이었다. 전노협 중심론을 주장한 양규헌(당시 경기노련 의장), 전노협 한계론을 주장한 김영대(당시 서노협 의장), 전노협 한계론에 가까웠으나 조직적 통합을 강조한 이홍석(당시 마창노련 의장) 세 명이 출마했고, 양규헌, 이홍석 후보가 결선에 오른 끝에 양규헌 후보가 53%로 과반을 득표하여 당선된다. 선거 결과로만 보아서는 전노협 중심론이 승리했다고 할 수 있으나, 인물과 조직 선거라는 성격도 강했기 때문에 전노협 중심론이라는 노선이 결과에 그대로 반영되었다고 보기는 어려운 측면이 있었다. 실제로는 선거 이후 김영대, 이홍석 후보 지지 세력이 주장했던 전노협 한계론이 관철되는 결과가 나타났다.

	전노협 중심론	전노협 한계론
정세전망	탄압 지속	탄압 완화
민주노총 건설 시기	가능한 한 늦게	가능한 한 빨리
민주노총 건설 중심	전노협	3자 대등론
산별조직 원리	산업별	업종별

[표] 조직발전논의 쟁점 비교

조직발전 논쟁 과정에서 '전노협 중심론'은 이른바 전노협 1안, '전노협 한계론'은 이른바 전노협 2안에 가까웠다.

이러한 전노협 조직 전망은 의지만의 문제는 아니었다. 정권의 탄압과 조합원 축소 속에서 전노협이 민주노총 건설을 주도할 만한 조직적 힘이 크게 약화하고 있던 당시의 현실적 조건도 있었기 때문이다. 1990년 1월 결성 당시 전노협 소속 노조는 574개였는데, 1992년 12월에는 176개로 감소했고, 1990년과 1991년 잇따른 총파업 이후 조직이 상당히 약화되어 1993년 이후에는 일부 지노협의 운영이 사실상 어려워지는 데에 이르렀다. 즉, 전노협을 중심으로 하는 민주노총 건설을 자신 있게 결의하기 어려운 조건이기도 했다.

조직노선에 대한 절충은 산별노조 건설로 나아간다는 합의를 확인했다는 의미가 있지만, 지역으로부터의 연대와 이를 기반으로 한 전노협의 사회운동적 성격을 민주노총이 어떻게 계승할 것인가라는 과제를 남겼다. 논쟁 과정에서 조직전망에 대한 입장이 조직 내부에 단일하지 않으며 이견이 존재한다는 점도 확인되었다. 한 번도 명시적으로 노선 차이라는 성격 규정을 하지는 않았지만, 이 과정에서 전노협 내부에서 형성된 정파운동과 결합된 운동노선 경쟁은 민주노총까지 이어진다.

이후 민주노총 건설 과정에서 산별연맹과 재벌그룹(현대, 기아, 대우)별 조직은 민주노총 가맹조직으로, 지노협은 민주노총 지역본부로 재편된다. 결과적으로 건설 주체 중 전노협만 조직을 해산하게 된 것이다. 전노협이 정치적 노동자운동과 밀접히 관련되어 있고 사회운동적 성격이 강했다면, 민주노총 건설을 전후한 시점부터 노동조합운동은 정치적 성격을 약화한 사회경제적 노동자운동 중심으로 점차 그 성격이 전환되었다고 평가할 수 있다. 결과적으로 '전노협 한계론'이 우세한 가운데 민주노총의 급속한 건설로 나아갔던 것이며, 이는 민주노총의 조직적 성격에도 영향을 줄 수밖에 없었다.

전노협이 조직적으로 민주노총을 주도하기 어려워진 상황이었지만, 그러한 상황에서도 전노협이 할 수 있었던 것도 하지 못한 것은 아쉬운 일로 평가된다. 대중적인 동력은 여전히 살아있었고 민주노조들은 전국적인 단일한 지도력을 원하고 있었다. 이러한 경험을 가진 조직은 당시에는 전노협 뿐이었기 때문이다. 그러나 전노협은 그러한 지도력을 행사하지 못하고 민주노총에 합류하게 된다.

2) 민주노총 건설 준비과정

1992년 전국노동자대회는 '민주노조 총단결 강화 발전을 통한 산별노조 건설, ILO 공대위 강화·발전'을 대중적으로 결의한다. 민주노조운동은 이 과정에서 '92년 전국노동자대회 조직위원회'(이하 조직위)를 구성하고 논의를 이어간다. 그 결과 1993년, 민주노조 총단결의 조직발전 전망을 구체화하기 위한 새로운 조직의 틀로 '전국노조대표자회의'(전노대)가 건설된다. 결성 당시 전노대에는 총 1145개 노조, 40만 7천 명의 조합원이 참가했다. 전노대는 전노협과 업종회의뿐만 아니라 현대그룹노동조합총연합(현총련)과 대우그룹노동조합협의회(대노협)까지 포괄하면서, 한국노총과 구별되는 독립적인 제2노총을 건설할 수 있다는 전망을 확인하게 된다. 전노협 내부에서는 ILO공대위가 전노대로 확장되는 과정에서 투쟁성을 상실할 우려가 제기되면서, 전노대가 상급조직이 아니라 공동사업추진체임을 명시했지만, 10월에 이르면 전노대는 민주노총 건설을 위한 사실상의 상급조직으로 발전한다.

1994년 지하철 노조들의 공동파업은 공공부문에서 연대교섭·공동행동의 가능성을 확인한 첫 분기점이었다. 이 투쟁 이후 1994년 임금가이드라인 철폐, 공공부문 노동 3권 완전 보장, 민영화 반대를 요구하며 공공부문노동조합대표자회의(공노대)가 출범한다. 또한, 1994년 한국통신 노조 파업은 민주노총 건설에 중요한 계기가 되었다. 한국통신 노조는 공기업 임금가이드라인 철폐와 통신산업 민영화 저지 등을 내걸고 1994년 5월 파업에 돌입하였는데, 김영삼 정부는 이를 "국가 전복 의도"라고 거론하며 강경한 탄압을 벌였고, 많은 노조간부가 구속되고 해고되었다. 공권력이 농성 중인 조합원들을 연행하려 명동성당과 조계사에까지 투입되자 천주교·불교계가 강하게 반발하였고, 이 사태로 김영삼 정부의 권위에 큰 타격이 가해졌다. 공공부문 노동조합들은 민주노총 건설 직후인 1996년에도 서울지하철과 한국통신, 한국조폐공사, 지역의료보험, 부산지하철노조 등이 공노대의 투쟁일정에 맞추어 공동대응을 전개하면서 민주노총에 합류하게 된다.

잇따른 탄압과 사회적 파장 속에서 민주노조 운동은 전국단위 총연맹의 필요성을 더욱 절감하게 된다. 전노대는 1994년 임투에서는 노총·경총 임금합의에 대한 반대투쟁과 함께 "어용노총 탈퇴 및 맹비 납부 거부운동"을 통해 중간층 노조의 한국노총 이탈을 끌어낸다. 이러한 투쟁 과정에서 전노대는 1994년 11월 13일 전국노동자대회에서 수만 명이 모인 가운데 '민주노총준비위원회'(민노준) 발족을 선포한다. 민주노총 (준)에는 전노협, 업종회의, 현총련, 대노협 등 전노대를 구성한 4개 조직 외에도 전지협, 전농노련, 한국통신노조가 새로 합류하여 전체 포괄 조합원이 약 42만 명에 이르렀다. 1995년부터는 전노협도 민주노총준비위원회에 사무국을 대거 파견하고 남은 역량은 금속 산별 재편에 집중하면서, 공동 임단투 준비를 비롯한 전국적인 조직운영은 민주노총(준)을 중심으로 이루어진다.

이후 1995년 11월 11일 민주노총 출범까지 조직발전 논쟁이 이어진다. 이는 전노협에서 전개되었던 논쟁의 연장선에 있는 것이었다. 조직 발전 논쟁은 대체로 산업(업종)별을 중심으로 하고 지역 및 그룹별 조직을 보조로 한다는 안으로 수렴된다. 민주노총 건설 초기에는 '대산별론'과 '소산별론'의 논쟁이 계속된다. 특히 금속산업이 문제였다. 금속산별 노조를 조직하는 데 있어서, 소산별론의 입장은 업종단위(조선, 자동차, 금속일반)를 중심축으로 해야 한다는 것이었다. 반면 대산별론의 입장은 업종별 단위는 분과사업으로 편제하고 중심축은 단위노조가 직접 가입해야 한다는 것이었다. 이런 논쟁 속에서 현총련이 그룹 단위로 가입하기로 하고 그룹조직도 가맹조직의 위상을 가져야 한다고 주장하면서, 논란이 더 커졌다. 아울러 전노협에 근간을 둔 지역조직을 가맹조직으로 인정할 것인가도 중요한 쟁점이었다. 결국 그룹조직은 이후 민주노총 가맹조직으로 인정되었고, 지노협을 비롯한 지역조직은 이후 민주노총 가맹조직이 아니라 산하조직, 즉 집행 기구로 위상이 정리된다.

민주노총(준)의 조합원 중 가장 큰 비중을 차지하고 있었던 금속산업 산별 건설 논의는 민주노총 건설 시점까지 마무리되지 않았다. 그런 가운데 전국자동차산업노동조합총연맹(자총련), 현총련, 민주금속연맹 세 개 조직이 각각 민주노총에 가입하게 된다. (민주금속연맹은 전노협 산하의 제조업 조직들이 조선산업의 '조선노협'과 통합한 것이었다) 당시에는 '산업별 조직에 가입하지 않은 노조'는 산업별 조직(연맹)에 가입하기 전까지 지역·그룹을 통한 가입을 인정하는 것으로 절충되었다가, 결과적으로 이들 세 개 조직은 IMF 금융위기 직후인 1998년 2월에 들어 전국금속산업연맹(금속연맹)으로 통합하게 된다.[43] 한편, 공노대로 결집한 공공부문 노동조합들은 한국노총에 잔류한 조직을 제외하고 민주노총에 합류하면서 1998년 '전국공공노동조합연맹'을 건설한다. 이 조직은 이후 민주노총 내 공공부문 유관 산별조직이던 민철노련, 공익노련과 합병해 1999년 3월 '전국공공운수사회서비스노동조합연맹'(약칭 공공연맹)을 건설한다. 이후 공공연맹은 김대중 정부의 공공부문 구조조정과 민영화 정책에 대한 대응 투쟁을 주도한다.

1994년 11월 출범한 민주노총준비위(민노준)는 1995년 민주노총 출범까지 가는 과정에서 '투쟁 속에 민주노총을 건설'해 가기 위한 여러 사업을 전개한다. 이에 따라 임금인상 투쟁과 더불어 '사회개혁 요구'에 최우선적으로 힘을 집중하기로 결정했다. 이 기조는 출범 직후인 1996년 투쟁 계획에도 이어졌다. 민주노총은 각 단위노조가 관련 요구를 기업별 교섭의 임단협 요구에 함께 제기하도록 조직했다. 당시 제기된 사

---

[43] 1996~97년 전국적인 총파업이 투쟁 이후, 각 현장은 조직력이 약화되는 후유증을 겪게 된다. 이러한 가운데 산업별 단결에 대한 필요성이 제기되었다. 이에 1997년 3월, 현총련이 민주노총 임시 대대에서 금속 3개 조직 통합을 전격적으로 제안하면서 통합논의가 본격화된다. 이에 금속 3개 조직 각 대표가 모여 11월 전국노동자대회 전까지 하나의 조직으로 통합한다는 안에 합의하였고, 1998년 2월에 통합 금속연맹이 출범하게 된다. 결과적으로 보면 대산별연맹을 건설한 셈이다. 이후에는 금속산업 내 조선, 철강, 자동차 등 업종을 넘어선 단결이라는 쟁점보다는, 원청 대기업과 하청 중소·영세기업의 단결이 어떤 방식으로 가능하냐는 문제가 드러나게 된다.

회개혁 요구는 의료보험 통합 일원화와 보험적용의 확대, 국민연금의 민주적 관리운영, 세제 및 재정 개혁, 재벌의 경제력 집중 규제 등이었다.[44] 이렇게 노동자운동이 사회제도를 개혁하는 목소리를 내는 것은 발전이라고 할 수 있었다.[45] 다만 민주노총(준)이나 민주노총 1기 집행부가 특히 '사회개혁투쟁' 노선을 강조한 다른 이유도 있었다. 임단협에 매몰되는 전투적 조합주의가 노동운동의 사회적 고립을 초래하고 있다는 노동운동 위기론의 비판을 수용하면서 전노협의 전투적 노선을 '국민과 함께 하는 노동운동' 노선으로 전환하고자 한 것이다.

정부는 민주노총 출범을 끝까지 견제하고자 했다. 민주노총 창립

---

[44] 1989년 전국민 의료보험 시대가 열렸지만, 그 운영 방식은 심각한 문제를 안고 있었다. 제도는 크게 대기업 노동자들이 가입하는 '직장의료보험조합', 자영업자와 농어민이 가입하는 '지역의료보험조합', 그리고 '공무원 및 사립학교 교직원 의료보험'으로 나뉘어 있었다. 민주노총은 직장, 지역, 공무원·교직원으로 복잡하게 나뉘어 있던 의료보험조합을 하나로 통합하여 보험료 부담의 형평성을 높이고 보편적 의료보장을 실현하자고 주장했다. 1994년 4월, 노동·농민·시민·보건의료 단체 등 총 77개 단체가 '의료보험통합일원화와 보험적용확대를 위한 범국민연대회의'(이하 의보연대회의)를 결성하고 공동대응에 나선다. 노동조합에서는 전국의료보험노동조합총연맹(의보총련, 이후 전국사회보험노조)이 운동을 주도한다. 한편, 한국노총 소속의 직장의료보험노조는 이러한 개혁안에 반대했다. 이후 건강보험 통합은 1998년 2월 노사정위원회에서 정리해고제 도입을 비롯한 다른 의제들과 함께 합의된다. 이에 따라 1998년 국민건강보험법이 국회를 통과했고, 준비 과정을 거쳐 2000년 7월 1일, 직장의료보험조합과 국민의료보험관리공단이 통합된 '국민건강보험공단'이 출범했다. 이로써 건강보험은 시민의 보편적인 권리로 인식되었고, 단일 보험자(공단)이 자신의 협상력을 통해 비교적 낮은 비용으로 의료서비스를 제공할 수 있게 되었다. 이러한 정책개혁은 1980년대부터 형성된 민주화운동의 인적 연계와 연대를 바탕으로 노동운동과 시민사회 네트워크가 형성한 강한 연대구조를 통해 실현될 수 있었다. 이철승, 『노동-시민 연대는 언제 작동하는가』, 후마니타스, 2019.

[45] 한편, 민주노총의 조세개혁 요구는 "봉급쟁이 세금 좀 줄여라!"라는 슬로건으로 진행되었다. 이는 노동자의 세금 부담을 줄여야 한다는 입장이었지만, 사회복지 확대를 위해서는 보편적인 재정 기반이 필요하다는 점을 아직 인식하지 못한 것이었다고 할 수 있다. 즉, 민주노총 초기에 제기된 사회개혁 요구는 충분한 정책적 검토나 시민사회 운동과의 소통을 아직 거치지 못한 미성숙한 측면도 많았던 것이다.

기금 모금을 이유로 압수수색을 강행하였고, 창립 대의원대회 직전인 11월 초에는 민주노총준비위 운영위원이던 문성현과 전국노운협 간부를 1992년 범민족대회 및 서울지하철과 한국통신 노동조합 파업에 개입했다는 이유로 긴급구속했다. 이어 전노협 시기부터 긴밀하게 연대한 전국노운협을 이적단체로 규정하고, 김승호 지도위원을 비롯한 핵심 간부 10여 명을 구속·수배했다. 더 이상 민주노총 출범을 막을 수 없는 단계가 되자, 정부는 '전투적 노동운동'을 주도하는 세력을 탄압하고 급진적, 정치적인 노동운동과의 결합을 파괴함으로써 민주노총의 노선에 영향을 주려 했다.

3) 민주노총 출범과 그 의미

수년간의 준비과정을 거쳐, 민주노총은 1995년 11월 11일 연세대학교 대강당에서 창립대의원대회를 갖고 출범한다. 민주노총에는 15개 산업(업종)조직과 10개 지역본부, 2개 그룹조직이 가맹하고 단위노조 862개에 조합원 41만 8천여 명이 참여했다. 이날 대의원대회에서 언론노련 위원장 권영길이 초대 위원장으로, 현총련 부의장 권용목이 사무총장으로 선출되었다. 다음 날인 11월 12일에는 서울 여의도광장에서 민주노총 창립 노동자대회를 5만여 명 규모로 열고, 합법성 쟁취와 정치세력화를 위해 총력 투쟁할 것을 결의했다.

민주노총 결성은 87년 노동자 대투쟁 이후 여러 갈래로 형성되어 온 '민주노조 총단결'의 조직적 완성이었다고 할 수 있다. 특히 금속산업에서 현대차, 현대중공업, 기아차를 비롯한 수출 대기업 부문의 노조가 참여하고, 공공부문에서도 한국통신, 서울지하철, 의료보험, 전교조가

1995년 11월 11일 연세대학교 대강당에서 열린 전국민주노동조합총연맹 창립대의원대회. (사진출처: 민주화운동기념사업회)

참여하면서 조직적 위력을 확인한다. (그러나 이러한 대기업노조의 주도는 나중에 문제가 될 것이었다) 이렇게 더욱 커진 조직적 위상을 활용해 민주노총은 사회적으로도 더 큰 힘과 발언력을 가질 수 있었다. 이는 민주노총 건설 직후부터 이어진 노개위 논의와 1996~97년 총파업에서 드러난다.

민주노총 건설은 산별노조 건설을 본격화한다는 점에서도 중요한 의미가 있었다. 앞서 전노협 내 논쟁을 살펴본 것처럼, 민주노총 건설은 산별노조 건설을 동시적인 과제로 한 것이었다. 그러나 민주노총 건설 시점까지 산별노조 건설의 방향성을 어디에 두어야 하는지는 혼란한 상태에 있었고, 산별노조가 건설되는 과정에서 민주노총의 역할이 무엇이 되어야 하는지 역시 모호했다. 노동조합 리더십의 중심은 여전히 조합원의 이해관계가 집중된 기업별노조 조직에 있었고, 기업별노조 집행부의 절대적인 우선 관심사는 매년 임단협의 성과에 있었다. (이는 오늘날까지도 이어지는 문제다) 한편 총연맹으로서 민주노총은 물론 산별연맹들도, 민주노총 1기 집행부가 열망했던 것에 비해, 정부 정책에 개입하기 위한 조직적, 정책적 역량은 매우 취약한 상태였다. 역설적으로 이런 상황에서도 민주노총 출범에 대한 내외적 기대는 매우 높았다.

민주노총 결성으로 민주노조 운동이 최소한 한국노총과 대등한, 혹은 (실제 투쟁력과 조직력을 고려하면) 오히려 우위에 설 수 있는 계기가 형성되었다. 민주노총에는 투쟁력과 조직력이 강할 뿐 아니라 국민경제에 큰 영향력을 갖는 현대자동차·현대중공업 등 수출 대기업과 통신·지하철·건강보험·보건의료 등 주요 공공부문 노조가 가입되어 있었기 때문이다. 이는 국가나 자본이 더 이상 민주노총을 배제하거나 무시하고서는 어떠한 정책도 효과적으로 추진하거나 협조적 혹은 안정적 노사관계를 유지하지 못하는 세력 구도가 형성되었다는 것을 의미했다. 따라서 김영삼 정부는 노동개혁 논의를 위한 노·사·정 및 전문가 기구인 '노사관계개혁위원회'(노개위)에 민주노총이 참여할 것을 요청한다.

권영길 위원장과 민주노총 1기 집행부는 '사회개혁적 노동운동'과 '국민과 함께하는 민주노총'을 방향으로 제시한다. 민주노총은 노사협조주의 배격과 사회개혁을 표방했지만, 정치적 노동조합주의는 아니었고 정치성과 투쟁성을 강하게 띤 경제적 노조주의였다고 볼 수 있다.[46] 민주노총이 제시한 자주적·민주적 노동조합운동 노선은 국가와 자본으로부터 자주적이고 대중과의 관계에서 민주적인 노동운동을 지향한다는

---

46 강순희, 『한국의 노동운동: 1987년 이후 10년간의 변화』, 한국노동연구원, 1998.

점에서 전노협의 운동노선을 계승한 측면이 있다. 그러나 전투적인 노동조합운동에 대해서는 적극적인 언급을 회피하는 반면, 사회개혁투쟁 노선을 강조하며 정부의 정책형성 과정에 참여할 수 있다는 점을 암시한 점에서는, 전노협의 비타협적이고 전투적인 대중적 조합주의 노선과 일정한 거리를 둔 것이었다고 볼 수 있다.

민주노총이 노개위(1996)와 노사정위(1998)를 비롯한 노·사·정 협상에 잇따라 참여하게 된 것은 이런 흐름에서 당연한 결과였다. '노동해방'과 '평등사회 앞당기는 전노협'을 내세운 전노협과는 달리, 민주노총은 강령에서 '노동해방'을 언급하지 않는다. 대신 '노동자의 정치 경제 사회적 지위를 향상하고 전체 국민 삶의 질을 개선하며, 인간의 존엄성과 평등을 보장하는 통일조국, 민주사회 건설'을 지향한다고 말한다. 이는 노선적 변화를 분명히 표현한다.

이러한 민주노총의 노선을 실현하기 위해서는 민주노총 합법화가 가장 중요할 수밖에 없었다.[47] 정부도 이를 알고 있었기 때문에, 민주노총에 노개위 참여를 제안하면서 민주노총 합법화를 논의 의제로 포함했다. 그러나 이러한 제안이 민주노조운동을 사회적·정치적으로 인정한다는 의미에서의 제도화, 즉 민주노조운동의 성장에 의해 변화된 계급 간 세력 관계가 반영된 제도화를 의미한다고 보기는 어려웠다. 오히려 민주노조운동의 상층은 합법화라는 미끼로 포섭하고, 기층은 무력화하여 민주노조운동을 순치함으로써, 기업별 노조체제를 유지하고 통제하려는 국가와 자본의 전략이었다는 지적이 제기된다.[48]

---

47   윤소영, 『금융위기와 사회운동노조』, 공감, 2008.
48   김창우, 『애도하지 마라 조직하라』, 회화나무, 2020.

새로 출범한 민주노총은 전투적 노동운동을 배격하고 노사정위 참가를 옹호하며 '정책대안 제시와 시민들의 공감을 받는' 사회개혁 투쟁을 강조하는 입장이었다.[49] 전노협 당시에는 뚜렷이 볼 수 없던 '사회개혁 투쟁' 노선이 전면에 등장하고 있다는 것도 중요한 특징이었다. 그러나 민주노총이 제시한 '사회개혁'을 실현할 수 있는 조직적, 정책적 능력이 있는지, 이를 실현하기 위한 경로는 무엇인지는 아직 모호했다. 이러한 방향 제시는 앞으로 제기될 쟁점을 내포한 것이기도 했다. 사회개혁 실현을 위해서는 정부 정책에 개입이 필요하다는 점에서 사회운동뿐 아니라 노·사·정 협상이나 정치세력과의 관계가 곧 문제로 떠오를 수밖에 없었던 것이다.

민주노총은 전노협의 조직적 한계를 산별노조에 기반한 전국 연맹의 건설이라는 방향성 속에서 해결하고자 했다. 그러나 이러한 조직구조로는 산업·업종연맹에 의한 '과두지배체제'가 형성될 수밖에 없고, 산업·업종연맹에서 거대 지분을 갖고 있는 대기업노조 중심으로 민주노총이 운영될 수밖에 없는 한계 역시 가지고 있었다. (지금도 민주노총의 의사결정은 사실상 '산별 대표자회의'가 주도하고, 여기에 참여하는 산별연맹은 대기업노조가 주도하는 다단계 구조다. 이러한 구조에서 대기업노조는 민주노총 내 조직적 비중보다 더 큰 목소리를 얻게 된다.) 이러한 산업·업종연맹 중심의 과두적 운영체제와 조직구조는 권력을 상층에 집중시키고, 이에 따라 활동가들은 조합원에 기반한 의사결정을 조직하기보다는 상대적으로 쉬운 경로, 즉 잘 조직된 소수의 힘으로 상층 권력을 장악하려는 내부 정파

---

[49] 유범상, 『한국의 노동운동이념: 이념의 과잉과 소통의 빈곤』, 한국노동연구원, 2005.

간의 주도권 투쟁에 몰두하는 경향으로 이어진다.[50] 오늘날까지 민주노총의 한계로 지적되는 '정파 갈등'은 이러한 조직구조의 결과라고 할 수 있다.[51] 이는 다시 조합원들의 민주적 참여와 대중 투쟁을 약화하고 특정 세력의 이해관계를 우선시하는 악순환을 낳는다.

또한, 민주노총 건설 과정에서 지노협을 근간으로 하던 전노협이 해산되면서, 지역조직의 위상이 논란이 된다. 전노협 안에서는 민주노총 지역조직이 가맹조직으로 인정되어야 한다는 주장이 제기되었으나, 반영되지는 않았다. 산별연맹뿐만 아니라 지역본부에도 대의원을 배정해야 한다는 요구도 있었지만, 역시 업종회의 등이 반대하는 가운데 반영되지 않았다. 결국, 민주노총의 지역조직인 지역본부는 총연맹 중앙조직의 집행기구로 위상이 변경된다. 이러한 변화는 지노협을 매개로 사업장을 넘은 일상적인 공동활동과 공동투쟁을 수행하며 노동자운동의 주체를 형성해온 운동 방식이 약화한다는 것을 의미했다.

그렇다면 전노협에서 민주노총으로 무엇이 변화하였는가? 이에 대한 답은 전노협을 어떻게 정의할지에 따라 달라질 수 있을 것이다. 전노협의 유산은 다음과 같이 요약할 수 있다. 첫째, 투쟁 주체로서 조합원

---

50 김창우, 앞의 책.
51 민주노총에서 정파들의 과도한 영향력에 대한 비판은 종종 제기되어 왔다. 이에 대한 대안으로는 크게 두 가지가 제시되었다. 하나는 기존 정파의 영향력을 벗어난 미조직 비정규직 조합원을 조직하면 된다는 것이었다. 2012년 "민주노총이 미조직·비정규직 조직화에 사활을 걸어야 한다. 새로운 조합원들이 대거 들어와야 정파 구도를 흔들 수 있다"는 백석근 건설산업연맹 위원장의 주장이 대표적이다. 다른 하나는 직선제로 선출된 위원장의 지도력으로 극복해야 한다는 주장이 있었다. 2020년 "정파 상층부가 민주노총 위에 군림하고 (정파의) 다수 의견과 물리적 압력, 동원식 줄 세우기에 걸려 사회적 교섭을 끝내는 것은 100만 민주노총 대중 조직을 망치는 길"이라는 김명환 민주노총 위원장의 주장이 대표적이다. 그러나 이러한 대안은 모두 실패하고 말았는데, 정파의 힘이 강력한 데에는 이들이 진단하지 못한 구조적 원인이 있다고 볼 수 있을 것이다.

의 형성과 서로 연계된 학습화와 조직화. 둘째, 지노협으로 대표되는 지역 기반 노동운동의 전통. 셋째 노동운동 단체들을 노동조합의 틀 속으로 통합.[52] 민주노총 건설은 이 세 가지 유산에서 점차 멀어지는 방향이었다고 할 수 있다. 지역 기반의 노동운동 구조가 대기업노조가 주도하는 산별연맹 주도로 변화한 것은 위에서 언급한 바와 같다. 이렇게 규모가 커진 민주노총은 중층적인 의사결정 구조를 통해 상층에서 결정된 투쟁에 조합원을 동원하는 데에는 효율적이었을 수 있으나, 이러한 하향식 사업의 대가는 현장에서 투쟁 주체를 형성해가는 과정이 약화하는 것이었다. 노동운동 단체와 노동조합 운동의 분리는 이미 ILO 공대위에서 전노대로 나아가는 과정에서 진행되고 있었다.

노동운동 노선의 측면에서, 민주노총 출범은 전투적 경제주의와 사회운동 노조주의 양자와의 단절을 의미했다.[53] 그리고 그 결과는 코포라티즘을 수용한 사회경제적 노동자운동으로의 전환이었다. 이에 따라 지노협에서 발전했던 지역연대와 공동투쟁의 전통, 노동운동 단체와 긴밀한 결합, '노동해방' 구호도 점차 흐려졌다.[54] 즉, 민주노총으로 이행하는 과정에서, 사회운동노조를 지향한다는 의미의 "전노협 정신"은 청산

---

52 백승욱, 「노동자 운동 위기 속에 되살아오는 전노협」, 《진보평론》 제36호, 2008.
53 물론 전노협이 '변혁적'인 정치적 성격이 강했다고 평가하기는 어렵다. 이광일은 "실제 전노협의 일반적인 이념은 투쟁성을 강하게 드러낸 '사회개혁적 노동조합주의'가 중심"이었고, "전노협은 혁명적인 노동조합주의가 아니라 사회개혁적 노동조합주의를 비타협적으로 추진한 조직"에 가깝다고 평가한다.
54 물론 1987년 노동자 대투쟁과 전노협이 제기한 '노동해방'은 추상적 구호에 불과했다는 비판도 가능하다. 당시 노동해방이라는 구호는 낮은 수준의 요구 투쟁, 노동의 시민권, 노동자들의 삶의 조건 개선을 의미하는 것으로 이해할 수 있다. 다만 이 시기 노동해방은 노동자들의 단결권 인정, 노동조합의 자주성 실현, 개별 기업, 사업장을 넘어서는 노동자들의 연대를 표현하는 것이기 때문에 장기적으로 노동자계급의 계급형성과 사회적·정치적 조직화를 내포하고 있었다고도 할 수 있다.

되는 과정으로 기울었다.

사회운동노조는 노동조합이 정당에 종속되거나(정치적 노조주의), 혹은 일상적인 요구 투쟁인 경제 투쟁(경제적 노조주의)만이 아니라 더 광범위한 운동, 즉 노동자계급 전체의 사회적 권리와 민주주의적 변혁을 지향하는 정치·사회운동을 전개하는 모델을 의미한다.[55] 이러한 운동은 신자유주의 금융세계화와 노동운동의 제도 내 포섭(코포러티즘)의 전개 속에서, 노조를 단순한 경제적 이해를 대변하는 것을 넘어 정치·사회운동가 결합된 계급적 조직으로 재구성하려는 시도라고 할 수 있다. 이러한 운동을 위해 (한국에서는 주로 기업을 분단선으로 형성된) 노동자 간 격차를 줄이고, 단결의 토대를 강화하는 것, 즉 연대임금의 실현도 중요하다는 점에서 여전히 현재적인 과제라고 할 수 있다.

전노협은 지역에 기반한 사업장을 넘은 조직화와 일상활동, 연대투쟁을 전개했으며, 정치·사회운동과 조직적, 운동적으로 긴밀하게 결합해 있었다. 이런 점에서 한국 노동운동사에서 사회운동노조의 원형적 성격을 가졌다고 볼 수 있다. 그러나 전노협은 마지막에 자신의 이념적 지향을 민주노총에 계승하지 못했다. 전노대 활동 시기부터 민주노총 준비위원회에 이르기까지, 민주노총을 조속한 시기 안에 최대한 넓은 범위에서 건설하자는 논의가 힘을 받은 결과, 이념과 강령에서 합의할 수 있는 '최소한'의 낮은 수준을 담는 방향으로 논의가 진행되었기 때문이다.

---

[55] 이러한 운동을 지칭하는 사회운동 노조주의는 1990년대 피터 워터만, 킴 무디 등 연구자와 활동가를 통해 다양하게 제안되었다. Peter Waterman, "Social Movement Unionism: A New Union Model for a New World Order?", 1993. Kim Moody, "Towards an International Social Movement Unionism", 1997.

이렇게 지역을 기반으로 한 공동투쟁으로 임금격차를 축소하고, 사회운동적으로 발전하고자 했던 지노협과 전노협의 지향이 사라져가는 것과 함께, 정부와 자본이 기업별노조에 경제적 이익을 보장함으로써 노동계의 불만을 관리하는 방식이 강화되었다. 재벌 중심 체제와 대기업 중심 노조운동 사이에 일종의 '공생관계'가 형성되었던 것이다.[56] 민주노총이 출범 직후 노·사·정 협상에 참여하면서 코포라티즘 또는 실리주의적 성격을 드러낸 것은 이러한 공생관계에 적합했기 때문이었다.[57] 또한, 민주노총이 합법화를 추구하는 과정에서 노동자 정치운동의 의미도 크게 변화했다. 민주노동당 건설 속에 본격화되는 이 문제는 1996~97년 총파업 이후 다시 살펴본다.

그런데 이러한 변화는 당시 노사관계와 노동시장의 조건이 변화한 현실을 반영한 것이기도 했다는 점을 간과해서는 안 된다. 앞서 서술했던 것처럼, 전노협 건설에서 민주노총 건설로 이어지는 1990~95년은 한국 경제구조의 변화 속에서 대기업 노동자와 중소기업 노동자 간의 격차가 점차 확대되고 있던 시기였다. 민주노총 건설 당시에는 이미 전노협이 포괄하던 중소제조업 사업장 노동조합의 비중이 상당히 축소한 상황이었다. 이와 함께 대기업 노동조합이 성장하고, 공공부문 노동조합들이 자신들의 독자적인 연대체(공노대)를 건설하여 민주노총에 합류하고 있었다. 이들은 노동자운동을 주도할 수 있다는 자신감이 커졌고, 노사정 사회적 대화에도 참여할 수 있다는 생각이 커졌다. 그런 가운데 기업별노조 체제가 강화되고 노동자 간 격차가 커지면서, 전노협 운동

---

[56] 백승욱, 『1991년 잊힌 퇴조의 출발점』, 북콤마, 2022.
[57] 윤소영, 『일반화된 마르크스주의 개론(개정판)』, 공감, 2008.

의 이념적 기반이라고 할 수 있는 계급적 연대의식도 은연중에 침식되어 갔다.

7. 1996~97년 총파업:
민주노총의 탄생과 신자유주의 노동개혁의 충돌

1) 노·사·정 협상의 배경

1970년대 말 경제위기를 계기로 시도되던 신자유주의 개혁이 1980년대 3저 호황으로 인해 중단되었다는 점은 이미 언급한 바 있다. 이 과정에서 노동시장의 신자유주의 개혁 역시 지체된다. 노태우 정부는 노동개혁을 재추진했지만, 경기침체를 맞아 급진화된 노조운동을 탄압하고 임금을 억제하는 데 몰두하던 상황에서 지지부진할 수밖에 없었다.

정부의 노동개혁 시도는 1991년 ILO 가입과 1995년 노사관계개혁위원회(노개위) 논의로 이어진다. 정부는 변화된 경제·국제환경에 대처하기 위해 세계무역기구(WTO)와 경제개발협력기구(OECD) 가입을 추진했다. 2차 세계대전 이후 무역질서를 규정한 기존의 '관세와 무역에 관한 일반협정'(GATT)를 개정하는 논의가 1993년 본격화된다. '우루과이 라운드'로 불리는 이 논의는 자유무역 규칙을 구체화하는 WTO 체제로 발전한다. 김영삼 정부는 '세계화' 정책을 본격적으로 추진하는 한편 OECD에 가입하여 국제적 기준에 따라 국내 제도도 개혁하고자 했다. 이에 따라 노사관계와 노동시장 제도도 개편할 필요성이 높아졌다. ILO 가입 이후 '제3자 개입 금지'를 비롯한 억압적 노동법을 개정하라는 국제적 요구가 높아지고 있는 것도 부담이었다. 이미 민주노총 출범이 현실화된 상황에서, 탄압 일변도의 정책으로는 정부가 노사관계를 관리할 수 없다는 점이 자명해졌다. 이러한 맥락에서 김영삼 정부는 노개위를 구성하고 민주노총에도 참여를 요청했다. 즉, 노개위는 최소한 상급단체 수준에서 복수노조, 즉 민주노총을 인정하면서 타협 체계를 재구축하려는 시도였다. 물론 그 대가는 고용과 노동시간의 유연화(신축화)를 제도화하는 것이었다.

이와 함께, 고도성장 과정에서 누적된 한국경제의 구조적 문제가 1996년부터 본격적인 '증상'으로 나타나고 있었다. 경제성장률은 7%대에서 6%대로 하락했고, 일부 부실기업의 문제가 드러나기 시작했다. 노동시장의 경우, 지표 자체는 외환위기 이전까지 대체로 안정적이었다. 실업률은 1980년대 후반부터 1997년까지 2%대의 낮은 수준을 유지하고 있었다. 그러나 이는 지속적인 과잉투자와 (정부와 기업 입장에서 볼 때) 과도한 고용 보호로 인한 구조조정 지연 때문이었다. '겉으로는 고용안정, 속으로는 구조조정 압력'이 불안정하게 공존하고 있었다. 이런 상황에서 1996년 4월에는 경상수지 적자가 사상 최대치를 기록하자, 정부의 노동법 개정 의지가 더 강해졌다. 경제지표가 악화되기 시작하자, 한국경제의 고비용 저효율 구조, 노동시장을 개혁해야 한다는 의도가 반영된 것이다.[58] 특히 정부는 정리해고제, 변형근로제, 근로자파견제 등 노동시장 유연화 제도를 더 이상 미룰 수 없다고 판단하고 있었다.

이에 대한 노동운동의 조직적 대응이 ILO공대위 구성과 이후 민주노총 건설로 이어지는 과정이었다. 민주노총은 준비위 상황에서 이미 노개위 준비 논의에 참여하며 협상과 함께 투쟁을 준비하기로 한다. 이

---

[58] 김영문, 「그때 그시절, 96년 노동법 파동의 전모」, 《노동법률》 309호, 2017.

에 따라 1996년 내내 노·사·정 협상이 진행된다. 민주노총은 1996년 2월 정기대의원대회에서 "노동법 개정을 통한 민주노총 합법성 쟁취 및 노동법 개악 저지"를 목표로 세우고, 노개위를 투쟁과 참여 병행의 전술적 공간으로 활용하기로 했다. 합법 공간인 노·사·정 협상에 참여하면서도, 정부와 사용자 측이 노동기본권을 침해하는 개악안을 강행하려 하면 총파업 투쟁으로 맞선다는 이중 전략을 세웠다.

그러나 민주노총의 노개위 참가 결정은 내부에서 큰 논쟁을 불러일으켰다. 노개위 참가를 주장한 쪽은 노개위가 교섭 공간이자 투쟁 공간으로서 의미가 있다고 보고, 협상 과정에서 주요 쟁점을 부각하면 투쟁 조직화에도 유리할 수 있다는 입장이었다.[59] 반면 노개위 참가에 반대한 쪽은, 민주노총이 결국 정부의 요식 절차에 부응하는 것에 불과하므로 투쟁으로 돌파해야 한다는 입장이었다. 노개위 협상 과정에서 어느 정도 양보를 하더라도 합의를 통해 민주노총이 합법적 테두리 안에서 시민권을 얻는 기회로 삼아야 한다는 주장도 있었던 만큼, 노개위 참가 반대 주장이 아주 근거 없는 기우만은 아니었다. 이러한 논쟁은 민주노총이 노·사·정 협의 참여를 두고 반복적으로 겪을 논쟁과 갈등의 시작을 알리는 것이었다.

2) 노개위 협상과 결렬, 총파업으로

1996년 4월, 김영삼 정부는 "노사관계 개혁방안 보고대회"를 열고 '신노사관계 5대 원칙'을 발표한다. 이는 노·사·공익이 참여하는 가운데 노동법 개정을 논의하겠다는 것이었다. 이어 현승종 국무총리를 위원장

---

[59] 김형식 외, 『96~97 총파업을 말하다』, 매일노동뉴스, 2025.

으로 하고, 공익위원 20명, 노측 5명(민주노총 2명), 사측 5명, 3개 분과로 구성된 대통령 직속 노사관계개혁위원회(노개위)를 발족한다. 정부는 이 기구를 통해 노동법 전반을 재검토하여 노·사·정 사회적 대화를 통한 개혁 방안을 도출하고자 했다.

그러나 협상은 쉬운 일이 아니었다. 민주노총은 복수노조 허용, 공무원·교원의 노동기본권 보장, 필수공익사업 직권중재 폐지 등 ILO 권고사항을 요구한 반면, 사용자 측은 정리해고제 도입, 파견근로 허용, 변형근로시간제 도입 등 노동 유연화 조치를 강하게 주장했다. 이른바 '3금(禁)-3제(制)', 즉, 노동계가 요구한 복수노조금지, 노조의 정치활동 금지, 제3자 개입 금지 등 '3금'과, 경영계가 요구한 노동유연화 정책인 변형근로시간제, 정리해고제, 근로자파견제 등 '3제'가 핵심 쟁점이 되었던 것이다. 1996년 9월 노개위 마지막 회의에서 공익위원들이 절충안을 내보았지만, 노동계와 경영계 모두 이를 받아들이지 않아 합의 없이 활동이 종료되었다.

그러자 노개위는 공익위원안을 중심으로 11월 14차 회의에서 개혁안을 의결하고 정부에 송부한다. 공익위원안은 정리해고제와 변형근로제, 근로자파견제 도입과 같은 재계의 핵심 요구는 반영된 반면, 복수노조 허용과 '제3자 개입금지' 폐지, 교사 단결권, 해고 조합원 자격 등 민주노총의 요구는 일부만 반영되었다. 당시 노개위에서 광범위한 쟁점에 대해 나름대로 깊이 있는 논의가 이루어지기는 했지만, 노·사·정이 동상이몽 속에서 합의안을 내기에는 무리였던 셈이다. 협상 과정에서 집단적 노사관계 개혁과 개별적 근로관계의 개혁을 맞바꾸는 식의 협의 가능성도 타진되지만, 민주노총이 정리해고제를 수용할 수는 없었다. 협상을 주도한 정부도 노·사·정의 입장을 조율하고 현실화할 능력이

1996년 12월 29일, 노동법 개악 반대 여의도 집회를 마치고 명동성당으로 돌아온 민주노총 시위대. 민주노총 지도부는 총파업 돌입 기자회견 직후 명동성당에서 30일간의 농성을 진행한다. (사진출처: 민주화운동기념사업회)

없었고 그럴 의지가 있었는지도 분명하지 않았다.

여당인 신한국당은 합의에 실패한 노개위 공익위원안을 토대로 일방적인 입법화를 추진한다. 게다가 12월 초, 정부는 경제 관료들의 의견을 반영한 노동법 개정 정부안을 확정했는데, 이 안은 노개위 공익위원안보다 훨씬 후퇴한 것이었다. 교원·공무원의 노동권 보장은 빠졌지만, 기업별 복수노조 5년 유예, 노조 전임자 임금 지급 금지(2002년 시행), 파업기간 중 임금 지급 금지, 공익사업 범위 확대, '생산성 향상'이나 기업 인수합병 시 정리해고 허용, 1개월 단위 변형근로시간제(탄력근로시간제) 허용과 같은 조항은 포함되었다.

이렇게 노개위 합의 실패 이후 정부·여당이 노동개혁을 일방적으로 추진하겠다는 결심을 굳히자, 민주노총은 총파업 투쟁이 불가피하다고 인식한다. 이미 '1조합원 1교육'을 포함한 전조직적 조합원 조직화 사업을 진행하고 있던 민주노총은 11월 10일, 10만여 명이 모인 노동자 대회에서 투쟁 결의를 모으고, 각 단위노조별로 12월 초까지 쟁의발생 결의를 모두 마치도록 했다.[60] 이어 11월 29일 단위노조대표자 결의대회와 구속결단식을 시작으로 12월 4일 파업찬반투표, 12월 13일 4시간 경고파업 등 구체적인 투쟁 일정들이 진행되었다.

1996년 12월 26일 새벽, 정부·여당은 철저한 보안 속에 국회 본회의장 문을 걸어 잠그고 여당 의원만 참석한 가운데 노동법과 안기부법 개정안을 통과시켰다. 노동법 날치기 통과 직후, 민주노총 집행부는 명동성당에서 총파업 돌입 기자회견을 열고 즉각 전국적인 총파업에 돌입할 것을 선언했다. 총파업 첫날인 12월 26일, 현대자동차노조, 기아

[60] 허영구, '노동법개정 총파업투쟁! 현재적 의미와 과제' 토론회, 2012.

자동차노조, 현대중공업노조 등 주요 대공장 노조를 비롯한 85개 노조 약 14만 3천 명이 파업에 돌입했다. 다음날 서울지하철노조, 전문노련, 병원노련을 비롯한 공공부문 노조가 가세하면서 파업 대오는 더욱 확대되었다. 민주노총 지도부가 농성한 명동성당 일대에는 학생과 시민들이 모여 대규모 집회가 이어졌다. 12월 31일까지 이어진 1단계 총파업 이후 1997년 1월 3일부터 1월 14일까지 2단계 총파업이 이어진다. 파업은 제조업을 넘어 사무직 노동자와 언론노조연맹 산하의 방송사 노동자로 확산하면서 사회적 파급력이 더욱 확대된다. 여론도 정부·여당이 개정안 날치기 통과로 절차적 민주주의를 파괴한 데에 대한 거부감을 드러내며 총파업을 지지하는 분위기가 형성된다.

나아가 60여 개 지역에서 '노동악법·안기부법 완전 무효화와 민주수호를 위한 범국민대책위원회'가 결성되었고 종교계와 여성단체에서도 시국선언이 이어졌다. 1월 14일에는 한국노총 박인상 위원장이 명동성당을 방문하여 민주노총 지도부와 공동 기자회견을 열고 "노동법·안기부법 개악 무효화와 민주주의 수호"를 위한 전국노동자대회를 함께 개최하기로 발표한다. 양대 노총은 공동투쟁본부를 구성하고, 공동 성명을 발표하거나 공동 집회를 개최했다. 한국노총 소속 일부 산하 조직들도 개별적으로 파업에 동참하거나 집회에 참여하면서 총파업 투쟁의 폭이 한층 넓어졌다.

1월 15일부터 19일까지 이어진 3단계 총파업에는 총파업 투쟁 사상 가장 많은 노동자가 참가했다. 15일에는 388개 노조, 35만 8백여 명의 조합원이 참가했고, 전국적인 시위가 개최되었다. 1월 20일부터 2월 28일까지 이어진 4단계 총파업 시기에는 전면파업이 아닌 수요파업으로 전술을 전환하면서 마무리 단계에 들어섰다. 이렇게 1996년 12월 26일부터 이듬해 2월 28일까지 진행된 초유의 양대노총 총파업에 하루 이상 참여한 노조는 531개, 조합원은 40만 4천여 명, 연인원으로는 387만 8천여 명에 달했던 것으로 집계되었다. 이는 당시 민주노총 조합원의 약 81.1%, 가맹 노조 수의 60%가 참여한 것이었다.

3) 총파업의 결과

총파업 과정에서 정부는 여론에 밀려 한편으로는 대화 제스처를 취하면서도, 다른 한편으로는 파업 지도부에 대한 사전구속영장 발부 등 탄압을 병행하고 있었다. 그러나 전국적이고 격렬한 반대 투쟁이 이어지고 국내외적 압력이 커지면서, 김영삼 대통령 지지율은 2개월 만에 27.4%에서 13.9%로 크게 하락했고, 신한국당의 지지율도 27%에서 7%로 떨어졌다. 대선을 앞둔 여당에 총파업 투쟁과 민심 이반은 큰 부담이었다. 결국 1997년 1월 21일, 여야 영수 회담이 개최된다. 정부·여당이 노동법 재개정을 약속하면서 총파업은 마무리 국면으로 들어간다. 이후 국회에서 노·사·정이 참가한 공청회, 여야의 개정안 협의를 거쳐 3월에 개정안이 통과된다.

여야 합의에 따라 재개정된 노동법은 날치기 법안의 독소조항을 완화하고 1987년 이후 지속된 노사관계 제도와 관행을 크게 변화시키는 조항을 담았지만, 날치기 악법을 완전히 폐기한 것이라고 보기는 어려웠다. 여전히 복수노조 허용은 5년 유예되었고, 노조 전임자 임금지급 금지도 5년 유예되었다. 공무원과 교원의 단결권은 검토 과제로 남았다. 정리해고제 역시 폐지가 아니라 시행 시기를 2년 유보할 따름이었다. 변형근로제는 완화되긴 했지만 도입되었다. 총파업 투쟁의 규모와 파급력에 비해 노동자운동이 실질적으로 얻은 것은 너무 적다고 느낄 수밖에 없었다. 이후 민주노총은 이러한 한계를 어떻게 극복할 것인가를 모색하게 된다.

물론 1996~97년 총파업은 건설된 지 불과 1년밖에 되지 않은 민주노총이 현장의 에너지를 조직하고 분출한 거대한 투쟁이었다. 이는 전노협, 업종회의, 대기업노조의 그룹별 협의회가 결합한 민주노총이 하나의 조직으로 녹아나는 계기이기도 했다. 민주노총은 '노개투 총파업 보고서'에서 총파업의 의의가 △ 건국 이후 최초, 최대 규모의 정치 총파업 △ 노동자 생존권과 노동기본권, 민주주의 쟁취 정치투쟁 △ 총자본의 세계화, 신보수주의 공세에 맞선 투쟁으로 세계노동자의 연대와 지지 투쟁에 있다고 평가했다.

당시 투쟁은 신자유주의 노동개혁에 장기간 패배해 온 서구의 노동자운동이 보기에는 신자유주의 노동개혁에 저항한 놀라운 사건이기도 했다. 세계화 속에서 각국에서 강행되고 있던 신자유주의 정책에 정면으로 도전한 노동자들의 총파업이라는 점에서, 이 투쟁은 한 나라를 넘어 국제적 의미를 갖는 투쟁으로써 관심을 불러일으켰다. 또한, 군사독재를 끝낸 신흥공업국에서 등장한 한국의 전투적 노동운동과 민주노조운동이 그 존재감을 각인한 사건이었다. 국제자유노련(ICFTU, 현 국제노총)은 여러 차례 국제연대 사절단을 조직해 한국을 방문하고 지지했으며 해외 언론들도 큰 관심을 보였다. 미국노총(AFL-CIO)과 호주, 홍콩, 필리핀, 일본, 브라질, 영국, 독일 등 22개 나라의 각국 노동조합도 지지와 연대를 표명했다. 그러나 바로 같은 시기에 국내외에서 진행된 또 다른 역사적 흐름도 있었다. 1980년대 말 3저 호황이 역전된 1995년 '역(逆)플라자 합의'로 인한 대외교역 조건의 변화, WTO와 OECD 가입으로 대표되는 금융세계화의 심화, 지체된 재벌 개혁으로 인한 과잉중복투자와 외채위기의 위험성 증대가 바로 그것이다.[61]

이러한 경제적 조건은 결국 1997~98년 IMF 구제금융위기로 이어지고 만다. 이미 1990년대 중반이 되면 1980년대 말 형성된 노동시장 제도와 노사관계가 현실에서 유지되기 어려운 상황이었으나, 개혁은 지체되었다. 정부·여당이 노동개혁을 1996년 말 날치기 입법이라는 수단까지 활용하며 강행했던 이유도, 따지고 보면 정리해고 도입이 OECD 가입을 위한 규제 완화 패키지의 일환이었기 때문이다. 그러나 노·사·정 합의를 형성하지 못한 무능함을 보인 김영삼 정부는 이 문제를 해결할 수 없었다. 결국 그 징후가 시시각각 나타나던 모순들은 총파업이 종료되고 불과 몇 개월 후, IMF 외환위기를 통해 폭력적으로 정리되고 말았다. 당시 노동자운동은 이러한 정치, 경제 정세의 변화를 정확히 인식하지 못한 상태에서 위기를 맞았다.

또한, 민주노총이 출범하고 노개위가 구성되던 시기는 사회적 합의가 활발하던 유럽 각국에서도 기존의 노사정 협의가 약화되고 오히려 신자유주의적 노동유연화를 추진하기 위한 이른바 공급중심적 코포러티즘(supply-side corporatism)으로 변화되고 있던 상황이었다. 막 출범한 민주노총은 바로 이러한 상황에서 합법화를 기대하면서 노·사·정 협상에 들어가는 상황이었던 것이다.

---

[61] 1995년 역플라자 합의는 1985년 플라자 합의 이후 엔화 강세가 심화하자 반대로 달러 강세를 유도하여 미국이 자본수지 흑자를 추구하기 위한 합의였다. 이에 따라 엔화가 약세로 전환되고 원화는 강세로 전환되면서, 한국의 수출 경쟁력이 하락하게 되었고 경상수지가 적자로 전환되었다. 이에 따라 외환보유고도 감소하는데, 이는 외환위기의 한 요인이 된다. 아울러, OECD 가입 이후 한국은 시장개방 및 구조조정, 노동 유연성 제고를 비롯한 신자유주의 정책개혁을 요구받았다.

8. 정치적 노동자운동의 형성과 분화, 민주노동당 창당

1) 1980~90년대 정치적 노동자운동

앞서 살펴본 것처럼, 1985년 6월 구로동맹파업은 한국의 정치적 노동자운동이 발전하는 데 중요한 전기였다. 구로동맹파업 직후 결성된 서울노동운동연합(서노련)은 1970년대 민주노조 운동가들이 모여 결성한 한국노동자복지협의회(한국노협)가 정치투쟁에 소극적이라고 비판하며 노동자의 정치투쟁을 지도할 대중정치조직을 시도했다.

서노련은 구로동맹파업을 주도한 학출 및 현장 노동자 출신의 활동가들을 아우르면서 구로지역을 중심으로 임금인상과 노조결성 지원, 반독재 민주화 시위를 비롯한 선도적 정치투쟁을 조직했다. 이는 노동운동이 노조 조직화에만 머물지 않고 노동자계급의 독자적인 정치세력화를 지향하는 정치적 노동자운동으로 나아가고자 한 것이었다. 서노련은 1986년 5·3 인천항쟁을 거치며 간부들이 대거 구속되고 노선 논쟁을 겪으면서 1986년 말 사실상 와해되지만, 서노련이 던진 문제의식, 즉 새로운 형태의 노동자 대중정치조직이 필요하다는 문제의식은 이후 정치적 노동자운동 조직들이 형성되는 밑거름이 되었다.

인천에서도 정치적 노동자운동 단체인 인천지역노동자연맹(인노련)과 인천지역민주노동자연맹(인민노련)이 건설된다. 인민노련은 내부 논쟁 끝에 민족해방파(NL)나 제헌의회(CA)그룹과 결별하고 실사구시적인 조직 노선으로 조직역량을 키워갔다. 인민노련은 민중민주파(PD)의 주요 조직 중 하나로, '과학적 사회주의'에 대한 선전 활동을 진행한다. 서울 남부지역에서도 서노련 해체 이후 이를 계승하려는 그룹들이 1988

년 10월 민족통일민주주의노동자동맹(삼민동맹)을 결성한다. 삼민동맹은 "사회주의적 노동운동 정치조직"임을 선언하며 "과학적 혁명 이론 정립과 노동현장 연계"를 목표로 삼았다.

1987년 6월항쟁의 여파로 전국적인 민주노조 결성이 이어지자, 정치적 노동자운동 활동가들은 각 지역에서 각종 노동운동단체를 조직해 새로 선출된 노조 간부들을 교육·지원한다. 이러한 활동은 지역차원에서 노조 간 연대를 촉진하며 지노협이 건설되는 기반이 된다. 1988년 이후 노동운동단체들은 전국적 연대체 건설로 나아간다. 1988년 3월 현대엔진 노조 탄압에 맞서 전국적 지원투쟁 기구인 '노동탄압저지 전국공대위'가 조직되고, 6월에는 마침내 지역 노동운동단체들이 모여 전국노동운동단체협의회(전국노운협)이 출범한다.

전국노운협에는 서울노운협, 인천노운협, 경기남부노운협 등 지역협의회들과 민주노동자협의회(충남), 노동자위원회(전남), 노동자협의회(부산·대구·경남) 등 전국 각지의 단체들이 참여하여, "민주노조운동을 지원·강화하고 노동해방을 실현"한다는 목표를 내세웠다. 전국노운협은 결성 직후 공동임금투쟁을 지원하고, 노조탄압에 공동대응하며, 노동법 개정 청원 사업을 벌이고, 전국노동자대회를 주도하며 민주노조 진영의 구심으로 활동한다. 특히 1989년에는 정부의 노동악법에 저항하기 위한 전국노동법개정투쟁본부를 노조들과 함께 꾸리고, 11월엔 첫 전국노동자대회를 개최하며 투쟁을 함께 조직한다. 전국노운협은 전노협 건설 과정에도 중요한 역할을 수행한다.

전노협 건설 이후 1990년 하반기 들어 전국노운협 내에서 조직노선을 둘러싸고 논쟁이 벌어지면서 '전국노동단체연합'(전국노련)이 분화한다. 정파조직을 배제한 선진노동자 중심 조직으로 노운협을 재편하자는 주장과 계속해서 공동투쟁협의체로 두자는 입장이 충돌하면서, 결국 후자가 1990년 전국노운협을 탈퇴하고 전국노련을 별도로 결성한 것이다. 그런데 곧이어 전국노련 내부에서 합법 정치정당 건설을 추진하는 그룹까지 분화했다. 바로 한국사회주의노동자당(한사노당) 창당준비위원회 그룹이었다. 이들은 합법정당 건설 운동을 추진하면서 정당 운동으로 활동 영역을 이전했는데, 이는 정치적 노동자운동을 추구하는 활동가가 노동조합운동에서 대거 이탈하는 결과를 불러왔다.

한편, NL 계열의 현장 활동가들은 정당이나 합법운동을 보조적 수단으로 간주하면서, 독자적인 정당 건설보다는 노동조합 경제투쟁을 중심으로 하는 간부 조직화와 전선 중심의 조직화를 중요시했다. 이러한 입장은 활동가들이 작은 단위의 '정치소조'로 산개하여 기층대중조직을 건설하는 데 우선 주력해야 한다는 '산개론'으로 표현되었다. NL 성향의 노동운동 단체들은 전국노운협과 전국노련의 분화 이후 한국노동운동단체협의회(한노협)를 결성하고 대체로 현장의 경제주의적 투쟁과 활동가 현장조직 조직화에 집중한다. 노동운동 내 NL 세력은 2001년 '민주노동자 전국회의'를 만들어 전국적 조직으로 결집한다. 이와 비슷한 시기, 민주주의민족통일전국연합(전국연합)은 이른바 '군자산의 약속'이라는 정치적 결의를 통해 합법 공간에서 정치세력화를 추진하는 노선으로 전환한다.[62]

---

[62] 전국연합은 1989년 결성된 전국민족민주운동연합(전민련)이 내부 논쟁과 정권의 탄압으로 약화되자, 전노협, 전농, 전대협 등 14개 운동단체와 여러 재야운동세력이 1991년 12월 재결집해 만든 민족민주진영의 연대체였다. 전국연합은 이듬해인 1992년 10월 10일 대의원대회에서 대선에 독자후보를 내지 않기로 결정하고, 범민주진영의 후보단일화를 결정했다. 이를 계기로 전노협의 전국연합 활동 참여도 사실상 중단되며, 전국연합은 사실상 NL 단체들만의 연합 조직 성격을 갖게 된다. 이후 2007년 대선을 앞두고 새로운 전선운동체인

1991년 들어 사회주의를 지향하는 PD 성향의 '비합법 정파' 조직인 인민노련, 삼민동맹, 노동계급이 통합하면서 노동자정당추진위원회(노정추)에 이어 한국사회주의노동당 창당준비위원회(한사노당 창준위)를 결성한다. (이른바 'PD 3파 통합') 이들이 채택한 길은 주대환 위원장이 제시한 '신노선'이었다.[63] 이는 현실 사회주의권의 붕괴 이후 새로운 사회주의의 상을 구성하고 합법정당 운동을 전면화하자는 것이었다. 한사노당 창준위는 '노동자정당 추진위원회'(노정추)라는 이름으로 활동하다가 1992년 1월 '한국노동당 창당준비위원회'(한노당 창준위)를 결성한다. 한노당 창준위는 1992년 14대 총선에 대응하기 위해 많은 노선적 양보를 감수하면서 민중당과 통합하지만, 총선에서 2% 미만의 득표를 얻는 데 그치며 선거법에 따라 해체되고 만다. 이에 따라 노동자운동의 정치세력화 가능성에 대한 회의가 내부적으로 확산된다. 초기에 민중당을 주도하던 김문수와 이재오는 당 해산을 주장하다가 신한국당을 통해 정치에 입문한다. 민중당은 재창당을 결의하지만 실현하지 못했고, 남은 한사노당 활동가들을 중심으로 진보정당추진위원회(진정추)가 활동을 이

---

[63] 한국진보연대로 개편된다. 전국연합 조직은 민주노동당에서 통합진보당까지 당내에서 소위 '자주파' 세력으로 불렸다. 현재 NL 운동은 전국연합 당시 경기동부, 울산(부울경), 광주전남, 대전, 인천 등 지역연합 별로 형성된 조직마다 정파적 색채를 달리하고 있다. '군자산의 약속'의 정식 명칭은 '3년의 계획, 10년의 전망 - 조국통일의 대사변기를 맞는 전국연합의 정치 조직방침에 대한 해설서'로, 2001년 9월에 열린 '민족민주전선일꾼 전진대회'에 제출되었다. 이에 따라 전국연합 활동가들은 민주노동당에 대거 참여하여 당을 자주, 민주, 통일을 강령으로 하는 '민족민주정당'으로 재편하는 것을 목표로 활동한다. 이는 당시 민주노동당의 강령인 '사회주의적 이상과 원칙을 계승 발전'을 개정하는 것을 포함한 노선적 전환을 추구하는 것을 시사했다. 진보신당이 분당한 이후, 이 민주노동당 강령은 '민중이 참 주인 되는 진보적 민주주의 체제를 건설'로 대체된다.

주대환·노회찬, 「노동자 정당 건설 전략에 대해 재고를 요청함」, 한사노당, 1991년 9월.

어간다.[64]

그런데 이 시기 한사노당 창준위 구속자와 수배자들이 공안당국에 제출한 탄원서가 큰 논란이 된다. 사회주의 혁명 노선을 포기한다는 내용이 담긴 이들의 탄원서로 인해 한사노당 창준위 세력은 노동자운동 내에서의 위신이 추락한다. 전노협은 이러한 논란 속에서 민중당 지지 입장을 조직적으로 채택하지 않는다. 정치적 노동자운동과의 거리가 확인된 셈이다. 이러한 과정을 거쳐, 노동현장에서 정치운동을 전개하던 인민노련을 비롯한 정치적 노동자운동은 조직적으로나 내용적으로 노동현장과 노동조합운동에서 멀어진다.

노정추, 한사노당, 민중당으로 이어지는 정당운동에 지노협 간부들이 개별적으로 참여하면서, 전노협의 대응 방향을 둘러싼 논란이 제기된다. 전노협과 지노협 간부가 정당에 참여하는 문제에 대해, 전노협은 '정치활동의 자유는 보장되어야 하지만, 공공연한 정당활동을 하는 것을 자제하도록 한다'라고 결정하는 신중한 모습을 보였다. 이후 1992년 총선에서 민중당이 해산된 뒤 그해 말에 있는 대선을 앞두고, 전노협의 방침을 둘러싼 쟁점이 다시 부각된다.

당시 전노협은 1991년 결성된 '전국연합'에 참여하고 있었다. 전노협은 조직발전소위원회 논의를 통해, '단일한 독자 후보를 내고 이를 통해 민주대연합을 실천하고, 이를 위해 민주당을 견인함으로써 민중주도 민주대연합을 추진할 것'을 제안한다. 그러나 이러한 입장은 전국연합의

---

[64] 당시 정당건설 과정을 시기별로 정리하면 다음과 같다. 1991년 인민노련, 노동계급, 민족통일민주주의노동자동맹(삼민동맹)의 통합 → 1991년 6월 한사노당 창당준비위원회 발족 → 1991년 12월 한국노동자정당건설추진위원회(노정추)를 거쳐 1992년 1월 한국노동당(한노당) 창당 → 1992년 2월 통합민중당 결성 → 1992년 4월 진보정당추진위원회(진정추) 발족.

위 사진은 1992년 1월 19일, 한국노동당 창당 발기인 대회 당시 모습이다. (사진출처: ≪연합뉴스≫)
아래 사진은 발기인 대회 자료집 앞, 뒷면 내용이다. (사진출처: 민주화운동기념사업회)

결정과는 충돌하는 것이었다. 전국연합은 '범민주후보단일화론', 즉 김대중 후보에 대한 비판적 지지를 결정했기 때문이다. 따라서 민중후보를 주장한 민중대통령후보 선거대책본부에 참여한 노동자운동 활동가들은 전노협과 다른 독자적인 대응을 하게 된다. 전노협의 통일된 대응방침을 갖지 못한 활동가들은, 전국연합의 (김대중 후보를 지지하는) '노동자선대본'과 '민중대통령 백기완선거대책본부'(백선본)에 각각 참여한다.

전노협은 정치방침과 관련된 논란이나 정파적 갈등이 노동운동의 조직적 갈등과 균열로 이어지지 않도록 하는 데 힘을 쏟았지만, 그러다 보니 뚜렷한 방향이나 방침을 결정하지 못하고 현장을 조직하지 못했다는 비판을 받을 수밖에 없었다. 이러한 쟁점은 이후에도 노동조합운동과 정당운동의 관계에서 발생할 것이었다.

한편, 한사노당 건설 노선과는 달리 대중조직을 통한 정치활동을 강조하는 흐름도 계속 존재했다. 전국노운협의 주류는 전위정당 또는 합법정당 건설보다는 노조운동에 대한 개입을 통해 대중적 기반을 강화하고 정치의식을 고양하는 방향을 주장하면서 노동단체를 중심으로 한 활동을 계속한다. 그러나 1993년 ILO공대위를 재편하고 전노대를 결성하는 과정에서 전국노운협을 비롯한 노동운동 단체들이 참여 조직에서 배제되었다. 이는 노동단체들을 포괄하는 공동사업을 통해 노동운동의 정치성을 강화하기보다는, 노동조합의 결집과 규모 확대를 시급히 이루는 데 방점을 둔 결과였다. 정당 지향 활동가들이 노동조합 운동에서 이탈하던 시기에, 전노대 결성 과정에서 노동단체들과 노조의 관계도 재정립되면서 양자 간의 거리 역시 멀어진 것이다.

1995년 9월, 한사노당의 맥을 이은 진보정당추진위원회(진정추)는 민중정치연합 내 통합파와 함께 진보정치연합(진정연)을 창립했다. 그런데 1996년 총선을 앞둔 시점에서 노회찬 등 일부가 통합민주당(꼬마 민주당)에 합류하면서, 이 과정 역시 파행을 겪는다. 총선에서 진정연은 별다른 성과를 남기지 못하고, 이내 통합민주당에서 철수한다. 이후 진정연은 1997년 제15대 대선을 앞두고 민주노총이 구성한 대선 대응기구인 '건설국민승리21'에 합류한다. 몇 차례 실패를 거치며 이미 상당히 왜소화된 진보정당 추진세력은 대선 대응 과정을 주도하지 못하고 개별적으로 국민승리21에 합류했는데, 이는 몇 년 뒤 민주노동당 건설로 이어진다.

2) 민주노총의 대선 대응과 민주노동당 창당

1996~97년 총파업이 마무리되는 과정에서, 노동법 재개정은 국회에서 여야 정당 간의 교섭으로 결론이 났다. 노동법 재개정은 기존의 개악안을 완전히 철회하지 않고 절충한 성격이 강해 노동운동의 불만이 생길 수밖에 없었다. 이에 대해 민주노총은 압도적인 대중투쟁에도 불구하고 국회에 노동자를 직접 대변할 정치세력이 없어 투쟁의 성과를 제도적으로 관철시키는 데 한계가 있었기 때문이라고 평가한다. 즉, 노동법 재개정 과정에서 야당인 새정치국민회의를 통한 간접적인 관여로는 한계가 분명했으므로, '거리에서의 투쟁만으로는 승리할 수 없으며, 국회에 우리를 대변할 정치세력이 필요하다'는 교훈을 도출했다.

이에 따라 민주노총은 본격적으로 독자적인 정치세력화를 준비하게 된다. 총파업 투쟁의 열기가 식지 않은 1997년 대선을 앞두고, 민주노총은 대의원대회 결정으로 대선에서 ('노동자후보'가 아닌) '국민후보'를 추대하기로 한다. 곧이어 민주노총이 권영길 위원장을 대통령 후보로 추천하고, '국민승리21'이 이를 승인한다. 여기에 전국연합과 진보정치연합도 참여하고 정치연대도 합류하기로 하면서 폭넓은 공동 대응 구조가 형성된다. 사회복지 확대, 평생 고용 체계 구축, 재벌체제 해체, 한반도 평화 체제 실현과 같은 권영길 후보의 대선 공약은 민주노총 후보라기보다는 '국민후보' 성격을 드러내는 것이었다. 한편, 이미 외환위기와 IMF 관리에 돌입한 상황에 맞는 정책공약은 제시되지 못했다.

국민승리21은 대선 과정에서 '일어나라 코리아'라는 구호를 사용하면서 큰 논란이 벌어지기도 했다. 지나치게 민족주의적인 구호여서 노동자 민중 운동의 정서와 거리가 컸기 때문이다. 노동운동 좌파들이 참여한 '정치연대'에 속한 일부 단체는 이를 이유로 선거운동에서 철수한다. 한편, 전국연합은 또다시 김대중 후보 지지를 결정하면서 권영길 후보에게 야권후보 단일화를 요구한다. 결국, 대선에서 권영길 후보는 약 30만 6천 표(1.2%)를 얻는 데 그친다.

대선에서 저조한 성과에도 불구하고, 민주노총은 1998년 5월 임시대의원대회에서 "국민승리21을 확대 재편하여 노동자중심의 진보정당을 건설하기 위해 적극 지원, 연대"하기로 결정한다. 아울러 외환위기로 인해 당면한 고용안정과 생존권 투쟁을 위해서 노동자 중심의 정치세력화가 더욱 중요한 과제로 부각되고 있다고 평가했다. 이에 따라 민주노총은 1998년 지방선거에도 적극적으로 대응하기로 결정했다. 지방선거에 무소속으로 출마한 민주노총 지지 후보 중 울산 북구의 조승수 후보와 동구의 김창현 후보가 당선되고, 생산직 노동자가 밀집한 지역을 중심으로 광역의원 2명과 기초의원 16명이 당선되는 성과를 얻으면서, 창당 작업이 탄력을 얻는다.

여전히 진보정당의 성격과 방향에 대한 쟁점이 남아있었지만, 민주노총이 총파업과 현안 대응 투쟁에 집중할 수밖에 없는 상황에서 창당은 계획대로 진행된다. 이후 '진보정당 창당준비위원회' 활동과 조직화 과정을 거쳐 2000년 1월 30일, 민주노동당이 창당된다. 1만 3천 명의 당원을 대표하는 200여 명의 창당 대의원이 강령, 당헌, 당규, 당면정책과 투쟁과제, 총선방침을 결정했다. 또한, 권영길 대표, 노회찬, 박순보, 양경규 부대표, 천영세 사무총장을 선출했다.

그런데 창당 직후 진행된 2000년 4월 총선에서부터 정파 갈등 혹은 정파 패권의 문제가 이미 모습을 드러내고 있었다. 당시 민주노동당 울산 북구 후보 경선에서 평등파 이상범 후보가 현대차 노조의 전폭적인 지원을 얻어 유리할 것으로 예상되었는데, 실제 민주노동당 울산지부 당원 투표에서는 자주파의 표 결집으로 세종공업노조 소속 최용규 후보가 승리하는 이변이 일어났다. 울산 북구는 현대자동차노조 조합원이 밀집한 지역이므로 조합원의 지지를 조직하는 것이 자연스러운 선거 전략이었지만, 정파 논리가 앞선 것이다. (최용규 후보는 총선에서 한나라당 후보에 밀려 500여 표 차이로 낙선한다) 민주노총은 총선 이후 진상 파악과 함께 분파주의 문제를 해결할 제도 정비의 필요성을 제기한다. 민주노동당도 당기위원회 차원의 조사를 진행한 뒤 이를 민주노동당 울산지부 관련 당사자의 해당행위로 규정했다. 이는 앞으로 일어날 정파 갈등의 예고편이었다.

민주노총은 2000년 16대 총선에서 민주노동당 지지 운동과 함께, 당시 참여연대, 환경운동연합 등 4백여 개 시민사회단체가 모인 '총선시민연대'가 진행한 '반개혁적 낙선·낙천후보' 운동에도 참여했다. 실제로 총선시민연대가 선정한 86명의 낙선 대상자 중 59명, 약 70%가 낙선했고, 특히 수도권에서는 낙선 대상자 20명 중 19명이 낙선했다. 총선시민연대는 낙선 후보 기준에 신자유주의 구조조정을 주도한 집권 민주당 세력은 포함하지 않았지만, 한나라당이나 자민련 같은 보수 세력에는 엄격한 도덕적 잣대를 들이밀었다.

민주당은 당시 구조조정으로 인한 노동자의 불만과 '옷 로비 사건'으로 인한 도덕적 위기에 처해있었지만, 낙선운동 덕에 이전보다 오히려 의석수와 득표율을 늘릴 수 있었다. 낙선운동을 조직했던 참여연대의 박원순, 김기식이나 여성단체연합의 지은희와 같은 시민단체 간부들은 후에 민주당 정치인이나 고위 관료로 변신했다. 특히, 낙선운동을 주도했던 참여연대 주요 인물 중 60여 명이 문재인 정부 출범 이후 핵심 관직에 진출하기도 했다.[65] 이는 2010년대 이후 시민사회운동이 반보수연합과 야권연대를 중재하는 미래를 보여주는 예고편이었다.

민주노총은 2000년 이후 각종 선거에서 오직 민주노동당 후보만 민주노총 후보로 인정하는 '배타적 지지' 방침을 적용한다. 그런데 2002년 지방선거와 대선을 앞두고 이에 대한 논란이 시작된다. 예를 들어, 사회당(구 청년진보당)과 민주노동당 후보가 경합하는 일이 있었는데, 민주노총은 2002년 1월 중앙위원회에서 표결 끝에 '민주노동당으로 출마해야 민주노총 후보로 인정'한다는 방침을 확정한다. 이에 대해 사회당과 노동자의힘, 사회진보연대, 정치연대는 민주노동당의 노동자계급 중심성이 취약한 상황에서 민주노총의 배타적 지지 방침은 노동자 정치세력화를 약화시킨다고 비판했지만, 배타적 지지 방침은 굳어진다.

민주노동당 창당은 1996~97년 총파업이 낳은 정치적 결과였다고

---

[65] 사회진보연대, 「조국 논란과 개혁 세력 지식인들의 타락」, 《사회운동포커스》, 2019년 10월 10일.

할 수 있다. 1997년 대선에서는 주요 대선후보 토론에도 함께하지 못했지만, 민주노동당 창당 이후 지지율이 지속적으로 상승하고 성과도 쌓여간다. 현장에서는 활발한 정치교육과 함께 대대적인 민주노동당 가입 운동이 펼쳐진다. 2000년 4월 총선에서는 국회 진출에 실패했지만, 2001년 헌법재판소 결정으로 2002년 지방선거에서 지역구 투표와 정당 투표를 함께 시행하는 '1인 2표제'가 도입된 이후 지방선거에서 어느 정도 성과를 얻게 된다.

노무현 대통령이 당선된 2002년 대선에서는 후보 TV 토론에 출연한 권영길 후보가 "살림살이 좀 나아지셨습니까"라는 유행어를 만들며 화제가 되기도 한다. 선거 결과 권영길 후보는 3.89%를 득표한다. 2004년 국회의원 선거에서는 10명의 의원을 당선시키며 진보정당 최초로 원내진입에 성공한다. 제조업 노동자와 조합원이 밀집한 울산이나 창원에서 높은 득표율이 나타나면서, 노동자계급에 기반한 진보정당이 뿌리내릴 수 있을 것이라는 기대도 커졌다.

1990년대 중반 노동조합운동이 민주노총 건설로 정비되는 가운데 정치적 노동운동이 정당 건설을 지향하면서 노동현장에서 이탈한 이후, 민주노총이 정당 건설을 주도하게 된 과정을 어떻게 평가할 수 있을까? 이는 1980년대 노동현장에 기반하여 형성된 정치적 노동자운동이 정당 건설 지향 운동으로 변모한 후 이합집산을 거치면서 계속 축소되다가, 결국 민주노동당에 흡수되는 과정이었다고 할 수 있다. 비록 노동자 정치운동 단체들이 합류했지만, 민주노동당은 노동자계급 정당으로 추진되었다고 보기는 어려웠다. 민주노동당 건설을 주도한 민주노총은 민주노동당이 이념정당이나 계급정당이 아니라 '개혁적 국민정당'이 되어야 한다고 보았다. 1997년 대선 방침에서 '국민후보 운동'을 전개하고 이 운동을 지지하는 개인으로 구성된 새로운 정치조직을 건설하기로 결의한 것이 대표적이다. 결국 민주노총과 민주노동당의 '노동자 정치세력화'란, 선거 참여와 의회 진출을 의미하는 것이었다.

민주노총이 민주노동당 건설을 정치사업의 중심에 놓으면서, 노동운동의 정치활동이 갖는 의미도 변모한다. 민주노동당이 건설된 이후, 민주노총의 정치 교육은 노동조합운동의 직접적인 정치 투쟁과 현장 조합원을 주체로 하는 정치활동에 관한 내용이 아니라 민주노동당을 지지하는 투표와 자금 후원의 필요성을 강조하는 내용이 중심을 차지했다. 노동조합의 정치활동이 곧 진보정당 지지 활농이 된 것이다. 본래 노동자의 정치세력화란, 선거를 통한 정치활동에 한정되는 것이 아니라, 다양한 일상적인 정치적 요구를 바탕으로 노동자들의 정치의식과 정치투쟁 역량을 강화함으로써 노동자가 정치의 주체로서 설 수 있게 한다는 의미가 있었다. 그러나 민주노총은 노동자들의 정치적인 의식화와 조직화 작업에는 차츰 무관심해지고 선거운동을 중심으로 한 득표 활동을 중심에 두었다. 이를 두고 '민주노총'이 정치의 주체로서 정치의 장에서 힘을 얻는 정치와, '민주노총 내'에서 조합원들을 정치의 주체로 만드는 정치는 사라지고 말았다는 지적이 제기된다.[66]

이렇게 볼 때, 민주노동당은 정당운동이 독자적으로 발전했던 19세기 독일 사민당보다는, 노총이 자신의 정치활동을 위해 정당을 건설하고 지배하는 20세기 영국 노동당 모델에 가까웠다. 19세기 후반에서 20세기 초반의 독일 노동자운동이 정치적 노동자운동을 대표하는 모델이

---

[66] 백승욱, 「투쟁을 해야 할 때 제대로 투쟁하는 노동자 조직을 세우기 위하여: 계급적 관점에 선 민주노총 역사에 대한 비판」, 《마르크스주의연구》 제17권 제3호, 2020.

고 영국 노동자운동이 사회경제적 노동자운동을 대표하는 모델이라고 할 때, 한국의 노동자운동은 후자에 가까운 성격이 강화되었던 것이다. 그러나 민주노동당은 2000년대 초반의 짧은 성공 이후 이내 혼란에 빠지기 시작한다. 이에 따라 진보정당의 성공으로 노동자계급의 정치세력화와 정치적 단결을 실현할 수 있을 것이라는 기대 역시 흔들리기 시작한다.

2장
IMF 외환위기와 노동운동

신자유주의 구조조정에 맞선 방어 투쟁

2장. IMF 외환위기와 노동운동
신자유주의 구조조정에 맞선 방어 투쟁

　이 장에서는 1997~98년 시작된 국제통화기금(IMF) 외환위기와, 이에 따른 구조조정과 노동운동의 대응을 다룬다. 대체로 1997년에서 2003년에 이르는 이 시기에, 1980년대 말 형성된 노동운동의 조건이 급격하게 붕괴하고 새로운 노동체제가 형성되었다. 노동운동은 노동법 개정, 구조조정과 고용불안, 임금삭감에 맞서 투쟁하면서 새로운 조건에 저항하기 위해, 혹은 적응하기 위해 안간힘을 쓴다.
　당시 노동운동의 대응은 1987~97년 시기 형성된 민주노조 운동의 성과와 한계를 고스란히 반영했다. 하지만 상황은 그 이전 시기와의 폭력적 단절을 강제하기도 했다. 거대한 충격에 맞서는 가운데 노동운동이 취한 특정한 선택은 현재에 이르는 노동운동의 구조를 형성했다는 점에서 특히 중요하다. 하루하루 쉴 새 없이 진행된 구조조정과 노동조합의 투쟁은, 좋은 방향이든 나쁜 방향이든 새로운 질서를 형성했다.

1. IMF 외환위기와 신자유주의 구조조정의 전면화

1) 1997~98년 외환위기의 시작

　　1990년대 초중반, 한국경제는 겉으로는 성장세를 지속했지만 내부적으로는 금융시장 개방 확대와 재벌 부채의 누증을 비롯한 구조적 문제가 누적되고 있었다. 1997년에 이르자, 아시아 금융위기가 한국까지 파급되면서 이러한 누적된 위험이 한꺼번에 폭발하게 된다. 당시 정부는 신자유주의 정책으로 전환하는 데 필요한 기업, 금융기관, 노동시장 개혁을 제대로 수행할 역량조차 결여하고 있었다. 정부는 노동법 개정을 날치기 입법으로 통과시키는 무리수를 두었고, 이것이 총파업으로 실패하면서 국정 동력을 상실했다. 기존의 정치경제 구조를 새롭게 재조직할 필요가 있었지만, 무엇도 변화시킬 수 없는 교착된 세력 균형의 결과, 기업과 금융부문에서 연달아 터지는 위기를 관리하는 데 실패할 수밖에 없었다. 이는 곧 '위기 관리의 위기'였다.[1]

　　1997년 상반기부터 주요 기업들이 무너지면서 경제위기를 예고한다. 1월 한보철강의 부도를 시작으로 3월부터 삼미, 진로, 대농 등 대기업 그룹의 연쇄부도가 이어졌다. 7월에는 재계 서열 8위였던 기아그룹이 '부도유예협약 대상기업'에 선정된다. 기아그룹이 위기에 빠지자, 기아차노조는 시민사회단체와 함께 기아그룹이 '국민기업'이라고 주장하면서 '기아 살리기 국민운동본부'를 구성한다. 운동본부는 기아차 구조조정과 정리해고에 반대하면서 국민기업화와 공기업화를 주장한다. (결국 기아그룹은 법정관리 상태에서 매각협상과 구조조정을 거쳐 1999년 현대그룹

---

[1] 지주형, 『한국 신자유주의의 기원과 형성』, 책세상, 2011.

에 합병된다) 경영위기 상황에서 노조가 기업의 구조조정과 정리해고에 반대하는 방어 투쟁에 주력하는 것은 당연한 일이겠으나, 기아차 위기의 주요 원인이 재벌의 과잉투자에 있고 이것이 기아그룹만의 문제가 아니라 국민경제의 문제라는 사실에 대해서는 기아차노조는 물론이고 민주노총 역시 무지하거나 무관심했다.

그러다 보니 대안도 마련하기 어려웠다. 이때까지만 해도 민주노총은 자본이 경기침체를 빌미로 경제위기론을 확산시키고 재벌 규제를 완화하고 임금을 동결하려 한다고 비판했다. 1997년 9월, 민주노총은 대의원대회에서 경제민주화와 고용안정 쟁취를 위한 총파업 투쟁을 결의한다. 10월 말에는 삼성의 기아차 인수 저지와 기아차의 정상화와 국민기업화를 요구하며 자동차연맹을 중심으로 시한부 파업에 돌입하기도 한다.

IMF 외환위기는 금융세계화와 한국 재벌체제가 결합한 결과였다.[2] 1980년대 말 3저 호황 이후 대기업을 중심으로 과잉투자가 이어지는 가운데, 김영삼 정부가 성급한 금융시장 개방과 금융자유화를 추진하면서 과도한 차입 증가로 대외채무가 급증하였다. 외채 규모가 1993년 439억 달러에서 1996년 1,573억 달러로 급증했고, 1997년 9월에는 전체 대외채무가 1,774억 달러에 달했다. 단기외채 비중은 더 급격히 커져 1995~96년에 50%를 훨씬 웃돌았다. 전체 기업 부문의 자금조달에서 외자가 차지하는 비중은 1994년 6.6%에서 1996년 10.4%로 늘어났고, 30대 재벌의 외부자금에서 단기차입금의 비중은 같은 기간 약 48%에서 64%로 늘어났다. 이는 재벌 계열사가 다수 포함된 종합금융사(종금

---

[2] 윤소영, 『일반화된 마르크스주의 개론(개정판)』, 공감, 2008.

사)가 국외에서 1년 미만의 단기외채를 차입해, 국내에서 장기대출에 나섰기 때문이다. 특히 금융자유화 정책에 따라 설립이 허가된 종금사들은 기업들에 장기시설투자 자금으로 많은 액수를 대출했다. 그런데 경기가 후퇴하고 금융불안정이 심화하자, 더 이상 단기외채의 대출연장을 할 수 없게 되면서 경제위기가 본격화된 것이다.

물론 이러한 전개 이전에 이미 한국경제의 이윤율은 3저 호황 이후 하락하기 시작하여 1990년에 이미 1979~80년 수준으로 떨어졌다. 이런 조건에서 재벌기업을 중심으로 투자율이 올라간 것은 '과다차입에 의한 과잉투자' 때문이었다.[3] 하지만 과잉투자에 근거해 이루어진 성장은 어느 시점엔가 무너질 수밖에 없었다. 그 방아쇠 역할을 한 것이 바로 아시아 외환위기였다.

1997년 7월 태국 바트화, 8월에 인도네시아 루피화가 폭락한 것을 시작으로 동아시아 각국으로 외환위기가 확산된다. 한국은 원달러 환율을 800원대로 유지하기 위해 고투하면서 외환보유고를 소진했는데, 11월에 이르면 외환보유액이 거의 고갈된다. 1997년 11월 26일 공식 외환보유액은 242억 달러, 연내 가용 보유외환은 92억 달러에 불과했다. 정부는 결국 1997년 11월 21일 IMF에 구제금융을 요청했고, 12월 3일 구제금융 협상이 타결된다. IMF는 구제 금융을 제공하는 대신 자본시장 전면 개방과 가혹한 경제 구조조정을 조건으로 제시한다. 이에 따라 한국 정부는 극도로 긴축적인 재정정책과 통화정책을 실시하고 자본시장을 추가로 개방해야 했다. 또한, 정부는 경제 구조조정 정책으로 금융, 기업, 공공, 노동 부문의 구조조정을 추진한다.

[3] 이제민, 『외환위기와 그 후의 한국 경제』, 한울, 2017.

IMF가 요구한 고금리·고환율 속에 부실기업들이 대거 도산하기 시작한다. 기업들은 부채비율을 낮추고 비용을 절감하기 위해 대규모 해고에 나선다. 정부도 '대기업 빅딜'과 부실기업 청산, 매각을 통한 기업 구조조정을 적극적으로 추진했다. 대우는 그룹 전체가 워크아웃에 빠지면서 해체된다. 금융부문 구조조정 과정에서 조흥, 제일, 한일 등 대규모 시중은행이 합병되거나 해외에 매각된다. 공공부문에서도 공무원과 공기업, 산하기관에 대한 통폐합과 구조조정, 매각(민영화)을 추진한다. 포항제철, 한국중공업, 한국종합화학, 한국종합기술금융, 국정교과서 등은 완전 민영화 대상으로 우선적으로 추진되었다. 이와 함께 강도 높은 인력감축이 이어졌다. 공무원을 포함한 공공부문 전체에서 10% 이상의 현원을 감축하도록 하는 가운데, 공기업과 정부산하기관에서는 25% 이상의 인력 감축이 강행된다.

정부는 구조조정을 원활하게 추진하기 위한 제도 정비에 나섰다. 가장 우선적인 과제 중 하나가 바로 구조조정 과정에서 발생하는 해고를 가능하게 하는 노동법 개악이었다. 이에 따라 상대적으로 안정적인 고용을 실현했던 대기업에서도 정리해고와 구조조정이 이어진다. 비교적 안정적인 직장에서 노동운동을 주도한 대기업 남성 노동자 부문에서 나타난 해고와 비정규직 문제는 전체 노동시장의 고용불안 문제를 가시화했다. 다만 IMF 구제금융위기 이전에도 도시 하층노동자와 여성 노동자는 계속 불안정한 위치에 있었지만, 이들의 문제는 주목받지 않았다는 역설이 있다.[4]

---

[4] 요코타 노부코, 『한국 노동시장의 해부』, 그린비, 2020.

2) IMF 구제금융 협약과 최초의 노사정 합의

외환위기가 본격화되던 1997년 12월 18일 치러진 대선에서 김대중 후보가 당선된다. 김대중 당선자는 취임하기도 전인 12월 26일, 'IMF체제 극복을 위한 노사정 위원회'를 제안한다. IMF 구제금융 협약에 따른 제반 조치가 대규모 실업과 노동조건 후퇴로 이어질 수밖에 없는 상황에서, 김대중 정부는 불과 1년 전 전국적인 총파업을 전개한 노동운동의 반발을 우려할 수밖에 없었다. 따라서 노동운동, 특히 전투적 투쟁을 선도한 민주노총을 어느 정도 제어할 수 있는 장치가 반드시 필요했다. 특히 최초의 정권교체를 'DJP연합'(김대중-김종필 연합)으로 겨우 실현한 김대중 정부는 정치적 기반이 취약했기 때문에, 위기관리 제도로서 노사정 합의가 필요했던 것이다.

민주노총은 이보다 앞선 1997년 12월 3일, 한국 정부와 IMF가 구제금융 합의서에 서명한 일주일 후 열린 중앙위원회에서 '경제위기 극복과 고용안정을 위한 노사정 3자 기구' 구성을 정부에 요구하기로 결정했다. 이 중앙위와 2주 후 열린 임원산별대표자회의에서는 민주노총의 대응 기조를 다음과 같이 결정했다. ① 재벌과 현 정권을 주요 투쟁대상으로 하고, IMF를 내세워 한국 경제를 장악하려는 미국을 공격한다. ② 재벌개혁·고용안정을 위한 노사정 사회협약 쟁취투쟁을 공세적으로 전개한다. ③ 총파업을 포함한 총력투쟁을 전개한다. ④ 각계 각층의 시민사회단체와 광범한 범국민적 전선을 형성한다. ⑤ 기업별·산업별 차원에서 진행되는 정리해고 등 공세에 대해 해당 노조와 연맹, 지역본부 차원의 연대투쟁과 중앙의 지지 연대를 긴밀하게 결합한다. 민주노총은 그러면서 이에 입각한 주요 투쟁요구로 재벌해체, 고용안정, 노사정 대책기구 구성, 경제파탄 청문회 개최 및 책임자 처벌, 자본시장 전면개방 반대 및 IMF 재협상 촉구, 물가안정 및 재정안정을 제시했다.

이에 김대중 당선자가 회답하며 1월 15일, 노사정위원회가 출범한다. 협상의 핵심 쟁점은 민주노총의 '정리해고 불가론' 대 정부의 '정리해고 불가피론'이었다. 정부의 입장은 명확했다. 정부는 외채 협상단의 외자 유치 교섭에 힘을 실어주기 위해서는, 정리해고 법제화에 동의한다는 노사정 공동합의문 작성이 필요하다며 민주노총을 압박했다. 그리고 불과 5일 후인 1월 20일, 민주노총을 포함한 노사정 합의로 '경제위기 극복을 위한 노사정 간의 공정한 고통분담에 관한 공동선언문'이 채택된다. 2월 6일에는 구체적 내용이 담긴 '경제위기 극복을 위한 사회협약'이 잠정합의된다. 이것이 바로 큰 논란이 된 1998년 노사정 합의문이다. (본 합의문은 민주노총 대의원대회가 있던 2월 9일, 민주노총을 제외하고 공식 체결된다)

잠정합의문은 기업의 경영투명성 확보 및 구조조정 촉진, 물가 안정, 고용안정 및 실업대책, 사회보장제도 확충, 임금안정과 노사협력 증진, 노동기본권 보장, 노동시장의 유연성 제고, 수출증대 및 국제수지 개선, 경제위기 극복을 위한 기타 사항, 국민대통합을 위한 건의사항 등 10개 장으로 구성됐다. 그런데 이 합의의 핵심은 불과 1년 전 민주노총이 총파업을 통해 저지한 노동유연화 3제, 즉 정리해고제, 근로자파견제, 탄력근로제를 도입하는 것이었다. 물론 이 합의서에는 노동자에게 불리한 내용만 있었던 것은 아니다. 김영삼 정부 시기 노개위에서도 논의되었던 전교조 합법화와 노조의 정치활동 허용, 실업자의 초기업노조 가입 등 노동기본권 보장과 정부의 고용·실업 대책, 고용보험 확

1998년 2월 6일 '경제위기 극복을 위한 사회협약' 잠정합의 장면. 왼쪽부터 임창열 경제부총리, 김창성 한국경영자총협회 회장, 한광옥 노사정위원회 위원장, 박인상 한국노총 위원장, 배석범 민주노총 위원장 직무대행, 이기호 노동부 장관, 정세균 노사정위원회 상임위원. 합의문은 모두 9개 장, 90개 항목으로 구성되었다. (△ 기업의 경영투명성 확보 및 구조조정 촉진, △ 물가안정, △ 고용안정 및 실업대책, △ 사회보장제도 확충, △ 임금안정과 노사협력 증진, △ 노동기본권 보장, △ 노동시장의 유연성 제고, △ 수출증대 및 국제수지 개선, △ 기타 사항) 이 중에서 '노동시장의 유연성 제고'가 뜨거운 쟁점이 되었는데 2월 임시국회에 정리해고제에 관한 근로기준법 개정안과 파견제 도입을 위한 법안을 제출한다는 내용이 담겨있었다.

대 등 사회보장제도의 확충이 포함되었기 때문이다.[5] 경제위기가 심각한 상황에서 정부와 사측이 주장한 노동유연화 제도 도입과 노동운동이 주장한 노사관계 및 사회보장 제도 개선을 교환하는 구도였던 것이다. 세부사항에 차이가 있지만, 이러한 교환 구조는 1996~97년 총파업의 발단이 되었던 1996년 노개위 논의 구도와도 상당히 유사했다. 그러나 이러한 조항들이 '교환'될 수 있는 것들이었는가가 문제였다.

5   이후 1999년 7월, 전교조가 합법화된다. 전교조를 가맹단체로 하는 민주노총도 그해 11월 23일, 노동부가 설립필증을 교부하면서 설립 4년여만에 합법화된다.

1998년 2월 9일 민주노총 임시대의원대회 금속연맹 한라중공업 노조원들이 "이렇게 죽을 수 없다 / 노사정 합의안 원천무효" "비민주적인 노사정합의 / 민주노총은 각성하라"는 손팻말을 들고 있다. 대의원대회 결과 잠정합의안은 찬성 54표, 반대 184표로 부결되었다.

2월 6일 민주노총이 잠정합의안에 서명하자, 2월 9일 열린 민주노총 임시대의원대회에서 격렬한 반대가 분출한다. 고성이 오가는 가운데, 결국 기립투표로 잠정합의안은 반대 184표, 찬성 54표로 부결된다. 이에 따라 민주노총 1기 지도부(권영길 위원장의 대선 출마로 인한 배석범 위원장 직무대행 체제)는 총사퇴하고, 단병호 금속연맹 위원장을 중심으로 비상대책위원회가 구성된다. 그러나 정부는 합의 무효라는 민주노총의 주장을 일축하고, 국회는 2월 14일 관련 법안을 통과시킨다. 한편 한국노총은 사회협약안 타결을 발표한다. 이로부터 노사정위원회와 사회적 대화에 대한 민주노총과 한국노총의 입장이 크게 갈라졌는데, 이러한 구도는 이후 20여 년간 대체로 유지된다.

3) 1998년 노사정 합의를 둘러싼 논쟁과 평가

민주노총 1기 집행부가 노사정 협약에 동의한 것에 대해 1998년 당시부터 수많은 비판이 제기되었다. 민주노총 스스로 "건국 후 최초의 전국 총파업 투쟁"이며 "세계 노동계를 뒤흔든 정치 총파업은 너무 장대하고 위대한 투쟁"이라고 평가했던 총파업 이후 불과 1년 만에, 노동법 개정을 대부분 수용했기 때문이다. 사회적 안전망이 취약한 상황에서, 노동현장에서는 해고에 대한 불안을 크게 느끼고 있었다. 현장의 기업별 단위노조들은 IMF와 김대중 정부, 사용자단체 사이에 형성된 '정리해고제 도입 불가피'라는 암묵적 합의에 맞선 투쟁이 불가피하다는 정서가 컸다. 정부가 제시한 대가인 노동기본권 확대를 비롯한 노사관계 정책과 사회보장 확충은 현장에서 '등가교환'의 대상으로 받아들여지기 어려웠다.

당시 민주노총 지도부는 노동법 개정에 대한 노사정 합의가 없으면, IMF로부터 구제금융을 받기 어려울 수 있다는 정부의 압박을 받았다. 경제위기에 대한 대중의 우려가 매우 큰 가운데, 대규모 대중 투쟁을 벌이는 것도 무척 부담스러울 수밖에 없었다. 또한, 민주노총 지도부와 시민사회 단체 일각은 정리해고의 규모와 영향을 최소화하고 (또는 적어도 정리해고 요건을 강화하고) 고용정책과 소득보장 정책을 통해 해고의 위험을 완화하기 위해 김대중 정부와의 협의가 필요하다고 판단하기도 했다.[6] 이런 맥락에서 민주노총 지도부가 노사정 잠정합의에 이른 것

---

6   이철승, 앞의 책. 이런 점 때문에, 민주노총의 "사회개혁" 요구였던 고용보험 확대와 건강보험 통합이 포함된 노사정 합의문에 대해서는 "새로운 복지 국가로 향하는 문과, 정리해고와 고용조정을 허가함으로써 근로기준법을 급진적으로 개정하는 문을 모두 열었다"는 일각의 평가도 제기된다.

으로 볼 수 있다.

그런데 민주노총 집행부가 노사정 합의에 응한 것은 정치적 압박 때문만은 아니었다. 민주노총 집행부는 그보다 앞선 노개위 논의 과정에서도 집단적 노사관계 문제를 매우 중시했고, 노동유연화 '3제'를 사실상 막기 어려운 상황에서 집단적 노사관계에 관한 반대급부라도 확보할 필요가 있다고 보았다. 또한, 노조가 조직된 부문에서는 투쟁과 단체협약을 통해 노동유연화 공세를 방어할 수 있다는 기대를 품고 있었다. 합의문에는 노조 조직화와 정치활동을 용이하게 하는 사항도 포함되어 있었기 때문이다. 아울러, 민주노총은 1995년 출범 이후 '국민과 함께 하는 노동운동'이라는 기조로 사회개혁 투쟁과 민주노총 합법화를 요구하고 1996년 노사관계개혁위원회 참여하면서 정부와의 협상에 집중해왔다. 이러한 코포라티즘으로의 노선 변화라는 측면 역시 민주노총이 IMF 외환위기 상황에서 노사정 협상을 우선하는 결과에 영향을 주었다.

그런데 노동개혁은 IMF의 핵심 관심사였다기보다는, 한국 정부의 경제 관료들이 적극적으로 관철하려 했던 것이었다는 주장도 있다. 특히 논란의 핵심이었던 정리해고제 도입은 김대중 정부나 경제관료의 의지에 따라 추진됐다는 것이다. 이러한 주장에 따르면, 민주노총이 노사정 합의를 수용하지 않는다고 해서 곧 구제금융 협약이 파기되는 것도 아니었다. 따라서 전술적인 측면에서 보더라도, 민주노총 집행부가 그 모든 개악안을 수용할 필요가 없었다는 비판이 제기된다. 실제로 구제금융 협약서에는 "노동시장 유연화를 추진한다"는 추상적 언급만 존재했다.

당시 노동법 재개정으로 정리해고 도입은 연기되었지만, 이미 중소기업에서는 고용조정이 일상적이었고, 300명 이상의 대기업에서도 대법원 판례에 따라 정리해고가 가능했다. 그렇다면 정리해고제를 노사정 합의에 포함하고자 한 정부의 의도는 무엇이었을까? 해고 절차를 명확하게 함으로써 해고를 신속하고 효율적으로 하여 구조조정을 촉진하는 효과를 노리는 한편, 정치적으로는 노동운동의 반대를 억누르고 정리해고를 사회적으로 정당화하는 상징적 의미가 있었다. 정리해고에 대한 불안감을 고조시켜 대기업 노동조합을 심리적으로 위축시키는 효과도 있었다.

다른 한편, 전태일을따르는민주노조연구소를 비롯한 노동운동 일각은 구제금융 협약을 '경제 신탁통치'로 규정하고, 아예 외채 상환을 거부해야 한다는 급진적 주장도 제기했다.[7] 물론 한국 정부가 외채 상환 거부(디폴트)를 선언했다면 또 다른 문제가 발생했겠지만, 이러한 주장은 당시 신자유주의 세계화로 인한 모순을 직시하면서 지배계급의 위기관리 정책에 노동자운동이 휩쓸려 가서는 안 된다는 선도적인 문제의식을 담고 있었다. 외환위기가 전개되는 과정에서 민주노총이 견지하지 못한 것이 바로 그러한 관점이었다.

그러나 IMF의 요구와 별개로, 당시 위기에서 기업들이 구조조정 없이 유지될 수 있다고 보기는 어려웠다. 외채에 의존하는 과잉투자를 통한 성장 방식을 더는 고수할 수 없었기 때문이다. 이러한 구조조정을 제도적으로 뒷받침하는 것이 바로 노동법 개악이었다. 이렇게 본다면, 민주노총이나 한국노총이 노동법 개정에 합의하지 않더라도 정부와 국회는 이를 강행했을 것이다. 그리고 만약 민주노총이 합의하지 않았더

---

[7] 전태일을따르는민주노조운동연구소, 『경제 대공황과 IMF 신탁통치』, 한울, 1997.

라면 정리해고를 비롯한 노동유연화가 추진되지 않았을 것이라는 기대 역시 순진한 것이었다. 실제로 민주노총 임시대의원대회에서 노사정 합의안이 부결되었지만, 정부와 국회는 기존의 합의서를 명분으로 법 개정을 밀어붙였다.

노사정 합의를 수용한 민주노총 집행부의 판단이 타당했다는 뜻은 아니다. 어차피 정부와 자본이 정답을 정한 채 강행할 노동유연화였다면, 차라리 노사정 합의에 응하지 않고 투쟁을 조직하는 것이 옳았을 수 있다. 다만 민주노총이 투쟁을 조직하기 위해서는, 한국이 IMF에 구제금융을 요청해야 하는 상황이 왜 나타났는지, 그 과정에서 노동운동의 한계나 책임은 없었는지를 올바르게 인식해야 했다. 그래야만 위기의 원인을 해결하는 방향으로 투쟁이 가능했을 것이기 때문이다.

외환위기 이전까지 노동운동은 사업장 단위로 임금인상 투쟁을 격렬하게 전개했지만, 한국경제가 신자유주의 금융세계화로 편입되는 과정을 분석하지 못했고, 그 잠재적 위험성을 제대로 인식하지 못했다. 특히 외채에 의존한 재벌의 과잉투자는 대기업노조가 꾸준히 조직력을 늘리고 임금을 인상할 수 있는 조건이 되었기 때문에 비판의 대상이 되지 못했다. 한국의 노동소득 분배율은 1996년 62.2%로 사상 최고점에 이르고 있었다.[8] 한편, 1987년 12.9%으로 정점을 찍은 경제성장률은

---

[8] 노동소득 분배율은 한국은행이 2022년부터 '피용자보수비율'로 명칭을 변경하였다. 자영업자 소득 중 일부가 노동소득에 포함되는 것처럼 오해될 수 있다는 이유다. 한편 피용자보수비율은 1996년 정점을 찍은 후 IMF 외환위기 당시 급락하였다가 장기간 정체되고 2015년에야 1996년 수준을 복원한다. 최근에는 코로나19 팬데믹 시기에 68%로 최고점을 경신하였는데 최저임금 인상 및 고용유지지원금과 일자리안정자금 지원 등 복지 확대, 기업 이익의 하락과 자영업자 소득 감소 속에서 노동자의 임금이 상대적으로 방어된 측면이 반영되었다고 평가된다.

이후 지속적으로 하락하여 외환위기 직전인 1996년에는 8.0%까지 하락하고 있었다. 자본투입은 과잉 상태였던 반면 여러 요인 중 노동투입 점진적 둔화가 성장률 하락의 주요 원인이었다. 1995~96년 경상수지가 악화하기 시작하고 1997년 들어 위기의 조짐이 분명히 나타났음에도, 노동운동은 노동법 관련 쟁점과 임단투 외에는 별다른 관심을 두지 않았다.

그 후 민주노총은 총파업 선언, 노사정위원회 복귀와 탈퇴를 반복하는 혼란을 겪었다. 정리해고에 봉착해 당장 투쟁을 조직해야 하는 기업노조의 입장에서는 하루하루가 곧 전투였기 때문에 어쩔 수 없었을 것이지만, 민주노총, 즉 총연맹 수준에서도 좌충우돌을 거듭했다는 사실이 의미하는 바는 무엇일까. 이처럼 심대한 경제위기가 발생할 수 있다는 사실을 민주노총이 전혀 인식하지 못했고, 어떤 대비책도 마련하지 못했다는 의미다. 또한, 이미 1970년대 말 수출재벌에 의존하는 한국경제가 외채위기로 인한 경제위기를 겪은 바 있고, 그 후로도 구조적 약점이 전혀 치유되지 않았다는 사실을 노동운동이 망각하고 있었다.

2. 1998년 노사정 합의와 민주노총의 총파업: IMF 외환위기 대응의 혼란

1) 1998년 총파업과 노사정 협상의 혼란

민주노총은 1기 집행부 사퇴 후 곧바로 단병호 금속연맹 위원장을 비상대책위원장으로 하는 비대위 체제로 전환하고, 2월 13일 총파업을 선언한다. 그러나 비대위는 이내 극단적으로 불리한 여론, 파업동력 부족, 총파업을 둘러싼 첨예한 의견 대립에 따른 조직의 균열을 이유로 총파업을 철회한다. 결국 약속한 총파업을 진행하지 못한 채, 민주노총은 2기 집행부 선거에 돌입한다.

1998년 3월 31일 임시대의원대회에서 2기 이갑용 집행부가 출범한다. 민주노총은 정리해고·근로자파견제 철폐, 부당노동행위 중단을 요구하는 총파업을 준비한다. 이어 4~5월에 진행된 중앙위원회와 단위노조 대표자대회에서 ① 고용안정, 생존권 쟁취, ② 정치 사회 경제구조의 전면적 개혁, ③ IMF 재협상 관철을 핵심으로 하는 대정부 요구안을 제시한다. (이때 처음으로 '노동시간 단축을 통한 일자리 확대'가 요구안에 등장한다) 이와 함께, 민주노총은 노사정위원회가 자문기구이자 실무적 협의기구 수준이므로 실효성이 없다고 평가하며, "책임 있는 정부 당국과의 직접적인 대화와 협상을 통하여 현재의 난국을 정치적으로 해결하는 대정부 중앙교섭"을 요구한다. 오늘날 민주노총이 사회적 대화에 관해 제시하고 있는 입장의 원형, 즉 노사정 대화가 아닌 노정교섭이라는 입장이 이때부터 제기되었던 셈이다. 민주노총은 이러한 요구를 중심으로 5월 총파업 투쟁을 조직한다. 그러나 이는 5대 요구안을 내건 총파업이라는 외형을 취하고자 했으나, 실제로는 각 연맹의 요구에 기반을 둔 시기집중 투쟁에 머물렀다.[9]

민주노총은 5월 총파업 이후 추가 총파업을 선포한다. 그러나 5~6월 대정부 협의를 거쳐 민주노총은 최종수정안을 수용하면서 노정 합의에 이르고, 이에 따라 6월 총파업을 철회한다. 곧 소집된 민주노총 임시대의원대회에서도 합의안이 높은 찬성률로 가결되었다. 이 6·5 노정

---

[9] 허영구, "민주노총 '98년 사업방침과 '99년 사업방침" 민주노총, 1999.

합의는 1기 노사정위원회 합의사항을 재확인한 것을 제외하면, △ 정리해고제와 근로자파견제를 사실상 인정하는 가운데 개선 방안을 논의하고, △ 법정근로시간을 주 40시간으로 단축하는 방안도 논의하며, △ 부당노동행위 사업주를 엄단하고 주요 투쟁사업장 문제를 해결한다는 내용이 담겼다. 정리해고제와 근로자파견제를 철폐하자는 요구는 이제 제기되기 어려웠던 것이다.

또한, 이 합의는 민주노총의 노사정위 참여를 전제한 것이었고, 이에 따라 '2기 노사정위'가 구성된다. 노사정 합의안 거부를 내걸고 선출된 2기 집행부가 불과 두 달 만에 노사정위 참여로 입장을 바꿨고, 2월에는 노사정위 참가에 반대했던 대의원들이 6월에는 대거 찬성으로 돌아섰다는 사실에 주목해야 한다. 이는 경제위기에 따른 구조조정 압박이 강화되는 상황에서 총파업 투쟁으로는 이를 완전히 막아내기 힘들다는 조합원들의 판단이 작동했고, 민주노총 집행부 역시 노사정 합의를 거부하면 정부가 일방적으로 구조조정을 밀어붙일 것이라고 우려했기 때문이었다.[10] 한편, 이때 법정 노동시간을 주 40시간으로 단축하는 방안이 처음으로 명시되었는데, 이는 노동유연화 3제 중 나머지 하나인 탄력근로제와 관련된다는 것이 몇 년 후 드러난다.

민주노총 2기 집행부는 이 합의를 통해 노사정 협상에 관해 원칙적 불참이 아니라 '전술적 활용론'으로 입장을 정리했다. 즉, 투쟁을 조직하면서 그 정당성을 확보하기 위해 노사정 협의를 활용한다는 입장이었다. 그러나 2기 집행부가 노사정위 복귀의 전제로 요구한 선결조건

---

[10] 정진상, '경제위기하 노동조합의 교섭과 투쟁: 전국적 수준', 『신자유주의적 구조조정과 노동운동: 1997~2001』, 한울, 2003.

이 충족되지 않는 상황에서, 민주노총이 '전술적' 이유로 참가와 탈퇴를 반복하면서 현장의 혼란이 이어진다.

민주노총의 '선결조건'은 △ 정리해고제·근로자파견제 철폐 △ 주40시간제 도입 △ 재벌총수 퇴진과 IMF 재협상을 비롯한 5대 요구안이었는데, 이를 고수할 경우 노사정위 협상은 어려울 수밖에 없었다. 결국, 이러한 혼란은 노사정위 참여의 타당성을 둘러싼 노선 논쟁으로 이어졌고, 원칙적 반대론과 원칙적 참여론 사이의 격심한 갈등이 이어졌다. 그러나 민주노총은 이를 정리하지 못했고, 이후 노무현 정부 시기에도 노사정위 참여를 둘러싼 극심한 내부 갈등을 반복한다.

6·5 노정 합의에도 불구하고 합의안 이행이 부진한 가운데, 정부가 구조조정 계획을 속속 발표하자 민주노총과 한국노총은 또다시 총파업을 선언한다. 민주노총은 7월 중앙위원회에서 총파업 방침을 결정하고 노사정위 참여도 거부한다. 7월 14~16일 2차 총파업은 현대자동차노조의 정리해고 반대 파업, 한국통신을 비롯한 공공부문 노조의 구조조정 반대 파업과 함께 진행된다. 이에 정부는 강경 기조로 대처했는데, 대통령이 불법파업 엄단을 지시하면서 단병호 금속연맹 위원장을 비롯한 지도부에 체포영장이 떨어졌다.

그러나 민주노총이 7월 3차 총파업을 하루 앞둔 7월 23일, 양대노총 위원장과 노사정위원장의 합의 형식으로 노정합의가 발표되면서 총파업은 다시 철회된다. 공공부문과 금융부문 구조조정에 관해 노사정위에서 성실히 협의하고 경제파탄 책임자 처벌 청문회를 개최한다는 것이 노정합의의 골자였다. 이 중에서 후자는 주로 전임 김영삼 정부를 겨냥한 것이기도 했다. 그러나 그 외 내용은 대체로 6·5 노정 합의를 반복할 따름이었다.

더구나 이때 노정 합의는 현대자동차노조가 정리해고 반대 파업에 돌입한 상황에서 발표되었다. 뒤에서 살펴보겠지만, 현대자동차노조 파업은 총노동 전선에서 중대한 함의가 있었다. 이를 계기로 김대중 정부는 (허구적일지라도 유지하던) 노사정 대화를 통한 정책 추진을 사실상 포기하고, 노동 통제를 강화하는 방향으로 전환한다. 또한, 노동조합 운동 전체적으로 볼 때, 현대자동차노조의 정리해고 파업은 이후 고용 조정에 대한 투쟁이 기업별로 전개되는 경향이 굳어지는 계기가 되었다.

2) 2기 노사정위 붕괴와 민주노총의 탈퇴

　　이후 노사정위로는 실질적 합의를 이룰 수 없다는 사실이 점점 분명해졌다. 노사정위는 실효성 없는 건의문이나 권고문을 내는 기구가 되었다. 1998년 2월 노사정 협약에서 합의된 노동유연화 관련 사항들은 그대로 입법됐지만, 노동기본권과 관련된 조항들은 실제 입법화되는 데 상당한 시간이 걸렸다. 즉 정리해고제, 변형근로시간제, 근로자파견제라는 '3제'는 신속하게 입법화된 반면, 복수노조 금지, 노동조합의 정치활동 금지, 제3자 개입 금지라는 '3금' 폐지는 제대로 실현되지 않거나 부분적으로만 이행되었던 것이다. 합의사항이었던 실업자의 노조 가입 인정을 위한 법 개정도 야당의 반대는 물론 정부 내 일부 부처의 반대로 보류되었다.

　　아울러 1998년 말에 본격화된 '5대 재벌 빅딜'은 해당 기업 노동자들의 투쟁을 불러일으킨다. 민주노총은 1999년 초, △ 일방적 구조조정 및 정리해고 중단 △ 주 40시간으로의 노동시간 단축으로 고용보장을 요구하는 투쟁을 다시 결의한다. 이와 함께 민주노총은 1998년 12월 31

일 노사정위 탈퇴를 선언하고 이듬해 2월 대의원대회에서 노사정위 탈퇴를 공식적으로 결정한다. 이후 민주노총은 몇 차례 조직적 논란을 겪으면서도 결과적으로는 노사정 삼자 합의기구(2018년 이후 경사노위)에 복귀하지 않는다. 한국노총은 노사정위 참여 문제를 두고 정부와 협상을 벌이다가 1999년 5월 총파업을 선언하지만, 실제 총파업을 조직할 힘은 없었으므로 6월 들어 노정협상을 거쳐 3기 노사정위원회에 다시 참가한다.

노사정위 탈퇴 이후, 민주노총 3기 단병호 위원장 집행부는 노정교섭과 노사정 교섭을 모두 추진하는 교섭방침을 결정한다. 그러나 김대중 정부가 2000년 롯데호텔노조와 사회보험노조 파업 현장에 공권력을 투입하고, 2001년에는 대우자동차 파업을 폭력적으로 진압한 데 이어 단병호 위원장을 구속하면서 노정 관계가 크게 악화한다. 민주노총이 김대중 정권 퇴진 투쟁을 진행하게 된 상황에서, 노사정위 복귀는 불가능해진다.

3) 노사정 협상을 둘러싼 민주노총의 동요와 혼란

앞서 언급한 것처럼, 민주노총 1기 집행부는 '국민과 함께 하는 노동운동'이라는 구호를 내세우며 사회개혁주의를 추구했다. 그런 가운데 IMF 위기가 시작되자 집행부는 노사정 협상부터 요구했고, 노사정 합의는 격렬한 논쟁을 거쳐 민주노총 내부에서 부결되었다. 하지만 노사정 합의가 부결된 후 새로 선출된 집행부도 두 번에 걸쳐 총파업을 선언해 놓고, 결국에는 노정 협상을 통해 노사정위원회에 참여하거나 파업을 유보했다.

이러한 상황에서 민주노총이 모든 노사정 협상을 거부하고 총파업 투쟁을 중심으로 정세를 돌파했어야 했다는 비판이 제기되기도 한다. 당시 민주노총은 투쟁 동력이 충분했으므로 여론을 매개로 한 정권과 자본의 압박을 넘어 구조조정 저지 투쟁과 임단투를 결합하여 투쟁 전선을 밀고 나가야 했다는 평가다.[11] 그러나 앞서 언급한 것처럼, 안타깝게도 당시 경제위기는 단순히 노조를 압박하기 위한 명분이 아니었다. 경제위기는 노조 조직 유무를 떠나 기업과 경제 전반에 광범위하고 파괴적인 효과를 발휘했다. 즉 노조가 조직된 사업장의 고용을 지키는 투쟁만으로는 노동자 전체의 이해관계를 대변하기 힘들었다.

노사정 협상은 노조의 목표를 실현하기 위한 다양한 전술적 수단 중 하나라는 식의 접근이 필요했다. 협상 자체를 타협주의라고 거부할 필요도 없지만, 노동운동이 독자적인 투쟁력을 갖추지 않는다면 협상을 성공적으로 이끌기 어렵다는 점도 자명했다. '투쟁을 위한 투쟁'에 그칠 것이 아니라면, 이 시기 민주노총의 핵심적 과제는 경제위기 상황에서 실현해야 할 전략적 목표를 조직적으로 분명히 설정하는 것이었다. 그래야만 노사정 협상과 대정부 투쟁을 병행할 수 있었을 것이다.

그러나 1998~99년 사이 민주노총은 경제위기 상황에서 쟁취할 전략적 목표를 분명히 세우지 못했고, 따라서 노사정위 참여와 총파업 사이에서 지속적으로 동요했다. 격렬한 대정부 투쟁을 전개했지만 코포러티즘적인 사회적 대타협 노선에도 한 발을 걸치고 있었다. 이는 노동운동 내부의 분열 요인이 되기도 했다. 물론 김대중 정부가 노사정 협상을 활용해 민주노총의 투쟁을 관리하려 했다는 점은 분명한 사실이다.

---

[11] 김창우, 앞의 책.

총파업을 앞둔 시점에는 노사정위 복귀를 연계한 협상 전술을 구사하다가, 총파업을 유보하면 곧장 합의를 무력화하는 기만적인 행동을 정부가 보였던 것이다. 민주노총은 이러한 정부의 의도에 쉽사리 말려들고 말았다. 이렇게 합의사항을 제대로 이행하지 않는 정부의 행태는 노사정 협상에 대한 민주노총의 뿌리 깊은 불신의 근거가 된다.

그렇다면 민주노총은 어떤 전략적 목표를 세웠어야 했을까? 지나간 일에 정답이 있지는 않겠지만, 아래에서 살펴볼 정리해고와 구조조정 저지 투쟁, 비정규직 투쟁, 노동시간 단축 투쟁을 돌아보면서 몇 가지 시사점을 더 얻을 수 있을 것이다.

3. 정리해고 폭풍: 대기업·공공부문 구조조정 저지 투쟁

1) 현대자동차 정리해고 저지 투쟁

외환위기가 시작되고 재벌기업이 연이어 도산하는 가운데, 현대자동차는 1997년 말 '1998년 인력관리 운영계획'을 통해 1998년 한 해에만 총 3천 명의 '여유 인원'을 정리할 계획을 발표한다. 그 직후 하청노동자 1천 8백여 명을 정리한 것을 시작으로, 1998년 들어 회사 임원과 과장급 이상 관리자에 대한 명예퇴직을 실시하여 8백 명 이상을 정리하고, 전 공장에 걸쳐 잔업 축소와 일방적 배치전환, 집단 순환 휴가를 실시한다. 4월에는 8천여 명 규모의 정리해고 방안을 발표하면서 긴장이 높아진다.

현대자동차는 당시 민주노총과 금속연맹의 최대 사업장이었기 때문에, 여기서 정리해고가 어떻게 결판나느냐가 다른 기업의 구조조정에도 결정적인 영향을 미칠 수밖에 없었다. 이 때문에 민주노총은 처음부터 현대자동차 구조조정 반대 투쟁을 총자본과 총노동의 대리전으로 규정하고, 전국적인 투쟁을 조직한다는 방침을 수립했다. 자본도 이를 알고 있었기 때문에, 현대자동차에서 끝까지 정리해고를 관철하려 했다. 즉, 현대자동차 구조조정은 표면적으로는 개별 사업장의 문제였지만, 실질적으로는 총노동과 총자본의 대결이 펼쳐지는 장이었다.

정리해고를 둘러싼 노사협상이 교착상태에 빠진 후, 4424명의 조합원이 먼저 희망퇴직으로 일터를 떠난다. 노조 집행부는 희망퇴직, 실질임금 삭감, 순환휴가제나 노동시간 단축과 같은 양보교섭안을 제시했지만, 내부적으로는 이러한 양보교섭에 반대하는 현장조직의 강력한 비판이 분출한다. 회사 측은 정리해고 대상자를 2678명으로 조정하여 7월 31일 자로 해고하겠다고 발표한다. 결국, 노사교섭이 결렬된 7월 20일, 노조는 울산 공장 내에서 점거파업에 돌입한다. 2만 8천여 명의 조합원이 공장을 점거한 가운데, 사측은 7월 31일 1569명에게 최종 정리해고를 통보하고, 8월 14일에는 공장을 폐쇄한다. 7월 22일에는 금속연맹 소속 15개 노조 6만 8천여 명이 연대파업에 돌입했지만, 단발성 파업에 그쳤다.

파업이 지속되는 가운데 교섭이 이어졌지만, 회사 측의 입장은 강경했다. 해고 인원을 다소 줄일 수는 있어도 정리해고 자체는 단행하겠다는 것이었다. 반면 노동조합은 정리해고를 절대 수용할 수 없다는 입장을 고수했다. 정부도 정리해고가 실제 현장에서 이루어질 수 있는가를 보여주는 시험대로 인식하며, 현대차 노사에 주목했다. 이에 노무현 부총재를 중심으로 집권 여당인 국민회의와 노사정위원회가 노사교섭에 중재자로 나선다. 정리해고 인원을 줄이고 위로금을 지급하되, 정리해

1998년 8월 24일 현대자동차 노사는 잠정합의 기자회견문을 발표했다. 왼쪽 두 번째가 정몽규 회장, 세 번째가 김광식 노조위원장, 맨 왼쪽과 맨 오른쪽은 협상을 중재했던 노무현 의원(국민회의 부총재)과 이기호 노동부 장관이다. 그러나 잠정합의안은 9월 1일 조합원 찬반투표에서 63.6%의 반대로 부결되었다.

고 자체는 수용하도록 하는 것이 중재의 목표였다.

결과적으로 노조 집행부는 정리해고 대상 중 1261명을 무급휴직으로 전환하고, 277명을 정리해고한다는 중재안을 수용한다. 그밖에 노동조합이 정상조업을 위해 노력한다면 회사는 재산 가압류와 고소·고발을 부분 철회하며, 노사화합과 무분규 선언을 발표한다는 내용도 담겼다. 가족 대책위까지 대거 결합했던 36일 간의 점거 파업은 이렇게 8월 24일 마무리된다.

그러나 파업 이후 노조 내부의 후유증은 상당했다. 우선, 9월 1일 조합원 총회에서 잠정합의안이 63.6%의 반대로 압도적으로 부결된다.

이후 12월 신임투표에서 김광식 위원장 집행부에 대한 재신임은 확인되었지만, 노조 집행부는 큰 타격을 받았다. 이미 이루어진 합의 역시 번복할 수는 없었다. 이후 정갑득 위원장 집행부는 1999년 12월 27일, 단체교섭으로 무급휴직자를 전원 복직시킨다. 일반 정리해고자 133명은 2000년 5월까지 복직을 완료한다. 그러나 144명의 조합원은 끝내 복직하지 못한다.

정리해고 대상자 선정도 문제였다. 277명의 정리해고자 중 복직되지 못한 144명 전원이 구내식당 여성 노동자였다. 점거파업 기간 내내 조합원에게 밥을 제공했던 여성 노동자들이 우선 해고 대상이 된 것이었다. 비록 노조가 위탁받는 식당에 재취업하는 방식으로 이들의 고용을 보장하기로 했으나, 이들은 간접고용으로 전환되었고 임금도 크게 삭감되었다. (이후 현대 계열사가 위탁받아 울산 공장 구내식당을 운영하게 되었다. 일종의 사내 하도급으로 유지되는 셈이다.) 이후 생산직 정리해고자들은 2000년 1차 복직에 이어 2002년에는 김광식 전 위원장 등 파업 당시 징계해고자까지 모두 복직되었으나, 식당 여성노동자들은 끝내 복직되지 못했다. 여성 노동자를 우선 해고하는 성별화된 구조조정에 노조가 동의한 것은 노동운동에 큰 충격을 주었다. 이후에도 이 사건을 비판적으로 다룬 다큐멘터리 영화 '밥·꽃·양' 상영을 노조 활동가들이 방해하면서, '민주노조 운동'의 젠더 맹목이 심각하다는 사실이 재차 드러났다.

한편, 비슷한 시기에 만도기계에서도 정리해고 반대 투쟁이 전개된다. 회사는 흑자 상태임에도 불구하고 경영위기를 이유로 전체 생산직 직원 4천여 명의 15.5%인 1,090명을 정리해고하겠다고 발표한다. 노조는 8월 13일부터 파업에 돌입한다. 전면파업이 계속되던 9월 3일, 전국 7개 공장에 공권력이 투입되어 조합원들을 연행한다. 며칠 전 현대자동차의 파업이 종료된 후 투쟁이 고립된 상황에서, 정권이 여당이나 노사정위의 중재 없이 공권력 투입으로 파업을 끝내고자 한 것이다.

결과적으로 현대자동차와 만도기계에서 노조의 반발에도 불구하고 정리해고가 실현될 수 있다는 사실이 확인되었다. 노동운동 내에서도 심각한 경제위기 속에서 정리해고를 끝까지 저지하는 것은 어렵다는 인식이 확산된다. 현대자동차 노사정 합의는 형식적으로는 개별 사업장 수준의 합의였지만, 합의 과정에 민주노총 중앙과 정부가 깊이 개입했으므로 사실상 전국적·전계급적 의미를 갖는 합의였다. 노동운동도 이러한 성격을 모르지 않았다. 그러나 민주노총의 지원과 대응에 한계가 있었다. 산하 조직 대부분에서 고용위기가 심화하던 상황에서, 현대자동차 투쟁을 전국적인 투쟁으로 조직하지는 못했던 것이다. 결국 정리해고를 법제화하고 실제로 실행하며, 이에 저항하는 노동조합의 쟁의는 봉쇄한다는 정부와 자본의 전략적 목표는 대체로 관철되었다. 외환위기 정세에서 노동운동은 수세적인 대응을 넘어서기 어려웠다.

2) 대우자동차 해외매각과 정리해고 저지 투쟁

외환위기 이후 가장 강력한 구조조정을 겪은 기업집단은 대우그룹이었다. 대우그룹은 거대한 부실과 분식회계가 드러나며 적자를 감당하기 어려운 지경에 내몰렸다. 그룹 부채는 총 89조 원으로 추산되었고, 분식회계는 무려 50조 원이 넘는 수준이었다. 이는 정부도 구제하기 어려운 수준이었다. 이러한 상황에서도 김우중 회장은 1998년 1월 쌍용자동차를 인수한다. 그러나 이는 그룹 회생을 더욱 어렵게 했다. 결국, 정부는 그룹을 해체하고 회생 가능성 있는 기업이라도 매각하는 방향으로 구조조정을 진행한다. 1999년 8월, 대우자동차와 대우중공업을 비롯한 주요 계열사가 채권단 관리하에 워크아웃에 들어간다.

그러나 대우자동차의 경영은 호전되지 못한다. 1999년 176조 8천억 원에 달하던 총부채는 2000년에는 223조 3천억 원에 이르면서 자본잠식 상태에 들어간다. 결국 정부는 1999년 12월, 대우자동차와 쌍용자동차를 해외에 매각하겠다는 방침을 발표한다. 완성차 노조는 자동차산업이 해외 초국적기업의 하청기지로 전락하고 고용불안이 대두될 것이라고 주장하며 해외 매각에 반대한다. 완성차노조 대표들은 '자동차산업 정상화 및 해외매각 반대와 자동차산업 노동자 생존권 사수 공동대책위원회'를 구성한다. 12월 12일, 공대위는 긴급대표자회의를 열고 해외매각이 아닌 공기업화를 기본방향으로 삼아야 한다고 주장하며 공동투쟁을 결의한다. 이에 따라, 대우차노조가 2000년 3월 22일부터 선도 파업에 돌입하고 쌍용차노조가 순환 파업에 돌입한다. 4월 6일에는 완성차노조가 사상 최초로 공동파업을 전개한다.

2000년 6월, 대우자동차 첫 번째 국제입찰에서 70억 달러를 제시한 포드가 단독 우선협상업체로 선정된다. 그런데 포드는 3개월도 지나지 않아 인수를 포기하고 만다. 2000년 11월, 대우자동차는 법정관리에 들어가고 12월부터는 1차 희망퇴직을 접수한다. 이듬해 2월에는 1750명에게 정리해고를 통보한다. 노조는 전면파업과 공장점거에 돌입했으나, 부평공장에 공권력이 투입되어 파업 대오가 해산되고 경찰 병력이 상주한다.

민주노총은 2월 19일 긴급 산별대표자회의를 개최하여, '민주노총 정리해고 분쇄 투쟁 지휘부'를 대우차 투쟁 현장에 설치하고 모든 조직 역량을 동원하여 대정부 투쟁에 나서기로 한다. 이어 3월에는 김대중 정권 퇴진 투쟁을 기조로 정한다. 이는 대우자동차 투쟁을 신자유주의 구조조정 반대 투쟁으로 규정하고, 신자유주의 정책에 전면 반대하는 투쟁을 확산시켜야 한다는 정세 인식을 배경으로 했다. 민주노총은 대의원대회에서 7월 5일 김대중 정권 퇴진과 구조조정 분쇄를 위한 '하루 정치 총파업'을 결의한다. 그러나 현대차노조가 간부 파업만 진행하기로 하면서 실질적 총파업은 무산되고 만다. 이후 화염병을 동반한 격렬한 거리 투쟁이 이어졌지만, 대우자동차노조 간부뿐만 아니라 민주노총 단병호 위원장을 비롯한 총연맹과 금속노조 간부들이 구속되었고, 1,750명의 정리해고는 강행되고 말았다.

2002년 4월 30일, 지엠(GM)이 자사의 순수 자금 4억 달러를 투자하여 대우자동차를 인수하는 계약을 체결하면서 마침내 대우자동차 인수가 마무리된다. 처음에 포드가 70억 달러를 제안했다가 인수를 포기하고 불과 2년 뒤 GM에 10억 달러 남짓에 팔렸다는 사실은 헐값 매각 논란을 불러왔다. GM이 대우자동차를 인수한 후, 정리해고되었던 노동자 중 300명이 2002년 12월 최초로 복직하고, 2005년에는 복직 희망자 1,613명이 복직한다.

3) 정리해고 이후, 기업의 회복과 그 결과

사후적으로 볼 때, 현대차나 대우차 모두 정리해고자는 수년 내에 복직할 수 있었다. 구조조정 이후 이들 완성차 대기업의 수익성이 빠르게 회복되었기 때문이다. 특히 대우차는 매각과 함께 대규모 공적자금을 투입하면서 경영이 호전되었다는 점에서, '대마불사'(大馬不死, Too big to fail) 문제가 대두되었다. 이후 쌍용차, 대우조선, 한국GM 등 대기업이 경영위기에 처할 때마다, 노동조합은 공적자금 투입을 요구하게 된다. 이러한 공적자금 투입을 통한 경영정상화는 하청기업이나 중소기업에는 적용되지 않았다.

외환위기를 겪고 난 후 살아남은 대기업과 노동조합에는 어떤 일이 벌어졌을까. 격렬한 정리해고 저지 파업을 거친 후, 대기업의 수익성이 다시 개선되기 시작하면서 고용도 차츰 안정된다. 예를 들어 현대차는 기아차를 1999년에 인수하면서 자동차산업에서 독점적 지위를 확보하고, 2001년을 지나면서 경영도 정상화된다. 수출도 크게 늘어, 2009년이 되면 현대차는 판매 대수 기준 세계 5위 완성차 기업으로 올라선다. 이에 따라 노동자의 임금도 빠르게 회복된다. 2011년에 이르면, 현대자동차 조합원의 임금은 평균 연령과 성별을 고려할 때 조립종사자와 기능원은 말할 것도 없고, 전문가와 관리자 직종의 임금 총액보다 훨씬 높은 수준에 이른다.[12]

그러나 현대차 정규직 조합원의 고임금은 노동계급 내부의 임금격차와 함께 나타났다는 사실에 주목해야 한다. 임금격차는 특히 자동차산업의 가치사슬을 구성하는 원하청 거래관계에 따라 체계적으로 발생했다. 현대차는 생산량이 늘어날 때 정규직 채용은 최소화하고, 자동화, 사내하청, 모듈 생산을 통한 외주화로 대처한다. 대기업이 1990년대부터 추진하던 노동력 외주화(아웃소싱)가 더욱 급진전된 것이다. 현대모비스와 같은 모듈 전문 하청기업은 '무고용·무노조'를 기본 원칙으로 삼아, 전체 생산 노동자를 하청 노동자로 채용했다. 또한, 자동화 기계 우위의 시스템이 구축되면서, 이들의 노동 과정은 철저히 단순 반복적인

---

[12] 유형근, 『분절된 노동, 변형된 계급』, 산지니, 2022.

조립 작업으로 전락한다. 하청 부품사 기업 노동자의 임금은 완성차 기업의 사내하청 노동자 임금보다도 낮았다. 이 시기 현대자동차의 사내 자료에 의하면, 2005년 완성차 기업의 사내하청 노동자 임금에 비해 1차 하청 부품기업과 2차 하청 부품기업의 정규직 노동자의 임금은 각각 76.9%와 66.7%에 불과했다.[13]

현대차뿐만 아니라 전체적으로 정규직 고용 최소화와 비정규직화로 인해 이중노동시장 구조가 외환위기 전보다 더욱 심각한 문제로 떠오른다. 자본은 부작용이 큰 정리해고보다는 상시적인 구조조정이 가능한 비정규직 사용을 늘리고자 했다. 기간제, 계약직, 하청, 일용직, 알바 등 다양한 이름으로 불린 비정규직이 확산된다. 비정규직 노동자는 동일한 일을 하는 정규직 노동자의 절반 수준 임금만으로도 고용할 수 있었다.

정리해고가 대기업노조 조합원에 남긴 직접적인 변화는 "있을 때 벌자"라는 정서가 널리 퍼진 것이었다. 조합원들은 시간 외 근무 수당을 위한 물량 확보 경쟁에 나섰다.[14] 또한, 이들은 정규직 노동자의 고용을 지키기 위한 안전판으로서 비정규직 사용도 용인했다. 대표적으로, 현대차노조는 2000년에 사내하청 투입을 16.9%까지 인정하는 내용의 '완전고용보장합의서'를 사측과 체결한다. (이후 실제 사내하청 노동자 비율은 2000년대 중반에 33%까지 증가한다) 이는 1천여 명에 달하는 무급휴직자를 조기 복직시키기로 한 합의에 부가된 조건이었다.

산별노조를 건설하고 강화하려는 노력에도 불구하고, 기업별노조

---

13 조성재, 「자동차산업 사내하청 실태와 개선방향: H사 사례를 중심으로」, 《민주사회와 정책연구》 10호, 2006.
14 박태주, 『현대자동차에는 한국 노사관계가 있다』, 매일노동뉴스, 2014.

지부는 오히려 더 강화되었다. 특히 대기업을 중심으로, 고용과 임금을 지킬 수 있는 기반은 해당 기업뿐이라는 조합원의 인식이 강해졌다. 기업별노조는 기업의 정규직 노동자를 조직 대상으로 하므로, '종업원 의식'이 일차적으로 조합원들의 의식을 규정할 가능성이 매우 크다.[15] 정리해고와 고용불안에 시달린 대기업 노동자가 노조를 '고용안전판'으로만 여기는 경향이 강화되고, 회사와 노동조합 양쪽에 모두 전적으로 충성하지 않거나 양쪽 모두에 동시에 충성하는 '이중 몰입' 현상이 나타난다. 이에 따라 과거 민주노조가 지향하던 단결과 투쟁이라는 가치와 고용안정이라는 가치가 경합하는 상황이 나타난다.[16]

이렇게 '고용안정판' 역할을 맡게 된 노동조합은 기업의 비정규직 사용을 인정하고 묵인한다. 당시 정규직 노조 조합원 인식 조사를 보면, 조합원들은 정부의 비정규직 관련 노동법 개정을 가장 많이 원했다. 그러나 이를 위해 동일노동·동일임금 실현, 비정규직 정규직화, 사내하청 노동자의 현대차노조 가입과 같이 정규직 노동자 스스로 연대 노력을 기울이기보다는, 정부와 사용자가 해결하기를 기다리는 모습을 보였다.[17] 이에 따라 노동조합운동은 기업을 넘어 연대성을 강화하는 데 어려움을 겪게 된다.

1996~97년 총파업을 통해 자신의 힘을 드러냈던 민주노조 운동은 어떻게 불과 몇 년 만에 이렇게 변화한 것일까. 한국의 노동조합 조직이 '기업별노조-산업별연맹-총연합단체'의 3단계 조직구조를 갖는다

---

15 유범상, 앞의 책.
16 김원, 「한국 대공장 노동조합의 사회적 고립: 울산 현대자동차를 중심으로」, 2006년 비판사회학 대회 발표문.
17 조성재, 앞의 글.

고 할 때, 민주노총이 강력한 힘을 발휘할 수 있으려면 △ 강력한 기업별 노조들이 존속하고, △ 그 지도부들이 운동적 이념과 연대의 원칙에 따라 상급조직에 지속적인 충성을 보내며, △ 기업단위로 산재한 평조합원의 구체적인 이해가 전체 조직 속에서 확인되고 실현될 수 있어야 한다.

그러나 이러한 가능성은 1996~97년에 절정에 이른 후 외환위기와 정리해고를 겪으면서 소진되었다. 정리해고를 막기 위해 결사 투쟁하는 기업별 조직과 제도 개혁을 다루어야 하는 상급조직 간에 균열이 드러났고, 노동자 간에 기업 규모, 원·하청, 고용형태에 따른 격차가 확대됐다. 이러한 조건에서 비정규직 차별 철폐와 노조 조직화 시도가 2000년대 초반에 과제로 떠오른다. 정리해고 투쟁이 기업별로 진행될 수밖에 없었던 중요한 조직적 원인으로 진단된 기업별노조 시스템은 이제 변화를 추구할 수밖에 없었다.

4. 정리해고 투쟁의 쟁점: 기업 위기 진단과 투쟁 노선의 혼란

재벌 대기업에서도 정규직 노동자의 정리해고가 가능하다는 것을 보여준 현대차와 대우차 정리해고는 그 후 노동운동에 큰 영향을 끼쳤고, 여러 가지 어려운 문제를 남겼다. 바로 기업 구조조정, 정리해고 속에서 노동운동은 어떤 요구를 제기해야 하냐는 문제였다. 앞으로 살펴보겠지만, 이러한 문제는 몇 년 후, 2009년 쌍용차와 한진중공업 정리해고 투쟁에서도 비슷하게 반복된다. 이는 현대차와 대우차 투쟁을 거치면서도 노동운동이 해결하지 못한 숙제로 남겼기 때문이었다.

1) 정리해고제 철폐가 투쟁 목표인가

정리해고는 1996~97년 총파업 투쟁의 핵심 쟁점이었고, 1998년 노사정 합의에서 가장 큰 반발을 불러온 사안이었다. 이 때문에 1998년 2월 정리해고제를 도입하는 근로기준법이 통과된 이후에도, 민주노총 내 한편에서는 이를 재개정해야 한다는 주장이 완강히 이어졌다. 전국노련을 비롯한 현장파는 민주노총이나 금속노조가 정리해고제 철폐가 아니라 산별교섭이나 사회개혁 투쟁을 제시하는 것도 비판했다.

다른 한편에서는 정리해고제 자체를 반대하는 투쟁은 더는 실효성이 없고, 기업에 해고 회피 노력이나 성실한 사전협의를 요구하는 것이 현실적이라는 주장이 제기됐다. 한노사연을 비롯한 국민파와 산별연맹·노조 집행부는 기업에 해고 회피나 사전협의를 힘 있게 압박하기 위해서는 산업 수준의 공동대응이 필요하고, 따라서 산별노조 건설을 서둘러야 한다고 주장했다. 이들 가운데에는 현장에서도 정리해고를 제한적으로 수용하고 이를 경영참가와 교환하자는 주장도 제기되어 논란이 더 커졌다.

이는 경제위기 상황에서 고용안정을 위한 투쟁이 어떤 방향을 택해야 하냐는 중대한 쟁점을 둘러싼 논쟁이었다. 전자의 입장은 자본이 정리해고제를 통해 손쉽게 고용을 조정하는 신자유주의 노동정책에 대한 원칙적 비판으로서는 의미가 있었지만, 경제위기 상황에서 고용안정을 실현하기 위한 현실적인 대안을 구체적으로 제시했다고 보기는 어려웠다. 게다가 이미 현실에서는 법 제정 이전에도 정리해고가 이미 시행되고 있었다.

대법원은 1989년 5월, 삼익건설 사건에서 정리해고의 요건을 ① 긴박한 경영상의 필요, ② 사용자의 해고회피 노력, ③ 공정한 기준에 따른 대상자 선정, ④ 노동조합 또는 근로자 대표와의 성실한 협의 등 네 가지로 규정하는 판결을 내렸다. 그 후 이러한 기준이 법원 판례와 노동부 행정지침으로 통용되었다. 1991년 이후에는 '긴박한 경영상의 필요'를 해석할 때, '계속되는 경영 악화', '생산성 향상을 위한 구조조정, 기술혁신', '업종전환' 등까지 확장하는 판례가 쌓였다.

그에 따라 정부는 근로기준법에 정리해고제를 도입하는 것이 "그동안 법원에서 인정해온 정당한 해고의 요건을 명시한 것일 뿐"이라고 말하곤 했다. 이에 반해, 노동계는 사용자가 소송을 비롯해 번잡한 절차 없이 노동자를 내보낼 수 있는 길이 열린 만큼 해고의 칼을 쉽게 빼들 것이라는 이유로 반대했다. 정리해고제의 법적 도입 자체를 반대하거나, 설사 도입하더라도 '긴박한 경영상의 필요'를 매우 제한적으로 명시하는 방식으로 조문화해야 한다고 주장했던 것이다.[18]

총파업을 불러온 1996년 12월 26일의 '날치기' 노동법 개정은, 그때까지 법원이 '긴박한 경영상의 필요'를 점차 확대해석하는 판례를 법안에 담은 것이었다. 총파업 이후 1997년 3월 13일 재개정된 노동법은 '긴박한 경영상의 필요'라는 문구 외에 다른 조건을 모두 삭제하고, 시행을 2년간 유예했다. 그러다가 노사정 합의 직후 1998년 2월 20일 개정된 근로기준법은 "경영 악화를 방지하기 위한 사업의 양도·인수·합병은 긴박한 경영상의 필요가 있는 것"으로 인정하는 내용을 추가했다. 이는 분명히 대기업 빅딜이나 해외매각을 염두에 둔 것이었다.

따라서 정리해고가 근로기준법 개정으로 법제화되지 않았더라도,

---

[18] "'정리해고' 칼날고용불안 가중", 《한겨레》, 1996년 12월 28일.

현실에서 정리해고는 계속 발생했을 것이다. 단지 정부는 노사정 합의를 통한 도입이라는 형식을 취함으로써 노동자들의 반발을 누그러뜨리는 효과를 기대하는 한편, 법 개정으로 절차와 요건을 명시함으로써 사용자들이 번거로운 재판 없이 정리해고를 시행할 수 있기를 기대했다. 심지어 법원은 이후에도 정리해고 요건을 더욱 완화하는 판결을 내렸다. 2002년 예술의전당 정리해고 사건에서, 대법원은 '장래에 올 수 있는 위기에 미리 대처하기 위한 인원삭감이 객관적으로 보아 합리성이 있다고 인정되는 경우'에도 '긴박한 경영상 위기' 요건을 갖춘 것으로 인정했다.

이러한 조건을 볼 때, 민주노총이 노사정위에서 정리해고제를 합의해 줄 필요가 없었다는 비판은 상당한 타당성이 있다. 그러나 정리해고제 자체를 철폐하는 투쟁을 전개하자는 일부 주장은 현실성이 없었다. '정리해고제 철폐'를 둘러싼 논란은 노동운동 내 논쟁이 당시의 현실을 제대로 반영하지 못한 채 진행되었다는 사실을 보여준다. 이후 2010년대 들어 쌍용자동차, 한진중공업 투쟁에서 다시 정리해고 문제가 부각되었을 때는, '긴박한 경영상의 필요' 요건을 강화하는 입법이 몇 차례 추진된다. 이러한 접근이 IMF 외환위기 당시에도 더 현실적인 대응 방향이었을 수 있다.

2) 기업의 위기는 정리해고의 명분일 뿐인가

대우자동차 정리해고 투쟁을 평가할 때, 대우차의 경영상태가 이미 심각했다는 사실을 노동운동이 인정했느냐는 문제부터 쟁점이었다는 지적이 제기된다. 이에 따르면, 대우차 위기는 거대재벌이 세계적인 자동차산업 경쟁에 대응하기 위해 막대한 외부 자본을 끌어와 생산판매망을 무리하게 건설하려 하다가 IMF 관리 체제하의 금융경색을 견디지 못하고 붕괴 위기로 치달은 사건이다. 노조는 이러한 상황을 인식하는 가운데, 고용을 최대한 방어하되 경영정상화를 핵심 문제로 놓고 접근해야 했으나, 그러지 못했다. 모든 구조조정을 '신자유주의 정책'으로 규정하고 반대하는 것만으로는 기업이 겪는 위기를 해결할 수 없고, 오히려 적절한 구조조정이 진행되도록 하되 이때 파생되는 문제를 기업 울타리 밖에서, 즉 국가와 지역사회에서 해소하는 방안이 필요했다.[19]

이러한 입장은, 노조가 정리해고가 추진되는 상황에서 고용보장을 고수하면서도, 결과적으로 기업의 경영 위기는 부정했다고 비판한다. 이러한 대우자동차 노조의 정세 인식은 실상 노동조합운동 전반의 문제였다. 민주노총이나 금속연맹을 비롯한 상급단체 역시 대우자동차 투쟁을 신자유주의 구조조정 반대 투쟁의 최전선으로 보고, 비타협적인 기조를 유지하며 구조조정 투쟁을 대대적으로 확산하고자 했기 때문이다.

당시 제시된 투쟁 평가에서, 현장파 입장을 대표한다고 할 노동자의 힘(준)은 대우자동차 사태의 본질을, 기업이 부도처리를 무기로 노동조합에 구조조정 합의 각서를 종용한 것으로 규정했다. 즉, 현장파는 기업의 경영 상태에 관한 객관적 진단에는 관심이 크지 않았다고 볼 수 있다. 이러한 시각에 따르면, 기업의 경영위기는 구조조정을 위한 '명분'이었을 뿐이다. 한편, 노동자의힘(준)은 대우자동차 투쟁의 성과로 '공권력 투입을 일삼는 김대중 정권의 반민중성을 폭로한 것'도 강조했는데,

---

[19] 김영두, 「대우차 사태, 평가와 노조운동의 과제」, 《노동사회》 52호, 2001.

이는 전국적 반신자유주의 투쟁전선 형성이라는 정치적 목표를 중심에 둔 평가였다. 한편, 현장에서는 구조조정이 어느 정도 불가피할 수 있음을 인식하는 가운데 대안을 마련해야 한다는 입장을 거부하는 정서가 상당히 컸다는 것도 부인할 수 없다. 이러한 정서는 훗날 2020년 금속노조의 '고용안정기금' 요구안 채택 논란에서도 분명히 드러났다. 고용안정기금 자체가 해고를 수용한다는 함의가 있으므로 고용안정기금 조성에 반대해야 한다는 주장이 결국 관철되었다.

그러나 당시 경영위기는 고용조정을 위한 허구적 명분이 아니라 냉정한 현실이었다. 구조조정에 성공해 살아남은 기업과 그 기업에 속한 노조를 오늘날 우리가 접하다 보니, 당시 위기 속에서 사라진 노동자들을 잊기 쉽다. 그러나 1998년 당시 구조조정을 진행한 기업은 85%가 넘으며, 전체 기업의 4분의 1이 정리해고를 단행했고 다른 4분의 1은 명예퇴직을 진행했다. 절반 이상의 기업에서 고용조정이 있었던 셈이다. 그렇게라도 하여 살아남은 기업도 있지만, 그렇지 못한 기업도 많았다. 30대 재벌그룹 중 대우, 쌍용, 해태, 진로를 비롯한 17개 그룹이 퇴출당했고, 더 많은 계열사가 최종 부도 처리되었다. 더 많은 중소기업과 하청업체가 폐업으로 내몰렸다. 외환위기 전인 1997년에 2.6%이던 실업률은 1999년에 이르면 6.3%까지 치솟았다. 기업체의 상용직 비율은 1997년 9월 32.8%에서 1998년 9월 31.1%, 1999년 9월 28.9%로 급격히 줄어든다. 반면 일용직 비율은 같은 기간에 9.2%에서 12.1%로 크게 늘었다.

구조조정이 이루어지는 기업에서 노동조합이 적극적으로 대응하고 투쟁하는 것은 당연하다. 다만 외환위기라는 조건에서, 민주노총이나 금속노조를 비롯한 노동운동 전반이 노동조합이 조직된 대기업의 정리해고 저지 투쟁을 중심으로 대정부 전선을 형성하는 데 몰두한 것이 타당했는지는 비판적으로 돌아볼 필요가 있다. 경영위기가 폭발한 기업에서 이를 단지 부정하고 '정리해고 철폐'만을 요구하는 투쟁이 승리한 사례는 거의 없었다. 그 과정에서 일자리 나누기, 순환 휴직, 하청노동자 보호를 비롯한 다른 실현 가능한 요구는 묻히기에 십상이었다.

총연맹과 산별노조(연맹)는 대기업노조와 달리 자신을 대변할 힘이 없는 노동자를 위한 정책이나 투쟁을 마련하는 데에는 그다지 관심을 두지 않았다. 즉, 구조조정이나 기업파산으로 실업자가 되거나 임시 일용직으로 전락한 노동자를 조직할 계획이나 노사정 협상 요구를 마련하는 데 힘을 기울이지 못했다. 앞서 언급한 것처럼, 정부가 노사정 협상을 무시한 채 강행하려는 정리해고제를 수용하는 협상은 의미가 없었고, 그런 협상은 거부해야 했다. 그렇지만 그 이후 전개되는 고용조정에 대응하기 위해서는, 공동투쟁 전선을 조직하는 것과 함께 사회적 대책을 요구하는 노사정 협상을 진행할 필요도 있었다.

그러나 현실은 정반대로 진행되었다. 결과적으로 보면, 민주노총은 정리해고제 도입을 위한 노사정 협약에는 잠정 합의를 해놓고, 경제위기가 심화한 상황에서 사회적 대책을 마련하기 위한 노사정 대화는 거부한 셈이 되었다. 경제위기가 계속되는 1998~99년에 노조의 주된 투쟁은 기업별 구조조정 저지 투쟁이었으며, 이는 산별노조로의 전환 노력에도 불구하고 기업별노조 운동의 관행을 바꾸지 못하는 결과로 이어진다.

3) 대우자동차 정리해고 투쟁 평가의 쟁점

민주노총은 2002년 정기대의원대회에서, 대우자동차 투쟁이 정리해고를 중심으로 진행되는 해외매각(구조조정) 정책의 문제점을 폭로하고 사회정치적으로 쟁점화하는 데 성공했다고 평가한다. 대우차 공투본 결성을 비롯한 국내외 연대 노력도 성과로 평가한다. 그러면서 신자유주의 핵심인 미국의 본질을 드러내는 일련의 투쟁 흐름을 만들어내는 데 미흡하였고, 대우차노조의 투쟁 동력을 전 조합원으로 확대하는 데에는 실패했다고 평가한다.

미국의 본질을 드러내는 투쟁 흐름을 만들지 못했다는 평가는, 민주노총이 이 투쟁을 반미투쟁으로 보고 반미·반GM 연대전선을 형성하려 했던 노력과 관련된다. 금속노조 역시 해외매각 반대라는 기조를 반미투쟁으로 발전시키자는 견해와, 정리해고 철회 목표를 중점에 두자는 견해 사이에 논쟁이 있었다고 평가한다. 당시 민족해방파(NL) 활동가들은 "미국의 신자유주의적 경제침략이 노골화되는 상황에서, 노동자·민중의 생존권적 요구투쟁이나 정리해고 반대 투쟁을 반미 정치투쟁으로 발전시켜야 한다"라고 주장했다.

투쟁 동력을 전 조합원으로 확대하지 못했다는 평가는, 정리해고 저지 투쟁이 정리해고자를 중심으로 진행되었던 현실과 관련된다. 이른바 "산 자-죽은 자" 갈등은 이후 2009년 쌍용자동차 정리해고 투쟁에서도 반복된다. 정리해고에서 제외된 이른바 '산 자'는 투쟁이 조속히 마무리되어 조업이 정상화되기를 원하지만, 정리해고자를 일컫는 이른바 '죽은 자'는 공장 점거투쟁으로 생산을 중단하여 사측을 압박하는 가운데 '산 자'도 함께 정리해고 철회 투쟁에 참여하기를 원했다. 사측이 이러한 갈등을 더욱 부추기는 다양한 술책을 벌이면서, 정리해고자의 편에 서서 투쟁하는 노조는 어려움에 처한다. 노조 집행부가 이러한 갈등을 최소화하면서 투쟁에 동참할 수 있는 다양한 방식을 열어두기보

2001년 3월 27일 민주노총, 금속연맹이 주최하고, 완성차 4사 노조 공대위가 주관한 '대우자동차 쌍용자동차 해외매각 반대와 암참(주한미국상공회의소) 사무국 폐쇄 및 공기업화 쟁취를 위한 결의대회'. "해외매각 반대! 공기업화 쟁취"라는 금속연맹의 구호를 볼 수 있다.

다, 파업에 불참한 조합원을 제명하는 식의 '원칙적 입장'으로 강경하게 대응하면서 노동자 내부의 갈등이 더욱 커진다.[20]

한편, 대우자동차 처리를 둘러싸고 공기업화 요구라는 쟁점도 나타났다. '자동차산업 정상화 및 해외 매각 반대와 자동차산업 노동자 생존권 공동대책위원회'(금속연맹 완성차 4사 대책위)는 해외 매각은 한국 자동차산업을 포기하는 것이라고 비판하면서 공기업화를 대안으로 주장한다. 산업은행이 공적자금을 투입하고, 지방정부나 협력업체를 포함한 컨소시엄이 실질적 대주주가 되도록 하자는 것이다. 이러한 입장을 제시했던 김성구 교수는 (전술적) 국유화를 통해 "국유기업을 이윤 생산이

---

20 노동자역사 한내, 『해고는 살인이다: 금속노조 쌍용자동차지부 77일 옥쇄파업 투쟁 백서』, 한내, 2010.

아니라 대중들의 통제하에 대중들의 필요에 복무하도록 그 성격을 전환"할 수 있다고 주장한다.[21]

이러한 주장은 공기업화가 (자본주의를 지양하는) '사회화'로 가는 유력한 경로가 될 수 있다는 인식도 담고 있었다. 즉, 공기업화와 민주적 경영통제를 결합하면 사회주의 이행을 위한 '감제고지'(瞰制高地)가 될 수 있다는 주장이었다.[22] 이는 비판적으로 평가할 필요가 있다. 기업 소유를 국가로 이전한다고 하여 곧바로 자본-임금노동이라는 자본주의적 생산관계가 바뀌는 것은 아니기 때문이다. 게다가 이미 현실에 존재하는 공기업은 어째서 이행의 '감제고지'로 기능하지 못하고 있는가를 설명하지 못한다.

그렇다면 '사회주의' 정부가 들어서면 그 조건이 충족될까? 1970년대 영국 노동당 '벤 좌파'의 '대안경제전략'(Alternative Economy Strategy, AES)과 1980년대 초 프랑스 미테랑 사회당 정부의 국유화 정책을 돌아볼 필요가 있다. 영국 노동당의 대안경제전략은 철강산업을 비롯해 수익성이 하락한 민간 기간산업 부문을 '국가지주회사' 형태로 국유화하면서, 고용을 유지하면서도 생산성을 높이는 방안을 찾고자 했다. 1970년대 집권한 노동당은 확장적 재정정책에 친화적이었으나, 1974년부터 인플레이션이 시작되자 재정 지출을 축소할 수밖에 없었다. 결국 유상 매입 방식을 기본으로 하는 국유화는 검토 단계에서 중단되었다. 1976

---

[21] 김성구, 「신자유주의 시장절대주의의 위기와 사회화의 전망」, 사회공공연구소 설립기념 토론회, 2007.

[22] '감제고지' 개념은 러시아혁명 이후 소련의 경제체제를 건설하는 과정에서 사회주의 건설을 위한 '본원적 축적'을 위한 산업부문을 당이 통제할 수 있어야 한다는 노선을 군사적 용어로 표현한 것이다. 이후 중국도 사회주의 시장경제를 도입하는 과정에서 이러한 원칙에 따라 핵심산업 부문 기업을 공산당의 지배를 받는 국영기업 형태로 운영하고 있다.

년, 외환위기가 전개되자 거시경제 안정화가 최우선 과제로 떠오르고, 재정지출과 수입통제를 결합한 AES는 부활할 기회를 잃었다. 당시 AES는 무역자유화의 매개체인 유럽연합 탈퇴를 조건으로 했는데, '탈세계화'를 전제로 한 전략이 지금도 유효하냐는 본질적인 질문도 던질 수 있다.

1981년 집권한 프랑스 미테랑 정부는 금융기관과 6개 제조업 대기업 그룹을 국유화하고, 9개 그룹의 지배지분을 확보한다. 그러나 이는 상당한 재정 부담으로 작용할 수밖에 없었다. 게다가 국유화된 공기업은 세계적인 경쟁력을 획득해야 했다. 이들 기업이 프랑스 무역수지를 좌지우지하는 핵심 기업이었기 때문이다. 이들 기업은 건전성과 경쟁력을 유지하기 위해 국가의 재정 투입에 의존해야 했으나, 정부도 무한정 재정을 투입할 수는 없었다. 기업은 국제경쟁이라는 무대에서 재무 실적을 개선해야 했기 때문에, 고용 창출이나 종업원의 경영 참여와 같은 개혁적 의제는 뒷전으로 밀릴 수밖에 없었다. 따라서 후임 정부가 추가적인 국유화 계획을 중단하거나 재사유화를 추진할 때, 사회당은 이에 강력하게 반대할 수 없었다.

공적자금이 투입된 기업을 공기업화(국유화)해야 한다는 주장은 이후 대우해양조선 처리 과정에서도 다시 나타난다.[23] 대우조선해양은 막대한 공적자금이 투입된 끝에 결국 2023년 한화그룹에 매각되어 '일시적 국유화'의 사례가 되었다. 대우조선해양은 대우그룹이 무너진 이후인 2001년부터 55.7%에 이르는 지분을 보유한 대주주인 산업은행의 관

---

[23] 박용석 외, 『기간산업 관리체계 및 대우조선해양 지배구조 개선 연구』, 민주노동연구원, 2020.

리 체제 아래 하에서 총 13조 원에 달하는 공적자금을 받았다. 그러나 한화그룹에 다시 매각되는 2023년까지 20년이 지나도록, 대우조선해양은 경영정상화는커녕 추가적인 공적자금 투입에 의존하는 상태였다. 대우자동차가 공기업화되었더라도, 대우조선해양과 비슷한 상황이 될 가능성이 컸을 것이다. 대우자동차가 GM에 인수된 이후에도 상당한 공적자금이 투입되었기 때문이다.[24]

천문학적 공적자금이 투입되거나, 국유화라는 대안이 제시되는 제조업 기업은 모두 '기간산업'으로 간주되며 국민경제에 큰 영향을 주는 대기업뿐이다. 이는 '대마불사'의 다른 표현으로 볼 수도 있다. 이들 대기업은 고임금 사업장이기도 하므로, 형평성 문제도 제기되었다. 국가재정을 투입하여 부실기업을 국유화하고 그 기업의 고용을 유지한다는 선택지는 중소·영세기업이나 하청기업에는 애초에 적용될 여지가 없기 때문이다.

[24] 산업은행은 2002년 GM이 대우자동차를 인수할 때 GM과 공동 출자하기로 하면서, 한국GM 보통주 지분을 확보한다. 2018년 5월에는 '한국GM 경영정상화 방안' 합의에 따라 산업은행이 우선주 7억 5천만 달러를 투자해, 2025년 현재 17.02%의 지분을 가지고 있다. 이 합의는 2018년 군산공장 폐쇄 당시 산업은행으로부터 8100억 원의 공적자금을 지원받는 대신 GM이 10년간 한국 내 사업 유지를 약속한 것이었다. 이 기한이 끝나는 2027년에는 정부와 재협상이 이루어질 수밖에 없는데, 한국GM 측은 2025년 한미 관세협정에 따른 자동차 관세 부과로 인한 경영악화를 이유로 국내 생산 유지를 위해서는 한국 정부의 추가적인 자금 지원이 필요하다고 주장할 가능성이 높다. 결국 대우자동차는 국유화된 것은 아니지만, 계속해서 공적자금을 지원받아 생산과 고용을 유지하고 있는 셈이다.

5. 공공·금융 부문 구조조정과 민영화 저지 투쟁

1) 급격한 구조조정 추진

1998년 중반 들어 금융·기업·공공·노동 부문에서 고용조정을 포함한 4대 부문 구조조정이 본격화되면서, 관련 노동조합의 투쟁이 전개된다. 애초 공공부문 민영화와 구조조정은 1998년 IMF 구제금융 협약 이후 본격적으로 쟁점이 되기 전부터, 1995년 당시 김영삼 정부의 '세계화' 정책의 한 축으로 추진되었다. 그러나 김영삼 정부가 추진한 한국통신 민영화는 실패한다. 외환위기는 민영화 정책이 실현될 수 있는 조건을 마련해준 셈이며, 김대중 정권은 이를 바탕으로 민영화를 본격화했다.

가장 먼저 구조조정 대상이 된 금융기관의 노동조합이 투쟁을 전개한다. 금융감독원은 6월, 민간 부실기업 퇴출을 결정한다. △ 동화, 대동, 동남, 경기, 충청 등 5개 은행 퇴출 △ '조건부 승인'을 받은 은행 정상화 △ 서울, 제일 은행 매각 △ 4개 부실 보험사 3개월간 영업 정지를 포함하는 안이었다. 인수합병 과정은 고용을 보장하지 않고 상당수의 인원을 해고하고자 했다. 이에 한국노총 금융연맹은 국민-주택은행 통합 반대 파업을 비롯해 구조조정을 막기 위한 투쟁을 전개한다. 이 투쟁을 거치면서 금융연맹은 2000년, 한국노총에서 거의 유일하게 산별노조(금융노조)로 전환한다.

공공부문 구조조정도 본격화된다. 기획예산처는 7~8월에 걸쳐, 포항제철, 한국중공업, 국정교과서 등을 1차로, 한국통신, 한국전력공사, 한국가스공사 등을 2차로 하여 16개 공기업을 민영화(지분매각)하는 계획을 발표한다. 민영화 외에도 조직과 인력을 정리하고 정원과 현원을

10% 이상 감축하도록 했다. 이에 따르면, 14만 3천여 명 중 1만 614명(20.1%)을 2000년 말까지 감축할 예정이었으나, 1998년에 이미 감축 목표를 넘어서는 1만 3,378명을 감축한다.[25] 인건비 역시 1998년에 4.1%, 1999년에 4.5%에 달하는 삭감이 진행되고 복리후생도 상당히 줄어든다. 그러나 기존 업무가 사라지지 않는 상황에서 이러한 인원 감축은 무리한 것이었다. 결국, 이는 광범위한 외주화와 간접고용 비정규직 확대를 동반한다.

2) 본격화되는 공공부문 노조의 구조조정, 민영화 저지 투쟁

정부의 구조조정 방안이 발표되자, 한국노총과 민주노총은 각각 투쟁 계획을 수립하는 한편 공동투쟁 기구도 구성한다. 1998년 7월 23일 노사정 합의로 총파업은 일단 유보되었으나, 이후 정부가 공공부문 구조조정을 강행하자 노동조합의 투쟁이 본격화된다. 민주노총 내 공공부문 산별연맹(공익노련, 민철노련, 공공연맹)은 1999년 3월, '전국공공운수사회서비스노동조합연맹'(공공연맹)으로 통합하고, 서울지하철노조를 시작으로 공공부문 연쇄파업 투쟁을 전개하기로 한다.

4월 19일, 서울지하철노조와 데이콤노조 등 17개 노조가 파업에 돌입한다. 서울지하철은 정원 대비 30% 수준에 이르는 대규모의 인력 감축과 함께, 그에 따른 근무체제 개편과 외주화를 추진하고 있었다. 서울지하철노조의 파업은 일주일 넘게 이어졌는데, 사업장 특성상 짧게 진행되곤 했던 과거에 비해 파업이 상당히 길게 이어졌다. 그러나 한국통신노조가 내부 동력 부족을 이유로 파업을 유보하면서, 공공부문 연

---

[25] 오건호, 「공공부문 구조조정과 노사관계」, 1999.

대파업은 더 이상 확산하지 못한다. 이후 대규모 징계와 해고가 이어졌고, 이들의 복직 문제가 오랫동안 쟁점으로 남게 된다. 당시 민영화와 구조조정 저지 투쟁에 나섰던 여러 공공부문 노조에서 이러한 문제가 반복된다.

9월에는 인원감축과 구조조정에 반발하는 조폐공사노조의 파업이 전개된다. 회사 측이 폐쇄하기로 한 옥천창에서 진행된 파업은 공권력이 투입되면서 약 한 달 만에 종료된다. 검찰이 파업을 일부러 유도했다는 발언이 다음 해에 나오면서, '조폐공사 파업 유도 사건'이 불거진다. 파업 당시 진형구 대검 공안부장이 기자들과 함께한 술자리에서, 구조조정에 대한 노동자의 반발을 사전에 제압하기 위해 국가가 파업을 유도한 후 진압하여 '본보기'를 보이려 했다고 발언한 것이었다. 결국, 법원이 무죄판결을 내리면서 사건은 종결되었지만, 정부의 공안 기구가 '관계기관 대책회의'라는 방식으로 대규모 노사 갈등에 직접 개입하는 행태가 이어지고 있었던 것은 분명한 사실이었다. 정부의 이러한 개입은 이명박 정권과 박근혜 정권을 비롯해 이후에도 계속 문제가 된다.

한국노총도 정부의 구조조정에 반발했고, 전력노조와 체신노조가 투쟁을 벌였다. 특히 전력노조는 정부의 한전 분할매각 방침을 철회시키기 위한 투쟁을 민주노총 공공연맹과 함께 진행한다. 그러나 2000년 12월 전력노조가 투쟁을 중단하고, 전력산업구조개편법이 국회를 통과한다. 이후 한전에서 발전부문이 분사되고, 화력발전 5개 사에서는 소산별노조인 발전노조가 설립되어 민주노총 공공연맹에 가입한다. 결과적으로 한전과 6개 발전자회사 분할은 막지 못했으나, 이러한 흐름은 2002년 공공부문 민영화 반대를 위한 철도, 발전, 가스 3개 조직 공동파업으로 이어진다. 2002년 3개 노조의 공동파업 당시까지도 철도노조와 가스노조는 한국노총 소속이었으며 양대노총이 민영화 저지 공투본을 구성하고 있었다.

2001년 10월, 공공연맹 주도로 '국가기간산업민영화(사유화)저지 공투본'이 결성된다. 공투본에는 발전노조, 한국전력기술노조, 지역난방공사노조, 고속철도노조(이상 공공연맹), 철도노조, 가스공사노조(이상 한국노총) 등이 참여한다.[26] 2002년 2월 25일, 공투본 소속 조직 중 철도, 발전, 가스 3개 노동조합이 공동파업에 돌입한다. 다만 현안이 상대적으로 덜 시급했던 가스공사노조가 공동파업 하루 만에 노사합의로 파업을 종료하고, 철도노조도 노사합의에 따라 3일 만에 파업을 끝낸다. 그러나 발전노조는 38일에 걸친 장기 파업을 전개한다. 파업 초기 서울 집중 투쟁을 벌인 이후, 조합원들이 전국에 산개해 각 지역에서 민영화 반대 여론을 일으키는 활동을 전개한다. 파업이 장기화되면서 정부와 민주노총 간에 협의가 진행되지만, 정부는 끝까지 민영화와 같은 정부 정책은 교섭이나 협의 대상이 될 수 없다는 입장을 고수했다. 결국 파업은 4월 2일, 민주노총의 연대 총파업을 몇 시간 앞두고, 투쟁의 목표였던 민영화 중단 합의서를 남기지 못한 채 종료되었다.

당시 민주노총 지도부는 단병호 위원장이 구속된 상태에서 허영구 직무대행 체제로 운영되고 있었다. 민주노총은 4월 2일, 발전노조 파업을 지원하기 위한 민주노총 총파업을 선언했다. 그러나 총파업 당일, 노정 협의를 통해 잠정합의안을 도출하고 총파업을 철회한다. 민주노총은 이 잠정합의로 인해 커다란 후폭풍을 맞게 된다. 잠정합의안에 파업

---

[26] 철도노조는 1980년대 말부터 계속된 노조 민주화 투쟁의 결과, 위원장 직선제로 2001년 최초로 김재길 위원장의 민주파 집행부가 선출된 상태였다

2002년 4월 2일로 예정된 민주노총의 총파업을 앞두고 186개 노조 14만 명의 조합원이 파업을 결의했다. 한편 발전노조로부터 교섭권을 위임 받은 민주노총과 정부 간 협상은 난항을 거듭했다. 노동부는 "민영화 문제를 향후 논의에서 완전히 제외키로 한다"는 문구를 합의문에 넣어야 한다(즉 민영화는 교섭 쟁점이 될 수 없다고 못박아야 한다)고 고집했다. 반면 노조는 '노사가 민영화 문제를 거론하지 않는' 선에서 협상을 타결 짓자고 제안했다. 민주노총 협상단은 '향후'라는 말을 빼고 '민영화 문제는 논의 대상에서 제외한다'는 내용의 최종안을 정부에 제시했고, 노동부는 이에 합의했다. 그에 따라 민주노총은 총파업을 철회했다. 하지만, 발전노조가 이러한 합의문에 거부 의사를 밝혔고, 4월 3일 민주노총 투본대표자회의는 합의안 폐기와 임원진 전원사퇴를 결의했다. 같은 날 명동성당에서 농성 중이던 발전노조 집행부는 파업중단과 현장복귀 명령을 내렸다. 사진은 민주노총 집행부가 민영화 관련 합의에 대한 입장을 발표하는 기자회견 장면이다.

중단과 징계 최소화 등은 포함되었지만, 노동조합의 핵심 요구였던 민영화 중단 문제를 교섭에서 배제한다고 인정했기 때문이다.

결국, 4월 3일 민주노총 투본 대표자회의는 잠정합의안 폐기와 함께 민주노총 임원진 전원 사퇴를 결정한다. 공공연맹의 양경규 위원장도 책임을 지고 사퇴한다. 이에 따라 수감 중이던 단병호 위원장을 제외한 전 집행부가 사퇴하게 된다. 민주노총의 총파업 철회가 이 정도로 큰 후폭풍을 낳았다는 현실은, 당시 노조운동 전반이 그만큼 발전노조의 파업에 중대한 정치적 의미를 부여했다는 사실을 반영한다.

표면적으로는 민주노총과 발전노조가 특별한 합의서 없이 파업을 철회하며 물러섰지만, 투쟁의 성과는 적지 않았다. 정부가 추진하던 민영화 방안의 핵심 내용이 수정 또는 무산된 것이다. 철도청의 경우, 정부는 애초 민간자본 투입을 전제로 한 완전 민영화까지 검토했으나, 2003년 들어선 노무현 정부는 철도 민영화 계획을 폐기하고 대신 철도청을 공기업(한국철도공사)으로 전환하기로 한다. 전력산업도 마찬가지였다. 애초 정부는 한전 산하 6개 발전자회사를 순차 매각해 민영화하려 했으나, 2002년 파업을 거치며 2003년 남동발전 매각이 실패한 이후 발전 자회사 민영화를 더는 추진하지 못했다. 한국가스공사에서도 도입·공급 부문을 분할한 후 민영화하려던 계획이 노조 파업으로 좌초된다.

그러나 민영화 정책이 완전히 폐지된 것은 아니었다. 철도는 운영부문과 시설부문 분리가 계속 추진되었고, 가스도 가스공사 자체를 매각하는 방식은 아니었지만, LNG 발전을 중심으로 재벌기업의 부분적 수입을 허용하는 정책은 계속 추진된다. 발전도 민자 발전 사업이 확대된다. 이 때문에 공기업 구조조정을 두고 노사 간, 노정 간 갈등은 그 후에도 지속되었다. 한편, 한국통신에서는 노조가 2000년 12월 파업을 전개했으나 결국 민영화가 강행되었다. 노사가 강제 명예퇴직 중단에는 합의했지만, 민영화 자체는 진행되어 2002년에 민영화가 완료된다.

참여연대를 비롯한 시민운동은 1990년대에는 '관치 반대'라는 입장에서 공공부문 민영화에 대해 다소 모호한 태도를 보여왔다. 그러나 노동조합의 투쟁이 분출하면서, 민영화에 반대하는 입장으로 확실히 돌아선다. 공공부문 민영화 반대라는 사회적 합의가 형성되면서, 공공부문 노조는 각종 구조조정에 대해 (때론 과장하여) '민영화 반대'라는 구호를 적극적으로 활용하는 경향을 보인다. 한편, 2002년 철도, 발전, 가스 공기업노조는 민영화 저지 투쟁 과정에서 민주노총(공공연맹)에 가입한다. 이에 따라, 전투적인 사회간접자본 공기업노조가 민주노총 공공부문에서 중요한 위치를 차지하게 된다. 이들 노조는 2000년대 중반 이후, 정부 정책에 반대하는 투쟁을 이어가며 정치적 성격을 강화한다.

외환위기 이후 급격한 고용위기와 공공부문 노동운동의 민영화 반대 투쟁이 이어지는 가운데, 사회보장을 확대해야 한다는 요구가 '사회공공성 강화'라는 구호로 종합되었다. 민주노총은 철도·발전·가스 공동파업 이듬해인 2003년 활동 목표로 '사회공공성' 의제를 채택하고, 산하에 사회공공성 강화 위원회를 구성한다. '사회공공성'은 처음 이 개념을 제안한 오건호에 의해 다음과 같이 정의되었다.[27]

"현대자본주의에서 사회적 필수서비스들이 신자유주의 시장화 공세에 직면해 있다. 이러한 상황에서 사회공공성운동은 사회적 필수서비스를 공급하는 영역을 '시장화·이윤화' 공세로부터 지키고, 나아가 확장하는 운동이다. 사회공공성은 '탈시장화·탈이윤화'로 정의될 수 있다. 협의로는 사회복지, 기간산업서비스 등 경제적 부등가교환 부문, 광의로는 언론, 문화 등 이데올로기(상부구조) 영역도 포괄한다." "사회공공성은 '필수서비스에 대한 사회구성원의 보편적 접근성'으로 정의(될 수 있다)."

사회공공성 운동은 민주노총 설립 초반부터 진행해 온 '사회개혁

---

[27] 오건호, 「노동조합의 사회공공성운동, 성찰과 과제」, 사회공공연구소 설립기념 토론회, 2008. 오건호, 「사회공공성 투쟁의 오늘과 미래」, 한국노동사회연구소 62차 노동포럼, 2008.

투쟁'을 발전시킨 것으로 볼 수 있다. 민주노총의 사회개혁 투쟁은 의료보험 통합운동을 제외하면, 실질적으로는 크게 활성화되지는 못했다. 민주노총 1기 집행부의 '국민과 함께 하는 노동운동'이 계급적 원칙에 불철저한 운동이라는 노선적 비판이 겹치면서, 조직 내에서 '사회개혁 투쟁'에 대한 합의가 형성되지 못했다고 할 수 있다.

그러나 '사회공공성'은 2000년대 초반을 거치며 노동운동과 시민사회운동 전반에서 주요한 운동노선으로 수용된다. 2002년 시작된 한국사회포럼에서도 사회공공성 강화가 주요 과제로 제시되고, 민주노총을 포함해 문화연대나 사회진보연대를 비롯한 사회단체들은 "세계화, 시장화를 넘어 사회공공성 운동으로"라는 제목의 공동토론회를 개최하기도 한다. 이 토론회 제목은 운동의 지향을 보여주기도 하는데, 오건호는 사회공공성을 "시장화, 이윤화에 대항하는 투쟁"이라고 정의한다.[28]

이러한 사회공공성 운동 담론은 공공부문 노조들이 특히 적극적으로 수용한다. 공공부문 노조가 외환위기 이후 민영화와 구조조정에 대응하는 투쟁 과정에서 국민적 여론이 중요하다는 사실을 체감한 것도 그러한 태도에 영향을 주었다. 사회공공성론은 자본주의하에서 공공부문의 지속적 확대를 통해 시장을 일정하게 통제하고 사회복지를 제공하는 유럽 사민주의 모델을 한국에서 실현할 수 있다고 기대한다. 그런데 그러한 모델은 1950~60년대 성장기에 선진자본주의 국가에서 정점에 이른 후, 자본주의의 위기와 함께 유럽에서도 점차 쇠퇴하고 있었다. 장기저성장 국면으로 나아가는 2000년대 한국에서 성장기 유럽의 경험을 그대로 반복하기는 어려웠다.

---

[28] 오건호, 「신자유주의 시대 사회공공성 운동의 의의와 새로운 실천전략」, 2005.

IMF 구제금융 이후 신자유주의 정책과 급격한 민영화가 추진되는 상황에서, 전기, 가스, 수도와 같은 필수재나 건강보험, 공공의료와 같은 필수서비스에 대한 '사회구성원의 보편적 접근성'을 추구하고 이를 위해 공공부문을 강화한다는 의미의 사회공공성은 정세적 과제로서 의미가 있었다. 그러나 1970년대 말 이후 (한국에서는 외환위기 이후) 자본주의 축적 위기에 대응하기 위한 이론, 정책, 전략, 이데올로기의 종합인 신자유주의를 대체하는 대안이라고까지 말하기에는 한계가 있었다.

6. 노동시간 단축 투쟁과 노동유연화의 함정

정리해고와 구조조정의 폭풍이 한차례 지난 후, 노동운동은 유사한 사태를 막기 위한 다양한 대안을 모색한다. 노동시간 단축과 주 5일제 도입이 대표적이었다. 민주노총은 1998년 노사정 합의와 파기에 이은 총파업을 거치면서 제시한 '5대 요구안'에 '주 40시간 법정근로시간제'를 포함한다. 노동시간 단축으로 일자리를 나누면 대량해고를 피할 수 있다는 논리였다. 민주노총이 1999년 2월 노사정위를 탈퇴하면서 결의한 '4대 투쟁요구'의 핵심은 역시 구조조정과 정리해고 문제였지만, 노동시간 단축도 중요하게 다루었다. 그러나 1999년 서울지하철노조 파업을 비롯한 구조조정 저지 투쟁으로 노정 대립이 격화된 상황에서, 노동시간 단축 요구가 우선순위를 차지하기는 어려웠다.

2000년 들어 경기가 다소 회복되기 시작하자, 노동운동은 구조조정 반대 투쟁을 중장기적 과제로 전환하고, 이른바 제도 개선 투쟁을 전개한다. 이 과정에서 민주노총은 핵심적으로 '주5일제 근무'(주40시간제) 실시를 요구한다. 김대중 정부도 주5일제 도입을 긍정적으로 검토하겠다는 입장을 밝히면서 사회적으로 공론화된다. 그러나 이를 노사정위원회에서 논의하면서 민주노총은 협의에 참여하지 못한다. 한국노총이 복귀한 노사정위원회는 '근로시간단축 특별위원회'를 구성했는데, 노동시간 단축 문제를 변형근로시간제, 파견제 확대, 휴가 휴일 조정을 비롯한 노동유연화 정책과 연계했다.

그런데 이때부터 민주노총이 2000년 대정부 요구안에 담았던 노동시간 단축 요구의 취지가 바뀌기 시작한다. 민주노총은 'IMF 피해 원상회복과 노동자들의 삶의 질 향상을 위한 핵심요구'로 주5일제를 제시하기 시작한다. 2001년 IMF 관리 체제를 졸업하고 경기가 호전되면서, 민주노총은 장시간 노동과 산업재해를 줄이고 노동자의 삶의 질을 개선하기 위해 주5일제가 도입되어야 한다고 주장하게 된 것이다.

1998~99년에는 해고를 막고 일자리를 나누기 위해 이를 도입해야 한다고 주장했던 것과 비교할 때, 그 취지가 완전히 달라진 셈이다. 애초 주당 노동시간(노동주) 단축을 통해 일자리가 만들어질 수 있다는 주장도 큰 근거가 있었던 것은 아니었다. 주당 노동시간 단축 이후에도 사용자들은 물량에 따라 연장근로와 탄력근로를 신축적으로 활용했기 때문이다. 결국, 노사정위 논의과정에서 주5일제가 일자리 나누기와는 사실상 무관하고, 휴일 휴가제도 개편과 변형근로시간제 확대를 비롯한 노동유연화가 병행될 것이라는 우려가 커진 만큼, 오히려 '삶의 질'과 같은 다른 명분이 필요했다고도 볼 수 있다.[29]

2001년 재선된 민주노총 단병호 위원장 집행부는 '노동조건 후퇴 없는 노동시간 단축'이라는 새로운 기조를 제시한다. 대우차 해고와 폭

---

29 이현, 「신자유주의적 구조조정과 노동운동의 대응 - 노동시간단축투쟁을 중심으로」, 2004.

력 탄압으로 노정관계가 악화하고 민주노총이 김대중 정권 퇴진 구호마저 제기한 상황에서, 김대중 대통령은 노동시간 단축 법안을 노사정위에서 조속히 처리하라고 지시한다. 이에 따라 제출된 노사정위 공익위원 안은 경총이 요구한 노동유연화 사항을 대폭 수용한다. 한편, 주5일제가 법 개정 이전에도 이미 대기업(정규직) 중심으로 도입되기 시작한 상황에서, 민주노총은 2002년에 '중소 영세 비정규직 희생 없는 노동시간 단축'이라는 기조를 새로 제시한다. 법 개정이 본격화되자 (주5일제가 아닌) 주40시간제는 노동유연화를 병행한다는 사실이 명확히 드러난다. 그러자 민주노총은 2003년, '근로기준법 개악 저지'로 또다시 투쟁기조를 변경한다.

2003년 국회 환경노동위원회에서 진행된 협의에서 상임위원장이 조정안을 제출한다. 민주노총이 국회의사당 앞에서 총파업 집회를 여는 가운데, 이 조정안에 기반한 개정법이 국회 본회의를 통과한다. 근로기준법 개정의 핵심 내용은 법정근로시간을 주 44시간에서 주 40시간으로 단축한 것이었다. 아울러 2004년 7월 1일부터 1,000인 이상 사업장을 시작으로 기업 규모별로 단계적으로 적용되도록 했다. 이렇게 개정된 근로기준법은 주5일제를 명시하지 않았고 다양한 근무형태가 가능하게 하는 노동시간 유연화를 동반한 것이었다. 탄력근로제는 3개월 단위로 확대되었다. 선택적 보상휴가제가 도입되고 월차유급휴가는 폐지되고 연차휴가 조정과 사용촉진제가 신설되었다. 생리휴가는 무급화되었다.

애초 민주노총이 제기했던 노동시간 단축은 일자리를 나누어 해고를 최소화하자는 취지로 제시된 요구였지만, 여러 번의 기조 변화를 거쳐 결국 근로기준법 개정 반대 투쟁으로 끝나고 말았다. 대기업의 정규직 노조는 기존 단체협약을 유지하면서도 개정 근로기준법 중 후퇴된 조항의 적용을 막는 방식으로 주5일근무를 실현할 수 있었다. 그러나 이는 다수의 중소·영세 사업장에서는 실현되기 어려운 일이었다.

결국, 2000년대 초반, 민주노총의 성과로 알려진 노동시간 단축은 상당한 혼란과 우여곡절을 겪었다. 민주노총은 상황이 이렇게 전개되리라 예상하지 못했는데, 무엇보다 노동시간 단축이 필연적으로 노동시간 신축화와 연결될 것이라는 인식이 분명치 않았다. 이미 1989년 노동법 개정으로 주44시간제가 도입된 후 자본가들은 그 대가로 정리해고제·파견근로제·변형근로제의 '3제'를 요구했고, 결국 외환위기라는 조건에서 관철된 바 있었다. 이 중에서 1998년 노사정 협상에서 부분적으로만 수용되었던 변형근로제(탄력근로제)가 노동시간 단축을 계기로 완성된 것이다.

이렇게 노동시간 단축을 통한 일자리 나누기라는 민주노총의 목표는 노동시간 단축과 노동시간의 유연화를 교환하는 결과로 이어졌다. 그 후로도 노동시간 단축이 추진될 때마다 노동시간 유연화 정책은 항상 동반된다.

7. 외환위기 직후 비정규직 투쟁: 조직화와 투쟁의 분출

IMF 구제금융 위기 이후 비정규직이 확대되는 한편, 비정규직부터 구조조정이 진행되면서 여러 투쟁이 촉발된다. 1999년 학습지 노동자와 골프장 경기보조원을 비롯한 특수고용직 노동자들의 노조 조직화가 시작된다. 2000년에는 이랜드와 롯데호텔 노조, 한국통신 계약직노조, 서울상용직노조 등 비정규직 노조의 투쟁이 본격화된다. 2001년에는 광주 캐리어 사내하청 노동자의 노조 결성 투쟁과 레미콘 노동자의 투쟁이 전개되고, 화물연대 조직화도 시작된다.

여기서는 이 시기의 비정규직 투쟁 중 금속 부문의 불법파견 투쟁과 공공부문 비정규직 투쟁, 그리고 화물 노동자의 조직화와 투쟁을 살펴본다. 이들 투쟁은 비정규직 노동자의 처지를 반영하여 수세적이고 방어적인 성격이 강했고, 파업보다는 농성·집회·시위 방식이 많았으며, 장기간에 걸쳐 극단적인 투쟁 방식으로 호소하는 경향(이른바 '장기투쟁 사업장')이 주류를 이루었다. 또한, 외부 연대에 대한 의존도가 높은 것도 특징이었다.[30]

1) 금속 사내하청 노동자 조직화와 투쟁

IMF 외환위기 이후 제조업 사업장에서 증가하고 있던 사내하청 노동자들의 투쟁이 촉발되기 시작한다. 외환위기 이전에도 한라중공업사내하청노조 투쟁 등이 있었지만, 사내하청 노동자 투쟁이 본격화된 것은 2000년대 이후였다. 2000년 화섬연맹 SK인사이트코리아노동조합은 소수의 조합원이 남아서 투쟁했지만, 파견법 시행 이후 처음으로 불법파견을 인정받은 판례를 남기고 원청사에 고용이 승계되었다. 2001년에는 광주 캐리어, 2003년에는 현대차 아산공장 사내하청 노동자를 비롯해 자동차 대공장 내 사내하청 노동자의 노조 결성이 활발하게 전개되었다.[31]

---

30 이원보, 『한국노동운동사 100년의 기록(개정증보판)』, 한국노동사회연구소, 2013.
31 이상호 외, 「금속노조 비정규 노동자 조직화 전략에 대한 진단과 대안 연구」, 금속노조 노동연구원, 2011.

2001년 금속연맹 캐리어사내하청노동조합 투쟁을 살펴보자. 애초 사내하청 조직화 과정은 원청 정규직노조와 사내하청노조 집행부가 함께 했으나, 곧 갈등이 시작됐다. 비정규직으로 6개월 이상 근무 시 정규직으로 재고용한다는 요구를 둘러싸고 원청 노조와 사내하청 노조 사이에 갈등이 나타난 것이다. 그러던 중 투쟁 과정에서 사측과 물리적 충돌이 발생하자 원청 노조가 하청노조와 연대 단절을 선언하게 된다. 4월부터 진행된 노조의 점거파업에 사측이 직장 폐쇄로 맞서면서 투쟁이 격화된다. 그런데 원청 노조는 공장 해외 이전을 비롯한 사측의 고용불안 위협이 계속되자, 사측이 파업농성장을 침탈하고 대체인력을 투입하는 것에 협조한다. 결국, 금속연맹은 2002년 대의원대회에서 만장일치로 캐리어노조를 제명하기로 결정한다. 캐리어노조는 금속연맹에서 비정규직 문제로 제명되는 첫 사업장이 된다. (제명 직후 노조 지도부가 총사퇴하고 새 지도부가 들어선 지 1년여 만에 제명 조치는 철회된다)

비정규직 노조와 정규직 노조 사이의 갈등은 현대중공업에서도 나타난다. 금속노조 현대중공업 사내하청 노동자 조직화는 2003년 '현대중공업사내하청노동조합' 출범으로 이어진다. 그러나 사측의 강경한 탄압으로 사실상 공장 밖으로 밀려난 간부(해고자) 중심의 활동을 이어가게 된다. 2004년 2월 14일, 하청사에서 해고당한 박일수 조합원이 '하청노동자도 인간이다'라는 내용이 담긴 5장의 유서를 남기고 공장 안에서 분신한다. 다음날, 현대중공업노조는 기자회견을 열고 "박일수는 열사가 아니다. 개인 비관 자살했다"라고 주장하며 대책위에 불참한다.[32]

---

32 이 사건을 계기로 금속연맹은 9월 임시대의원대회에서 현대중공업노조를 88%라는 압도적인 찬성으로 제명한다. 현대중공업노조에 민주집행부가 들어선 후 금속노조에 다시 가입하는 것은 그로부터 12년 만인 2016년이다.

사측은 집회 참가자를 폭행하며 물리적 탄압을 이어간다. 투쟁이 장기화하자, 민주노총 지역본부 등으로 구성된 분신대책위가 빠른 사태 해결에 집중하기로 하면서 교섭이 본격화된다. 결국, 4월 7일, 현대중공업 원청과 합의를 통해 사태를 정리하고 열사 장례도 치르게 된다. 그러나 사측이 합의사항을 이행하지 않으면서 투쟁의 불씨는 계속 남는다. 이후 법적 대응을 거쳐 2005년 4월 6일 중앙노동위원회에서 "현대중공업 원청이 하청노동자에 대한 노조법상의 사용주라는 취지"의 결정을 얻어낸다. 이는 원청의 사용자 책임성을 인정한 중요한 결정이었다. 이후 2010년 3월 25일에는 대법원으로부터 '원청사용자성'을 인정받는다.

한편, 화섬연맹 금호타이어비정규직노동조합 투쟁은 정규직 노조와 비정규직 노조의 연대 가능성을 보여주었다. 원청 정규직 노조가 지원하는 가운데 2003년 11월 금호타이어비정규직노조 창립총회가 개최되고, 노조 출범 하루 만에 광주공장 생산직 비정규직의 90% 이상이 노조에 가입한다. 노조는 설립 직후 불법파견 진정을 비롯한 법률적 대응과 파업 투쟁을 병행한다. 결과적으로 금호타이어불법파견 투쟁은 7개월 만에 노사합의로 비정규직 327명을 정규직화하며 마무리된다. 이 투쟁은 정규직노조가 지원하는 가운데 원하청 갈등을 촉발하지 않으면서 정규직 전환에 이르는 가능성을 보여주었다.

2004년 금속연맹은 한라중공업부터 시작된 사내하청노조 건설과 캐리어, 기아차, 금호타이어 등에서 경험한 불법파견 정규직화 투쟁을 바탕으로, ① 불법파견 직접고용, 정규직화 ② 원하청 공동 임단협 ③

비정규직 조직화를 핵심 사업으로 확정한다.[33] 금속노조는 실태조사를 바탕으로 59개 원청회사와 923개 하청업체에 대한 대대적인 집단 진정을 전개한다. 노동부는 이들 중 상당수를 불법파견으로 판정했지만, 사측은 완전 도급 추진이나 계약해지 등으로 대응한다. 이 때문에 노동부가 불법파견이라고 인정한 사업장에서도 고용보장 투쟁을 해야 하는 상황이 벌어졌다.

금속노조 하이닉스·매그나칩사내하청지회, GM대우창원비정규직지회는 장기간 투쟁 후 노동조합이 해산되는 결과로 이어졌다. 기륭전자분회 투쟁은 2005년 불법파견 진정에서 시작되어 1895일에 걸친 처절한 투쟁을 진행한다. 결국, 2008년 이후 교섭이 재개되어 11월 노사 합의로 투쟁이 마무리된다. 그러나 합의 이후에도 노동자들은 2013년에야 복귀할 수 있었고, 그마저도 이미 생산라인은 중국으로 철수한 뒤였다. 2005년부터 진행된 기아자동차 동희오토 사내하청지회 투쟁은 2010년에 이르러 조합원 복직에 합의한다. 그러나 복귀한 현장에서는 소수노조 상황에 처해 어려운 활동을 이어간다.

완성차 사내하청 노동자들의 불법파견 투쟁 역시 장기화하고 정규직과의 갈등이 벌어지며 복잡한 양상을 보였다. 금속노조의 대표적인 비정규직 투쟁이었던 현대자동차 사내하청 노동자 투쟁을 살펴보자. 현대차 사내하청 운동의 역사는 세 시기로 구분할 수 있다. 첫째는 2003년 비정규직 노조 결성부터, 2009년까지 이어진 시기다. 이때는 불법파견 정규직화 요구를 전면에 내세우고 투쟁이 전개되지만, 이를 쟁취하지는 못한다. 투쟁의 성쇠에 따라 조합원 규모도 요동쳤다. 둘째는 2010

---

33 민주노총, 『비정규직 노동운동사-주제사』, 2017.

년 법원 판결을 계기로 불법파견 정규직화 투쟁이 다시 활성화된 시기다. 셋째는 노사협상이 최종 마무리된 2014~16년 시기다.

2003년 현대차 아산공장 식칼 테러 사건을 계기로 현대아산 사내하청 노조가 세워진다. 울산에는 현대자동차비정규직 노조가 출범한 직후 500명이 넘는 조합원이 가입한다. 2004년, 다수의 생산공정에서 불법적인 파견근로가 활용되고 있다는 노동부 판정이 나온 후, 불법파견 의제가 본격적으로 떠오른다. 금속노조도 임단협에서 "불법파견 근절과 직접고용쟁취, 사내하청 조직화 실천"을 주요 목표로 설정한다. 2003년부터 시작된 현대차아산공장사내하청지회, 현대자동차비정규직노조(울산공장), 현대차전주공장비정규직지회, 기아자동차비정규직지회는 불법파견 문제를 사회적 쟁점으로 제기하며 장기간 투쟁했다.

2005년부터 정규직 노조와 비정규직 노조는 '원하청 연대회의'를 결성하고 공동 대응을 모색한다. 그러나 현장동원력을 확보한 비정규직 노조는 2006년 들어 독자적인 현장투쟁을 벌이며 현대차 사측(원청)과 독자 교섭을 강하게 요구하면서 정규직 노조와도 갈등을 빚는다. 현대차 울산 공장에서는 원청이 교섭을 거부하는 가운데, 정규직 노조가 교섭을 대리 혹은 관여할 것인가를 두고 논란이 벌어졌다. 현대자동차비정규직노조가 '독자 임단투'를 통한 단체협약 쟁취를 목표로 2006년 투쟁을 전개하는 과정에서 생산라인을 중단시키는 파업을 진행하지만, 정규직 노조의 지지를 얻지 못한다. 결국, 투쟁 과정에서 노조 집행부의 직권 조인 논란이 벌어지면서 투쟁이 종료된다. 현대차 사측은 정규직 노조도 함께 참여하는 것을 조건으로 특별교섭 요구를 수용하고, 2006년 9월, 노조는 46개 사내하청 업체와 함께 기본협약을 체결한다. 그 후 2010년 대법원이 소송을 제기한 불법파견 노동자(최병승 조합원)가

정규 직원이라고 인정하는 판결을 내릴 때까지 비정규직 노조의 투쟁은 소강 국면에 접어든다.

반면 현대차 전주공장에서는 원·하청 연대가 비교적 원활하게 이루어지기도 했다. 기아자동차에서도 비정규직지회가 조직되어 투쟁했으나 정규직 노조가 원청 사측과 교섭하여 불법파견 공정에 신규 채용 시 협력업체 직원을 우선 채용하는 합의를 체결한다. 이어 원청 기아차지부는 '1사 1조직' 원칙에 따라 사내하청을 포괄한다. 그러나 이는 비정규직지회와 합의를 거치지 않은 일방적인 추진이었다. 이 과정에서 (사내하청 노동자의) '자주적인 요구안 수립보장과 현상 파업권 인정'이 논란이 된다. 반면 현대차에서는 '1사 1노조' 추진이 조합원 투표에서 부결된다. 정규직 노조와 사내하청 비정규직 노조가 통합해도, 통합하지 않아도 문제가 되는 상황이 나타났다.

제조업 불법파견 투쟁은 현대자동차비정규직노조 최병승 조합원이 제기한 소송에 관한 2010년 7월 22일 대법원 판결이 나오면서 새로운 상황을 맞는다. 불법파견으로 보고 현대차 직원의 지위가 있다고 인정한 것이다. 이 판결을 계기로 불법파견 소송이 다시 활성화된다. 그러나 2006~7년 투쟁에서 나타난 어려움 때문에 법률적 대응이 중심이 된다. 다만 현대차에서는 비정규직지회의 조직이 확대되고 정규직 전환 쟁점이 두드러진다. 장기간 투쟁 끝에 2016년 사내하청 노동자 2천 명을 정규직으로 신규 채용하는 것으로 합의가 이루어진다.

제조업 대기업에서 사내하청 방식의 외주화는 이미 오랜 역사가 있고, 노동조합의 투쟁도 존재했다. 1970년대부터 사내하청(사외공) 노동자가 상당 규모로 도입된 현대중공업에서는 1987년 노동자대투쟁 당시 사내하청 노동자를 포함하여 노동조합을 결성하고, 1990년에는 투쟁을 통해 사내하청 노동자를 대거 직접고용으로 전환한다. 그러나 회사 측은 사내하청 노동자를 꾸준히 새로 고용한다. 현대차는 1990년대 전주와 아산 신공장 건설 과정에서 신규 고용에 사내하청을 대거 활용한다.[34] 2000년대 초반에 이르면, 현대중공업 노조는 보수화 경향이 뚜렷해지면서 사내하청 노동자를 묵인하기에 이른다. 2003년에 조직된 사내하청 노동자 독자 노조도 정규직노조의 지원을 받지 못했다.

1990년대 외환위기 이전에도 사내하청 노동자들의 투쟁은 이따금 터져 나온 바 있다. 그러나 그때까지만 해도 사내하청이나 중소기업에서 대기업으로 이동하는 게 완전히 불가능하지는 않았다. 1980년대에는 작업장 내 하청, 임시 일용공 등으로 통칭되는 비정규직 노동자의 고용관계 자체는 기업을 경계로 분리되어 있어 고용조정 시 불이익은 있었지만, 임금, 노동조건, 작업장 내 지위는 정규직 노동자와 거의 차이가 없었다. 이 때문에 정규직과 비정규직 노동자 간에 강한 동료의식이 존재했고, 앞서 살펴본 현대중공업 사례와 같이 노조 활동도 함께 할 수 있었다.[35] 1992년에도 대기업으로 이동하는 상향 이동률이 37.4%, 중소기업으로 가는 하향이동률이 29.3%로, 이동이 상당히 빈번했다.[36] 사내하청 노동자는 이직을 선택하는 식으로 불만을 해결했다.

그러나 외환위기 이후에는 원청 사용자가 작업장 내에서 정규직 노동자와 노동조합을 우회하기 위한 '신경영전략'의 일환으로 사내하청 노동을 크게 확대한다. 이와 함께 원청사에서 정규직 채용을 거의 중단

---

[34] 손정순, 『금속산업 비정규 노동의 역사적 구조 변화-산업화 이후 금속산업 사내하청 노동을 중심으로』, 고려대학교 경제학과 박사학위 논문, 2009.
[35] 박종식, 『원청 노사관계 변화와 사내하청 확산』, 한국 노동운동 위기 진단과 대안 모색』, 한국노동사회연구소, 2015.
[36] 요코타 노부코, 앞의 책.

하면서, 이전 시기와는 달리 고용 이동도 거의 불가능하게 된다. 이러한 사내하청 확대에 대해 정규직 노동조합은 정규직 조합원들의 이해관계를 대변하는 방향으로 대응했다. 조합원들이 꺼리는 위험한 작업과 기피공정을 중심으로 사측이 사내하청 활용을 늘려가는 것을 어느 정도 묵인하거나 '담합'한 것이다. 정규직 노동자들은 정리해고 사태를 겪은 이후 점차 사내하청 노동자들을 고용안정을 위한 '완충장치'로 생각하게 되었다. 외환위기 이후 많은 사업장 노조가 체결한 '고용안정협약'에 사내하청 노동자들은 포함 대상이 아니었다.

  그러나 사내하청 노동자가 계속 늘어나는 가운데, 노동조합도 위기감을 갖게 된다. 비정규직 고용이 늘어나는 문제와 함께 정규직 노조의 파업 효과도 반감된다는 현실적인 문제가 떠올랐기 때문이다. 현대자동차에서는 2001년, 사내하청 노동자 비율을 16.9%로 제한하기로 노사가 합의한다.[37] 그러나 노사합의와 무관하게 사내하청 노동자들은 계속 늘어, 2004년이 되면 약 33%에 이른다. 현대차 노조는 2006년 들어 대의원대회에서 정규직 충원 요구를 명문화하기로 하고 사측의 사내하청 활용을 감시하는 활동을 벌인다. 정규직 노조는 사내하청 노동자들의 열악한 처우를 개선하기 위한 임금인상이나 성과급 지급도 사측에 추가로 요구했는데, 여전히 이들을 조합원으로 받지 않은 상태에서 일종의 '대리교섭' 형태로 처우를 개선하고자 한 것이다.

[37] 이 합의에 대해, 당시 정갑득 위원장 집행부는 그 이상으로 사내하청을 확대하지 않도록 하려는 의도였다고 하지만, 결국 생산 현장에서 사내하청 사용을 노조도 인정한 모양이 되고 말았다. 박태주는 이에 대해 "회사는 비정규직을 고용유연성의 수단으로 삼았다면 정규직들은 비정규직을 고용의 안전판이자, 노동강도를 완화하는 수단으로 삼았다"라고 평가한다. 박태주·정갑득, 「[기획대담] 현대차 노사가 바뀌어야 한국 노사관계의 길이 보인다」, 《노동사회》 178호, 2014.

그런데 역설적으로 1998년, 노동계가 반대하던 근로자파견법이 제정되면서 직접 생산공정 업무는 근로자파견을 할 수 없게 되었다. 이에 따라 이미 존재하던 사내하청 노동자들이 불법파견을 다툴 수 있는 법적 조건이 형성된다. 파견법 제정 이후 2000년경부터 불법파견 문제를 매개로 투쟁을 조직하는 방안을 검토하기 시작하고, 2003년에 이르러 현대자동차에서도 사내하청 노동조합이 결성된 것이다.

최종적으로 2016년 현대차 노사합의를 통해 사내하청 노동자들이 정규직으로 전환된 사례에서 확인할 수 있는 것처럼, 사내하청 노동조합의 투쟁 목표는 '현대차 정규직 되기'였다. 불법파견 투쟁은 그 성격상 원청사의 정규직 직원 지위를 인정받는 것을 목표로 삼았다. 현대차와 같은 대기업에서 불법파견 투쟁은 정규직화가 가져올 경제적 혜택이 워낙 크기 때문에 빠르게 확산하였다. 그런데 정규직화 요구는 그 외에 다른 모든 활동, 즉 정규직과의 차별 철폐, 노조의 조직 확대, 노조 일상 활동과 교육, 원하청 연대의 심화를 압도했다.

2000년대 초부터 2010년대 중반까지 집중된 제조업 사업장에서 사내하청 노동자들의 불법파견 투쟁은, 결과적으로 성공한 사업장에서는 신규 채용 방식으로 조합원들의 정규직화를 실현했다. 직접 투쟁이 있었던 사업장이 아니라도 이 과정에서 사내하청 비율이 높은 다른 기업들 역시 고용형태를 개선하도록 압박을 받아 간접고용 관행이 차츰 줄어드는 영향이 있었다고 할 수 있다. 정부도 불법파견 해소를 위한 적극 행정에 나서도록 압력을 받았다.

그러나 여러 한계도 있었다. 불법파견 투쟁은 비정규직 노조의 성패를 사법부 판결에 종속시키는 효과를 불러왔다. 불법파견 소송이라는 법률적 절차에 의존하면서 "노사관계의 사법화를 확산시키는 데에

일조"한 측면이 있었다.[38] 또한, 기존 사내하청 노동자들의 정규직 전환이라는 성과가, 비정규직 고용 자체를 줄이거나 없애는 결과로 이어지지는 못했다고 평가된다.[39]

장기 투쟁 과정에서 이러한 합의조차 쟁취하지 못하고 조직이 해산된 경우도 많았다. 성과를 얻은 경우에도 교섭·투쟁이 집행부에 가하는 부담이 매우 높아, 현안이 일단락된 후 일상적인 조직력이 약화하는 경우도 많았다. 공장 내 파업 투쟁을 전개할 경우 원청 사측의 천문학적 손배·가압류 소송을 비롯한 탄압으로 인해 버티기 힘든 경우도 있었다.

무엇보다 파견법 위반에 대한 소송과 투쟁을 통해 원청 정규직으로 전환하는 전략을 비정규직 투쟁 전략으로 일반화하기는 어려웠다. 사내하청 노동자의 규모가 상당하고, 이들을 정규직으로 신규 채용할 수 있을 만큼 지속적으로 성장하고 있던 수출 대기업에서는 기업별로 이러한 모델이 실천 가능했지만, 제조업 전반은 물론 사내하청 노동자보다 더 저임금 상황에 있던 다른 산업이나 중소·영세기업으로 이를 확대하기는 어려웠다. 이러한 구조에서 불법파견 투쟁은 '1차 사내하청 노동자의 정규직화'가 운동의 최종 목표가 되도록 했다. 같은 공장의 2·3차 하청이나 부품사에 속한 노동자와의 연대는 시야에서 사라졌다.[40]

2005년에는 정규직과 '공동요구, 공동투쟁, 공동합의'인가, '비정규직 독자 요구, 연대투쟁'인가라는 쟁점이 불거진다. 이는 2007년 이후 정규직 노조와 통합 여부를 둘러싼 '1사 1조직' 쟁점으로 이어진다. 비정규직의 독자적인 요구와 투쟁을 강조하는 입장에서는 정규직과의 공

---

38   장홍근 외, 『한국 사회적 대화의 유형별 사례와 경험』, 한국노동연구원, 2023.
39   민주노총, 앞의 책.
40   유형근, 앞의 책.

동행보는 후순위 고려사항이었다. 2015~16년에는 비정규직 노조가 정규직 전환 교섭에서 전환 대상자를 조합 가입자로 한정하라고 요구하기도 했다. 비정규직 노조도 조합 내부의 이해에 더욱 집중한 것이다.

2) 공공부문 비정규직 노동자 투쟁

이 시기의 공공부문 비정규직 투쟁은 외환위기 이후 2000년대 초반까지 공공부문 구조조정 속에 대량 해고가 시작되던 첫째 시기와, 2001년 IMF 관리 체제를 벗어난 이후 다시 공공부문 인력이 확대되는 과정에서 많이 늘어난 비정규직 노동자들이 처우개선과 정규직 전환을 요구하며 투쟁한 둘째 시기로 나누어 볼 수 있다.

외환위기 이후 공공부문에서도 구조조정과 급격한 인력감축이 추진된다. 1998년부터 2000년까지 공기업에서만 4만여 명, 정부 산하기관에서는 2만여 명의 인력이 감축되었다. 이는 전체 인력의 약 24~25% 규모였다. 인력 감축은 특히 기능직(30.2%)과 고용직(60.6%)을 비롯한 하위직에 집중되었다.[41] 계약직은 고용계약을 연장하지 않는 방식으로 가장 먼저 해고 대상이 되었다.

가장 대표적인 사례가 당시 최대 공기업이었던 한국통신(현 KT)에서 발생한 비정규직 대량해고였다. 외환위기 직후 회사는 구조조정을 쉽게 하려고 먼저 계약직 직원들을 2~3개월 단기계약으로 전환한다. 그러다가 2000년 11월에서 12월까지, 7천 명의 계약직 노동자에게 계약 해지를 통보한다. 고용불안을 느낀 계약직 노동자들은 이미 2000년 1월부터 노동조합 설립을 준비하고 한국통신 노조에 가입을 신청한다. 당

---

[41] 김혜진 외, 『공공부문 비정규직 노동운동 10년 평가와 전망』, 사회공공연구원, 2014.

시 기업별 복수노조가 금지된 상황이었던 데다, 정규직 노조 규약에 따르면 계약직도 가입 대상에 포함되어 있었기 때문이다.

그러나 정규직 노조는 투쟁을 지원하기 부담스럽다는 이유로 이들의 가입을 거절한다. 그렇다면 적어도 규약을 개정해 가입 대상에서 계약직을 제외하여, 비정규직이 별도로 노조를 설립할 수 있도록 해야 했다. 그러나 사측의 영향을 받는 대의원의 반대와 집행부의 소극적 태도가 얽히면서, 2000년 10월이 되어서야 규약이 변경되고 계약직 노조가 노조설립신고필증을 받을 수 있게 되었다. 그동안 회사 측은 계약직노조가 법외노조라는 이유로 교섭을 거부했다. 구조조정 계획이 한창 진행되고 있는 와중에 노조를 조직하고 대응할 수 있는 귀중한 시간이 지나가고 만 것이다.

해고가 본격화하자 한국통신계약직노동조합은 12월 13일부터 전면파업에 돌입한다. 그러나 이미 상당수의 조합원이 해고된 상태에서 투쟁이 장기화한다. 이듬해 2001년에는 목동전화국 점거농성, 한강대교 고공농성, 분당 한국통신 본사 앞 노숙농성을 비롯한 극한투쟁을 이어갔다. 많은 조합원이 계약 해지로 현장에서 밀려난 상황에서, 파업을 통한 압박에는 한계가 있었기 때문이다. 그러나 이들은 결국 한국통신으로 복귀할 수 없었다. 노조는 517일간의 투쟁 끝에, 2002년 5월 13일 사측이 제안한 도급으로의 전환을 수용하고 노조를 해산하기로 한다.

이 투쟁은 민주노총 소속의 정규직 노조가 같은 기업의 비정규직 노동자들이 벌이는 투쟁을 적극적으로 외면하고, 비정규직 노동자가 장기간 투쟁을 이어갔음에도 불구하고 결국 모두 외주화되는 결과를 낳았다는 점에서 노동운동 내외에 큰 충격을 주었다. 이후 한국통신은 2002년 KT로 민영화된다. KT노조는 당시 계약직노조 투쟁을 지원했던 공공연맹을 탈퇴하고, 몇 년 후에는 민주노총도 탈퇴한다.

지방자치단체에서도 외주화가 확대되고 비정규직부터 해고되면서 노동조합 결성과 투쟁이 이어진다. 공공부문 구조조정의 일환으로, 서울시와 각 구청이 비공무원 인력부터 30% 감축하기로 하면서, 이들을 중심으로 노동조합이 결성된다.[42] 당시 공공연맹의 지도로, 이들은 개별 구청별 노조가 아니라 서울 전체의 상용직·일용직 노동자를 포괄하는 하나의 노조인 서울상용·일용직노조를 조직했다. 처음에는 서울시 구청장협의회 의장인 종로구청과 교섭을 시도했으나, 구청이 교섭을 기피하자 서울시 전체 구청을 상대로 집단교섭을 실현하기 위한 투쟁을 전개하여 단일한 단체협약을 체결한다. 노조를 설립한 지 1년여 만에 집단교섭에 성공한 서울상용직노조는 지자체 상용직 노동자들의 조직, 교섭, 투쟁의 모델이 된다.[43]

한편, 각 지자체는 인력 감축을 위해 상용직 노동자 업무를 민간에 위탁하는 방안을 활발하게 추진하고 있었다. 이 과정에서 역시 노동조합 결성과 투쟁이 확산한다. 가장 먼저 의정부시청 소속 환경미화원이 노동조합을 결성한다. 이어 포천에도 청소노동자 노동조합이 결성되자, 당시 노조결성을 지원하던 활동가들은 경기도 전역의 청소 용역 노동자를 조직한다는 목표로 조직 대상을 확대하고 지역노조인 '경기도노

---

[42] 지자체의 비공무원 노동자들은 당시 '상용직'이나 '일용직'으로 지칭되었던 노동자를 말한다. 이들은 지자체 사무 중 공무원이 하기 힘든 현업 업무를 담당하기 위해 부서별로 채용하는 노동자였다. 주로 도로보수, 하수도 관리, 공원 관리, 가로청소를 비롯한 상시적인 업무를 맡고 있었다. 이후 2004년 노무현 정부의 '공공부문 비정규직 종합대책'에 따라 무기계약직으로 변경된 후, 2010년대 중반부터는 노동자들의 요구에 따라 '공무직'으로 지칭되기 시작했다. 지자체와 교육청이 먼저 이러한 명칭 변경을 수용했고, 이후 문재인 정부가 공공부문 비정규직 정규직 전환 정책에서 공무직이라는 개념을 인정했다.

[43] 박용석, 『1987년 이후 공공부문 노동운동사』, 진인진, 2023.

조를 결성한다.[44] 이후 고양, 부천, 성남, 안산 등에서 직접고용된 상용·일용직 노동자와 함께, 민간위탁된 노동자까지 조직을 확대한다. 민간위탁된 사업장에서 벌어지는 고용불안이나 임금체불 문제와 함께 용역비를 중간에 갈취하는 비리 문제를 폭로하는 투쟁을 전개하면서 재직 영화를 이끌어내는 투쟁도 확산한다.

경기도 외에도 각 지역의 지역일반노조가 지자체 상용·일용직 노동자를 활발하게 조직한다. 2000년 4월에는 부산지역일반노조가 지역 내 환경미화원을 조직했고, 경남, 충북, 충남, 전북에서도 지역일반노조가 성장하는 과정에서 지자체 노동자들을 적극적으로 조직한다. 일반노조는 산업과 업종을 넘어 지역을 중심으로 한 중소·영세 사업장 노동자의 조직화와 투쟁을 지향했으나, 상대적으로 고용과 교섭이 안정된 지자체의 직간접 비정규직 노동자가 조합원의 주력을 이루는 경우가 많았다.

2001년 8월 23일 한국이 IMF 관리 체제를 벗어난 이후에도 공공부문 구조조정과 긴축 운영은 계속되었지만, 그 양상이 변화한다. 공공 업무가 확대되는 과정에서 신규 인력이 필요할 수밖에 없었는데, 공공기관이 정규직 고용은 최소화하고 주로 비정규직을 채용하면서 기관별로 비정규직 비율이 많이 늘어난다. 이러한 과정에서 2003년 근로복지공단비정규직노동조합의 투쟁과 이용석 열사의 분신 사건이 일어난다.

근로복지공단의 경우, 정규직과 기간제 비정규직이 사실상 동일한 업무를 하지만, 임금과 노동조건에는 큰 차이가 있어 불만이 누적되고 있었다. 이들도 처음에는 정규직 노조인 한국노총 소속 근로복지공단

---

[44] 경기도노조는 공공연맹 소속이었다가 산별노조 전환 과정에 대한 이견으로 2007년 연맹을 탈퇴하고 일반노조 운동에 합류한다. 현재는 민주노총 민주일반연맹 산하의 민주연합노조로서, 전국적인 규모의 조직으로 재편되었다.

노조에 가입하려 했으나 받아들여지지 않자, 별도 노조를 결성하고 민주노총 공공연맹에 가입한다. 2003년 10월 26일 1박 2일 파업을 결의하고 상경 투쟁을 하는 과정에서, 이용석 광주전남본부장이 분신하는 사건이 벌어진다. 이때부터 노조는 무기한 파업에 돌입한다. 41일 간의 파업 끝에, 결과적으로 단체협약체결과 정규직 전환 추진을 약속받는다. 이 투쟁을 계기로 노무현 정부는 공공부문 비정규직 문제에 대책이 필요하다는 점을 인정하게 된다. 그 결과 2004년, '공공부문 비정규직 종합 대책'이 발표된다.

공공부문 비정규직 투쟁은 정부의 비정규직 정책에 직접적인 영향을 줄 수 있다는 사실 때문에 더욱 주목받았다. 2003년 공공부문 구조조정이 소강상태에 접어들면서, 새로 집권한 노무현 정부는 민영화는 멈추되 내부 구조조정을 진척시키는 데 집중했다. 이 과정에서 비정규직이 양적으로 증가하고, 그만큼 비정규직 투쟁도 더욱 촉발되었다. 실제 2003년 노동시장의 변화를 살펴보면, 비정규직 증가를 선도한 것은 공공부문이었다.[45]

노무현 정부 시기 가장 사회적 주목을 받았던 공공부문 비정규직 투쟁은 KTX 승무원 투쟁이었다. 2004년 4월 고속철도 개통을 앞두고 KTX 여성 승무원들은 철도공사의 자회사인 한국철도유통에 고용되었다. 2년 후에 철도공사 정규직으로 채용한다는 구두 약속이 있었지만, 실제 2년 후에는 철도공사가 아닌 한국철도유통의 정규직으로 채용하겠다는 통보를 받자, 이들은 철도노조에 가입하고 투쟁에 나선다.

2006년 3월 1일, 철도노조가 예정하고 있던 파업에 KTX 승무원도

---

[45] 김유선, 『비정규직 규모와 실태』, 한국노동사회연구소, 2004.

함께한다. 철도노조는 3월 4일에 파업을 끝내지만, KTX 승무원들은 정규직화 쟁취를 요구하며 파업을 계속한다. 철도공사는 '자회사 정규직'을 고수하면서 자회사인 KTX관광레저로 고용을 승계한다고 밝히고, 이를 거부한 승무원 280명을 해고한다. 이후 투쟁이 장기화하면서 시민사회 중재단이 나섰지만 결국 문제를 해결하지 못했다. 결국, 법정투쟁이 이어지며 활동은 소강상태로 진입한다.[46]

이 투쟁은 사측이 편법으로 제시한 '자회사 정규직화'가 곧 진짜 정규직화가 아니라는 인식을 남겼다. 이로부터 10여 년 후, 문재인 정부가 공공부문 비정규직 정규직 전환 정책을 추진하는 과정에서 외주·용역 노동자까지 전환 대상으로 삼자, 다수의 공공기관이 자회사 전환 방식을 채택하려는 움직임이 나타난다. 이때에도 '자회사 정규직화' 방안에 대한 이러한 부정적 인식이 노동운동의 대응에 강한 영향을 준다.

3) 비정규직 투쟁의 쟁점

금속산업에서는 불법파견 문제가 비정규직 운동의 중심으로 떠올랐다면, 공공부문에서는 '비정규직 차별 철폐냐, 비정규직 철폐냐'라는 쟁점이 핵심으로 부상했다. '비정규직 철폐'는 비정규직 고용을 가능케 하는 일련의 제도를 폐지해야 한다는 의미를 담고 있었고, 따라서 특정 기업 비정규직 노동자의 정규직 전환(정규직화) 요구와 구별되었다. 그러나 시간이 지나면서 '비정규직 철폐'와 '정규직화'는 마치 똑같은 말인 것

---

[46] 2019년, 문재인 정부 시기에 조합원 180명이 경력직 특별채용 형식으로 복직하는 노사합의가 이루어진다. 2006년 5월 해고 이후 12년 만의 일이었다. 그러나 이미 KTX 열차 승무원은 자회사인 코레일관광개발 노동자들이 맡고 있었기 때문에 역무 업무에 채용하는 방식이었다.

처럼 통용되었다.

2001년 한국노동사회연구소 토론회에서 당시 민주노총 김태현 정책국장은 이 논쟁에 관해, "비정규 노동운동은 정규직 전환이 필요한 비정규 일자리의 정규직화 요구를 한 축에 놓고, 다른 한편으로는 비정규 노동자들에 대한 차별 철폐를 목표로 내세우는 이원 전략을 구사할 필요가 있다"라고 전제하면서도, '비정규직 철폐'만 외치는 것은 관념적이라고 주장한다. 비정규직 형태가 다양한 만큼 고용 개선을 위한 접근방법도 다양할 수 있는데, '비정규직 철폐'만 고수한다면 실제로 실현할 수 있는 고용 개선 경로나 정규직-비정규직 연대의 가능성을 닫아버릴 수 있다는 비판이었다.[47]

한편, 토론자로 나선 배규식과 김유선은 한국통신 사례를 검토하면서, 노동조합이 사용자의 외주화 전략을 비판해야 하는 것은 맞지만, 정규직 노조가 동의한 정규직 연공급과 고임금 역시 외주화나 심각한 임금격차의 한 원인이라는 점을 인정해야 한다고 지적한다. 정규직 노조가 고임금을 자제하면서 임금격차를 줄여야 외주화도 억제할 수 있으므로, 민주노총의 '비정규직 정규직화' 요구는 적절치 않으며, 오히려 비정규직 보호에 초점을 맞추어야 한다는 주장이었다. 특히, 김유선은 산별교섭 체계 도입을 서둘러야 하며, 초임 수준을 비롯한 기본임금 수준을 끌어올리고, 직무급을 표준화하는 방식으로 비정규직 보호에 초점을 맞추어야 한다고 강조했다.

이에 대해 현장파 활동가들은 비정규직 정규직화를 요구하는 것이

---

[47] 김태현, 「비정규 노동운동 어떻게 할 것인가」, 한국노동사회연구소, 2001.

중요한 과제라고 주장한다.[48] 이들은 공공부문 비정규직 노동자들의 투쟁에 "노동자들의 고용형태를 중층화하고 차별하는 것에 맞서 모두의 권리를 찾는 과정"이라는 의미를 부여한다.[49] 이러한 입장에 따르면, 올바른 투쟁 방향은 비정규직 고용형태를 인정하는 가운데 차별을 축소하거나 폐지하는 것이 아니라, 비정규직 고용형태를 철폐하는 것이다. 노동자의힘 역시 "[노동법] 개악안 저지에 갇혀서는 안 되며, 파견법 철폐투쟁, 비정규직 철폐투쟁으로 나아가야 한다"라고 주장한다.[50]

당시 논쟁은 어떤 구호를 제시할 것이냐의 문제로 단순화되는 경향이 있었다. 한편에서는 '비정규직 차별 철폐'보다는 '비정규직 철폐'(정규직화) 슬로건이 더 원칙적이라는 주장이 있었고, 다른 한편에서는 임단협에서 최초 요구안을 강하게 내고 진행 과정에서 요구안을 점차 조정하는 전술처럼, 일단 가장 강력한 '비정규직 철폐' 요구를 제시하는 것이 효과적이라는 실용적인 판단도 있었다. 이러한 논쟁 구도는 똑같은 방식은 아니지만, 이후에도 종종 반복된다.

그러나 돌이켜볼 때, 비정규직 문제 해결은 무엇보다 노동자계급의 단결에 기여해야 한다는 원칙에서 출발했어야 했다. 그렇다면 노동자계급 단결의 조건이라 할 수 있는 임금과 노동조건의 격차를 축소하는 과정에 일차적인 중요성을 두어야 했다. 물론 일부 대기업, 공공부문 기간제, 불법파견 사내하청이라는 특수한 조건에서는 정규직 전환을 주장할 수 있다. 그러나 노동자계급의 보편적인 요구를 제시하려면, 기업을

---

48   김혜진, 「공공부문 인력감축과 불안정노동시장의 구조」, 불안정노동철폐연대, 2002.
49   김혜진, 「공공부문 비정규직 운동사」, 『비정규직 노동운동사』, 민주노총 총서 51, 2017.
50   노동자의힘, 「(성명) 자본의 총공세에 맞서 총단결 총파업으로 정부의 비정규직 관련 입법안을 저지하자!」, 2004.

넘어 동일노동-동일임금을 실현하고 임금격차를 축소할 수 있는 방안을 찾아야 했다. 이른바 산별(초기업) 교섭을 통한 연대임금의 실현을 모색해야 했던 것이다.

이러한 관점에서 보면, 당시 '비정규직 차별 철폐'와 '비정규직 철폐' 주장 모두, 개별 기업 내 정규직을 비교 대상으로 삼아 정규직화 내지는 차별축소를 주장했다는 점에서, 결과적으로 같은 패러다임을 공유했다고 할 수 있다. 당시 출현한 비정규직 노조 역시 주로 정규직 노동자가 이미 조직된 사업장에서 기업별로 조직되었으므로, 이들은 자연스럽게 노동조건이나 고용안정성 측면에서 정규직 노동자를 비교 대상으로 삼았다.

그러나 정규직 따라잡기를 목표로 하는 비정규직 노동조합의 지향은, 그 외부에 있는 중소·영세사업장, 특수고용, 영세자영업자를 비롯한 더 불안정한 노동자들이 추구하기는 어려운 길이었다. 이들 부문에는 '비정규직 철폐'(정규직화)를 요구할 대상, 즉 특정할 수 있는 사용자 자체가 존재하지 않는 경우도 있었다. 이를 고려하면, 대기업이나 공공부문의 정규직 노동자와 같은 형태로 이들을 '정규직화'한다는 것은 불가능한 일이었다. '차별 철폐'라는 구호 역시, 산별교섭을 통해 초기업 임금체계를 형성하는 것이 아닌 상황에서 차별 여부를 비교할 정규직 노동자의 대상이 불분명한 부문에서는 분명한 한계가 있었다. 산별교섭을 통해 초기업 임금체계를 형성할 때에 차별 철폐가 의미 있는 요구가 될 수 있겠으나, 2000년대 초반에 이런 접근 방식은 큰 반향을 불러일으키지 못했다. 비정규직 투쟁을 둘러싼 쟁점은 2005~06년 '비정규직 보호법'에 관한 논쟁을 거쳐 2010년대에도 이어진다.

4) 특수고용노동자: 화물연대, 건설노조 조직화와 투쟁

한편, 금속산업이나 공공부문에서 정규직 전환을 목표로 하는 비정규직 운동과는 다른 양상을 보인 비정규직 노동자들의 조직화도 진행되고 있었다. 바로 화물, 건설, 학습지 교사, 골프장캐디 등 이른바 '특수고용노동자'다. 여기서는 2000년대 초 크게 성장한 화물연대와 건설노조의 사례를 살펴본다.

1999년 산별노조로 전환한 전국운송하역노조는 2002년 위수탁 노동자와 지입 노동자를 비롯한 비정규 화물 노동자를 조직하기로 하고, 그해 6월 '화물노동자공동연대 준비위'를 구성한다. 특수고용 노동자의 '노동자성'에 관한 법적 논란을 피하고자 우선 '준조합원'으로 조직화를 시작했다. 즉, 합법성과 관련된 논쟁으로 역량을 소진하기보다는, 법률적 제한을 우회하여 '선 조직화 후 합법화 쟁취'라는 경로를 택하기로 한 것이다.[51] 운송하역노조는 이전부터 자발적으로 이어지던 노동자들의 화물차 휴게소 출입 제한 항의, 경유가 인하와 운송료 현실화 요구와 직접행동을 조직한다. 2002년 10월, 화물연대가 공식 출범하면서 대정부 요구안을 제시하고 본격적인 투쟁을 준비한다. 2003년 당시 사업용 화물차의 90% 이상이 지입제로 운영되었고, 다단계 알선 구조로 인해 수입의 20~30%를 중간착취 당하고 있었다.[52] 통행료와 유가가 올라

---

51   윤영삼, 백두주, 「특수 고용직 노동자의 조직화와 투쟁」, 『민주노조운동 20년: 쟁점과 과제』, 후마니타스, 2008.
52   지입제는 화물차 기사가 자신의 차량을 운송사 명의로 등록하고 운수업체 운송 면허 번호판을 달고 운영하는 방식을 말한다. 화물차 기사가 운송사에 지입료를 지불하고 일감을 지불받는 지입제는, 화물노동자가 자신이 구매한 차량의 재산권도 온전히 행사할 수 없는 노예계약이라고 비판받았다.

2003년 화물연대 파업 당시 "물류를 멈춰 세상을 바꾸자/ 민주노총 전국운송하역노동조합 화물연대"라는 손펼침막을 든 집회 참가자들. 화물연대의 파업은 물류를 멈추는 파업의 위력을 보여주었다. 부산항의 반출비율은 2003년 5월 12일에 26.4%까지 떨어졌고, 하루 평균 수출액이 5월 9일에서 14일 사이에 38%나 감소했다. 노무현 정부는 불법파업 엄금, 선조업 후협상이라는 방침을 무르고 합의에 나설 수밖에 없었다. (사진출처:《민중의소리》)

가는 상황에서 운임은 정체되면서, 노동자들은 생존권 위기를 느끼고 있었다.

화물연대는 2003년에 정부와 운송 자본에 맞선 전면적인 투쟁에 돌입한다. 화물연대는 지입제 철폐와 경유가 인하 요구를 내걸고 대규모 집회를 개최하고 노무현 정부에 교섭을 요구했으나 진전이 없자, 5월 초부터 지부별 순환 파업에 들어간다. 사용자단체가 구성되어 있지 않은 조건에서, 화물운송시장의 문제를 해결하기 위해서는 정부가 나설 수밖에 없었다. 노무현 대통령이 화물연대와 대화를 지시한 후 정부와의 협의가 진행되었으나, 정부는 협의 진전에 미온적이었다. 그러나 파업이 확대되자, 정부는 5월 15일 지입제 철폐, 화물노동자 산재보험

적용, 물류체계 선진화를 위한 협의회 구성, 중앙교섭 지원이 포함된 합의안을 제시하고 최종 타결에 이른다.

그러나 여전히 화물연대의 핵심 요구 중 하나인 적정 운임이 관철되지 않은 상황에서, 정부와 자본은 교섭 불가 입장으로 선회한다. 5월 15일 합의안이 제대로 이행되지 않자, 화물연대는 다시 파업을 준비한다. 집권 초반에 노동계에 다소 유화적이던 노무현 정부의 노동정책이 전환되는 과정에서, 정부 내에서는 강경대응론이 힘을 얻는다. 8월 21일부터 2차 파업이 전개되자, 운송자본은 손해배상 청구로 화물연대를 압박한다. 결국, 16일간 이어진 파업은 9월 5일 끝난다.

이러한 투쟁을 거치면서 화물연대는 조직력이 크게 성장한다. 2002년 10월 출범 당시 1천여 명 규모였던 조합원은 이듬해 7월에는 3만여 명에 달했다. 전국적인 조직 체계를 구축하고 활동 기풍을 세우면서 연대 활동의 기반도 확대했다. 그러나 정부나 운송자본과의 교섭 틀이 불안정하다는 문제는 해결되기 어려웠다. 그렇지만 투쟁 과정에서 지부별 교섭 틀이 형성되고, 이후 노정협의와 함께 운송사업자(사용자) 단체들과의 중앙 협의 틀도 구성되기에 이른다.

외환위기 이후 특수고용노동자는 여러 업종에서 증가했다. 이러한 상황에서 화물연대 조직화와 투쟁은 사용자를 특정하기 어려운 특수고용노동자도 전국적인 규모의 노조를 결성하고 단체행동을 전개할 수 있다는 점을 증명했다. 화물연대는 법적 제약에도 불구하고 사실상 노동조합의 기능을 실현할 수 있었다. 물론 법적 지위(근로자성)를 확보하기 위한 노동법 개정 투쟁도 병행되어야 하겠지만, 화물연대의 투쟁은 불안정한 일자리에 속한 노동자들이 기업별 노사관계를 넘어선 방식으로 조직화와 투쟁을 전개할 수 있다는 사실을 확인시켰다. 특히, 화물연대는 '사별 투쟁'이라는 방식으로 기업별 투쟁을 전개하기도 했지만, 전국적인 투쟁으로 화물노동자 전체에게 적용되는 운송비와 제도 개선 과제를 관철하는 것을 핵심과제로 삼았다. 이는 조합원에게만 적용되는 단체협약을 쟁취하는 금속이나 공공부문의 모델(이는 비정규직 노조도 일반적으로 채택한 모델이다)과 달랐고, 같은 기업 내 정규직 노동자와의 차별 해소를 요구하는 비정규직 노동조합의 요구 방식과도 달랐다.

한편, 이 시기에는 건설노동자의 투쟁도 분출한다. 한국 건설산업은 불법 하도급과 열악한 노동환경으로 인해 오랫동안 노동기본권의 사각지대에 놓여 있었다. 2000년대 이후 건설산업에도 노동조합이 건설되어, 이러한 건설 현장의 관행을 바꾸고 노동권을 확보하기 위해 치열한 투쟁을 전개한다. 2000년에 레미콘 노동자들이 건설운송노조를 결성하고 2001년 파업에 돌입하면서 주목받는다. 같은 해 타워크레인 기사 노조가 파업을 벌이면서, 타워크레인 노동자의 열악한 처우가 알려졌다. 이들은 28일간의 파업을 통해 임금인상과 일요휴무제를 주요 내용으로 하는 임단협을 타워크레인 임대업체들과 체결하고, 2002년부터는 한국타워크레인협동조합과 중앙교섭을 진행한다.

플랜트부문에서도 1990년대부터 포항제철(포스코) 원청을 상대로 활동한 포항지역건설노조에 이어 1998년 여수, 2002년 전남동부와 경남서부, 2004년 울산 등으로 노동조합이 확대된다. 이들 플랜트노조는 지역별로 사용자단체와 단체협약(통일협약)을 체결하는 성과를 실현한다. 플랜트건설노조가 지역별 집단교섭을 통해 체결하는 단체협약은 공식적으로는 지역단위 집단교섭에 참여하는 조합원에게 적용되는 협약이지만, 사실상 지역 내 비조합원까지 확대 적용된다.[53] 산별교섭에 대한 법제도 정비가 미비한 상황에서, 플랜트건설노조의 임금협약은 사실상 '지역적 구속력'을 확보한 셈이다.

2002~3년에는 여수지역 건설노조와 포항지역 건설노조 파업을 비롯한 지역별 노조의 투쟁이 벌어진다. 2004년에는 타워크레인 노동자 500여 명이 크레인에 올라 고공농성을 벌이는 대규모 투쟁을 전개한다. 이어 용인 동백지구 아파트 건설현장 파업과 플랜트 노동자 공동파업, 대구·경북 철근 노동자 파업 등 직종·지역별로 대규모 쟁의가 이어졌다. 2005년에는 울산 건설플랜트 노동자 파업이 70일 넘게 이어지면서 SK 등 원청업체의 불법 다단계 하도급 문제가 주목받는다. 같은 해 덤프트럭 운전노동자의 덤프연대 파업이 벌어진다. 2006년에는 대구·경북 건설노동자들이 불법 다단계 하도급 철폐, 노동시간 단축, 산업 안전 보건 문제 해결을 요구하며 32일간 파업 투쟁을 전개한다.

이와 함께 지역별 교섭도 확대된다. 원청업체들과 맺은 최초의 단체협약은 경기도 안산에서 이뤄졌다. 당시 안산지역건설노조(현 경기중서부건설지부)는 안산 고잔 신도시 5개 현장의 원청업체들과 단체협약을 체결한다. 이는 간접고용 노동자들이 원청업체와 맺은 매우 이례적인 단체협약이기도 했다. 이러한 성과는 전국으로 확대되어, 2003년 말까지 서울 경기지역을 비롯한 대전 충청, 천안 아산, 전북, 대구, 부산 등 300여 개의 지역 현장에서 원청과의 단협이 체결되었다. 현장별·지역별로 초기업 단체교섭이 확대된 것이다.

이후 토목·건축 분야에서도 2006년 투쟁의 결과, 대구·경북지역 전

---

[53] 이창근 외, 「초기업 단위 교섭 실태와 시사점」, 민주노총 정책연구원, 2018.

문건설업체 11개 사를 상대로 한 지역 단체협약을 체결한다. 이는 2007년 경기 중서부지역, 2013년 광주·전남, 2015년 부산·울산·경남 등으로 확산된다. 이 과정에서 지역 사용자단체인 지역 철근콘크리트협의회도 구성된다. 이러한 교섭 확대 과정을 거쳐, 2017년에는 전국적인 임금·단체협약으로까지 발전한다.

이러한 교섭 확대 과정에서, 노무현 정부와 검경은 원청사를 상대로 한 노조의 단체협약 체결을 '공갈협박'과 '금품갈취'로 몰아 탄압한다. "직접 고용관계가 없어 단체협약을 체결해야 할 아무런 법적 의무가 없는 원청업체들을 상대로 단체교섭을 요구하고, 활동비 명목으로 원청업체로부터 매월 수십만 원씩을 받기로 하는 등의 단체협약 체결"했다는 것이었다. 결국, 건설노동자를 직접 고용하지 않기 때문에 법적으로도 사용자 책임이 없는 원청 건설사에, 그 책임을 요구한 것이 불법이라는 것이었다.[54] 그러나 건설 현장을 사실상 지배하는 원청의 사용자 책임성을 부정할 수는 없는 일이었다. 정부의 탄압에 대응하는 투쟁이 계속되는 과정에서, 사회적으로도 원청의 사용자 책임성에 대한 문제의식이 발전한다.

이렇게 조직된 지역별, 업종별 노동조합은 2007년 3월, 토목건축, 건설기계, 전기, 타워크레인 4개 분과위원회 조직을 둔 전국건설노동조합(건설노조)로 통합한다. 건설노조는 노조탄압 중단, 불법 다단계 부활 저지, 건설관련 법제도 현장이행, 노동안전강화, 건설노조탄압 중단, 노동기본권 보장을 요구하며 대정부 투쟁을 전개한다. 건설노조의 투쟁

---

[54] 이미숙, 「건설 원청사용자성인정 투쟁과 공안탄압의 시작(2003년~2006년)」, 《질라라비》, 2025년 5월 20일.

은 가장 열악하고 불안정한 조건에 있던 노동자도 노동조합을 결성하는 것은 물론 단체협약도 체결할 수 있다는 사실을 보여주었다. 이는 정부의 집요한 탄압 속에서 실현한 성과였다. 건설노조와 화물연대의 이러한 성과는 다른 부문의 불안정 노동자들도 노동조합을 결성할 수 있다는 가능성을 뚜렷하게 보여주었다.

8. 노동시장 이중구조의 고착과 노동운동 대응의 한계

IMF 외환위기 이후, 한국의 노동시상, 노사관계, 노동운동은 큰 변화를 겪었다. 대량실업과 고용불안, 비정규직 급증으로 노동시장의 유연화, 분절화가 빠르게 진전되면서, 이른바 '87년 노동체제'가 해체되기 시작했다.[55] 이와 함께, 노동운동은 이념적·정책적 정체성의 위기, 노조 조직률 하락과 비정규직 노동자 조직화 부진과 같은 계급대표성의 위기, 노동자의 대중적 참여와 능력 약화, 리더십의 위기로 인해 어려움에 빠졌다.

경제위기에 따라 기업 구조조정과 외주화, 임금삭감이 급격히 전개된다. IMF 외환위기 이전에 구조조정을 시행한 기업은 32.3%에 지나지 않았지만, 위기가 시작된 1997년 12월 이후 급격히 증가해, 1998년 4~10월에는 85.6%에 이른다. 특히 기업의 24.5%가 정리해고를, 23.4%가 명예퇴직을 시행해 사실상 반 이상의 기업이 고용조정에 나섰다. 또한, 이 시기 기업의 80%가 임금 조정을 시행했으며, 약 60%가 임금을

---

[55] 임영일, 「신자유주의적 구조조정과 노동체제 전환」, 『신자유주의적 구조조정과 노동운동: 1997~2001』, 한울, 2003.

삭감했다. 고용조정은 비정규직화와 함께 사내하청 활용을 포함한 외주화를 동반했다.

이러한 추세는 1999년 이후 변화하여, 정리해고와 명예퇴직은 절반 정도로 줄어들고, 대신 기존의 정규직 노동자를 비정규직 노동자로 대체하는 흐름이 강해진다. 2000년에 이르면 외주화와 분사화를 시행한 기업이 전체의 24.5%에 달한다. 임금삭감은 줄어들었지만, 기존의 연공급 임금체계를 연봉제(성과급제)로 대체하거나 성과급 요소를 강하게 결합하는 경향이 확산한다. 이러한 경향 아래에서 대기업 노동조합은 임금인상의 방편으로 기업의 경영성과 배분을 적극적으로 요구하기 시작했다. 이렇게 '87년 체제'의 결과물이자, 대기업 남성 정규직 노동자를 중심에 두었던 내부 노동시장 체제가 IMF 외환위기를 계기로 흔들리기 시작했다.

외환위기 국면에서 노동운동은 1990년대의 주된 행동 방식, 즉 임금인상을 위한 전투적 동원으로 대처하기 어려웠다. 시기 집중 임단투 공동투쟁이 아니라, 기업별로 구조조정에 대처하고 고용을 유지하는 것이 당면 과제로 떠올랐기 때문이다. 사업장마다 상황이 달랐기 때문에 구조조정과 정리해고에 처한 기업에서는 전투적 투쟁이 촉발되었지만, 그렇지 않은 기업에서는 현상유지가 최우선 과제가 되었다. 이런 상황에서 구조조정 대응 투쟁이 기업을 넘어선 투쟁, 즉 산별 혹은 총연맹 수준의 투쟁으로 상승하기는 어려웠다. 결국, 기업별로 구조조정 방식과 규모가 결정되었기 때문이다. 게다가 천문학적 부실이 드러난 대기업과 은행에서 구조조정을 완전히 막는 것은 객관적으로 매우 어려웠다. 공적자금을 투입하여 구조조정을 회피하고자 할 경우에도, 중소기업이나 자영업에는 그러한 공적자금 투입이 가능하지 않다는 점에서

'대마불사'에 불과하다는 비판을 피하기 어려웠다.

이러한 조건에서 고용조정을 최소화하는 정부 정책을 끌어내기 위한 민주노총의 노력은 노사정위원회 협상을 매개로 진행되었다. 그러나 합의사항이 번번이 이행되지 않으면서 노사정 협상에 대한 노동자운동의 불신만 커졌다. 결국, 민주노총은 1999년 2월 노사정위를 탈퇴하고, 그 이후로도 사회적 대화기구에 복귀하지 않았다. 결국 노사정 간의 격렬한 투쟁이 벌어진 후, 다시 기업별 노사관계로 복귀한 셈이었다. 산별노조 전환과 산별교섭 실현도 여전히 미완의 상태에 머물러 있다. 이러한 실패 과정에 대해, 노동운동이 역으로 '시장에 의한 조정'을 회피하거나 완화할 수 있는 '합의에 의한 조정'을 모색할 수 있는 기회를 포착하지 못했다는 비판적 평가도 제기된다.[56]

외환위기로 인해 시기 집중 임금인상 투쟁은 유효성을 상실했지만, 위기가 끝나가면서 기업별 임금인상 투쟁은 다시 활성화된다. 2001년 8월 23일 한국은 마침내 IMF 구제금융을 전액 상환하고 IMF 관리 체제를 종료했다. 김대중 정부는 신용카드 발행 남발, 주식시장 활성화, 아파트 분양가 자율화 등 경기부양책을 무리하게 밀어붙여 조기에 경제회복을 달성했다는 성과를 내고자 했다. 이처럼 무리한 경기부양책은 이내 카드사 부도 사태와 부동산 문제를 불러일으킨다. 이 시기 김대중 정부와 노동자운동 모두 경제위기의 구조적 원인이 진정으로 해결되지 않았다는 점을 인식하지 못한 채, 정부는 단기적 경기부양에, 노동조합은 임금 원상 ㅍ회복에 '올인'했다고 평가할 수 있다.

경기는 회복되었지만, 외환위기가 남긴 구조적인 변화는 오랫동안

---

[56] 최영기 외, 앞의 책 중 '1987년 이후 한국의 노동운동 [초청토론회]'

효과를 발휘했다. 공기업 민영화 정책은 일부 중단되기도 했으나, IMF 가 권고한 정책은 대부분 제도화되었다. 기업과 은행의 건전성을 유지 하기 위한 정책개혁과 같이 위기가 재발되지 않도록 필요한 것들도 있 었지만, 정책개혁을 거치며 경제의 금융화가 더욱 빨라졌고 주요 재벌 기업과 공기업이 해외자본에 매각되었다. 노동법이 개정되면서 노동유 연화도 매우 빠른 속도로 진행됐다.

이러한 상황에서 노동운동이 '이렇게 했다면 성공했을 것'이라고 는 그 누구도 장담할 수 없다. 그러나 적어도 현재 우리가 경험하고 있 는 결과들을 얼마간 피할 수 있는 방향을 모색할 수 있지 않았을까 돌 아볼 필요는 있다. 1997년 말 위기가 시작되기 전부터, 이미 노동운동 은 비정규직 문제나 노동시장 이중구조를 차츰 인식하기 시작하고 있 었고, 무엇보다 노동자계급의 단결을 가장 중요한 가치로 채택하고 있었 기 때문이다.

그러나 외환위기가 끝나가는 2000년부터, 노동조합은 억제되거 나 삭감되었던 임금을 회복하기 위한 투쟁에 나선다. 이에 따라 파업 건수가 늘어나고 임금인상률도 높아진다. 2000년에 협약임금 인상률 이 7.6%로 대폭 상승한 이후 2004년까지 매년 5% 이상을 기록했으며, 2008년에도 4.9%에 달했다. 그런데 이러한 임금 투쟁은 대체로 기업별 로 이루어졌다. 금속, 보건, 금융 산업에서 산별노조 전환이 활성화되 던 때에도 임금교섭은 여전히 기업별로 이루어졌고, 산업 수준에서의 조정은 없었다. 따라서 이 시기 높은 임금인상률은 곧 노동조합이 조직 된 대기업 정규직 노동자의 임금인상을 주로 반영한 것이었다.

반면, 주로 미조직 부문인 비정규직 노동자나 영세·하청기업 노동자 의 임금인상은 억제되면서, 노동자 간 임금 격차가 점점 더 커진다. 특히 기업규모별 임금격차가 크게 벌어졌는데, 500인 이상 기업 대비 500인 미만 기업의 임금수준이 1999년 71.7%에서 2007년 63.2%로 빠르게 하락한 데 따른 것이었다. 이러한 변화는 IMF 구제금융 위기가 가한 충격과 정부와 자본의 공세에 직면하여 노동자운동이 펼쳤던 대응에 어떤 한계가 있었는가를 생각하지 않을 수 없게 한다. 외환위기가 수습된 이후 노동조합운동에는 새롭고 어려운 과제가 떠오르기 시작한다.

3장
외환위기 이후 노동운동의 전략적 모색

산별노조-정치세력화 노선, 시도와 위기

3장. 외환위기 이후 노동운동의 전략적 모색
산별노조-정치세력화 노선, 시도와 위기

1. 저성장 체제로의 전환과 노동시장 분절화

1) 신자유주의 구조조정과 저성장 체제로 전환

　　2001년 8월, 한국은 IMF로부터의 구제금융 자금을 모두 상환하고 IMF 관리체제에서 벗어났다. 그러나 외환위기와 IMF 체제가 남긴 심대한 유산은 끝나지 않는 변화를 남겼다. 경기침체와 부실기업 퇴출, 구조조정 속에서 많은 노동자들이 일터를 떠나야 했다. 일부는 복직했지만, 대부분은 새 일자리를 구해야 했다. IMF 관리체제 졸업과 경기호전 속에 새 일자리가 만들어졌지만, 대체로 비정규직, 하청 일자리였다. 외환위기 이전의 고성장 시기에는 경험해보지 못했던 고용 충격은 모든 노동자에게 '고용불안'의 공포를 심었다.

　　우선 경제구조가 근본적으로 바뀌었다. 정부가 추진하던 '4대 부문 구조조정'의 결과, 기업지배구조가 변화하고 많은 대기업의 지분이 외국인에게 넘어갔다. 총수일가가 여전히 경영권을 가졌지만, 사실상 외국인 소유 기업이 된 것이다. 은행 인수합병 등 금융구조 개편, 공기업 민영화가 고용조정과 함께 추진되었다. 국민경제는 외환위기 이전까지 연평균 7%대였던 성장률이 1998~99년에 급락한 후, 2001년 IMF 관리체제를 졸업한 후에는 연 4~5% 수준의 중·저성장 체제로 접어들었다. 현재까지 잠재성장률이 매년 낮아지면서 장기 저성장이 고착됐다. 또한, 외환위기를 겪으면서 국민은행 등 주요 시중은행에서 외국인 지분이 더 많아졌고, 삼성전자, 현대자동차 등 수출 대기업이나 포스코, KT&G 등 민영화된 공기업에서도 외국인 지분이 많이 늘었다. 외국 자본의 투자는 기업이 생산적 투자보다는 당기 순이익과 배당을 더욱 중시하게 했다. 이는 핵심 인력 중심 운영과 고용 유연성 증가로 이어져 고용에도 영향을 주었다.

IMF 구제금융 위기로 인한 혹독한 구조조정 이후, 2003년부터 세계경제가 회복하면서 일자리 사정은 조금 나아졌다. 그러나 1990년대와 같은 일자리를 기대하기는 어려웠다. 좋은 일자리를 구하기 매우 어려운 시기가 되면서, 대기업과 공공부문의 좋은 일자리를 두고 구직 경쟁이 심해졌다. 실업률은 2%대에서 1998년 7%대까지 급등했다가, 이후 4~5% 수준의 구조적 고실업 상태가 이어졌다.

비정규직 비율도 높아졌다. 외환위기 직전 43%이던 비정규직 비율이 1997년 45%로 상승했고, 2000년에는 52%까지 치솟았다. 더구나 비정규직이 정규직으로 일자리를 옮길 기회가 거의 사라졌다. 경기가 회복되는 과정에서도 기업들이 필요한 인력을 비정규직으로 채용했기 때문이다. 이러한 상황에서 소득격차가 심화했다. 외환위기 이전 소득 상위 10%는 전체 소득의 29%를 차지하고 있었지만, 위기 이후 이 비중은 45%까지 올라갔다. 사회가 고소득층 일부와 다양한 유형의 비정규직과 영세자영업자로 구성된 커다란 중하층으로 양극화되었다.

2) 변화된 조건, 노동운동의 변화된 전략

IMF 구제금융 위기 이후 총노동 차원에서 정부의 노동법 개악에 대응하고 사업장별 정리해고와 구조조정 저지 투쟁을 전개하던 노동조합운동은, 이렇게 변화된 노동시장과 노사관계 조건에 대응해 전략을 다시 세워야 했다. 무엇보다 기업의 고용조정을 동반한 구조조정이 지속될 것으로 보이는 상황에서, 사업장별로 분산된 대응의 한계를 체감하고 있었다.

따라서 기업별 대응을 넘어 조직적 힘을 키우기 위해 1990년대부터 조직발전 방향으로서 논의해오던 산별노조 건설을 현실화할 필요가 있었다. 이와 함께 크게 늘어난 비정규직 노동자를 포괄하기 위해 조직화 사업을 전개해야 했다. 공공서비스 민영화가 추진되는 상황에서 공공부문을 지키고 사회공공성을 강화하는 과제도 부각되었다. 구체적인 전술에는 쟁점이 있었지만, 이러한 과제에 관해서는 노동조합운동 내에 폭넓은 공감대가 형성되었다.

2. 산별노조 건설과 산별교섭의 좌절: 대기업 노조 중심의 한계

1) 산별노조 건설 본격화

민주노조 운동 진영은 이미 1990년대부터 산별노조 건설을 가장 중요한 조직적 목표로 설정했다. 전노협 출범은 1987년 이후 노동자 운동이 산별노조 노선을 수용하는 첫 분기점이라고 할 수 있다. 전노협은 창립 선언문에 '자주적 산별노조의 전국중앙조직' 건설을 명시해 산별노조 건설을 민주노조운동의 전략적 목표로 제시했다. 전노협의 이러한 목표 설정은 전노협을 주도한 이념적 활동가들이 "산별노조가 세계 노동운동 발전의 일반적 경로이며, 계급 단결의 가장 효과적인 형태"라는 신념을 공유했기 때문이다.[1] 지식인들도 선진국 노동조합운동의 발전 과정을 볼 때 산별노조가 가장 발전된 형태라는 연구를 공유했다.

민주노총이 출범하기 전인 1994년, '소산별(업종) 노조'인 전국과학기술노동조합(과기노조)가 최초로 기업별노조의 산별노조 전환 방식으로 설립되었다. 지역 의료보험조합별 노동조합의 연합체였던 의보총련도 1994년 단일노조인 의보노조로 전환했다. 민주노총 설립 이후에는 유사 산업의 산별연맹 통합과 함께 산별노조 건설 추진 노력도 확산됐다. 병원노련은 1994년부터 꾸준한 산별전환 추진 사업을 거쳐 외환위기 직후인 1998년 2월 보건의료노조로 전환했다. 2001년에는 금속노조가 창립했다.

그 외에도 1998년 대학노련이 대학노조로, 1999년 화물노련이 전국운송하역노조로, 2000년 언론노련이 언론노조로, 2001년 민주택시연맹이 민주택시노조로 전환했다. 사무금융노련 소속 노조들은 1998~99년에 걸쳐 생명보험, 손해보험, 증권산업 등에서 소산별노조로 발전했다. 한국노총에서도 금융 구조조정 반대 공동투쟁을 펼친 후 파업투쟁의 패배를 평가하며 2000년 3월, 금융산업노조를 출범했다.

그러나 1998년 외환위기 이전까지 산별노조로의 전환과정은 쉽지 않은 일이었다. 전노협만 해도 조직발전 논의 과정에서, 출범 선언문에서 천명했던 '자주적 산별노조의 전국중앙조직' 건설 방침을 현실적인

---

1   이창근, 앞의 글.

이유를 들어 '기업별 노조의 산업(업종)별 연맹체의 전국중앙조직'으로 변경했다. 이후 민주노총 건설과정에서도 산별노조 전환 후 산별노조의 연합체로서 민주노총을 건설하는 방식이 아니라, 기업별 노조들의 연합체로서 산별연맹이 민주노총에 가입하는 방식이 채택된다.

이렇게 산별노조 건설 흐름은 외환위기 이전에도 있었지만, 위기 이후에는 그 필요성이 본격적으로 강조됐다. 노동시장의 급격한 변화에 따른 고용불안에 공동으로 투쟁할 필요성이 커졌고, 구조조정과 고용불안이 정부의 노동정책과 관련성이 크다는 점이 확인된 이상, 그러한 투쟁을 위한 조직으로 재편하는 것이 필요하다고 여겼다. 무엇보다 급격히 확산해가는 비정규직 노동자를 조직하는 데 있어 기업별노조의 한계가 분명하다고 진단했다. 정부의 구조조정 정책은 유사한 조건에 처한 산업 업종별 노동자의 공동투쟁을 촉발했다.[2]

산별노조 건설 초기, 각 산별노조는 산별교섭을 실현하기 위한 다양한 시도를 전개했다. 대각선 교섭에서 집단교섭이나 통일교섭으로 교섭형태가 발전하는 성과를 부분적으로 이뤄냈지만, 명실상부하게 산별 노사관계로 전환했다고 보기 어려웠다. 2006년에는 '복수노조 허용'과 '전임자 급여 지급 금지' 같은 법·제도적 변화가 임박한 상황에서 완성차 노조가 산별노조로 전환하고, 공공노조와 운수노조가 건설되는 등 조직형태 전환이 이뤄졌다.

---

2   임영일, 「신자유주의적 구조조정과 노동체제 전환」, 『신자유주의적 구조조정과 노동운동: 1997~2001』, 2003.

2) 금속노조 건설과 산별교섭

민주노총 산하 금속산업연맹의 산별노조 전환 여부는 산별노조 조직화에 있어서 특히 중요했다. 금속산업(제조업) 노동자는 1987년 노동자 대투쟁 이후 민주노조 운동의 주력을 형성해왔으며, 전노협 조직발전 논의에서부터 산별노조 전환을 꾸준히 준비했다. 민주노총 건설 이전 전노협 조직발전 논쟁의 마지막 3단계는 사실상 금속산업(제조업)의 산별노조 발전 논쟁이었다. 이는 전노협 중심론과 전노협 한계론에 이어진 논쟁이었다. 1993년부터 진행된 전노협 조직발전 논쟁에서 소산별(업종별)노조론과 대산별노조론이 쟁점이었다.

전노협 조직발전 논쟁은 단병호, 문성현이 제출한 전노협 조직발전 1안과 김영대가 제출한 2안을 놓고 벌어졌다. 1안은 금속, 섬유, 화학 등 3개 조직으로 제조업 산별을 재편하자는 안으로, 더디더라도 산업별 조직을 기반으로 민주노총을 건설하자는 안이었다. 2안은 조선, 자동차, 기계금속, 전기전자, 섬유, 화학의 여러 업종별 조직으로 하자는 입장으로, 민주노총을 시급히 구성한 후 산별재편은 그 후에 진행하자는 안이었다. 결국, 전노협 중앙위는 먼저 업종 동질성에 기초하여 조선과 자동차연맹(협의체)을 최우선으로 건설해야 한다고 정리함으로써 소산별(업종)노조론의 의견을 반영하고, 여기에 '산업별 연합단체 건설'을 적극적으로 추진한다는 결정도 함께해 양자를 절충했다.

그러나 실질적으로는 민주노총이 급속히 건설되는 과정에서 전국자동차노동조합총연합(자총련)이 독자적으로 출범하여 민주노총 준비위에 가입하고, 비슷한 시기에 현총련도 독자적으로 가입하기로 하면서, 금속산업 조직재편은 어려움을 겪었다. 결국, 전노협 산하의 많은 조직이 합류한 금속일반협의회와 조선업종노동조합협의회가 민주금속연맹을 건설하여 민주노총에 가입함으로써, 복수의 금속산업부문 연맹 조직이 민주노총에 가입하는 결과를 낳았다.

이러한 논쟁은 단지 조직형태에 대한 논쟁만이 아니라 산별노조가 무엇을 하는 조직인가, 무엇을 위해 산별노조를 건설하느냐는 문제와도 연결된 것이었다. 이는 이후 공공부문, 사무금융 등 다른 산업의 조직발전 과정에서도 반복될 쟁점이었다. 거칠게 정리하면, 소산별(업종)조직화를 통해 동질적이고 유사한 사업장 노조들의 교섭체계를 안정적으로 구축할 것인가, 혹은 산업 수준까지 단결을 확대하는 대산별노조를 건설하여 사회적 노동기준을 형성하고, 이 과정에서 비정규직 노동자 등을 광범위하게 조직할 것인가였다.

민주노총 건설 이후에는 먼저 각자 가맹한 금속산업 관련 연맹의 통합을 추진했다. 1998년 외환위기 이후 구조조정 대응 공동투쟁 필요성이 높아지면서, 민주금속연맹, 자동차연맹, 현총련 세 조직이 통합하여 금속산업연맹을 건설했다. 연맹 통합에 이어, 산별노조인 '금속노조'가 연맹의 결의에 따라 2001년 2월에 출범했다. 그러나 출범 당시에는 4개 완성차노조가 참여하지 않으면서, 108개 기업별노조가 전환한 가운데 3만여 명, 즉 전체 연맹 조합원의 15%만을 포괄했다. 지회는 대부분 1천 명 미만의 중소기업 조직이었고 업종별로는 절반 정도가 자동차부품에 집중되어 있었다. 현대자동차노조 등 완성차 4사는 2006년에 이르러 복수노조 허용, 전임자 임금지급 금지가 현실화되자 비로소 산별노조로 전환했다.

2001년 건설된 금속노조는 대기업노조가 아직 참여하지 않은 와중에도 독자적인 산별노조로서 활동을 전개하고자 노력했다. 2001년에는 지부별 대각선교섭을 진행하는 정도였지만, 이후 산별교섭을 목표로 교섭체계를 정비하려 노력했다. 2002년에는 지부 집단교섭을 통해 중앙교섭 참가를 합의하고, 이듬해 중앙교섭을 시작했다. 2003년에는 역사상 처음으로 산별 중앙교섭을 통한 산별 중앙협약을 체결했다. 2004년에는 사용자단체를 구성하기로 하는 산별협약 체결에 이르렀다. 2003년 중앙교섭에서는 근로기준법이 개정되기도 전에 주5일제 시행을 합의하는 성과를 냈다. 2003년 한진중공업을 비롯한 열사 투쟁, 2004~05년 기륭전자, 하이닉스와 같은 비정규직 사업장 투쟁도 전개했다.

이 시기 금속노조는 조합원 4만여 명 수준으로 규모는 작았지만, △ 중앙교섭을 통한 기본협약 체결 △ 모든 지역지부에서 집단교섭 체제 형성 △ 손배가압류 금지 △ 산별최저임금 도입 △ 사내하청 보호 △ 구조조정 합의 시스템 구축 △ 사용자단체 법인화 △ 노동시간 단축과 주5일제를 쟁취할 수 있었다. 지부 집단교섭을 통해 금속노조 지부 조직력으로 사측을 압도할 수 있었기 때문이다.

특히 2004년부터 합의된 금속산업 최저임금은 당장 산별 임금체계를 실현하기 어려운 조건에서 임금기준을 조율하기 위한 시도로서 의미가 있었다. 이는 산별교섭에 참여하는 사용자만이 아니라 금속산업 전체를 포괄한 노동기준을 형성하기 위한 시도였다. 그러나 중소기업과 자동차부품사 노조를 중심으로 하는 당시 금속노조가, 금속산업 전체에 적용되는 노동기준을 산별협약을 통해 형성하는 것은 어려운 일이었다.

금속노조는 2006년까지 여전히 완성차를 제외한 중소기업 부품사 중심의 산별노조였다. 당시 금속노조가 지적받은 문제는 과소한 규모로 인한 인적·재정적 자원의 취약성, 대기업 사업장의 교섭 불참과 조직

이탈, 선도적 산별노조로서의 활동과 투쟁에 따른 조직 피로도 증가였다.[3] 몇 번의 실패를 거쳐, 현대, 기아, GM대우, 쌍용차 등 완성차 노조가 2006년 산별노조로 전환하는 데 성공했다. 조직률 하락, 내부 격차 확대, 비정규직 급증과 같은 민주노조 운동의 위기를 타개할 조직방침으로 산별노조 건설이라는 공감대가 커졌고, 이른바 '2007년 문제', 즉 복수노조 도입, 노조 전임자 임금 지급 금지 조항이 발효 예정인 상황에서, 유일한 대응 방안은 산별노조 체제로의 전환이라는 인식이 확산됐기 때문이었다.[4] 당시 현대자동차노조 박유기 위원장 집행부가 산별노조 건설을 최대 목표로 설정한 점도 주요한 요인으로 작용했다.

산별전환 과정에서 당시 지역별 조직 편제를 원칙으로 하던 금속노조가 전국적 규모의 완성차 사업장에 기업별 지부를 인정할 것인가도 뜨거운 쟁점이었다. 결국 '본조-지역지부-사업장 지회' 형태로 일원화하되 3년 유예 기간을 두고 대기업노조의 기업단위 지부를 한시적으로 인정하기로 했다. 조직형태 문제는 2010년대까지 상당한 논란이 지속되지만, 결국은 기업별지부를 해소하지는 못했다. 현실적으로 산별노사관계가 형성되지 못한 상황에서 기업별 조직을 해소하기는 어려웠기 때문이다. 또한, 논쟁 과정에서 기업지부에 대한 인정은 기업별 노조의 권한과 관행 특히 기업별 교섭을 인정하는 것으로 받아들여졌는데, 이것은 대기업노조 간부와 조합원의 사업장 기득권에 대한 집착이 강하다는 점과 금속노조가 기업별노조 연합을 넘어 산별노조로서 자기 정체

[3] 임영일, 「민주노조 운동 20년, 산별노조 건설운동의 성과와 과제」 『민주노조운동 20년』, 후마니타스, 2008.
[4] 노조 전임자 임금지급 금지 조항과 사업장 단위 복수노조 허용은 한국노총과 정부 간 협의로 이후 한 번 더 연기되어, 전자는 2010년 7월부터, 후자는 2011년 7월부터 시행되었다.

성을 갖는 것이 수월치 않다는 점을 보여주었다.[5]

대공장 노조의 산별 전환 후 2007년, 금속노조는 각 사용자에게 산별노조 건설 이후 5년간 일궈낸 기존의 합의를 수용할 것을 요구하지만, 사용자들은 거부했다. 이에 금속노조는 중앙교섭 참가를 약속하라고 요구를 하향했지만, 완성차 사용자는 '산별교섭 준비위에서 논의하자'는 문서를 제출하는 수준으로 답했다. 금속노조는 이를 돌파하는 데 실패했다. 한미 FTA반대 파업이 주요 간부가 수배되는 탄압을 초래했고, 조합원의 파업 피로도를 높여 오히려 중앙교섭 쟁취 투쟁에 집중하지 못했다. 결국, 현대치, 기아차 등 완성차를 비롯한 사용자로부터 산별교섭 참가 확약서를 받는 수준으로 정리했다.

금속노조는 2008년에 조합원의 관심을 중앙교섭으로 집중시키기 위해 임금 요구를 중앙교섭에서 다루고자 했다. 그러나 이는 불발로 끝나고, 예년과 마찬가지로 대기업지부와 지회 보충교섭에서 인상률을 합의하며 마무리했다. 또한, 2007년 합의한 바 있는 산별교섭 준비위를 진행했으나, '확약서'에도 불구하고 산별교섭에 완성차 4사 사용자들이 참석하지 않았다. 완성차 4사의 산별 중앙교섭 참여는 다시 한번 '확약서' 수준으로 정리되었다. 이 과정에서 금속노조의 대응은 혼란스러웠다. 2009년 들어서는 완성차의 중앙교섭 참가를 강제하는 게 쉽지 않다는 사실을 인정할 수밖에 없었다. 금속노조는 완성차의 교섭형태를 대각선 교섭으로 전환하고 산별요구안 관철을 중심으로 교섭과 투쟁을 전개했다. 완성차를 중앙교섭에 참여시킨다는 목표는 장기적 과제로 남

---

5   박근태, 「한국에서 산별 노사관계는 가능한가?-전국금속노동조합의 전략 능력과 금속산별 교섭을 중심으로」, 《산업노동연구》 21권 3호, 2015.

긴 것이다.6 후술하겠지만, 2010년대 이후 현재까지도 결국 완성차 사용자를 포함한 산별교섭은 실현하지 못하고, 산별교섭에 참여하는 기업을 넘어서는 효력확장도 실현하지 못한 상태다. 전체 산업노동자의 노동기준을 합의한다는 의미에서의 산별교섭과 산별협약에는 이르지 못한 것이다.

산별교섭을 발전시키는 과정에서도 임금교섭은 여전히 대부분 기업별로 진행되었다. 현대차지부는 2007년 임금교섭을 '10년 만의 무분규 타결'로 마무리했는데, 이에 대한 비판이 제기되었다. 대기업 노조(지부)의 실리주의와 사측의 지불능력을 배경으로 한 대기업 노사 간의 담합이 두드러졌다는 평가였다. 2006년 산별노조 전환의 취지를 살리려면, 대기업지부 조합원이 외부의 부품업체 조합원이나 비정규직 노동자, 다른 업종의 조합원과 어떻게 연대할 것인지에 대해 구체적으로 모색해야 했는데 그러지 못했고 기업별 교섭에서 최대한 실리를 얻는 데 집중했다는 것이다.7

박근태 금속노조 전 부위원장은 이러한 결과를 초래한 원인으로 몇 가지를 짚는다.8 우선 높은 임금, 고용안정, 기업복지를 바탕으로 내부노동시장이 발달한 대기업은 기업별 교섭체제와 친화력을 가진다. 이에 따라 대기업에서는 노사 모두 산별교섭을 회피하는 경향이 생긴다. 이러한 구조적 제약과 세력 관계를 뛰어넘을 금속노조의 전략은 부족했다. 산별교섭 형태의 완성만 기다리면서 주간 연속2교대제 개편과 같

6 오기형, 「금속산업 교섭체계 현황과 향후 개선방향」, 2021.
7 조성재, 「금속산업의 산별교섭 평가」, 《산별교섭의 이론과 실제》, 한국노동연구원, 2009.
8 박근태, 「한국에서 산별 노사관계는 가능한가?-전국금속노동조합의 전략 능력과 금속산별 교섭을 중심으로」, 《산업노동연구》 21권 3호, 2015.

은 제조업의 여러 쟁점을 기업별로 다루는 것이 아니라, 산별 차원에서 접근해야 한다는 것이다.

앞서 언급한 것처럼, 외환위기 직후 산별노조가 커지고, 산별노조 건설 노력이 더욱 빨라진 것은, 정리해고나 고용불안에 대한 대응과 비정규직 확산에 따른 초기업적 조직화 필요성에 공감대가 형성되었기 때문이다. 그러나 이러한 목표가 제대로 실현되었다고 보기는 어려웠다. 1998~2000년까지 치열하게 전개되었던 정리해고 반대, 구조조정 저지 투쟁은 기업별로 진행되었으며, 공동투쟁은 한계가 있었다. 또한, 2001년 이후 생산이 회복되고 고용이 안정되면서, 점차 고용위기에 대한 공동투쟁이라는 목표도 흐려졌다.

산별 전환 이후에도 여전히 기업별 조직과 기업별 교섭이 중심인 상황에서, 비정규직 조직화도 사업장을 넘어 진행되기는 어려웠다. 금속노조 건설 10년이 지난 2011년에도, 15만 조합원 중 사내하청 노동자는 3%로 5천여 명 수준에 머무르고 있었다. 물론 대기업 사내하청 비정규직 노동자의 조직화와 투쟁이 꾸준히 진행되며, 하청업체를 넘어선 조직화가 어느 정도 이루어졌다. 그러나 이들 사내하청 조직은 원청을 기준으로 하면 여전히 기업단위 노조 성격이 강했다. 원청에 직접고용되는 정규직으로 전환되는 것, 즉 기업 내부노동시장으로의 편입이 목표였다는 점도 이들의 기업별 성격을 보여준다. 현대차 비정규직지회는 2014년 정규직 전환 교섭에서 조합원이 아니거나 투쟁에 참여하지 않으면 불법파견 정규직 전환에서 후순위로 배정할 것을 요구하는 폐쇄적인 모습을 보였다. 물론 문제의 발단은 불법파견을 남용하고 대법원 판례도 무시한 사측이었지만, 비정규직노조 역시 노동시장의 보편적인 기준을 만드는 방식의 운동을 전개하지는 못했다.

결과적으로, 금속노조는 산별노조 건설과 대기업노조의 산별전환 과정에서 만들어 낸 에너지를 산별노사관계 형성으로 이어가지 못했다. 그리고 이러한 실패 속에서, 새로 조직되는 미조직 비정규직 부문도 기업별노조의 관성을 그대로 따라갔다.

3) 보건의료노조의 산별교섭 시도과 조직 갈등

보건의료산업 노동자는 이른 시기부터 업종별, 지역별 공동투쟁을 발전시켜왔다. 노동자 대투쟁 직후인 1987년에 병원노협을, 1988년에는 이미 전국병원 노동조합연맹(병원노련)을 건설한다. 합법적 지위를 확보한 1994년 이후에는 교섭권 집중과 공동교섭을 시도하는 한편, 산별노조 건설을 추진한다. 1998년 이전까지 병원연맹은 이미 교섭권을 위임받아 지역본부가 집단교섭과 대각선 교섭을 추진하고 있었는데, 이러한 발전 과정에서 산별노조로 조직변경을 결의한 것이다.

1997년 대의원회 결의 이후 준비과정을 통해 IMF 구제금융 위기 직후인 1998년 2월, 2만 5천여 명의 조합원이 참여한 보건의료노조를 창립했다. 서울대병원을 포함한 국립대병원과 고려대, 한양대, 이화여대와 같은 사립대병원과 같은 대규모 병원의 노조가 초기부터 모두 참여한 것이 다른 산별노조와 구별되는 특징이다. 한편, 보건의료노조는 기업별노조를 산하 기업지부로 단순 개편했는데, 기업별지부에 교섭권과 파업권이라는 노동조합으로서의 핵심 기능을 여전히 부여하고 있었다. 이는 금속노조가 기초조직을 지역지부로 설정하고 기업단위 지회에는 교섭권과 파업권을 부여하지 않았던 것과는 달랐다.

1998~99년의 산별노조 건설 초기 보건의료노조는 경제위기 이후

진행된 구조조정 반대에 집중하면서, 산별 중앙교섭과 대정부 교섭을 요구했다. 의료법 제정과 의료보험 통합, 의약분업 투쟁 등 의료공공성 확보를 위한 투쟁도 계속했다. 그러나 기업별 교섭체계로는 구조조정에 대항하는 데 한계를 느끼면서, 2000년부터 본격적으로 산별중앙교섭을 요구했다. 하지만 초기 보건의료노조의 전국중앙교섭은 구체적인 성과를 내지 못했고, 이에 따라 교섭은 결국 대각선교섭 위주로 흘렀다. 그럼에도 2000년 보건의료노조 최초로 직선으로 선출된 집행부가 들어서면서 산별교섭 쟁취 투쟁이 본격적으로 추진되기 시작했다.[9]

보건의료노조는 2002년 산별교섭 쟁취를 위해 개별 병원 사용자에게 산별교섭 참여를 요구하는 투쟁을 전개했다. 그 결과 주요 대학병원을 포함한 63개 병원이 산별교섭 참여에 합의하면서, 2004년 산별중앙교섭이 처음으로 진행된다. 산별교섭은 결렬되었으나, 노조는 이후 산별노조 차원의 집단조정을 중앙노동위원회에 신청하여 최초로 산업 전체를 조정했다. 6월 10일부터 시작된 산별 파업 과정에서도 중앙노동위원회를 통한 조정과 노사 교섭이 계속되었다. 6월 23일, 보건의료노조와 사용자 측은 주5일제 시행 방안, 비정규직 처우 개선, 의료공공성 강화, 산별 기본협약을 위한 구체적 방향에 잠정합의했다. 이후 교섭과 파업은 지부별로 전환된다. 지부별 교섭과 투쟁을 거쳐, 7월 말 산별교섭 잠정합의안이 보건의료노조 찬반투표에서 가결되었다.

그런데 이 교섭과 투쟁 과정은 산별협약의 성격에 대한 논쟁과 조직적 갈등을 확산하는 계기가 되었다. 산별교섭 잠정합의안이 체결되

---

9 윤진호, 「보건의료노조 10주년을 통해 본 산별노조운동의 성과와 과제」,《노동사회》131호, 2008.

던 시점에 지부파업을 계속하면서 합의안의 10장 2조 폐기를 주장해온 서울대병원지부는, 7월 27일 산별교섭 잠정합의안과 지부교섭 잠정합의안에 대한 찬반투표와 함께, 조건부 산별노조 탈퇴에 대한 조합원 찬반투표를 실시하고 가결했다. 이에 2005년 3월, 보건의료노조 중앙위원회에서 서울대병원지부장을 제명하는 결정을 내리자, 서울대지부는 다음달 보건의료노조를 공식적으로 탈퇴했다. 뒤이어 충북대병원지부, 울산대병원지부, 경북대병원지부의 탈퇴가 이어졌다.

보건의료 노사의 산별협약 제10장 2조는 산별 중앙협약이 지부협약에 우선하여 효력을 가지는 사항을 규정했다. 이에 따라 임금 인상률이 중앙협약에서 결정되면서, 서울대병원을 비롯한 일부 대형 병원의 노동조합이 크게 반발한 것이다.

2004년 보건의료 산별교섭 노사합의서

10. 협약의 효력

1) 산별교섭 합의 내용을 이유로 기존 지부 단체협약과 노동조건을 저하시킬 수 없다.
2) 단, 제9장(임금), 제3장(노동시간단축), 제1조(근로시간단축), 제5조(연·월차 휴가 및 연차수당), 제6조(생리휴가)는 지부단체협약 및 취업규칙에 우선하여 효력을 가지며, 동 협약 시행과 동시에 지부의 단체협약 및 취업규칙을 개정한다.

애초 쟁점은 산별협약이 최저기준만 정하는 것인가, 아니면 규모별 편차를 줄이기 위해 통일기준을 정하는 것인가에 관한 논쟁으로 시작됐다. 하지만 이는 곧 본조와 지부 간의 권한 다툼, 나아가 산별노조의 진로를 둘러싼 이념적 갈등으로 비화했다. 이러한 갈등이 결국 서울대병원지부를 비롯한 9개 지부가 보건의료노조를 탈퇴하는 사태로 확대된 것이었다.

산별협약이 최저기준이 돼야 하느냐, 통일기준이 돼야 하느냐는 쟁점은 서울대병원지부 탈퇴의 정당성과 맞물려 큰 논쟁이 되었다. 보건의료노조는 해당 조항이 불가피할 뿐 아니라 정당하다고 주장했다. 이주호 보건의료노조 정책실장은 "일부 조항에 대해 통일기준 우선 적용을 추구하는 10장 2조는 '독소 조항'이 아니라 이후 산별교섭의 취지를 잘 살리기 위한 '산소 조항'이라고 주장했다.[10] 기업별 교섭으로 후퇴하지 않기 위해 필요한 조항이라는 것이다. 민주노총 정책연구원이 개최한 '2004년 산별교섭 평가와 과제 토론회'에서 배규식 한국노동연구원 연구위원은 "산별협약이 최소협약에 그칠 때는 산별협약이 임금과 노동조건을 규율하는 정도가 최소 수준이므로 기업별 교섭을 통해 보완할 수밖에 없게 되고 결국 산별교섭과 기업별 교섭이라는 이중교섭이 불가피하게 될 것이다. 기업별 협약을 우선시한다면 결국 산별교섭 자체를 부정하는 결과를 가져올 수밖에 없다"고 주장했다.

반면, 임영일 교수는 같은 토론회에서 "최저기준이어야 하느냐, 통일기준이어야 하느냐 하는 것은 외국사례에서도 접근하기 어려운 점이며 한국산업의 특수성 속에서 고찰해야 할 것이나 근본적으로 최저기준이 돼야 한다"는 비판적 입장을 냈다. '노동자의힘'을 비롯한 노동운동 현장파도 비판적이었다. 백일자 노동자의힘 편집국장은 이 사태에 대해 "상층중심의 관료화된 산별노조가 될 가능성이 크며 이는 사회적 합의주의를 산별노조 재편을 통해 제도화하려는 정권과 자본의 의도"라며, "노조 상층을 '산별교섭, 사회적 교섭'이라는 형태로 묶어둠으로써 하부를 통제하는 양상은 '노동시장 유연화, 임금삭감, 노조투쟁력 약화'

[10] 이주호, "[사회논쟁] 보건의료노조를 통해 본 산별노조 전망", 《대학원신문》 203호, 2004.

를 부르짖는 노무현 정권의 사회적 합의주의와 흐름을 같이 하는 것"이라고 주장했다. 산별교섭이 기업별 교섭과 맺는 관계가 어떠해야 하는가에 대한 쟁점과, 사회적 합의를 둘러싼 논쟁이 중첩되었다.

산별노조 운동의 목적에 대해서도 쟁점이 드러났다. 다수의 운동 세력이 산별노조 건설에 대체로 동의했지만, 그 이유는 상당히 달랐다. 산별교섭 실현을 가장 앞에 두는 입장부터, 더 강력한 공동투쟁을 위해 단결하는 조직이라고 보는 입장까지, 여러 입장에 따라 다르게 평가할 수밖에 없었다. 일각에서는, 신자유주의 시기 한국에서는 서구에서 경제성장기에 가능했던 산별 노사관계 형성이 불가능하므로 산별노조 전환 자체가 무망한 시도라는 더 급진적인 비판도 제기됐다.[11]

그러나 당시 10장 2조에 대한 비판적 입장은, 산별협약을 위해서는 어떤 방식이든 기업별 교섭권, 쟁의권의 일정한 통제가 불가피하다는 점을 무시하는 경향을 보였다. 물론 보건의료노조 집행부가 반발이 예상되는 지부 집행부 및 조합원과 교섭 준비과정부터 "산별노조 차원의 통제"에 대한 충분한 내부 합의를 형성하지 못했다는 점은 분명하다. 그러나 비록 집행부의 일방적 조직운영에 문제가 있었더라도, 탈퇴한 지부들 역시 산별노조 내부에서 문제를 해결하기 위한 노력을 충분히 기울였다고 보긴 어려웠다.

보건의료노조와 서울대병원지부 간의 산별협약과 10장 2조를 둘러싼 논쟁은 일차적으로는 조직 내부의 갈등으로 작용했지만, 역설적으로 이후 산별노조운동 발전에 있어서 반드시 짚어야 할 쟁점을 풍부하게 공론화시키는 계기일 수도 있었다. 기업별 이해관계를 상대화하고

11　김철순, "산별노조 전환이 아니라 '민주노총 강화'다!", 사이버노동대학, 2006.

산별노조로 집중하자는 노조 내부의 합의가 견고하지 않다면, 산별 노사관계의 형성과 유지는 불안정해질 수밖에 없다는 사실을 보여주었기 때문이다. 그러나 서울대병원지부의 탈퇴와 보건의료노조의 징계 논의라는 조직 간 갈등으로 비화하면서, 이러한 쟁점에 대한 토론은 이어지지 못했다.

서울대병원지부의 탈퇴로 내홍을 겪은 보건의료노조는 2006년까지 산별교섭이 공전하며 어려움을 겪는다. 2007년과 2008년은 사실상 산별 파업이 진행되지 않았고, 2008년 들어 특성별 교섭을 거쳐 합의가 도출되었다. 보건의료노조가 조직적 역량을 집중하여 많은 노력을 기울여 왔지만, 산별교섭은 여전히 불안정했다. 2007년 합의 중 비정규직 관련 사항은 정규직이 자신의 임금 인상분의 30%를 비정규직의 정규직 전환 비용에 사용하는 것이었다. 보건의료노조는 이를 '아름다운 합의'라고 평가했다. 다만, 노조가 비정규직 관련 요구를 충실히 반영하기 위해 노력한 것은 사실이나, 결과적으로 볼 때 보건의료노조의 산별교섭은 소득 불평등을 완화하고 취약한 계층에 대한 보호를 강화하는 산별 노사관계 효과를 충분히 발휘하지는 못했다는 평가가 많았다. 외국과 달리 단체교섭 효력 확대가 이루어지지 않으면서 조합원에게만 주로 적용되었기 때문이다. 또한, 비정규직 조합원 비율이 낮고 중소·영세 병원이 참여하지 않는 것도 원인 중 하나였다.[12] 이는 보건의료노조만의 문제가 아니었고, 다른 대부분의 산별노조와 일반노조에도 적용되는 문제였다.

한편, 보건의료노조를 탈퇴한 지부들은 '전국병원노조협의회'(병노

---

12   은수미, 「보건의료산업의 산별교섭 평가」,《산별교섭의 이론과 실제》, 한국노동연구원, 2009.

협)로 모여있다가 2006년 '의료연대노조'를 별도로 결성했고 이후 공공연맹에 가입했다. 공공연맹은 많은 내부 논란 끝에 2005년 서울대병원지부노조를 포함한 병노협의 조직 가입을 받아들였다. 민주노총 중앙집행위는 서울대병원지부에는 보건의료노조 탈퇴를 철회하라고 권고하며 보건의료노조에도 문제해결을 권고했지만, 결국 탈퇴는 굳어졌다. 이를 계기로 민주노총 내의 산별노조(연맹) 간 관할권을 둘러싼 조직갈등이 커지고 이후에도 계속 조직적 논란이 이어졌다. 병노협은 이후 공공노조를 거쳐 현재 공공운수노조 의료연대본부로 이어졌다. 의료연대본부는 산별노조(업종본부) 조직형태를 취하지만, 임금·단체교섭은 여전히 기업별로 진행하고 있다.

4) 공공노조를 포함한 산별노조 건설 확산

금속노조, 보건의료노조와 비슷한 시기에 대학노조(1998년 11월 9일), 건설노조(1999년 7월 합법화), 언론노조(2000년 11월)와 같은 산별노조가 잇달아 창립된다. 여러 산업과 업종으로 구성된 공공연맹 안에서도 전국과학기술노조(1994년) 이후 전국연구전문노조(1997년), 전국자동차운전학원노조(2001년), 전국건설엔지니어링노조(2001년), 발전산업노조(2001), 문화예술노조(2003년) 등 업종 소산별노조가 활발하게 건설되었다. 이후 2004년부터 본격화된 공공연맹의 산별노조 건설 및 운수부문의 대산별노조 건설 논의는 2006년 공공노조와 운수노조 출범으로 이어졌다. 2005년에는 공공연맹, 화물통준위, 민주택시, 민주버스가 산별노조 결성을 위해 4연맹 통합준비위원회를 발족하고 조직 건설을 본격화했다.

공공연맹의 산별전환 과정은 산별노조운동이 해결해야 할 여러 쟁점을 보여줬다. 산별노조 건설 경로를 둘러싸고, 당시 노동운동 주요 정파였던 중앙파(집행부), 국민파, 현장파의 견해가 대립했다. 주요한 쟁점은 아래 [표]와 같다. '집행부 안'이란 당시 양경규 위원장 집행부(중앙파)의 입장으로, 조속히 대산별노조를 건설하고 조직체계는 지역-업종 이중구조로 한다는 것이었다. 국민파는 노동조합 활동 경험과 이해관계가 비슷한 다수의 소산별·업종별 노조를 먼저 건설하고, 경험이 축적된 후 대산별로 통합하자고 주장했다. 이 때 대산별노조의 조직체계는 기존 업종별 조직을 기본으로 운영될 것이다. 반면, 현장파는 관료화를 우려해 산별노조 자체에 비판적인 입장(주로 대사업장 현장파 활동가)과, 지역 중심 산별운동을 강조하는 흐름(지역, 비정규직 활동가)으로 입장이 갈라졌다.

주요 쟁점	집행부 안	이견(주로 국민파)
공공운수노조 건설 시기 및 경로	2006년 하반기 공공과 운수를 포괄하는 하나의 산별노조 건설	업종별(소산별) 노조를 거쳐 단계적으로 통합
노조의 골간 체계	지역본부 골간으로 하되 업종 협의회 인정	업종본부 골간 체계
지부 체계	기업지부는 인정하지 않고 지역, 업종 단위 지부 인정	한시적 기업별지부 인정 후, 단계적 해소
공공운수노조 산별전환 추진 단위	공공연맹 차원에서 산별노조 건설 후 확대	1차로 운수부문과 통합 후 2차로 보건, 공무원 등 논의로 공공대산별노조 건설

[표] 공공연맹 산별건설 관련 주요 쟁점
(자료출처: 박용석, 『1987년 이후 공공부문 노동운동사』, 진인진, 2023.)

이러한 논란 끝에 2006년 12월에 공공노조와 운수노조가 각각 창립했다. 중간 규모의 산별노조를 두 개 결성하는 방식이었다. 2007년 1월에는 운수노조에 합류한 화물통준위, 민주버스노조, 민주택시연맹과 공공연맹과 같은 산별연맹이 사후적으로 통합하면서 '공공운수연맹'을 창립했다. 공공노조의 조직형태는 지역과 업종본부를 둘 다 인정하는 매트릭스 구조로 하고, 기업별지부를 인정하는 것으로 절충했다. 그 결과 복잡한 조직형태와 옥상옥 구조가 조직의 효율적 운영을 가로막는 문제가 발생했다. 조직형식 완성을 중심으로 접근하다 보니, 산별교섭 실현이나 공동투쟁보다 오히려 형식적 틀을 만드는 과정에 운동의 에너지를 소모했다.

운수노조는 업종본부를 골간으로 하는 조직형태로 구성되었으나, 사실상 기업별노조인 철도본부(현 전국철도노조)가 재정과 조직에서 차지하는 비중이 과도한 점이 이후 문제로 불거졌다. 더구나 운수노조 건설의 핵심 이유 중 하나였던 철도본부와 화물연대의 공동파업을 통한 위력적인 투쟁이라는 구상은 2008년 공동투쟁이 실패하면서 좌절된다. 또한, 이명박 정권 집권 이후에는 인력감축에 대응하는 투쟁에서 대량의 해고자가 발생한 철도노조가 조직적 재정적 어려움에 부닥치며 운수노조도 취약해졌다.

한편, 공공노조와 운수노조는 2008년까지 양 조직의 통합을 추진했다. 그러나 이미 각 조직이 출범한 상황에서 곧바로 통합하기는 쉽지 않았다. 수차례 연기된 공공노조와 운수노조의 통합은 2010년 이후에야 본격화되어, 2011년 '공공운수노조' 설립으로 이어진다.[13] 그러나 산

---

13   박준형 외, 「공공성과 노동권을 말하다: 공공운수노조 10년사」, 공공운수노조, 2022.

별 미전환 조직이 여전히 다수라 산별노조 조직형태 완성에 대한 조직적 논란이 불거졌다. 산별노조 전환 경로보다, 산별 미전환 기업별노조가 상당수를 차지하는 상황이 문제였다. 금속노조나 보건의료노조와 달리, 공공운수노조는 대규모 기업별노조가 산별노조로 전환하지 않는 상태가 현재까지 이어지고 있다.

또한, 산별노조로 전환한 부문에서도 의미 있는 산별교섭을 실현하는 데에는 한계가 있었다. 공공노조를 건설한 공공연맹의 주력이었던 공공기관노조는 산별노조 전환을 통해 노정교섭을 기대했으나, 쉽지 않음이 드러났다. 공공기관노조는 노무현 정부 말기 여러 공공기관 관리 법률이 '공공기관운영법'으로 통합된 후 정부의 통제가 강화되자, 이에 대응하기 위해 산별노조를 추진한 측면이 있었다. 노무현 정부 말기인 2006년에는 공공연맹이 공공기관 지방 이전과 관련해 최초로 국토부 장관과 노정합의서를 체결하면서 노정교섭에 대한 일정한 기대가 형성되기도 했다. 그러나 공공노조가 시도했던 공공기관 집단교섭은 산별노조로 전환한 공공기관이 과소했고, 이명박 정부 집권 후 노정관계가 변하면서 좌절했다. 이러한 과정에서 공공운수노조의 산별전환은 물론이고, 산별노조 건설의 이유라고 할 수 있는 산별교섭을 실현하는 노력은 지체되었다. 그 결과 공공노조는 금속노조, 보건의료노조 등에 비해 산별노조로서는 취약한 상태에 놓이게 된다.

공공부문에서 산별노조 전환이 지체된 데는 공공기관 정규직 노조가 소극적인 태도를 보인 것이 큰 영향을 미쳤다. 여기에는 제도적인 문제가 있었다. 공공기관노조들은 사용자단체를 만들어 통일교섭을 추진하는 일반적인 산별교섭이 큰 의미가 없고, 임금과 노동조건을 대부분 규율하는 정부와의 교섭(노정교섭, 현실적으로 노정 정책협의)이 더 중요했기 때문이다. 그런데 이러한 노정교섭은 산별노조 형태를 반드시 전제하는 것도 아닌데다, 절반 정도의 공공기관노조가 한국노총에 소속된 상태에서 민주노총 소속 공공기관노조만 산별노조를 만든다고 해도 노동조건을 산별교섭에서 결정할 수 있다고 보기 어렵다는 현실적인 문제가 있었던 것이다. 결국, 공공기관 노동조합은 이후 '양대노총 공공부문 노동조합 공동대책위원회' 구성을 비롯해 노정교섭(정책협의)를 실현하기 위한 활동을 벌이는 데 집중했다.

5) 민주노총 "노동운동발전전략위원회"

IMF 구제금융 위기 이후 민주노총은 건설 당시와는 상당히 다른 조건을 마주하고 있었다. 민주노총의 이념과 운동방향을 종합적으로 재검토할 필요성이 제기되면서, 1999년 9월 출범한 단병호 위원장 집행부는 '노동운동발전전략위원회'를 구성한다. 단병호 위원장이 직접 장을 맡은 가운데 이념, 노선, 정치·연대·통일방침을 논의하는 이념·노선 분과는 조돈문 분과장이, 임금, 고용, 경영·정책참가, 경제, 사회복지 정책을 논의하는 정책제도분과는 윤진호 분과장이, 산별노조 건설 전략, 조직확대 전략, 조직혁신, 여성 노동자 정책, 투쟁·교섭 전략을 다루는 조직발전전략분과는 임영일 분과장이 맡았다. 위원회는 1년간 논의를 통해 2001년 정기대의원대회에 보고서를 제출했다.

이 보고서는 공식적으로 채택되지는 않았지만, 당시 노동운동 발전방향에 대한 논의를 집약했다는 점에서 의미가 있다.[14] 민주노총 건설 이후 성과를 평가하는 가운데, 이념·노선 측면에서는 민주노총 운동

---

14   민주노총, 「노동운동발전전략 수립을 위한 지역 순회토론회 자료집」, 2000.

기조를 '사회변혁적 노동조합운동'으로 제안했다. 그간 민주노조운동의 자주성, 민주성, 계급성을 유지·강화하면서도 변혁지향적이면서 대중성, 전투성을 지닌 새로운 기조를 발전시켜나가야 한다는 것이었다. 사회변혁적 노동조합운동의 핵심 내용으로는 변혁지향성의 강화, 산별노조 건설과 미조직의 조직화, 산별노조건설을 계기로 교섭과 투쟁의 수준을 기업을 넘어 사회적 수준으로 확장한다는 의미의 노사관계 사회화, 현장 지향성 강화, 노동조합의 활동을 기업의 울타리를 넘어 사회 전체 영역으로 확장, 정치세력화의 강화, 국제연대 노동운동의 강화를 제시했다.

한국 사회에서 실현하고자 하는 이념적 지향으로는 착취와 억압에서 해방된 '풍요로운 평등사회' 제안했다. 이를 위한 전략으로는 노동자가 주도하는 계급연합 정당 건설, 대중투쟁과 선거 공간 활용의 결합, 신자유주의 반대를 위한 민중연대의 상설적 공동투쟁 기구로의 발전, 통일운동 전략으로 자주, 평화, 민족대단결 원칙을 제시했다.

정책, 제도개선 차원에서는 신자유주의 구조조정에 반대하면서 공기업 민영화 반대와 노동자 경영참여를 내세웠다. 금리, 환율, 물가, 국제수지, 재정 등 거시경제 정책운영에 노동조합이 관심을 가지고 참여해야 함을 지적했다. 임금정책은 임금격차 해소와 동일노동 동일임금 원칙, 기업을 넘어선 사회임금 확보 투쟁, 숙련지향적 임금체계 확립과 이를 위한 교육훈련 제도 구축을 제시했다. 고용안정도 개별기업만이 아니라 사회적 차원의 문제로 보고 사회안전망 강화를 과제로 제시하고 있었다. 기업별로는 경영참가와 작업장 통제를 강조했는데, 서구 산별노조 운동에서 기업 수준의 활동 분야로서 활성화된 것이었다.

조직발전 차원에서는 노동조합 조직이 전체 노동계급을 대표하는 조직으로 발전하는 것을 목표로, 산별노조 건설을 최우선 과제로 삼아야 한다고 제안했다. 민주노총 차원의 대산별노조 건설 촉진과 미조직 노동자 조직화, 산별노조의 지역지부 중심의 재편을 제시하고 산별 교섭과 사업장 교섭의 관계도 정리했다. 산별노조 건설과 미조직노동자 조직화를 위한 조직체계와 운영 방안에 대한 제안도 담겼다.

이념, 정책, 조직 측면에서 전략위원회의 보고서가 제시한 쟁점들은 2020년대 중반인 현시점에 보아도 의미 있는 것들이다. 물론 보고서의 필자들이 제시한 내용 자체는 당연히 논쟁적이었다. 이를 두고 일각에서는 단병호 위원장의 재선을 위한 프로젝트라고 비하했다. 또한, 변혁성을 포기한 채 서구 사민주의 정당과 산별노조의 정책을 도입하려 한다는 급진적인 정파들의 비판도 제기됐다. 실제로 민주노총 노선으로 제안한 '사회변혁적 노동운동'은 제대로 된 정의가 없었고, 그 안에 포함된 내용이 서로 상충하기도 했다. 지향점으로 제시한 '평등사회'의 모습도 노동운동의 주관적인 희망사항과 유럽 사회민주주의 좌파의 주장을 조합한 불완전한 성격을 띠었다. 그러나 이러한 쟁점들을 민주노총이 하나씩 해결해야 한다는 사실은 분명했다. 그렇지만 보고서가 제출된 당시 폭넓은 조직적 토론이 이루어지지 않으면서 민주노총의 후속 사업으로 연결되지 못했고 민주노총 위원장 직선제 도입과 같이 부분적인 제도 변경만 이뤄졌다.

1995년 민주노총 건설과 이어진 96~97년 총파업, IMF 외환위기와 정리해고·구조조정 저지 투쟁을 숨 가쁘게 벌여온 민주노총은 주체적으로나 객관적으로나 커다란 변화를 겪고 있었다. 민주노총도 "기존 노자관계의 해체에 즈음하여 민주노총은 이를 자기 발전의 전진적 계기로 삼아 노동운동 전체의 조직과 활동과 운동 방향을 혁신적으로 재편해야 할 시점에 서 있다"라고 진단했다. 그러나 민주노총은 여전히 자신의 나아갈 방향을 집단적으로 결정할 능력을 갖추지 못했다.

이후에도 전략적 방향을 정리하고자 하는 비슷한 시도가 없었던 것은 아니지만, 번번이 실패했다. 그 이후에도 "제2산별노조 운동"과 '미래전략위원회'(신승철 위원장 집행부, 2013~14년), "민주노조운동발전전략위원회"와 정책대의원대회(한상균 위원장 집행부, 2016년), 민주노총 전략을 다룬 정책대회(양경수 위원장 집행부, 2024년)가 있었다. 그렇지만 현장에 기반한 광범위한 토론과 공감대 형성은 물론 노동운동 안팎의 사회운동이나 진보적 지식인과의 소통을 통한 사회적 공론화가 이루어졌다고 보기 어려웠다. 노동운동 정파 간 이해관계의 차이와 대결적인 논의 문화도, 민주노총이 전략적 방향을 전조직적으로 합의하기 어려운 이유 중 하나였다. 민주노총은 공유하는 지도도 나침반도 없이 항해를 계속할 수밖에 없었다.

3. 노무현 정부와 사회적 합의 시도, 노동운동의 갈등

1) 집권 초반: 기대에서 갈등으로

2003년 노무현 참여정부가 출범하면서, 노정관계 분위기는 원만할 것으로 보였다. 참여정부는 12대 국정과제 중 하나로 '사회통합적 노사관계'를 천명했고, 직권중재, 손해배상 및 가압류, 공무원 노동기본권 보장과 같은 법 제도개선과 비정규직 노동자 보호, 공권력 투입 자제, 일방적 민영화 철회, 노사정위원회 강화, 외국인 고용허가제 시행처럼 적극적 현안 해결을 천명했다.

대선 후 인수위 기간인 2003년 1월, 금속노조 두산중공업지회 배달호 열사가 노동탄압 중단을 외치며 분신하는 일이 벌어졌다. IMF 구제금융 이후 격렬한 노사 갈등 과정에서 사용자 측이 남발한 손배가압류, 노조탄압을 위한 표적 해고에 항의하는 분신이었다. 두산중공업은 구조조정 과정에서 1천여 명을 감축하고 이에 저항하는 노동조합에 단체협약 해지, 노조간부에 대한 징계해고, 65억 원의 손배가압류 등 탄압으로 일관했다. 열사 분신 이후에도 사태의 원인인 손배가압류 문제가 근본적으로 해결되진 못했지만, 사측은 개인 손배가압류를 취하했고 정부도 제도개선을 약속했다. (그러나 실제로는 시행하지 않았다) 참여정부는 노동부장관을 현장에 파견해 중재 노력을 하면서 나름대로 '성의' 있게 대응했다.

이어서 노무현 정부는 철도노조가 철도청의 철도공사 전환과 관련된 쟁점을 두고 파업을 앞둔 시점에 이른바 4·20 합의를 끌어내고, 화물연대 투쟁에 대해서도 노정합의를 통해 요구사항을 일부 수용했다. 전교조의 교육행정정부시스템(NEIS) 도입 저지 투쟁도 어느 정도 전교조의 요구사항을 수용하며 정리했다.[15] 당시 정부는 민주노총의 노사정위원회 복귀를 염두에 두고 노동계에 전향적인 조치를 취했던 것으로 알려졌다.

그러나 2003년 6월 들어 분위기가 반전되기 시작했다. 정부가 4·20 합의를 위반했다며 철도노조가 파업투쟁에 돌입하면서 노정 관계가 삐걱댔다. 정부는 오히려 노조가 합의를 위반한 것으로 인식하면서, 불과

15　정청진, 「2003년 노사 노정관계를 돌아본다 "아흔 아홉번 패배와 단 한번 승리"」, 《노동사회》 82호, 2003.

3시간 만에 서울 곳곳의 철도노조 농성장에 공권력을 전격 투입했다. 이후 파업 참가자에 대한 징계, 해고, 손해배상 소송이 대거 진행되었다. 8월 21일 시작된 화물연대 파업에도 정부는 강경하게 대처했다. 이듬해 정부는 화물자동차 운수사업법을 개정하여 '업무 개시명령' 제도를 도입했다.

8월에는 노동계가 반발하는 가운데 정부가 근로기준법을 개정하면서, 노정 관계가 더욱 악화했다. 10월에는 노사합의를 깨고 정리해고를 강행하며 노동조합에 손배가압류를 자행한 사측에 항의하며 금속노조 한진중공업지회 김주익 지회장이 자결했다. 며칠 후 용역깡패를 동원한 사측의 노동조합 탄압과 공권력에 의한 조합원 사망에 항의하며 세원테크 이해남 지회장도 분신했다. 이어 같은 달 26일 공공연맹 근로복지공단 비정규직노조 이용석 광주전남본부장이 분신하고, 10월 말 한진중공업 곽재규 조합원이 투신하는 비극이 벌어졌다. 잇따른 노동자의 죽음은 노동계에 큰 충격을 주었다. 민주노총은 개별 사업장의 투쟁에 연대투쟁을 조직하는 것은 물론, 11월 총파업을 비롯한 대규모 투쟁을 통해 정부를 압박했다. 그러나 이미 정책 기조를 전환한 노무현 정부는 민주노총의 요구안을 수용하지 않고 강경하게 대응했다.

2) 민주노총의 노사정위 참여 논란과 갈등

아직까지는 노무현 정권의 노동정책에 대한 기대가 있었던 2004년 초, 민주노총 집행부 선거에서 이수호 위원장과 이석행 사무총장이 당선되었다. 현장파와 중앙파가 연합한 유덕상, 전재환 선본과의 경선에서 승리한 결과였다. 부위원장에 당선된 강승규 전 민택노련 위원장은 수석부위원장으로 지명되었다. 이때부터 2014년 민주노총 직선제 1기 선거에서 한상균 위원장이 당선될 때까지, 대체로 (NL과 연합한) "국민파" 경향의 집행부가 장기간 민주노총 집행부를 주도했다.

2004년 임기를 시작한 이수호 위원장 집행부는 노사정위를 통한 사회적 교섭을 공약으로 제시했다. 1998년 2월 노·사·정 합의가 부결된 이후, 민주노총은 최종적으로 1999년 2월 24일 대의원대회 결정으로 노사정위를 탈퇴한 상태였다. 민주노총 집행부는 2005년 1월 20일 대의원대회에 사회적 교섭안을 상정했다. 그러나 안건은 회의 성원 미달로 유회되었다. 2월 1일 다시 대의원대회가 소집되었으나, 반대파 참가자들의 단상 점거로 회의가 정상적으로 진행되지 못했다. 집행부는 3월 15일 다시 임시 대의원대회를 소집했으나, 안건 통과에 반대하는 대의원과 활동가가 단상을 점거하고 시너와 소화기를 뿌리는 격렬한 충돌이 발생했다.

2005년이면 이미 노무현 정부가 노정관계에서 강경한 입장으로 돌아선 후였고, 정부와 원활한 대화를 기대하기도 쉽지 않았다. 1998년 노사정위 참여 과정에서 큰 트라우마를 갖고 있는 민주노총 내에서 사회적 교섭 참여를 쉽게 결정하기 어려운 분위기도 있었다. 이러한 조건에서 충분한 내부적 합의 없이 대의원대회에 안건이 상정되자 갈등이 폭발한 것이었다.

결국, 두 번의 대의원대회가 무산되면서 이수호 집행부는 대의원대회 의결을 유보했다. 그러나 법·제도적 변화가 필요한 사항들에 대해서 노·사·정 대화를 계속 거부할 수만은 없었다. 집행부는 노사정위 참여와 무관하게 사회적 교섭방침은 유지하며, 노·사·정을 포함해 정당과 대표자 회의를 시작하고 최우선으로 비정규직 보호법안을 다루겠다고 제

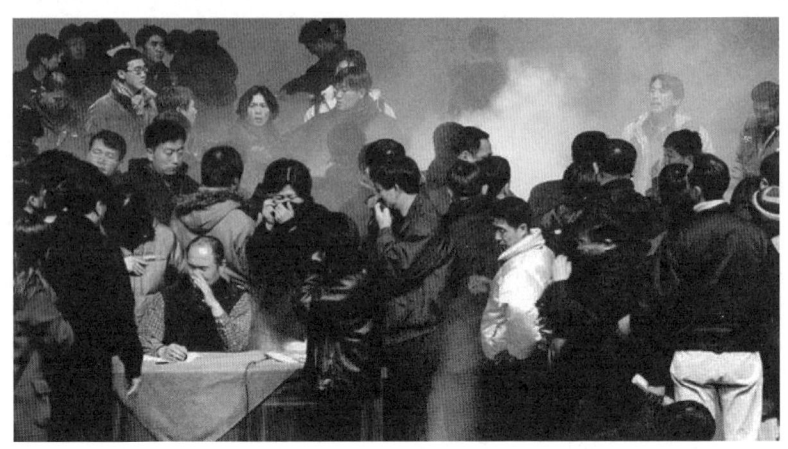

2005년 민주노총 대의원대회 폭력사태

2005년 1월 20일 33차 정기대의원대회에서 사회적교섭(안) 승인 안건이 커다란 쟁점으로 부각되었다. 이수호 집행부는 사회적 교섭안의 원칙으로, 대중투쟁과 교섭을 결합하고 조직 내 민주주의를 실현하겠다고 밝혔다. 그러나 이를 사회적 합의주의라고 비판하는 격렬한 반대토론이 제기되었다. 노무현 정권이 노사관계로드맵처럼 신자유주의 재편을 추진하고 있는 상황에서 사회적 합의는 성공할 수 없다는 주장이었다. 이날 회의는 새벽까지 격론을 벌이다 정족수 미달로 유회되었다. 그로부터 열흘 뒤인 2월 1일, 대의원대회에서 토론을 마치고 표결을 선언하는 순간, 사회적합의주의·노사정담합분쇄 전국노동자 투쟁위원회 소속 대의원과 활동가가 신나와 소화분말기를 뿌리며 단상을 점거하는 사태가 벌어졌다. 혼란 속에서 결국 대의원대회는 무산되었다. (사진출처:《한겨레》)

안했다. 그리고 만약 비정규직 관련법이 4월에 처리될 경우 이 방침 자체를 철회하고 총파업을 집행할 계획이라고 밝혔다.

민주노총은 이후 노사정위 혹은 경사노위가 아니라 노사정대표자회의를 통해 사안별 협의를 진행했다. 대의원대회 파행 이후, 민주노총도 참여하는 6자(한국노총, 민주노총, 노사정위, 노동부, 경총, 대한상의) 3차 노·사·정 대표자회의가 4월 5일 재개되고 4월 26일 노·사·정 대표자회의 운영위가 열리면서 비정규직 보호입법과 관련된 협상을 노사정위 외곽에서 진행했다.

이후 비정규직 법안 논의는 노·사·정 대표자회의가 변형된 '노·사·정

대표와 국회 환경노동위'에서 이어졌다. 사실상 국회 주재의 노·사·정 협상(사회적 대화)이 가동된 것이다.16 그러나 이러한 방식의 노·사·정 협의에 대해서도 현장 투쟁 조직화에 도움이 되지 않는다는 비판적 입장들이 계속 나타났다. 결과적으로 노·사·정대표자회의 논의도 실패하자 정부는 비정규직 입법을 일방 처리했다.

노사정위 참여를 둘러싼 논쟁에서 두 가지 쟁점을 돌아볼 필요가 있다. 노사정위 참여 자체의 정당성에 관한 쟁점과 노동조합의 민주적 의사결정은 어떻게 진행되어야 하는지에 관한 쟁점이다. 이수호 위원장 집행부가 제시한 노사정위 참여의 명분은 "교섭과 투쟁의 병행"이었다. "사회적 교섭은 전 노동자적, 전 민중적 요구를 내건 공세적 투쟁에 복무하는 전술로서 제기"되고 있다면서, "기업별 요구와 투쟁이 기업별 교섭에서 다루어지듯이 전 사회적 의제를 다루는 사회적 교섭으로 확대 발전해야" 한다고 주장했다.17

반면, 민주노총 집행부의 사회적 교섭방침을 반대하던 단체가 연합한 '사회적 합의주의·노·사·정 담합 분쇄 전국노동자 투쟁위원회'는 "사회적 교섭 정책은 사회적 합의주의에 다름 아니며, 사회적 합의주의는 총자본의 신자유주의 정책으로서 노동자 죽이기 프로젝트일 뿐"이라고 비판했다.18 현장파는 더 나아가 "투쟁 과정에서 사회적 합의나 노·사·정 합의와 같은 담합으로 제출된 개악안을 보완하거나 절충하려는 일체의

---

16   장홍근 외, 『한국 사회적 대화의 유형별 사례와 경험』, 한국노동연구원, 2023.
17   강승규, 「민주노총의 사회적 교섭에 대한 이해」, 『민주노총 정책토론회, '사회적 교섭, 어떻게 볼 것인가'』, 2005.
18   조돈희, 「사회적 교섭 방침 안건은 폐기되어야 한다!」, 『민주노총 정책토론회, '사회적 교섭, 어떻게 볼 것인가'』, 2005.

시도를 거부해야 한다"는 입장을 제기했다.[19]

신자유주의 정세에서 진보정당이 취약한 한국에서는 코포라티즘 체제 형성이 불가능함에도, 노무현 정권의 선의에 기대어 이를 추진한다는 비판도 있었다. 유럽에서 '사회적 합의주의'가 가능했던 이유는 자본주의 호황기에 강력한 노조와 그러한 노조의 지지를 받는 사민주의 정당이 존재했기 때문이라는 것이었다. 이러한 맥락에서 당시 사회진보연대는 "금융세계화를 중심으로 한 자본주의 변화의 국면, 그리고 만연한 경제위기와 불안한 요소가 혼재해 있는 현시점"에서 사회적 합의주의는 불안정 노동자의 두생을 억압하는 기제가 될 것이라는 비판을 제기했다.[20]

이에 대해, 당시 민주노총 집행부의 입장을 지지하는 이들은 "현시기 총연맹의 사회적 교섭 전술을 서구의 코포라티즘이나 '사회적 합의주의'로 확대 해석하여 비판적 견해의 근거로 삼는 것은 적절치 않다"라고 비판했다.[21] "민주노총이 추진하는 사회적 교섭 전술이 일각에서 제기하는 '자본의 포섭전략에 조응하는 사회적 합의주의'의 전략적 차원으로 위치 지우지 않았다", 즉 전술적인 차원에서 접근하고 있다는 것이었다. 이들은 당면 정세에서 논란이 되고 있던 비정규직법이 악법으로 추진되는 것을 막기 위해서도 사회적 교섭이 필요하다고 강조했다.

민주노총 집행부는 "정부의 비정규직법안을 저지하기 위해서는 국

---

19   노동자의힘, 「(성명) 자본의 총공세에 맞서 총단결 총파업으로 정부의 비정규직 관련 입법안을 저지하자!」, 2004.
20   사회진보연대, 『민주노총의 사회적 대화 전략과 사회적 교섭 기구 참여 문제 어떻게 볼 것인가? 10문10답』, 2004.
21   박용석, 「민주노총의 사회적 교섭, 왜 필요한가?」, 『민주노총 정책토론회, '사회적 교섭, 어떻게 볼 것인가』, 2005.

회에서의 논의를 중단하고 비정규직법안이 강행 처리되지 않고 최소한 노정이 참여하는 교섭틀을 만들어서 처리되도록 하는 방안이 필요하다"면서, 만약 정부가 "민주노총의 사회적 교섭 요구에도 비정규직법안을 강행 처리하면 사회적 교섭은 더 이상 필요하지 않다"라는 의견을 밝혔다. 그러나 아래에서 살펴보겠지만, 결과적으로 민주노총이 이후 노사정대표자회의에서 노·사·정 협상을 진행했음에도 불구하고, 비정규직법은 2006년 말 국회에서 강행 처리되었다.

민주노총의 사회적 교섭 안건이 상정된 임시대의원대회가 파행된 3월 15일을 계기로, 민주노총 내 민주적 의사결정에 관한 쟁점이 드러났다. 한편에서는 민주노총 대의원대회를 무산시킨 전노투 등 사회적 대화 반대파가, 의사결정을 위한 표결과 같은 노동조합의 민주적 절차를 '부르주아 민주주의 절차'일 뿐 노동조합의 민주주의는 아니라는 식으로 치부하는 독선적 태도를 보여주었다는 비판이 제기된다. 노조 내부의 계파가 분파적 이익을 추구하기 위해 폭력으로 노조 민주주의를 파괴했다는 것이었다. 그 원인으로는 분권화된 기업별 노사관계로 인한 노조 지도력의 취약성과 노조 내부 정치적 계파의 문제가 지적된다.[22] 반면, 사회적 교섭방침 반대파는 민주노총 집행부가 조직 내 이견이 심각한 상황에서 일방적으로 밀어붙인 결과라고 비판했다. "조직의 단결과 투쟁을 조직해야 할 지도부가 사회적 교섭방침 관철을 고수하는 한 '힘 있는 민주노총'은 있을 수 없다"는 것이다.[23] 이후에도 민주노총 내에서 쟁점이 되는 사안을 합의로 처리하지 못하고 종종 파국적인 충돌로

---

22 배규식, 「노동조합 지배구조(union governance)의 위기」, 《노동리뷰》 2005년 5월호.
23 조돈희, 앞의 글.

번지는 일은 수차례 반복된다.

　이 시기를 거치면서 민주노총 안에서 노사정위원회 참여는 논의를 꺼내기도 어려운 주제가 된다. 각자의 찬반 입장을 떠나, 조직 내 극심한 갈등을 불러올 수 있는 쟁점이 되었기 때문이다. 이어지는 이명박, 박근혜 보수 정권 시기에는 정부가 노동운동에 적대적인 상황에서 논의 자체가 무망했다. 문재인 정권 집권 후 2018년에야 경사노위 재구성이 논의되었으나 이 역시 실패한 것을 보면, 당시 논란으로부터 거의 20년이 지난 지금까지도 사회적 대화 참여는 민주노총 내에서 합의가 힘든 쟁점이라는 사실을 확인할 수 있다. 그 결과 중앙 차원의 노·사·정 협상만이 아니라 지역, 산업별 사회적 협의도 계속 논란이 되었다. 그런데 이들 협의는 지역 노동시장 개입이나 산별 노사관계를 보완할 수 있다는 점에서, 획일적인 반대만으로 접근하기는 더 어려운 문제일 것이다. 이는 2004년 당시 격렬한 대립에 대한 평가가 여전히 현재진행형일 수밖에 없는 이유이기도 하다.

　민주노총 집행부는 사회적 교섭 반대론자 앞에서는 노사정위원회를 전술적으로 활용하자는 것처럼 변명하고, 다른 곳에서는 전략적인 방향이라고 주장하면서 전혀 신뢰를 주지 못했다.[24] 한편, 사회적 교섭 반대파는 노·사·정 교섭과 관련된 모든 쟁점을 "전부 아니면 전무"로 환원하며 논의를 지나치게 과열시켰다. '사회적 교섭 틀'을 중심으로 한 상층의 제도화 전략은 신자유주의 노동정책을 정당화한다는 점에서 문제가 있지만, 일정한 정세에서는 노·사·정 교섭에 노동조합이 참여할 수도 있고, 필요한 경우에는 교섭을 오히려 전술적으로 요구할 수도 있다.

24　이현대, 「민주노총 현황 진단과 혁신과제」, 《사회운동》 92호, 2010.

즉, 노·사·정 교섭은 원칙의 문제가 아니라 전술의 문제라고 할 수 있다. 그러나 사회적 교섭에 반대하는 진영은 노·사·정 교섭의 전술적 활용 가능성마저도 모두 배제했다.

3) 노사관계로드맵, 비정규직법과 사회적 대화 결렬

노무현 정부는 노사관계 개혁과 비정규직 보호입법이라는 두 가지 정책과제를 설정했다. 정부가 볼 때 1998년 노·사·정합의 이후 추가적인 변화가 지체되어 온 노사관계와 노동시장 제도의 개혁을 동시에 추진하고자 했다. 이에 따라 2003년 노사관계 개혁의 장기전략으로 노사관계 법·제도 선진화 방안(노사관계로드맵)을 발표했다. 여기에는 기업단위 복수노조 인정, 필수공익사업장 확장과 직권중재 폐지, 파업 시 대체근로 허용, 정리해고 사전 통보 기간의 축소가 포함되어 있었다.

이어 노무현 정부는 2003년 5월, 전문가의 의견을 종합적으로 취합하여 노사관계 선진화 방안을 마련하겠다고 발표했다. 이후 노동연구원의 연구용역을 거쳐 45개의 개혁과제를 제시했다. 이를 바탕으로 노사정위원회에서 노사관계 로드맵에 대한 논의를 시작했다. 2004년 8월 민주노총이 노사정위원회 불참을 선언하면서 논의가 중단되었다가, 2005년 4월에 노·사·정대표자 회의를 통해 다시 노사관계 로드맵의 입법화 논의가 재개되었다. 민주노총은 당시 논의가 막 시작된 비정규직 법안에 대해서만 정부와 협상한다는 전제를 두고 '노·사·정대표자회의'에 참여하기로 했다.

그러나 결국 민주노총은 불참하고 한국노총만 참여한 가운데, 2006년 9월 11일에 '노사관계법제도 선진화 방안'에 대한 노·사·정 합의가 이루어졌다. 기업단위 복수노조 허용 및 노조전임자 급여지원 금지 규정 시행 3년 유예, 직권중재제도 폐지, 필수공익사업장 필수유지업무 제도 도입 및 대체근로 허용, 제3자 지원 신고 제도 폐지가 그 내용이었다. 이어 9월 14일 노동부는 이를 바탕으로 노동조합및노동관계조정법(노조법), 근로자참여 및 협력증진에 관한 법률(근참법), 근로기준법(근기법)에 관한 입법예고를 발표했다.

이는 한국노총이 어떻게든 노조전임자 임금지급 금지와 복수노조 허용을 2009년 12월까지 3년간 유예하고자 했기 때문에 이루어진 합의였다. 민주노총은 한국노총과 경총 간의 합의가 자신의 기득권을 유지하기 위한 야합이라고 규탄하고, 합의 무효화를 위한 총파업 투쟁을 선언했다. 이를 계기로 양대노총의 대립이 격화되어 민주노총 및 전해투 조합원의 한국노총 점거 농성과 이용득 위원장 폭행 사건이 발생했다.[25]

결국 '노사관계 로드맵' 개정 법률안은 12월 22일 국회 본회의를 통과했다. 민주노총과 민주노동당은 '비정규직 보호법안'과 '노사관계 로드맵'이 국회에서 통과되자 이를 비정규직과 정규직 노동자 모두의 노동권을 박탈하는 희대의 악법 '날치기'로 규정하고, 이들 '법안의 무력화 및 재개정 투쟁에 돌입하겠다고 선언했다. 그러나 노조법 등 노사관계 제도는 지금까지 그 틀을 크게 벗어나지 못하고 있다.

한편, 같은 시기에 노무현 정부는 비정규직 보호입법을 추진했다. IMF 구제금융 위기 이후 비정규직 노동자의 비중은 2002년 27.4%에서 2004년 37%까지 빠르게 증가하다가, 2005년 증가세를 멈춘 뒤 2006년

---

25 한국노총, "한국노총이 걸어온 발자취", 한국노총 홈페이지, 2023.

35.5%로 소폭 감소했다.[26] 한국노동사회연구소의 비정규직 노동자 분류 기준에 따르면, 2006년 비정규직 비율은 55~56% 안팎에서 고착한 상태였다.[27] 이러한 조건에서 비정규직 남용을 규제할 조치가 필요하다는 여론이 확산한 것이 비정규직법이 논의되는 배경이었다.

정부는 비정규직 관련 제도 논의를 노사정위원회를 통해 추진하고 있었다. 노사정위는 2003년 7월 논의 결과를 정부에 넘기고, 정부는 2004년 입법안을 발표했다. 이후에도 3년에 걸친 사회적 논쟁이 이어졌다. 노동계는 '동일노동 동일임금' 원칙 명문화와 비정규직 '사용사유 제한'을 강력히 요구했으나, 노무현 정부안은 초기 공약에서 후퇴하여 '차별시정'과 '사용기간 제한'에 초점을 맞추었다. 앞서 서술한 민주노총의 노사정위 참여를 둘러싼 격렬한 논쟁은 이 과정에서 벌어진 일이었다.

2004년 9월, 김대환 노동부 장관이 경제계의 요구를 상당히 수용한 '비정규직 보호법안'을 발표하자 전국비정규노조연대회의는 당시 여당인 열린우리당 의장실을 점거하고 농성에 돌입했다. 이 법률안은 논란 속에 여러 차례 국회통과가 유보되다가, 2006년 11월 30일 양대노총과 민주노동당의 적극적인 반대에도 불구하고 열린우리당과 한나라당의 찬성으로 본회의를 통과했다.

법안은 기간제 근로자에 대한 법안, 차별금지와 시정절차에 관한 법안, 파견근로자에 대한 법안으로 구성되었다. 개정법은 기간제 사용기간을 2년으로 제한했으나, 기간제 근로자 고용의 사유를 제한하는 조치는 누락되는 바람에 비정규직을 보호하기보다 오히려 2년 미만의

---

26 전병유 외, 「최근 노동시장 평가와 2007년 전망」, 《노동리뷰》 2007년 1월호.
27 김유선, 『한국의 노동 2007』, 한국노동사회연구소, 2007.

비정규직 사용을 조장할 것이라는 비판이 제기되었다. 또한, 파견 용역 등 간접고용에 대한 대책이 없어 사용자가 기간제를 간접고용으로 전환하는 '풍선효과'가 나타날 것이라는 우려도 있었다.

민주노총은 '노동법 개악 저지, 권리입법 쟁취'라는 기조로 대응했다. 민주노총을 배제한 채 노사관계 로드맵에 대한 노·사·정 합의가 이루어지자, 민주노총은 대의원대회에서 노무현 정권 퇴진을 기조로 11월 15일 무기한 총파업에 돌입하기로 결정했다. 노사관계 민주화 입법 쟁취, 한·미 FTA협상 저지, 비정규 권리보장 입법 쟁취, 산재법 전면 개정이 총파업의 4대 핵심요구였다. 민주노총은 11월 15일에 14만 명, 11월 22일에 20만 명이 참여하는 총파업에 돌입했다. 이와 별도로 한국노총은 11월 25일 약 2만여 명이 참석한 전국노동자대회를 개최하여 9월 11일 노사정 합의안대로 노사관계 로드맵을 입법하라고 요구했다.

2006년 11월 30일, 국회 본회의에서 비정규직 관련 법안이 통과되자 민주노동당과 민주노총, 한국노총, 경총은 각각 엇갈린 반응을 보였다. 민주노동당과 민주노총은 날치기 통과된 비정규직법이 실제 비정규직 차별을 해소하는 효과는 미미할 뿐 아니라 오히려 비정규직을 확산하고 그들의 노동권을 박탈한다고 주장하며, 이 법안을 무력화하기 위해 투쟁할 것이라고 선언했다.

한국노총은 법안이 한국노총의 최종 요구안에는 못 미치지만, 비정규노동자에 대한 최초의 보호법안이라는 사실에 최소한의 의의를 두고 법안 통과를 긍정적으로 평가했다. 경총은 불만을 표시하면서도 법 안착화를 주문해 온도 차이를 드러냈다. 정부는 비정규직 입법의 통과로 정규직 전환의 문이 열렸으며 차별개선 효과도 나타날 것이라고 주장했다. 실제로 비정규직보호법이 입법된 후 단기적으로 비정규직이 감소하

2006년 비정규직법안 가결

2006년 11월 30일 국회 본회의에서 비정규직 법안('기간제 및 단시간근로자 보호 등에 관한 법률' 제정안, '파견근로자 보호 등에 관한 법률' 일부 개정안 등)이 직권상정 후 토론 없이 표결로 통과되었다. 이에 민주노동당 의원들이 국회본회의장에서 항의하는 모습이다. (사진출처:《시사저널》)

고 정규직이 증가하면서 비정규직 비율이 다소 감소한 것으로 나타났다.[28]

그러나 장기 추세를 볼 때, 법이 시행된 15년간 비정규직이 정규직으로 이동한 비율은 절반 가까이 줄어든 것으로 분석되어, 단기적인 의미도 무색해졌다. 법은 2년 이상 근무한 비정규직의 정규직 전환을 의무화했지만, 오히려 이들 비정규직의 14%가량은 1년 후 무직자가 되면서 경력의 연속성이 떨어졌다. 2006년 당시 1년 일한 비정규직 노동자

28 김유선, 「비정규직 보호법 제·개정 효과」, 『비정규직법 개정에 관한 토론회 자료집』, 국가인권위원회, 2009.

가 정규직으로 전환되는 비율은 2020년에 들어 절반 가까이 줄어들고, 비정규직에서 비경제인구로 전환한 비율은 정규직 대비 3배에 이르는 것으로 분석되었다.[29]

당시 민주노총의 비판처럼, 비정규직 보호법안은 비정규직을 장기적으로 줄이기보다는 고착하는 결과를 낳았다고 할 수 있다. 사용기간 제한이 정규직 전환의 통로가 되기보다, 2년이 되기 전에 계약을 해지하는 '회전문 고용' 관행을 확산시킨 것이다. 이는 고용불안을 해소하기는커녕 오히려 '2년짜리 시한부 고용'을 제도화 하는 결과를 낳았다. 더구나 기간제 사용에 대한 규제가 생기자, 기업들이 규제를 피하기 위해 파견, 용역, 사내하도급 등 간접고용 형태로 전환하는 '풍선효과'도 실제로 나타났다. 그나마 비정규직이 정규직으로 전환한 사례도, 공공기관이나 정부의 영향권에 있는 금융권이 대부분이었다. 그나마도 무기계약직 형태를 취하면서 '중규직'이라는 또 다른 차별적인 고용형태를 낳았다는 비판이 제기됐고, 이는 2010년대 들어 공공부문을 중심으로 한 다양한 투쟁으로 이어졌다.

결과적으로, 노무현 정부가 추진했던 노사관계, 노동시장 제도의 변화는 노정 간 충돌 속에서도, 특히 민주노총의 반대 속에서도 대체로 입법됐다. 그러나 민주노총만 배제한 2006년 9월 11일 "노·사·정 야합"은 최소한의 노정 간 신뢰도 무너뜨리는 결과를 낳았고 노사관계의 거시적 안정이라는 애초 목표로 이어지지 못했다. 노조법을 개정하는 과정에서 노사관계 개혁의 핵심이라고 할 산별교섭 촉진과 같은 과제는

---

[29] 유경준, 권태구, 「비정규직의 일자리 이동성 분석」, Journal of The Korea Data Analysis Society, 2023.

다루어지지도 못했다. 비정규직 관련 법안도 결국 "비정규직 보호"라는 명분조차 살리지 못했다.

노동운동의 대응도 한계가 있었다. 법안 논의 과정에서 비정규직 "사용 기간"이 아니라 "사용 사유" 제한을 주장했으나, 노·사·정 협상 참여 여부를 두고 혼란을 벌이다가 제대로 대응하지 못했다. 사유 제한은 사용 기간 제한보다는 의미가 있었겠지만, 그러한 취지를 다소 반영해 상시적·지속적 업무는 원칙적으로 '기간의 정함이 없는 근로자'가 담당하도록 했던 '공공부문 비정규직 종합대책'(2006년 8월)도 한계가 컸던 것을 감안하면, 마찬가지 한계가 있었을 것이다.

비정규직법은 많은 문제가 있었으나 당장 법을 폐지한다고 비정규직 문제를 해결할 수 있다고 보기는 어려웠다. 당시 일부 단체가 주장한 "비정규직법 전면폐기"는 실질적인 제도개선을 위한 해법이라기보다는, 투쟁을 위한 구호였다고 할 수 있다. 노동운동은 제도개선 차원에서는 간접고용과 특수고용의 원청 사용자성 인정과 노동자성 인정 요구에 집중하고, 주체적 차원에서는 산별교섭을 통한 격차 축소에 주목해야 했다.

4. 민주노총 혁신 논의: 비리 사건과 직선제 도입의 역설

1) 노동계 비리 사건과 민주노총 집행부 사퇴

사회적 교섭 관련 논란으로 민주노총 내 조직적 긴장이 높던 2005년 10월 20일, 민주노총 이수호 집행부가 강승규 수석부위원장의 비리 혐의 구속에 대한 책임을 지고 총사퇴하는 사건이 발생한다. 강승규 수석부위원장은 민주택시연맹 위원장 시절 사용자로부터 뇌물과 청탁을 받은 비리 혐의로 10월 7일 긴급체포되었고, 다음날 구속되었다. 이에 민주노총 집행부는 10월 11일 '하반기 투쟁 뒤 조기 선거'라는 수습대책을 내놓고, 18일에는 '노조비리 근절을 위한 종합대책'을 발표했다. 그러나 사무총국 성원 13명이 집단사직하고 중앙집행위원 9인이 성명서를 발표하며 '현 집행부 즉각 사퇴'를 요구하는 반발에 직면하자 총사퇴한 것이다.

이후 전재환(금속연맹위원장) 비대위원장을 포함해 중앙집행위원 9인으로 구성된 비상대책위원회가 구성된다. 비상대책위원회의 임기는 2006년 1월 19일 정기대의원대회까지로, 그 역할은 하반기 비정규직 투쟁, 비리척결, 차기선거 준비로 규정했다. 그런데 이듬해 2월에 열린 민주노총 4기 보궐선거 결과, 국민파와 NL이 연합한 조준호, 김태일 후보가 새 위원장과 사무총장으로 선출된다. 비리 사건으로 퇴진한 집행부와 유사한 성향의 선본이 다시 당선될 정도로 국민파-NL 연합의 토대가 강했던 것이다.

비슷한 시기 한국노총에서도 2005년 1월부터 항운노조, 국민은행노조, 자동차노련 및 전 한국노총 위원장·사무총장 비리 사건이 드러났다. 민주노총에서는 기아자동차노조와 현대자동차노조의 취업비리 사건, 민주노총 간부의 성폭력 사건이 이어졌다. 이러한 사건으로 단위노조는 물론 전국 중앙조직의 지도부가 중도 사퇴하는 일들이 이어지면서, 노동운동의 도덕성과 리더십이 크게 훼손되었다.

이러한 비리 사건은 노동조합 운영의 민주성과 투명성이 취약한 가운데 벌어졌는데, 기업별 노사관계가 주요한 원인 중 하나로 지적된다. 기업별로 분권화된 노사관계 시스템에서 오는 노조 지도력의 취약성과 노조 내부의 정치적 계파 때문에 노동조합의 내부 조율능력과 분파별 이해관계 억제기능이 부족한 상황에서, 경제적 실리를 추구하는 기업별노조의 관행이 비리로까지 이어진 것으로 볼 수 있다는 뜻이다. 특히, 기업별노조에서 경쟁하는 분파는 노조 선거에서 필연적으로 조합원의 득표를 가장 많이 얻는 방법으로 조합원의 손에 잡힐 수 있는 실리적·물질적 이익을 극대화하는 길을 경쟁적으로 선택하게 되는데, 이는 분파 투쟁을 더욱 격렬하게 이끌게 된다. 실제로 비리 사건 상당수가 노조 선거 자금 마련과 관련되어 있기도 했다.

이렇게 노조 비리 사건은 개인의 일탈만이라기보다는 조직적 원인이 있다는 사실이 널리 인식되었기 때문에, 결국 조직혁신을 어떻게 추구할 것인가가 쟁점이 되었다. 그러나 실제 논의는 기업별노조 체제와 경제적 실리주의를 어떻게 개혁할 것인지가 아니라, 민주노총 위원장 직선제를 도입하자는 것으로 이어졌다.

2) 민주노총 혁신 논의와 직선제 도입

민주노총에서 총연맹 위원장을 직선으로 선출하자는 주장은 1998년 민주노총 2기 이갑용 위원장 집행부 공약으로 처음 공론화되었다. 그러나 이는 1999년 대의원대회에서 부결(61% 찬성)되면서 더는 추진되지 못했다. 이후 이수호 위원장 사퇴에 따라 진행된 2006년 보궐선거에서 이정훈·이해관(새흐름) 후보가 직선제 도입을 주장했고, 대의원대회에 안건이 상정되었으나 성원 미달로 대회가 유예되어 결정하지 못했다.

그런데 2007년 초 민주노총 위원장 선거에서는 양경규-김창근, 조희주-임두혁, 이석행-이용식 선본 모두가 직선제 공약을 내세웠다. 당선된 이석행 위원장은 차기 대의원대회에서 1호 안건으로 위원장 직선제 도입을 상정하겠다고 약속했다. 그해 4월 열린 임시대의원대회에서 3년간의 준비를 거쳐 2009년 11월 6기 임원 선거부터 직선제를 적용하자고 결정했으나, 2009년 9월 임시대의원대회에서는 준비 부족을 이유로 직선제 도입을 3년간 유예하기로 결정했다. 이후 2012년 김영훈 위원장 집행부 임시대의원대회에서 직선제 유예 안건이 다시 상정된다. 당시 통합진보당 부정선거 여파로 중앙집행위원회에서 첨예한 논란이 제기된 가운데 모바일투표를 하지 않는 것으로 결정한 상황에서, 단일투표 방식으로 직선제를 시행하기에는 어렵다는 결론을 내린 것이다. 김영훈 위원장은 책임을 지고 임기를 석 달 남기고 사퇴한다. 결국, 2013년 대의원대회에서 2014년 12월 31일 이전에 직선제를 반드시 도입하기로 하면서 2014년 12월 처음으로 총연맹과 일부 지역본부 직선임원 선거가 시행된다. 2017년 12월 두 번째 직선임원 선거는 총연맹과 16개 전체 지역본부 동시선거로 진행된다.

직선제 도입을 강하게 주장했던 다수의 현장파 활동가는 직선제가 '관료화되고 개량화된 지도부'에 대항하여 밑으로부터의 투쟁성과 변혁성을 강화하는 방안이라고 보았다. 그러면서 임원과 대의원을 직선으로 선출해 조합민주주의를 강화해야 강력한 투쟁도 가능하다고 보았다. 국민파와 중앙파 활동가는 직선제 도입에 동의하면서도, 준비과정을 거쳐 단계적으로 도입하자는 입장이었다.

반면, 한국노동사회연구소는 직선제 도입에 비판적이었다. 직선제를 도입하자는 주장이 임원선거를 통해 조합민주주의 문제를 해결할 수 있다는 잘못된 신화에 기초해 있으며, 직선가를 관료주의를 극복하는 대안이라고 판단하는 잘못을 범하고 있다고 비판했다. 또한, 민주노조운동의 위기는 관료주의 때문이 아니며, 오히려 현재 노동조합운동은 관료제를 강화하고 집중성을 높여서 연대성을 회복하는 것이 필요하다고 주장했다. 게다가 총연맹은 연맹들의 결사체이므로, 직선제는 조직 원리상으로도 적절하지 않다고 주장했다.

직선제가 노동조합 민주주의를 다수결로 단순화하면서 민주노총 내의 소수의견을 무시할 수 있다는 우려도 제기됐다. 승자독식 원리가 구조화되면서, 정파 간 혹은 조합원 내부에서 소통과 토론으로 해결할 문제가 선거 승리 혹은 다수 득표를 위한 소모적 논쟁이 된다는 지적이었다. 게다가 기업별노조와 달리 산별노조나 총연맹의 경우 조합원 사이의 구조적 균열이 존재하는 조건에서, 조합원 다수가 산업, 기업규모, 고용형태의 측면에서 특정 부문에 집중되면 소수 부문 조합원의 의견과 이해관계가 묵살되기 쉬웠다. 특히, 선거에서는 소수이지만 계급대표성에서 결정적으로 중요한 미조직노동자가 민주노총의 의사결정이나 정책에서 소외될 개연성이 높았다.[30]

논쟁 과정에서는 대의제보다 직접 민주주의가 우월하다거나, 직선제가 곧 직접 민주주의라는 주장도 제시되었다. 그러나 대의제가 덜 민주적인 것도 아닐뿐더러, 어차피 선출한 위원장이 정책을 결정하고 집행하는 상황에서 위원장 직선을 직접 민주주의라고 보기는 어렵다. 쟁점에 대해 구성원들 간 존중과 민주적 토론, 상호 이해를 통해 합의를 만들어간다는 숙의민주주의의 요소를 배제한 것이기도 했다. 중요한 안건에 대해 조합원 직접 투표를 일상적으로 한다면 모르겠으나, 기업별 수준을 넘은 산별노조나 총연맹 차원에서 이는 거의 불가능한 일이

---

30 조효래, 「노동조합 내부정치와 토의민주주의」, 《산업노동연구》 13권 1호, 2007.

2014년 민주노총 최초 임원 직접선거 실시

2014년 12월 첫 총연맹 임원 직접선거에서 한상균-최종진-이영주 후보조가 당선됐다. 직선제 관련 논의는 민주노총 창립 초기부터 있었다. 1998년 2기 이갑용 위원장이 직선제를 선거공약으로 내세웠으나 1999년 대의원대회에서 의결정족수 미달로 부결되었다. 이후 3기 단병호 집행부, 4기 이수호 집행부에서도 논의는 되었으나 직선제 도입을 결정하진 못했다. 2007년 5기 임원선거에서 모든 후보들이 직선제 공약을 내세웠고, 민주노총 40차 임시대의원대회에서 직선제를 결정했다. 그러나 2009년과 2012년에도 직선제가 유예되다가 2014년에 실시하게 되었다. (사진출처:《노동과세계》)

다. 간혹 집행부의 방침에 따라 조합원 투표가 추진되곤 하지만, 이는 투표 조직화 자체가 투쟁 조직화를 위한 계기로서 계획되는 사업이므로 예외적인 경우다.

임영일은 직선제 자체가 나쁜 것은 아니지만, 직선제를 조직 민주주의의 관건으로 인식하는 것이 잘못이라고 비판한다. 그에 따르면, 직선제와 결합한 직접 민주주의를 실현할 수 있는 범위는 지역, 지부와 같이 현장과 밀착한 단위 정도다. 즉, 직선제는 조합원이 직접 참여하는 현장 토론과 숙의를 통해 결정이 가능한 소규모 단위에서 직접 민주주의를 실현하기에 적합한 제도인데, 민주노총의 민주적 운영을 위한 대안으로 과도하게 의미가 부여됐다는 것이다.[31]

2014년 1기 직선제 선거가 시행된 이후, 한상균, 김명환, 양경수 위원장까지 세 집행부가 직선제로 선출되었다. 위원장 선출 결과를 보면,

---

31 임영일, "노동조합 민주주의", 한국노동사회연구소 노동정책포럼, 1999년 8월.

조합원들이 정세를 반영해 집행부를 선택하는 경향을 발견할 수 있다. 박근혜 정부의 탄압에 맞서 강력한 투쟁을 전개할 것으로 기대한 1기 한상균 집행부, 문재인 정부 집권 후 사회적 대화를 기대한 2기 김명환 집행부, 문재인 정부와 '노·사·정 대표자회의'의 사회적 대화 실패 후 투쟁이 필요하다는 정서를 반영한 3기 양경수 집행부 당선이 그렇다.

그러나 직선제 도입 논의 당시 기대했던 조합원 민주주의가 발전하거나 강력한 지도력을 바탕으로 한 실질적인 총파업이 실현되고 있는지는 의문이다. 반면 직선제 도입 당시 제기됐던 우려는 해결되지 못했다. 특히, 다수를 확보한 정파의 패권적 조직운영 문제는 결과적으로 더 커졌다. 부정선거 사례가 심심치 않게 보고되기도 한다. 이는 노조 민주주의를 명분으로 추진한 직선제가 오히려 민주적 원칙을 훼손한 사례다.

무엇보다 정작 민주노총이 집중했어야 할 영역인 운동노선 혁신과 기업별노조 체제 지양은 지체되었다는 것이 가장 큰 문제다. 민주노총 혁신 방향에 대한 많은 제안 사항 중 직선제 도입을 제외한 다른 영역에서는 조직적 합의 자체가 취약했다. 직선제 선거가 노동운동의 발전 전략을 제시하는 장이 될 것이라고 기대하는 입장도 있었지만, 실제 결과는 그렇게 나타나지 않았다.

5. 확산되는 비정규직 노동자 조직화와 투쟁: 상용형 비정규직의 정규직화와 운동의 한계

1) 비정규직 확산, 비정규직 투쟁의 확산

IMF 외환위기 이래로 비정규직 투쟁은 계속 이어졌다. 2005년 10월 16일에는 '전국 비정규직노조 연대회의'(전비연)가 출범하여 연대투쟁을 주도했다. 전비연은 비정규직 투쟁 사업장에 대한 연대를 조직하고 정부의 '비정규직 보호법'의 문제점을 폭로하는 투쟁을 벌이며 비정규직 노동자 투쟁을 대표했다. 노동조합운동은 이러한 투쟁을 기존 기업별 정규직 노조의 경제투쟁과 대별되는 '비정규직 투쟁'으로 인식하고 중요한 의미를 부여했다. 그러나 불안정노동자의 양태가 다양했던 만큼 비정규직 투쟁 내부에도 쟁점이 있었다.

2006년부터 장기간 진행된 현대자동차의 불법파견 투쟁은 결국 사용자가 순차적으로 고용을 전환(신규채용)하는 방식으로 마무리되었다. 현대자동차는 2014년 아산과 전주공장에서, 2016년 울산공장에서 사내하청 노동자의 정규직 특별고용에 합의한 것이다. 이와 비슷한 시기에 본격적으로 확대된 공공부문 비정규직은, 박근혜 정부 시기 박원순 서울시장의 공공부문 비정규직 정규직 전환에서 시작하여, 문재인 정부 시기에 전면화된 '공공부문 비정규직 제로화' 정책을 바탕으로 직접고용 혹은 자회사 전환 방식의 정규직 전환을 실현할 수 있었다.

이 시기에 주목할 투쟁으로는 이랜드-뉴코아 비정규직 투쟁이 있다. 2007년 이랜드 그룹이 '비정규직 보호법' 시행을 앞두고 비정규직 노동자들을 대거 해고하려 하자, 이에 맞서 이랜드 일반노조와 뉴코아

노조가 벌인 투쟁이다. 두 노조의 사업장인 홈에버와 뉴코아는 이랜드그룹을 모회사로 두고 있었다. 이랜드일반노조와 뉴코아노조는 홈에버 상암 월드컵점 매장을 점거하고, 비정규직 고용 보장을 요구하며 21일간 이어지는 공동파업 농성에 돌입했다. 이후 515일간 진행된 이랜드일반노조의 투쟁은 결국 2008년 들어 '홈에버'(모회사 이랜드리테일)를 인수한 '홈플러스 테스코' 경영진과 합의로 마무리됐다. 뉴코아노조는 외주화로 계약기간이 만료된 직원 일부만 재고용하는 것으로 합의하고 파업을 마무리했다.

이 투쟁은 비정규직 문제의 심각성을 드러냈고, 비정규직 보호법의 한계와 모순을 부각하는 계기가 되었다. 비정규직보호 법안은 비정규직에 대한 차별대우를 금지하고 2년 이상 고용된 비정규직의 정규직화를 강제하면서도, 동시에 비정규직 사용 사유를 제한하지 않음으로써 2년 이내에는 비정규직을 광범위하게 사용할 수 있도록 했다. 결국 외주 용역에 대해 별다른 제한을 가하지 않아 기간제 비정규직을 더 열악한 외주 용역 형태의 간접고용으로 대체할 수 있는 길을 열어놓았다. 그 결과 이랜드-뉴코아 비정규직 투쟁이 터진 것이다.[32]

이랜드일반노조의 조직화와 투쟁 과정이 주목받았던 이유는 비정규직 조직화 과정에서 노동조합과 정규직이 중요한 역할을 했기 때문이다. 이랜드일반노조는 단체협약에서 비정규직과 동일한 내용(주5일제)을 적용했고, 비정규직도 노조에 가입할 수 있도록 하면서 조합원으로 대거 받아들였다. 비정규직 비율이 높아 조직화가 쉽지 않다고 평가되던 유통업 부문에서도 노동조합 운동이 가능함을 보여준 것이다.

[32] 조효래, 「이랜드 사태, 어떻게 볼 것인가」, 참여연대, 2007.

또한, 조직화와 투쟁에서 '사회적 연대' 가능성을 보여주었다. 노동조합 상급단체 및 단위노조, 지역사회와 시민사회단체, 진보정당의 연대가 매우 활발히 이루어졌다. 특히 이랜드 상암동 월드컵 지역대책위원회의 경우, 조직화 단계부터 투쟁까지 지역에서 일상적이고 지속적인 공동실천과 지원, 수평적 소통과 결정이 잘 이루어졌다. 이 지역에서는 노동조합이 민주노동당 서울시당 노동위원회에 비정규직 조직화 공동사업을 제안한 이래, 인근의 당 지역위원회를 중심으로 지역 시민사회단체들과 함께 지역대책위를 구성하고 조직화 과정을 지원해왔다. 이러한 연대투쟁은 장기파업을 유지하는 데 큰 힘이 되었다.[33] 이러한 연대투쟁을 통해 주로 여성 노동자로 구성된 유통업 비정규직 노동자들의 문제가 사회적으로 주목받았다.[34]

2) '상용형 비정규직'이 주도한 투쟁

2000년대 이후 미조직 비정규직을 조직하려는 노력이 계속되면서, 금속, 공공부문과 서비스업종에서도 성과가 축적된다. 그런데 조직화의 주요 대상은 대체로 '상용형 비정규직', 즉 무기계약직·기간제와 제조업 사내하청 노동자였고, 상대적으로 가장 열악한 영역인 '임시직·일용직형 비정규직' 부문에서는 거의 조직화가 진행되지 못했다.

비정규직 노동자는 1990년대 이전에도 있었지만, 당시에는 노동력이 부족한 상황이었기 때문에 큰 문제로 부각되지 않았다. 1990년대부

---

[33] 한국노동사회연구소, 「이랜드일반노조의 홈에버 노동자 조직화 사례」, 《노동사회》 제141호, 2013.
[34] 이 투쟁을 소재로 여러 대중문화 작품이 만들어졌다. 대표적으로 영화 '카트', 웹툰과 드라마로 만들어진 '송곳'이 있다.

터 중소기업에서 대기업으로 전직할 가능성이 축소되고 있긴 했지만, 여전히 정규직 채용이 많았기 때문이다. 그러나 IMF 외환위기 이후에는 노동유연화를 촉진하는 제도가 도입되고 정규직 고용 자체가 줄어들면서 비정규직 문제가 본격적으로 부각된다. 외환위기 직후에는 비정규직에 대한 선별적 구조조정과 해고가 문제였다면, 경기가 호전되는 2001년 이후에는 비정규직 양산과 차별이 주된 문제가 되었다.

비정규직 노동자의 구성은 상용형 대 임시직·일용직형, 정규직 대 비정규직으로 나누어 [표]와 같이 살펴볼 수 있다. 이렇게 볼 때, 정규직을 제외하고 가장 구성비가 높고 가장 처우가 열악한 것은 '② 임시직·일용직형 비정규직' 노동자다. 한편, 이러한 분류를 가로질러 임시직

단위: 천 명(%)	상용	임시일용	소계
정형	④ 상용형 정규직 12,653(58.2)	① 임시일용직형 정규직 915(4.2)	①+④ 13,568(62.5)
비정형 (한시, 시간제, 파견, 용역, 가내, 호출근로, 특수고용)	③ 상용형 비정규직 3,148(14.5)	② 임시일용직형 비정규직 5,008(23.1)	②+③ 8,156(37.5)
소계	③+④ 15,801(72.7)	①+② 5,923(27.3)	21,724(100.0)

[표] 비정규직 규모 추계 방식

* 주1) 비정규직=①+②+③, 노동부 기준 비정형근로=②+③, 통계청 기준 임시일용=①+②
* 주2) 임금수준은 ④ 상용형 정규직을 100%로 할 때, ③ 상용형 비정규직 77.4%, ① 임시직·일용직형 정규직 48.8%, ② 임시직·일용직형 비정규직 40.6%.

이나 일용직 노동자의 특성을 가지는 경우뿐만 아니라, 통계적으로는 '상용 노동자'로 분류되더라도 실제로는 임의적인 고용 계약으로 불안정한 고용을 경험하는 경우까지 포함하는 '일반 임시직' 개념이 있다. (한국비정규노동센터의 분류) 이는 고용 기한이 명확히 정해져 있지 않음에도 불구하고, 현재 직장에서 장기적으로 계속 일하는 것이 보장되지 않아 고용이 불안정한 노동자를 의미한다. 5인 미만 기업에서 근로계약기간 없이 일하는 노동자들이 대표적이다. 이들은 임금이나 사회보험 적용률이 낮고 노동시간이 길며, 근로기준법 적용의 사각지대에 있다. 특히 임금 노동자 전체에서 '일반 임시직'이 차지하는 비율은 남성의 경우 16.2%, 여성은 25.6%로 여성이 매우 높다.

민주노총은 2003년부터 비정규직실을 두고 별도 예산을 책정해 사내하청, 건설일용, 특수고용, 공공서비스, 유통서비스 등 5대 조직화 전략을 세우고 조직화 사업을 진행했다. 그러나 2000년대 이후 민주노총이 조직화에 집중한 영역은 상대적으로 조직화가 용이한 '③ 상용형 비정규직 노동자'였다. 이 영역은 지자체와 학교비정규직, 대기업 사내하청 등으로 문재인 정부 시기의 '비정규직 정규직 전환' 정책의 수혜를 입은 부문이기도 하다. 이들 부문은 △ 전환될 비교 대상인 정규직 일자리가 명확히 존재하고 △ 전환될 일자리가 고용안정과 임금 수준이 상당히 높고 △ 원청 사용자가 명확하여 투쟁을 집중할 대상이 분명하다는 특징이 있다. 그래서 투쟁이 기업별로 전개될 개연성이 크다.

한편, 2003년 근로복지공단 비정규직노조의 이용석 광주지부장 분신과 노조의 투쟁 이후 발표된 정부의 '공공부문 비정규직 대책'(2004년 1차, 2006년 2차)은 '핵심업무'를 정규직으로, 비핵심업무 중 '상시업무'는 무기계약직으로 전환하는 것이 핵심이었다. 이에 대한 노동운동의 비

2003년 이용석 열사투쟁

2003년 10월 26일 전국 비정규노동자대회에서 근로복지공단 비정규직노조 이용석 광주본부장이 분신하면서 열사투쟁이 전개됐다. 이후 공공부문 비정규직 문제해결이 필요하다는 사회적 여론이 높아지면서 정부가 '공공부문 비정규직 대책'을 발표했다. (사진출처: 《매일노동뉴스》)

판도 만만치 않았다. 전환 대상의 선정 기준이 모호하고 전환 후 처우 개선도 미흡하다고 보았기 때문이다. 예를 들어 전국불안정노동철폐연대는 무기근로계약이라는 새로운 고용형태는 정규직화라고 할 수 없는 "사기"라고 규정하고 "이른바 주변 업무, 일시업무, 단순 업무, 비정규직 업무라는 이유로 비정규직 사용을 정당화"하는 문제점을 가진다고 비판했다.[35] 노무현 정부의 정책은 문재인 정부 공공부문 비정규직 정규직 전환 정책의 출발점이라고 할 수 있다. 이에 대해 기존 정규직 직제

---

35 전국불안정노동철폐연대, 「2006년 공공부분 비정규직 대책의 문제점」, 2006.

와 완전히 통합한다는 의미로 "제대로 된 정규직화"를 주장하는 노동운동 일각의 비판은 연속성을 갖는다고 할 수 있다. 이런 맥락에서 공공부문에서 비정규직 투쟁은 해당 기관의 정규직 직제로 완전히 전환하는 것을 최종적인 목표로 하는 경향이 지배적이게 된다.

2000년대 초반에 벌어진 "비정규직 철폐냐, 비정규직 차별철폐냐"라는 논쟁은 이러한 구조가 반영된 쟁점이라고 볼 수 있다. 당시 논쟁은 대체로 '비정규직 철폐, (제대로 된) 정규직화'가 올바른 운동노선이라는 방식으로 정리된다. 하지만 사업장 사용자에게 정규직 전환을 요구할 수 있는 ③ 부문의 요구와 투쟁방식을 다른 비정규직 부문에도 일반화할 수는 없었다. 예를 들어, 화물노동자와 같은 특수고용 노동자가 은행의 기간제 노동자처럼 정규직 전환을 요구하는 것은 어려운 일이다. 제도적으로도 여기에 집중한 대응은 일종의 '풍선효과'를 불러왔다. 기간제 고용을 규제하면 자본이 외주화나 특수고용 확대로 대응하는 식이었다. 그 결과 2010년대 이후 노동시장에서 나타난 격차의 가장 중요한 특징은 기업별 임금격차와 고용형태별 임금격차의 결합이었다. 그렇다면 노동운동은 다양한 형태의 불안정 노동자를 포괄하는 넓은 '우산 규제' 방식을 추구하는 것이 타당했을 것이다.[36]

---

[36] 임영일, 「총론: 신자유주의 20년, 시장전제주의 노동체제의 극복을 위하여」, 『한국의 신자유주의와 노동체제』, 2013. 임영일은 이 책에서 정이환 교수의 논지를 인용하여, 사안별 접근보다는 노동시장의 거시적 구조개혁이 필요하다고 주장한다. 예컨대, 기업단위로 비정규직의 정규직화를 추진하면 기업별 분절노동시장의 구조를 강화하여 전체적으로는 노동시장의 불평등을 확대하는 결과를 빚을 수 있기 때문이다.

3) 기업별로 전개된 비정규직 투쟁

금속노조의 경우, 완성차 사측의 거부로 산별교섭이 한계에 봉착한 이후, 지역지부를 중심으로 적극적인 조직화를 꾀해 상당한 성과를 냈다. 그러나 이러한 성과가 산별교섭의 확대로 이어지지는 못했다. 새로 조직된 사업장에서도 기업별 교섭이 반복되었기 때문이다. 공공운수노조도 조합원 규모는 2010년대에 13만 명에서 2020년대 25만 명으로 두 배 가까이 확대되었으나, 새로 조직된 사업장도 대부분 기업별 교섭을 진행했다. 이를 초기업 교섭으로 묶어내려는 시도가 없었던 것은 아니지만, 조직적 전략을 세우고 역량을 투자했다고 보기는 어려웠다. 오히려 기업별로 벌이는 전투적 투쟁을 강조하고 이들 투쟁의 시기 집중을 꾀하는 방식이 주류였다. 공공부문 비정규직에서 조직을 확대한 지역일반노조(민주일반연맹)도 대부분 기업별 교섭에 주력했다. 즉 전략조직화 사업을 통해 조직은 상당히 확대되었으나, 조직 형식적으로 산별지부라는 형태를 넘어 새로운 노사관계를 형성하는 데까지 나아가지는 못했다.

비정규직 문제를 부각하면서 정규직과의 차별 해소나 정규직 전환이라는 측면에서 여러 성과가 있었던 것은 사실이다. 그러나 새로 조직된 부문이 기존 노조운동과 달리 기업을 넘어선 산별노조 운동을 전면화했다고 보기는 어렵다. 화물연대와 같은 업종별 투쟁을 예외로 하면 대부분 기업별 투쟁이었으며, 그 투쟁의 성과를 전체 노동시장에 확산하는 데에는 한계가 분명했다. 이러한 비정규직 운동의 한계는 (비정규직 운동주체들의 책임이라기보다는) 어쩌면 당연한 일이다. 산별노조 건설과 정치세력화 등 노조운동의 주요 전략이 모두 어려움을 겪고 있던 상황에서 새로 형성되는 노동조합도 자유롭지 못했기 때문이다.

비정규직 투쟁을 상용형 비정규직 노동자들이 주도하면서, 노동운동의 강조점도 2000년대 초 '정규직과 비정규직의 연대'에서 차츰 '비정규직 독자 요구와 독자 조직'으로 변화했다. 여기에는 정규직 노조의 소극적인 연대가 영향을 주기도 했지만, 비정규직의 정규직 전환 요구가 기존 정규직의 요구와 일치하기 어려운 현실적 조건도 있었다. 예를 들어, 기아자동차 정규직지부가 사내하청 지회를 포괄하는 과정에서, 정규직 노조가 비정규직 노동자들의 투쟁을 통제하려는 것이 아니냐는 문제제기가 나왔다. 원청과의 교섭을 위해서는 원청 정규직 노조의 협조가 필요한 상황에서, 정규직 노조와 비정규직 노조 간의 관계는 무엇이어야 하는지가 난제였다.

이러한 기업별 비정규직 운동에서는 기업별 이익극대화라는 기존 노조운동의 관행이 반복되었고, '기업 내 정규직화'와 '정규직 따라잡기'가 핵심요구로 두드러졌다. 고용 유형으로 보면, ④ 상용형 정규직은 쌍용자동차, 한진중공업과 같은 기업별 고용 투쟁으로, ③ 상용형 비정규직은 대기업과 공공부문의 비정규직 정규직 전환 투쟁으로 대응했다고 할 수 있다. 그러나 가장 규모가 크고 열악한 ② 임시직·일용직형 비정규직은 의미 있는 조직화나 투쟁이라고 할 만한 게 없었다.

이 때문에 비정규직 노동조합은 산별노조나 일반노조 등 초기업별 노동조합의 산하조직인 경우가 76%로 대부분을 차지했지만 교섭방식은 기업별 교섭인 경우가 69.4%에 달했다. 또한, 협약의 포괄범위가 개별 사업장이나 개별 기업인 경우가 92.4%였다.[37] 즉, 실질적 조직형태도

---

37 은수미, 「2006년 비정규 노동조합과 노사관계」, 《노동리뷰》 2006년 12월호.

기업별 성격이 강하고, 교섭과 투쟁도 기업별로 전개되었다는 것이다. 이는 당시 산별노조 전환의 명분으로 비정규직 조직화와 투쟁, 초기업 교섭을 제시하고 있었음에도 그러했다. 이런 현실은, 비정규직 노조 조직화로 새로운 운동 주체를 형성하면 기존 기업별 노사관계와 기업별 경제적 실리주의를 극복할 수 있을 것이라는 기대가 실현되지 못했다는 사실을 보여준다.

롯데호텔이나 이랜드처럼 정규직노조가 비정규직을 조직한 사례도 있었지만, 한국통신 계약직이나 현대차와 금호타이어 사내하청 등 정규직노조와 연대가 어려운 사례도 상당히 많았다. 이 때문에 노동운동 안에서는 비정규직 별도노조를 조직하는 것이 정당하다는 주장도 강하게 존재했다. 특히, 전국불안정노동철폐연대를 비롯한 현장파는 정규직노조가 협조적이기 어려운 상황에서 비정규직 독자 노조가 불가피한 경우가 많을 수밖에 없다고 진단하면서, 정규직노조가 이를 적극적으로 방해하거나 적극적으로 함께 투쟁하는 길 외의 제3의 길은 존재하지 않는다고 주장했다.[38]

그러나 비정규직 노조가 "정규직화"라는 최대치의 요구를 제시한 상황에서, (정규직노조가 비정규직노조를 방해하는 것은 물론 부당하지만) 정규직노조가 비정규직노조와 연대하기 어려운 현실적 상황이 종종 발생했다. 이러한 상황에서 산별노조 차원에서 각 노조의 요구안과 투쟁방식을 조정하는 일은 상대화되거나, 오히려 운동 원칙에 어긋난 것이라고 비판받기 일쑤였다. 사업장 단위 투쟁인 비정규직 노조의 독자적 투

---

38 김혜진, 「기업단위 조직화 사례분석」, 『비정규직 투쟁사례 분석 민주노총 토론회 자료집』, 2002.

쟁이 강조되면서, 연대할 수 있는 대상은 산별노조보다는 다른 비정규직 노조가 되는 것도 자연스러운 일이었다. 이런 맥락에서 전비연의 연대투쟁이 더욱 두드러졌다.

비정규직 노동자의 노조 결성과 투쟁이 계속 이어지고, 전략조직 사업이 부각되는 데에는 비정규직과 정규직 간의 임금 및 노동조건 격차가 심각하다는 배경이 있었다. 2005년 기준으로, 비정규직의 시간당 임금은 정규직의 70.5%로 2002년 80.7%보다 10.2%p 하락했다. 그런데 이는 고용형태만의 문제는 아니었다. 고용형태별 격차를 규모별 격차와 결합해 보면, 300인 이상 정규직을 기준으로 사업상 규모가 작을수록 정규직-비정규직 간의 시간당 임금 격차가 줄어든다는 것을 확인할 수 있다. 비정규직만 보더라도, 300인 이상 사업장과 미만 사업장 사이에는 현저한 임금 및 노동조건 격차가 있었다. 이것은 노동자 간 격차 확대가 정규직-비정규직뿐만 아니라 대기업-중소기업 간 격차에 기초한 혼합효과일 가능성을 보여준다.[39]

IMF 외환위기의 충격을 벗어나 경기가 호전되는 가운데 신자유주의 정책 개혁이 진행되는 상황에서, 새로운 일자리는 대부분 불안정했다. 노동운동은 이를 '비정규직화'라고 규정했다. 물론 '노동의 불안정화'라는 경향으로 보아야 한다는 비판적인 입장이 없었던 것은 아니지만, '비정규직 문제', 즉 비정규직 당사자의 문제로 인식하는 것이 더 일반적이었다.[40]

문제는 '비정규직'이라는 개념은 '정규직'에 대당하는 잔여 개념이라

---

39   은수미, 「2005년 노사관계 평가와 2006년 전망」, 《노동리뷰》 2006년 1월호.
40   이러한 입장은 다음을 참고할 수 있다. 박하순 외, 『신자유주의에 맞서는 노동운동: 불안정 노동 철폐를 위하여』, 사회운동, 2006.

는 점이다. 이에 따르면, '정규직'을 정상적인 고용형태로 전제하고 '정규직화'가 최종적인 운동의 목적이 된다. 정규직이 되면 지불능력이 상대적으로 있는 사용자와 기업별 교섭을 안정적으로 확보할 수 있을 것이다. 그러나 현실에서는 '정규직화'가 운동의 목적이 될 수 없는 노동자가 늘어나고 있었다. 특수고용노동자나, 사내하청이 아닌 사외의 2~3차 하청업체 노동자는 정규직화를 목표로 삼기 어려웠다.

당시 노동운동이 '정규직화'를 목표로 삼기 어려운 불안정 노동자에 주목하면서, 기업별 교섭으로는 대기업 정규직과 격차를 해결하기 어려운 중소규모 사업장의 문제를 중시했다면 다른 접근이 가능하지 않았을까? 그러나 불안정노동자 운동은 이미 강력하게 형성된 '비정규직 정규직화'라는 틀로 빨려 들어가고 있었다. 이에 대해 "비정규노동 문제는 대기업과 중소기업의 시장지위 격차, 또는 잘못된 하도급 구조라는 산업구조를 개선하는 것을 통해서 중소기업 부문의 낮은 임금수준을 끌어 올릴 수 있는 제도적 장치 마련과 동시에 추진되어야 하는, 노동시장 전반적인 문제의 하위영역"이라는 비판도 제기되었다. "이러한 문제들은 비정규노동 보호입법이 마련된다고 해서 간단하게 해결될 수 있는 것이 아니다. 이를 누구보다 잘 알고 있는 노동운동 진영이 입법문제에 모든 역량을 집중하고 있었다는 점은 아쉬운 일"이라는 것이었다.[41]

4) 전략조직사업 노선 채택

이렇게 비정규직 규모가 커지고 비정규직 노조 설립이 확대되자, 민주노총은 미조직노동자 조직화 논의를 진행하기 시작했다. 전략조직화

---

[41] 홍주환, 「비정규입법안 논의'과정'이 우리에게 던지는 질문들」, 《노동사회》 109권, 2006.

사업은 노조의 계급 대표성을 증진하려는 목표와 함께, 노동시장에 존재하는 격차를 축소하고자 하는 시도라고 할 수 있다. 즉, 민주노총 전략조직사업은 계급 대표성 제고(조직확대), 실리주의 극복(조직혁신), 새로운 영역에서 변혁적인 조합원 운동주체 형성(운동노선 혁신)을 기대했다.

이러한 전략조직사업은 1990년대 이후 영미권 노조의 조직화 노선을 민주노총이 참고하면서 수용한 것이기도 했다. 1990년대 초반 미국의 국제서비스노조(SEIU)가 새로운 운동 전략으로 조직화모델을 제시한 이후 미국노총(AFL-CIO)이 이를 공식 조직전략으로 채택한 것은 1995년이었다. 곧이어 영국노총(TUC)이 미국의 노조 재활성화 전략을 벤치마킹하여 1998년 조직 아카데미를 설립함으로써 새로운 실험에 본격적으로 뛰어들었다. 2000년대 들어 이러한 흐름에 대한 국제적인 관심이 높았다.[42]

민주노총의 전략조직사업을 시기별로 살펴보면, 1998~2002년 준비 단계를 거쳐 2003~2009년에 1기 전략조직사업을 집행한다. 50억 원 기금모금을 추진하고, 조직활동가를 양성, 배치하는 사업을 진행했다. 유통서비스, 공공서비스, 건설일용직, 특수고용, 사내하청 5대 부분에 20여 명의 조직활동가를 투입했다. 2010~2013년에는 2기 전략조직사업이 진행되어 중소·영세비정규 노동자, 5대 부분으로 조직화 대상을 압축한다. 2014~2017년에는 핵심 사업으로 지역공단, 유통서비스, 이주·청년을, 지원 사업으로 인천공항을 선정하여 3기 전략조직사업을 진행한다. 전략조직화사업의 개념과 주요 사업도 진행 과정에서 변화한다. 초기에

---

[42] 노중기, 「노동운동 재활성화 전략과 조직화모델: 영미사례의 함의」, 《산업노동연구》 21권 1호, 2015.

는 '자원과 인력의 집중적 투입을 통한 집중 조직화 사업'을 중점에 두었으나, 점차 조직문화혁신과 노조가입 캠페인을 좀 더 강조하게 되었다.

그런데 본래 영미권(특히 미국)에서 전략조직사업이 제기된 것은 전체 노조운동을 혁신적으로 전환하기 위함이었다. 이에 따라 조직화 모델은 이념 재정립, 노조 조직통합, 조직구조 혁신 전략과 함께 노동조합 재활성화를 위한 조직전략의 일환으로 추진된다. 사회운동 노조주의를 주장한 킴 무디는 '조직화 모델'이 기존 노조의 규모 확대나 조합원 동원을 통한 교섭력 강화를 넘어서는 의미가 있으려면, 노동조합운동에 대한 지지를 사업장을 넘어 확대하기 위해 미조직노동자를 비롯한 사회적 약자와 연대하는 방향이 되어야 한다고 지적했다.[43]

민주노총도 전략조직사업을 추진하는 과정에서, 조직화 모델을 조직확대만이 아니라 조직혁신과 연계해야 한다는 점을 인식했다. 아래로부터의 연대, 새로운 주체 형성을 통한 운동 정체성 회복, 산별노조의 내용을 채우는 조직문화혁신 사업으로서의 의의를 지닌다는 점을 명시한 것이다.[44] 그러나 '조직문화혁신'은 3기 전략조직사업까지 오면서 점차 강조되기는 하지만, 여전히 사업 목표로만 남았다. 그 외에는 △ 총연맹 주도성 부재 △ 재정 문제 △ 선택과 집중 부재라는 문제가 있었다는 비판이 제기되기도 했다. 하지만 전략조직화 사업의 한계는 단순히 사업의 완성도만의 문제는 아니었다.

전략조직화와 결합된 조직문화 혁신은 결국 새로운 산별노조운동

---

43   Kim Moody, "Towards an International Social Movement Unionism", 《New Left Review》, September-October 1997. (국역: 킴 무디, "결론: 국제적인 사회운동 노조주의를 향하여", 신자유주의와 세계의 노동자, 1998.)

44   김종진, 「민주노총 전략조직화 사업은 무엇을 남겼나」, 《한국노동사회연구소 이슈페이퍼》 2012년 5호.

전략이 마련되지 않고서는 실행하기 어려웠지만, 현실의 전략조직사업은 그곳까지 시야가 닿지 않았다. 여전히 기업별노조의 관행과 제도가 지배적인 조건에서는 전략조직사업의 조직화 모델이 (영미사례에서 그러했듯) 조직의 양적 확대를 위한 전술적 도구로 전락할 가능성을 안고 있었다.[45]

실제 민주노총이 전략조직사업의 출발점으로서 가장 중요한 조직화 대상 영역을 설정하는 기준은, 조직확대가 가능한지 여부가 일차적이었고, 그다음에는 산별노조 간에 편중되지 않도록 안배하는 것이었다. 킴 무디가 주장했던 것처럼 사회운동과의 연대를 확장하고 노조의 이념을 사회운동 노조주의로 변화시키는 것이 목표로 설정되지는 않았던 것이다. 전략조직사업이 조직혁신과 유기적으로 연결될 수 있는가에 대한 고려도 상대적으로 빈약했다.

특히 문제는 당시 노동자운동이 최대의 과제로 설정하고 있었던 산별노조운동과 전략조직사업에 어떤 유기적 관련이 있는가였다. 2000년대 산별노조운동은, 산별노조 건설 후 기존에 조직된 사업장의 사용자를 묶어 집단교섭, 통일교섭을 실현하는 데 집중했었다. 미조직노동자 조직화와 산별교섭의 관계는 관심 사항이 아니었다. 조직화 사업은 산별노조가 전체 노동자 계급을 대표한다는 차원에서 투자해야 한다는 점이 강조되기는 했으나, 구체적으로 산별노조 발전전략과 유기적으로 연결되었다고 보기 어려웠다.[46] 애초에 민주노총이 독일식 산별노조-산

---

45   노중기, 앞의 글. 김영두, 「각국 노조운동 재활성화 전략의 비교검토와 한국에의 시사점」, 『노동운동의 재활성화전략』, 한국노동연구소·에베르트재단, 2007.
46   2006년 건설된 공공노조의 경우, 적극적으로 이러한 취지를 강조했다. 안태정, 「공공노조, 사회공공성을 지향하다, 공공노조 청산위원회」, 『공공노조활동백서』, 2014.

별교섭을 모델로 하는 노동조합과 노사관계 발전을 추구하는 과정에서, 기업별 노사관계가 주류인 미국 노동운동의 전략을 결합하려면 상당한 전략적 검토가 필요했다. 그러나 결국 조직확대가 필요하다는 실용적 인식에 따라, 전략조직사업은 산별노조운동과의 연계는 면밀히 고려되지 않은 채 별개의 사업으로 진행되었다.

산별노조운동이라는 전략에 비추어본다면, 조직화 대상 선정과 조직화 방식, 조직화 이후 교섭과 투쟁에서 산별노사관계 형성에 집중하는 방법이 없지는 않았을 것이다. 특히 산업별 노사관계 형성이 필요한 영역에 조직화 자원을 집중하고, 조직화 이후에도 기업별 교섭이 아니라 초기업 교섭으로 출발할 수 있는 방안을 모색할 필요가 있었다.

이를 위해서는 기업을 넘어 임금과 노동조건의 표준을 형성하기 위한 정책도 동반될 필요가 있었다. 기업을 넘어 사회적으로 표준적 노동조건을 형성하고 이를 위해 미조직노동자(지역사회)와도 연대한다는 점에서 사회운동적인 의미도 찾을 수 있었을 것이다. 그러나 2010년대를 거치며 실제 초기업 교섭이 가능했던 영역들은, 전략조직사업 대상과 일치하지 않는 경우가 많았다. 산별교섭이 어려운 상황에서 하나의 돌파구로 보였던 전략조직사업이 정작 산별교섭과는 큰 관계없이 진행된 것이다.

6. 한미FTA 반대 투쟁과 광우병 촛불: 반세계화 투쟁과 야권연대의 등장

1) 한미FTA 반대 투쟁

민주노총은 한미 자유무역협정(FTA) 협상이 본격화되는 2006~07년, <한미FTA저지 범국민운동본부>(이하 범국본)에 참여해 투쟁을 주도했다. 수차례의 범국민 총궐기대회, 미국 원정투쟁을 비롯한 다양한 투쟁을 진행했다. 민주노총의 한미FTA 반대 투쟁은, 직접적인 노동정책이 아닌 사회경제적 이슈로 총파업까지 돌입한 유례없이 큰 투쟁이었다. 이는 IMF 외환위기 이후 신자유주의 금융세계화 정책 반대를 조직적 입장으로 수용한 결과이기도 했다. 이런 점에서 이 투쟁의 전개과정과 민주노총의 입장을 다시 살펴볼 필요가 있다.

2006년 2월, 한국과 미국은 자유무역협정 협상을 공식 선언했다. 이에 민주노총은 한미FTA 추진에 반대하는 투쟁에 돌입했다. 민주노총은 농민단체, 시민사회단체와 함께 "한미FTA 저지 범국민운동본부"를 구성하여 공동투쟁을 전개했다. 스크린쿼터 축소와 미국산 쇠고기 수입 재개 등 미국이 요구한 이른바 "4대 선결조건"을 한국 정부가 수용한 2006년 초부터 사회적인 반대 여론도 커졌다. 민주노총은 "한미FTA는 국내 농업과 산업기반을 붕괴시키고 노동자 민중의 생존권을 위협할 것"이라고 우려하며 협상 중단을 촉구했다. 2006년 3월부터는 영화인과 농민의 대규모 집회에 민주노총이 연대하며 FTA 반대 여론을 확산했다.

특히 2006년 11월 22일, 한미FTA 5차 협상을 앞두고 범국민운동본부(이하 범국본)가 주최한 "1차 범국민 총궐기대회"가 전국 13개 지역에서 동시다발적으로 열렸다. 이날 서울을 비롯한 부산·인천·대구·광주 등지에서 8만여 명이 참가하고, 서울 광장에만 약 1만 6천 명이 모였다. 지방 각지에서도 대규모 참가자가 모여 노무현 정부 출범 이후 최대 규모의 충돌이 벌어졌다. 서울 집회는 비교적 평화적이었으나, 일부 지역에서는 시위대와 경찰이 격렬하게 충돌하여 부상자와 연행자가 속출했고, 경찰이 테이저건(전기충격총)까지 동원하며 초강경 진압을 펼치기도 했다.

2007년 들어 범국본은 '한·미 FTA 협상 무효' '노무현 정권 퇴진' '신자유주의·미 제국주의 반대'를 투쟁의 기조로 설정하고 투쟁도 확대했다. 2007년 들어 한미FTA 공식 협상이 이어지자, 민주노총과 범국본은 협상 저지를 위해 단식농성, 촛불집회, 삭발 투쟁 등 다양한 방식의 항의 행동을 이어갔다. 민주노총은 6월, 한미FTA 저지 총파업에 돌입하기로 했다. 특히 금속노조는 6월 25일부터 파업에 돌입하고, 현대자동차지부도 6월 28일 파업에 결합한다. 이상욱 현대자동차지부장은 "자동차업종이 한미FTA 수혜 부분이라고 하지만 미국의 관세 2.5%가 인하된 반면, 한국의 관세는 8% 인하됐다. 사측은 미국의 현지생산을 늘릴 계획을 가지고 있다"며 파업 이유를 밝혔다. 자동차산업 노동조합들은 한미FTA가 제조업 일자리에 미칠 영향을 상당히 우려했다. 노무현 정부는 이를 "명백한 불법 정치파업"이라 규정하며 강경 대응을 예고했다. 실제로 파업 주도자에 대한 체포영장이 발부되고 범국본 공동대표 2명이 구속되는 등 탄압이 이어졌다.

민주노총을 비롯한 민중운동의 계속된 투쟁에도 불구하고, 한미 양국은 2007년 4월 2일, 1년 2개월에 걸친 협상을 타결하고 협정문에 가서명했다. 노무현 정부는 9월 7일, 한미FTA 비준동의안을 정기국회에 상정했다. 연말 대선에서 이명박 후보가 대통령에 당선되면서, 한미FTA 비준은 이명박 정부 시기의 쟁점으로 이어진다. 아래에서 살펴보겠지만, 이 과정에서 미국산 쇠고기 수입 문제가 돌발 변수로 떠올랐다.

이후 미국산 쇠고기 수입 이슈가 잠잠해질 무렵, 이명박 정부는 몇 가지 쟁점에 대한 한미FTA 추가협상과 비준을 다시 추진했다. 2010년 말 민주노총은 "한미FTA 재협상은 졸속 밀실담합"이라 규정하고 대응 투쟁을 결의했다. 2011년 들어 국회에서 한미FTA 비준동의안을 둘러싸고 갈등이 격화했다. 이명박 정부와 한나라당이 비준을 강행하는 가운데, 민주노총과 범국본은 총력 투쟁을 전개했다. 2011년 하반기 들어 매주 촛불집회가 열렸고, 국회 앞과 도심에서 집회가 이어졌다. 민주노총은 11월 13일 전국노동자대회를 한미FTA 반대를 기조로 진행하기도 했다. 그러나 11월 22일, 한나라당은 야당의 반발 속에 한미FTA 비준동의안을 국회 본회의에서 기습 상정하여 표결을 강행했다. 이 과정에서 민주노동당 김선동 의원이 본회의장에 최루탄을 투척하는 일이 벌어지기도 했다. 결국, 이듬해인 2012년 3월 15일, 한미FTA 협정이 공식 발효되었다.

2005~2011년 민주노총의 한미FTA 반대 투쟁은 비록 협정 발효를 막는 데는 실패했으나, 운동의 지평을 넓히고 사회적 의제를 설정하는 데 성공했다는 의미가 있었다. 사회운동의 쟁점으로 노동조합이 실질적인 정치 파업까지 조직한 점도 의미가 컸다. 이 투쟁을 통해 노동자·민중운동은 신자유주의 세계화에 맞선 투쟁을 사회적으로 더욱 확산했다. 이후 정부는 통상정책에서 더욱 신중할 수밖에 없었다.

그러나 한미FTA 반대 투쟁은 지금 시점에서 몇 가지 돌아볼 지점이 있는 것도 사실이다. 2025년 7월, 미국의 트럼프 대통령이 한국에 대한 일방적인 관세부과를 발표하자, 진보당 윤종오 의원은 기자회견을 열고, "협상하는 과정에 일방적으로 관세율을 통보한 것은 한미FTA 협정을 파기한 것이며, 무례한 협박"이라고 비판했다. 사실상 한미FTA를 준수하라는 주장이었다. 그런데 10여 년 전 협약 비준을 앞둔 2011년 11월 전국노동자대회에서, 민주노동당 이정희 대표는 연설에서 "한미FTA는 1% 재벌과 미국을 위해 99% 국민에게 희생을 강요하는 매국적 협정"이라 규탄한 바 있다.

그렇다면 민주노동당 NL 정파와 통합진보당을 계승한 진보당은 한미FTA에 대한 입장이 바뀐 것일까? 현대자동차지부 조합원이 밀집한 울산 북구에서 당선된 윤종오 의원은, 미국이 한국 자동차에 상당한 관세를 일방적으로 부과하는 상황에 이를 규탄할 필요를 느꼈을 것이다. 실제 2025년 7월 30일 이루어진 한미 관세 합의는 한국의 대미수출에 15%의 관세를 부과하고 한국이 미국에 3500억 달러를 투자하는 것으로 합의했다. 이렇게 되면 당장 수출 물량이 줄어드는 것은 물론, 현대차그룹이 국내 투자보다는 미국 현지생산을 더욱 확대하게 된다. 이러한 아이러니는 세계화와 자유무역에 대한 노동자운동의 입장은 무엇이어야 할지를 생각해보게 한다.

한미FTA 반대 투쟁 당시를 돌아보면, 자유무역에 대한 다른 접근도 가능했을 것이다. 민주노총과 연대한 미국노총(AFL-CIO) 역시 한미FTA에 비판적인 입장이었지만, 민주노총과는 차이가 있었다. 민주노총의 입장이 반세계화(anti-globalization)에 가까웠다면, AFL-CIO의 입장은 대안세계화(alternative globalization)에 가까웠다. AFL-CIO는 북미자유무역협정(NAFTA)를 비롯한 모든 자유무역 협정은 미국의 무역적자와 자본수입을 지속시키는 수출달러의 환류 메커니즘일 뿐이라고 비판하면서, ILO과 UN 등이 제시하는 노동·환경 표준에 따른 '사회조항'을 협정에 포함해야 한다고 주장했다.[47]

민주노총의 한미FTA 반대 투쟁은 이와는 방향이 달랐다.[48] 민주노총이 한미FTA를 비판했던 여러 근거, 즉 농어민과 중소·영세업자 피해, 노동권과 일자리 위협, 경제주권 및 산업정책 제약, 공공성 파괴 등 여러 우려가 상당한 근거를 가졌던 것은 사실이지만, 다른 한편으로 "국가주권 침해", "망국적 조약" 등과 같은 민주노총의 구호는 FTA가 글로벌 자본에 의해 한국의 자율성을 침식한다는 주장으로, 국민국가의 보호주의적 전통과도 닿아있었다.

'반세계화'에 비해 '대안세계화'는 노동운동과 사회운동의 세계적 연대와 함께, 세계화 그 자체를 거부하기보다 세계화의 규칙을 바꾸자는 주장에 가깝다. 민주노총이 "한미FTA로 미국 노동자들도 일자리를 잃고 임금이 떨어질 것"이라고 주장하며 미국 노동자와 공동투쟁을 강조했던 것은, 대안세계화 운동의 성격도 어느 정도 갖고 있었음을 보여준다. 그러나 민주노총 안에서는 대체로 '반세계화' 운동으로 인식하는 경향이 지배적이었다. 민주노총이 한미FTA 반대 투쟁을 어떻게 이해했는지는 이듬해 정기대의원대회에 제출된 평가서를 통해 확인할 수 있는데, "2007년 한미FTA 저지 투쟁을 통해 조합원 대중의 반세계화·반제계급의식이 더욱 확산했고, (중략) 대책없는 개방정책이자 구조조정 정책인 FTA 정책에 대한 사회적 비판여론이 확산되는 정치적 성과를 남

---

47   AFL-CIO 트럼카 위원장 성명(2010년 9월 12일), 집행위원회 성명(2011년 3월 2일). 민주노총, 「미국노총 초청 긴급 워크숍: 나프타와 한미FTA, 노동자에게 미치는 영향」, 2007.
48   윤소영, 『일반화된 마르크스주의와 대안노조』, 공감, 2008.

졌다"라고 평가했다. 과거 WTO 반대 시애틀 투쟁(1999년), WTO 반대 칸쿤 투쟁(2003), WTO 홍콩 각료회담 반대 원정투쟁(2005) 등 일련의 자유무역 비판 운동도 주로 반세계화라는 맥락에서 이해되었다. 이는 역사적으로 IMF 외환위기와 노무현 정부의 신자유주의 정책에 대한 한국 노동자운동의 분노가 컸던데다, 2002년 미군 장갑차에 의한 여중생 사망 사건에 항의하는 촛불시위와 2003~04년 이라크 파병 반대 운동이 이어지면서 반미 자주화 운동이 강조됐기 때문이었다.

그렇다면 한미FTA가 한국경제에 미친 영향은 투쟁 당시 우려했던 것처럼 나타났을까? 2012년 이후 자동차산업의 변화를 예로 들자면, 대미 자동차 수출은 양적, 질적으로 성장했다. FTA 발효 전 5년과 발효 후 5년을 비교할 때, 한국의 대미 자동차 수출액(연평균)은 107억 달러에서 209억 달러로 증가했다. 한국의 전체 대미수출에서 자동차와 부품이 차지하는 비중도 높아졌다. 일본과 유럽연합이 2.5%의 관세를 부과받는 동안 한국은 무관세를 적용받았던 점이 영향을 미쳤을 것이다.

이와 함께 고용이 소폭 증가하였다. 그러나 자동차산업에서 임금수준의 전반적인 상승은 불균형한 것이었다. 완성차 정규직 노동자와 비정규직, 하청 중소기업 노동자 사이의 임금 격차는 더욱 커졌기 때문이다. 완성차 기업은 비정규직 고용 비율을 늘리고, 외주화와 모듈화를 통해 임금인상의 부담을 외부로 전가하며 정규직과 비정규직, 완성차업체와 부품업체 노동자 간의 임금 격차를 확대했다.[49]

결국, 금속노조가 한미FTA 반대 파업에 나서면서 우려한 일들은

---

[49] 조형제·정준호, 「한국 자동차산업의 고용 구조 변화: 2008-2018년」, 《산업노동연구》, 27권 1호, 2021.

한편에선 '반대로', 다른 한편에선 '그대로' 일어난 셈이었다. 당시 우려와 달리, 한국 자동차산업은 붕괴하거나 위축되지 않았다. 전반적으로 노동자들에게도 불리했다고 보기도 어렵다. 그러나 노동자 간 격차는 개선되지 못하거나 오히려 커졌다. 글로벌 경쟁 과정에서 고용에 악영향을 주는 외주화와 자동화가 심화했고, 노조조직률의 차이가 임금격차를 확대하는 상황에서 상대적으로 중소기업의 낮은 노조조직률이 개선되지 못했기 때문이었다. 그 이후로 10여 년이 지나, 이제는 미국의 일방적 관세·무역 정책에 대해 진보정당이 '한미FTA를 준수하라'고 요구하는 상황이 되었다. 자유무역에 대한 찬반을 넘어 '어떤 자유무역이냐'라는 질문을 제기할 필요가 있었다는 사실을 이제는 확인할 수 있을 것이다.

2) 광우병 쇠고기 수입반대 투쟁

2007년 17대 대선에서 이명박 한나라당 후보 대 정동영 대통합민주신당 후보가 대결해 각각 48.7%, 26.1%를 얻어 민주당이 크게 패했다. 2008년 4·9 총선에서도 여당인 한나라당이 153석을 얻은 반면, 손학규, 박상천 공동대표 체제의 통합민주당은 불과 81석을 얻어 역사상 최약체 야당으로 전락한다.[50]

야권에 새로운 돌파구가 필요한 시점에서, 일각에서는 이명박 대통령 탄핵 움직임이 시작된다. 2007년 12월 19일, 17대 대선 투표가 끝난 당일, 다음카페 〈이명박 탄핵을 위한 범국민운동본부〉가 개설된다. 범

---

50 김동근, 「반보수전선의 막다른 길」, 《계간 사회진보연대》 2019년 여름호. 이하의 내용 중 광우병 쇠고기 반대 투쟁의 개요는 대체로 이 글을 요약한 것이다.

국민운동본부는 12월 22일부터 이명박 대통령 탄핵을 목표로 촛불집회를 주최하여 2008년 4월 26일까지 꾸준히 이어갔다. 5월 2일에는 '안티 이명박' 카페를 중심으로 "미친 소 너나 처먹어라"라는 구호를 내건 촛불집회가 열렸다.

이는 이명박 대통령 탄핵을 목표로 범국민운동본부가 개최한 촛불집회였으나, 사후적으로 "1차 촛불집회"로 명명되었다. 1차 촛불집회 이후 '이명박 탄핵을 위한 범국민운동본부' 카페는 가입자 수가 폭발적으로 증가하고, 이명박 대통령에 대한 조롱이나 광우병에 대한 공포와 괴담이 확산되었다. 범국민운동본부를 비롯한 여러 인터넷 카페는 노무현과 열린우리당의 등장 속에서 직간접적 역할을 했던 집단·개인과 상당한 관련성이 있었다.

광우병 문제는 한미FTA, 즉 노무현 정권의 정치적 유산과 깊이 관련된 것이었지만, 이들은 그런 관련성에는 무관심했다. 한미FTA 협상 과정에서 미국이 미국산 쇠고기 수입 재개, 배출가스 강화 기준 2009년까지 철폐, 스크린쿼터 축소, 약값 재평가 제도 철폐 등 이른바 4대 선결 조건을 요구하고, 노무현 정부가 이를 수용하면서 대중의 민족주의적 반발이 더욱 촉발됐다는 사실은 어느새 잊혔다. 이러한 조건에서 한미FTA 반대만이 아니라 오히려 '대안무역협정'을 제기하고 노동권 조항을 강화하기 위한 투쟁을 병행해야 한다는 비판도 있었으나, 현실화되기 어려웠다.[51]

17대 국회에서 처리되지 못한 비준 동의안은 이명박 정부 시기인 18대 국회에 상정됐다. 그런데 이명박 정부가 들어선 후 이어진 쇠고

---

51   윤소영, 『2007~09년 금융위기』, 공감, 2009.

기 협상에서 검역기준이 하향되면서 문제가 불거졌다. 이 협상이 체결된 이후, 4월 29일 PD수첩의 '긴급취재, 미국산 쇠고기, 과연 광우병에서 안전한가?'가 방영되면서 논란이 증폭했다. 미국산 쇠고기가 인간광우병(vCJD)을 발생시킬 수 있다는 주장이 담겼기 때문이다. 멀쩡한 소가 주저앉는 장면이 방송되면서 "미국산 쇠고기를 먹으면 광우병에 걸린다"는 공포감이 한국 사회에 광범위하게 퍼졌다.[52]

곧이어 '광우병 위험 미국산 쇠고기 전면 수입반대 국민대책회의'가 결성되고 촛불집회가 이어졌다. 6월 10일에는 "100만 촛불대행진"이 대규모로 열렸으며, "정부가 7대 최소 안전기준을 바탕으로 한 재협상 요구를 수용하지 않으면 정권 퇴진 투쟁도 불사할 것"이라는 입장을 천명했다. 집회 참가자들은 5월 말엔 청와대 진출까지 시도했다. 민주당도 재협상을 촉구하며 국회 등원을 거부하고 광우병 집회에 가세했다.

노무현 정부 시기 결성된 한미FTA저지 범국본 입장에선 광우병 촛불이 갑작스러운 일이었다. 범국본은 촛불집회에 결합하면서 광우병 쇠고기 협상으로 촉발된 정세의 본질적 의미, 즉 김대중·노무현 정부에서 이어진 신자유주의 개혁정책의 본질을 제기하려 했으나, 거의 불가능한 상황이었다. 이미 반MB투쟁이 모든 쟁점을 압도했기 때문이다.

촛불집회 국면에서 한반도 대운하 사업과 같이 이명박 정권 들어

---

[52] 그러나 당시 대중적인 공포를 불러온 PD수첩의 보도는 과장된 부분도 많았던 것으로 밝혀진다. 가장 충격을 준 장면이었던 주저앉은 소가 도축되는 장면에서 이 소들이 광우병에 걸린 소라는 해설, 아레사 빈슨 씨가 인간광우병에 걸려 사망하였다는 취지의 보도에 대한 사실 여부가 논란이 되었다. 2008년 8월, 언론중재위가 정정 보도를 하도록 결정하고 MBC는 이를 인정하여 사과 방송을 진행했다. 2011년, 대법원은 "대한민국 국민이 광우병에 걸릴 가능성이 더 크다는 보도"는 허위 보도라고 판결했고, MBC는 다시 공식 사과문을 발표한다. 그러나 언론노조 MBC본부, 사회운동, 야당은 이것이 외압에 의한 것이라고 반발하며 논란이 계속되었다.

2008년 미국산 쇠고기 수입 반대 촛불집회

2008년 5월 2일 '이명박 탄핵을 위한 범국민운동본부'가 미국산 쇠고기 수입반대 촛불집회를 개최했다. 5월 6일에는 시민사회단체가 모여 '광우병 위험 미국산 쇠고기 전면 수입을 반대하는 국민대책위'를 결성했다. 민주노총도 5월 13일 투쟁계획을 발표했고, 19일 긴급 산별대표자회의를 통해 총력 투쟁을 결의했다. (사진출처:《오마이뉴스》)

새롭게 추진되던 정책들도 쟁점으로 부상했다. 이 과정에서 민주노총은 공공부문 노조를 중심으로 건강보험 민영화, 공공부문 민영화라는 쟁점을 결합하고자 했다. 이명박 정권의 국정 동력이 약해질수록, 정부가 추진하려는 반노동 정책도 힘을 잃을 것으로 판단했기 때문이다. 그러나 노무현 정권 정책의 연장선에 있는 쟁점들, 예를 들어 비정규직 보호법이나 한미FTA 문제에 대한 비판은 투쟁 과정에서 잘 부각되지 않는 암묵적 장벽이 존재했다. 비정규직 보호법 시행 1년을 맞이하여 민주노총과 여러 사회단체가 다양한 사업을 기획했으나, 촛불집회 국면과 맞물려 이슈가 묻히고 말았다.

6월 들어서는 화물연대와 건설노조 건설기계분과가 파업에 돌입했다. 민주노총은 '광우병 쇠고기 협상 전면 무효화 및 재협상, 한반도 대운하 반대, 물·전기·가스·철도·의료·교육·언론 시장화·사유화 정책 폐기, 기름값 물가폭등저지'를 의제로 전 조합원 총파업 찬반투표를 실시했다. 6월 29일 개표결과 투표율 53.1%, 찬성률 69.78%로 파업을 가결하고 7월 2일에 총파업을 전개했다.

결과적으로 6월 19일 대통령이 사과 기자회견을 열고, 30개월령 미만 소만 수입하는 것으로 추가협상이 타결됐다. 8월에는 30개월 이상 수입 시 국회 심의를 거치도록 가축법을 개정했다. 이에 7월 7일 광우병 국민대책회의가 평일 촛불집회를 중단하기로 하면서, 격렬한 시위의 분위기는 차츰 정리되고 있었다.

그런데 국제정세가 급박하게 변화하고 있었다. 미국에서 금융 불안정이 증가하는 가운데, 2008년 9월 14일, 리먼브라더스가 파산을 신청하면서 본격적인 세계 금융위기가 폭발하기 시작했다. 9월 16일에는 국내 증시도 폭락하고, 환율은 1998년 이후 최고의 상승 폭을 보이면서 패닉에 빠졌다. 한국에도 위기가 파급되기 시작한 것이다. 그 결과 기업의 수익성이 크게 악화하면서, 2009년에 들어서는 한계기업이 무너지기 시작했다. 공공부문에서는 이명박 정부가 선제적인 구조조정을 추진하여, '공공기관 선진화 정책'이라는 명목으로 공공기관의 정원을 10~15%씩 감축하기 시작했다. 재벌기업과 공공부문의 노조는 방어 투쟁에 돌입했다.

민주노총은 이러한 세계 금융위기에 대한 정확한 정세 진단 없이, 비슷한 시기에 이루어진 이명박 정부의 보수적 정책에 반대하는 데 급급했다. 그렇지만 정권의 보수적인 정책 이전에 세계경제가 실제로 심각한 상황이었다. 일시적인 경기침체를 넘어 세계 자본주의 질서 자체에 근본적인 타격을 준 이 위기 속에서, 노동자운동은 기민하게 정세를 분석하며 운동방향을 돌아볼 필요가 있었다.

그러나 민주노총은 당면한 정리해고와 구조조정 반대 투쟁에 집중하는 것 이상으로 나아가지 못했다. 그러면서 민주노총은 2010년대 내내 민주당과의 '야권연대'를 통한 정권교체에 몰두했다. 비슷한 시기에 2009년 4월 경기교육감 선거에서 민교협 출신의 김상곤 후보가 '전면 무상급식'과 'MB교육 심판'을 내세워 당선된 후, 야권단일화, MB 심판, '무상' 시리즈라는 선거 승리 공식이 이른바 민주진보 진영에서 확립되기 시작했다. 2009년 5월 노무현 전 대통령의 죽음 이후, 이러한 "민주대연합 전선"이 본격화된다.[53]

7. 외환위기 이후 노동운동의 전략: 산별노조-정치세력화 노선의 위기

IMF 외환위기가 수습되어가던 2001년 이후, 신자유주의 구조조정의 결과가 구체적으로 드러나기 시작했다. 노동시장에서는 일자리가 다시 만들어지기 시작했지만, 비정규직, 하청, 파견처럼 불안정한 고용형태가 대부분이었다. 경기회복과 함께 임금 수준은 회복되기 시작했다. 도시근로자 가구당 가계수지(가처분소득-소비지출)가 외환위기 직후인 1999~2001년에 적자로 돌아서면서 생활상태가 크게 악화하였으나, 2002년부터 흑자로 돌아섰고, 2006년에는 외환위기 이전 수준을 회복

---

[53] 임필수, 「2010~20년 10년의 야권연대. 역사와 교훈」, 《계간 사회진보연대》 2021년 가을호.

했다. 자영업자를 제외한 노동소득분배율도 2001년 58.1%에서 2006년에는 61.8%까지 상승했다. 그러나 자영업자(특수고용노동자 포함)를 포함할 경우 오히려 노동소득분배율은 하락하여, 금융위기 당시 노동시장에서 밀려난 계층이 집중된 영세 자영업자 집단은 몰락하는 추세를 보여주었다. 또한, 소득 하위 1분위는 66만 원 적자, 10분위는 188만 원 흑자로 소득 격차는 오히려 확대되었다.[54]

민주노총은 기업별노조를 넘어 산별노조로 전환하며 변화된 정세에 대응하고자 했지만, 그 토대는 다수가 외환위기에서 살아남은 대기업노조들이었다. 산별노조도 그러한 기업별노조들의 연합이라는 형태로 건설되었다. 금속노조와 보건의료노조를 비롯해 산별노조 건설을 선도한 조직은 기업별 노사관계를 넘어 산별교섭을 실현하기 위해 분투했다. 어느 정도 성과도 있었지만, 산별 노사관계를 안착했다거나 기업별 노사관계를 넘어섰다고 보기는 어려웠다. 2004년 보건의료노조 산별협약 논란은 산별교섭의 위상에 대한 노동조합 내부의 합의도 모호하다는 사실을 보여주었다. 각 산별노조는 안정적인 산별교섭 구조를 만들지 못했다.

열악한 일자리를 감내해야 했던 여러 업종의 불안정 노동자는 노동조합을 결성하고, 통상 "비정규직 투쟁"으로 불리는 투쟁을 격렬하게 전개했다. 민주노총과 산별노조는 한계는 있었지만, 전략조직사업에 자원을 투자하기 시작했다. 부분적으로 성과를 쟁취한 사업장도 있지만, 처절한 장기투쟁으로 이어지기 일쑤였다. 전투적인 투쟁을 전개할 수

[54] 김유선,『한국의 노동 2007』, 한국노동사회연구소, 2007. 남종석,「2000년 이후 한국 자본주의 전개: 선진국으로의 진입과 위기를 중심으로」,『성공의 덫에서 벗어나기1』, 후마니타스, 2022.

밖에 없는 이들 사업장의 투쟁방식을 노동운동의 쇄신 방향으로 여기는 경향도 나타났다. 그러나 "정규직화"를 목표로 하는 비정규직 투쟁이 당시 노동시장의 변화에 대한 적절한 대응이었는지는 다시 평가해 볼 대목이다.

노사관계와 노동시장의 불안정성은 노동운동만이 아니라 정부와 자본 측에서도 해결해야 할 과제가 아닐 수 없었다. 노무현 정권은 노사관계 로드맵과 비정규보호법 입법이라는 방식으로 이를 해결하려 했고, 그 경로로 노·사·정 협상을 구상했다. 민주노총 집행부는 노사정 협상에 호응하려 했으나 이내 격렬한 조직적 갈등에 휩싸였다. 이 과정은 민주노총 내부에 또 한번 깊은 트라우마를 남겼다. 노무현 정부는 자신이 구상한 제도 개혁을 국회 입법을 통해 부분적으로 실현했지만, 엄청난 사회적 갈등을 초래한 데 비해 그 성과는 초라했다.

민주노총은 2000년대 들어 신자유주의 금융세계화에 반대하는 국제적 투쟁에 적극적으로 동참했다. 1999년 시애틀 WTO 각료회의 저지 투쟁을 시작으로 2005년 홍콩 WTO 각료회의 저지 투쟁에서 나타난 한국 노동조합의 전투적 투쟁은 국제 노동운동에도 큰 인상을 남겼다. 그러나 이러한 투쟁은 반미 투쟁의 연장선으로도 인식되었다. 비슷한 시기에 진행된 한미FTA 반대 투쟁 역시, '대안세계화'라기 보다는 민족주의적 정서에 기반한 '반세계화' 성격이 짙었다.

노무현 정부가 실패한 가운데 이명박 정부로 정권이 바뀌었다. 보수 정부의 국정동력을 약화시켜야 한다는 데 노동운동을 포함한 민중운동과 민주당을 비롯한 야권의 이해가 일치한다. 이들은 광장의 광우병 쇠고기 반대 투쟁을 매개로 '야권연대'의 프로세스를 추진했다. 그러나 이러한 과정이 진행되는 동안, 세계 금융위기가 발생했다.

신자유주의 금융세계화의 위기라는 거대한 정세 변화 속에서, 한국경제의 고성장 시기에 함께 성장하여 신자유주의 세계화에 대응해온 한국 노동자운동은 자신의 노선을 돌아볼 필요가 있었다. 세계자본주의의 구조적 위기가 전개되는 상황에서, 위기의 원인을 인식하고 이 구조를 변화시키기 위한 정치·사회운동이 필요했다. 또한 위기가 더 심화시킬 노동자 사이의 격차를 적극적으로 줄여 단결의 기초를 다시 확립해야했다. 말하자면 사회운동노조로 민주노총을 변화시킬 필요가 있었던 것이다. 그러나 민주노총은 혁신에 실패했고 2010년대의 위기 상황을 정권과 자본의 구조조정 시도에 대한 방어적 투쟁과 야권연대 전술로 돌파하고자 했다.

IMF 외환위기 이후 신자유주의 체제가 안착하는 과정에서도 노동운동의 대응은 대체로 방어적이고 수세적이었다. 물론 여러 제도 개악과 고용불안을 막는 방어 투쟁을 전개하는 것은 어쩔 수 없었다. 그러나 노동운동이 방어 투쟁을 통해 유지하고자 했던, 호황기에 형성되었던 노사관계와 노동시장은 1990년대 말을 거치며 이미 해체된 상태였다. 노동운동은 자신이 앞으로 어떤 체제를 형성하고자 하는지도 인식하지 못한 채, 추상적인 주장을 요구안과 성명서에 담으며 투쟁을 이어갔다. 그 결과, 보수정부가 등장한 이후에는 그 이전의 체제, 즉 민주당 집권기로 돌아가는 것이 그나마 대안이 되는 상황을 맞이했다. 이것이 바로 2010년대 한국 노동운동의 현실을 요약하는, 현장에서의 경제적 방어투쟁과 정치영역에서의 야권연대라는 경향이었다.

4장
세계 금융위기 이후의 노동운동

노동운동의 정체와 새로운 모색

4장. 세계 금융위기 이후의 노동운동
노동운동의 정체와 새로운 모색

아래와 같은 질문으로 이 장을 시작하고자 한다.

"지난 10년 동안 우리가 목도한 노동자계급 상태의 가장 심각한 문제는 노동자 간, 주로 재벌·공공부문과 민간 중소·영세 부문 사이의 임금격차 확대와 이로 인한 노동자계급의 심각한 분할, 그리고 제조업 위기로 인한 경기침체와 구조조정, 국민경제의 위기였다. 그런데 왜 민주노총을 중심으로 하는 노동자운동은 이 두 가지 문제에 대해서 어떤 실효성 있는 대안을 제시하거나 이 모순과 대결하는 자신의 투쟁을 제대로 조직하지 못했는가? 사업장을 넘어선 정치적·사회적 투쟁은 왜 민주당과 구별되지 않는 '촛불항쟁'으로 수렴되고 말았는가?" (박준형, 「세계 금융위기 이후 한국 노동자운동 평가」, 《계간 사회진보연대》, 2019년 여름호)

2000년대 초 노동자운동의 주류 노선이었던 "산별노조-정치세력화" 양날개론은 2010년대에 이르러, 결과적으로 애초의 목표를 달성하지 못하고 위기에 처했다. 조직형식적으로는 산별노조와 진보정당을 남겼지만, 이루고자 했던 운동적 목표와는 상당히 다른 결과를 낳았기 때문이다. 노동자운동이 중점적으로 추진했던 노선과 실천들이 위기에 처했지만, 그러한 노선과 실천이 타당했는지에 대한 성찰은 이루어지지 않았다. 한편, 신자유주의 노동유연화와 구조조정에 대한 대응은 비정규직 노동조합 투쟁과 '사회공공성 운동'으로 확장되었다. 이 장은 IMF 외환위기 이후 제시되었던 대안들이 한계를 보이는 상황에서, 노동운동이 2008년 이명박 정부 집권과 세계 금융위기라는 정세에 어떻게 대응했는지를 다룬다.

1. 세계 금융위기 이후, 변화의 기회 상실

1) 2008년 세계 금융위기와 한국 경제

2008년, 전 세계를 강타한 세계 금융위기는 미국 서브프라임 모기지 대출 부실을 계기로 촉발되었다. 미국에서는 2000년대 저금리 기조와 주택 가격 상승에 힘입어 신용도가 낮은 주택소유자에 대해 서브프라임 모기지 대출이 급증했다. 그러나 2006년 하반기부터 미국 연방준비제도(Fed)의 정책금리 인상과 주택 경기 둔화로 인해 대출 금리가 상승하고 연체율이 높아지다가 일시에 거품이 붕괴한 것이다.

세계 금융위기는 직접적으로는 복잡한 파생상품과 그에 대한 부실한 규제가 빚어낸 '사고'에서 비롯되었지만, 단순한 금융 부실 사태는 아니었다. 자본주의 경제체제의 구조적 모순 속에서 축적된 문제가 임계점에 도달하여 폭발했기 때문이다. 즉, 자본의 이윤율 저하 경향을 상쇄하기 위한 금융화의 폭주와 부채의 팽창이 붕괴하면서 발생한 위기였다. 위기관리 정책이던 신자유주의 정책 자체가 위기에 처한 것이었다. 금융위기가 세계로 확장되는 과정에서 한국에도 그 충격이 파급되었다. 한국은 극심한 외화 유동성 위기(달러 부족)를 경험하면서 원/달러 환율이 한때 1,500원대까지 치솟았다. 금융위기는 신흥시장에서의 대규모 해외 자본유출을 촉발했는데, 한국도 대규모 순유출이 발생하며 타격을 받았다. 위기는 노동시장에도 영향을 미쳐, 노동 수요가 전례 없는 수준으로 위축되었다. 실업률은 꾸준히 상승하여 2009년 3월 4%, 2010년 1월에는 4.8%에 달했다.

　금융위기의 충격에 직면하여 다양한 주장이 노동운동, 진보정당, 사회운동에서 제기되었다. 민주노동당과 진보신당은 민생지원과 서민살리기 긴급대책을 비롯한 사회보장 확대, 사회공공성 강화, 금융규제 강화를 대안으로 제시했다. 이는 당장 필요한 정책일 수는 있으나, 자본주의의 구조적 위기라는 금융위기의 원인에 대한 분석을 바탕으로 한 대책이라고 보기는 어려웠다. 대체로 케인즈주의 정책처방과 다르지 않았으며, 그 중에도 사후적인 사회안전망 제공을 강조했기 때문이다. 특히 민주노동당은 가구소득 보전을 위해 사회간접자본 투자 예산을 삭감하자고 주장하는 한편, 재정정책에서는 직접적인 현금지원만을 강조했다. 가장 초단기적인 처방만을 내놓은 셈이다. 더 급진적인 노동운동 단체들은 모든 형태의 해고 금지, 노동조건 악화 없는 노동시간 단축을 통한 일자리 나누기, 은행과 재벌대기업의 몰수·국유화와 노동자 정부 수립을 주장했다.[1] 이는 불황기에는 강력한 생존권 투쟁도 이행강령의 의미를 가지면서 반자본주의 투쟁이나 권력 쟁취 투쟁으로 발전한다는 주장에 입각한 것이다. 그러나 1930년대 대공황 당시 생존권 요구가 케인즈주의로 수렴되었던 것을 보면, 그러한 입장들이 기대한 급진적 결과를 실제로 얻기는 어려웠을 것이다.[2]

민주노총은 총고용 보장과 사회안전망을 요구하면서, 노동시간 단축과 공공부문 고용창출을 주요한 대안으로 제시했다. 신자유주의 체제 극복을 위해 금융과 재벌에 대한 규제를 강화하고, 최저임금 인상과 사회복지 확대로 내수기반을 확대할 것도 요구했다.[3] 이 역시 자본주의의 구조적 위기에 대한 비판과 대안이라기보다는, 단기적·실용적인 케인즈주의 정책 대응에 가까웠다. 게다가 과거에도 노동시간 단축은 일자리 나누기 효과는 별로 없으면서 노동시간 유연화를 동반했다는 점, 불황기 공공부문 고용 확대는 결국 저임금·단기 일자리로 연결될 것이라는 점도 고려하지 못했다.[4] 또한, 생계 위기에 가장 먼저 내몰린 불안정 노동자를 조직하는 것과 같이 노동운동이 노동자계급의 단결을 도모하

---

[1] 양효식, 「세계대공황과 자본의 공격에 맞선 노동자 행동강령의 원리와 방법」, 『사회주의자』 3호, 2009.
[2] 윤소영 외, 『2007-09년 금융위기 논쟁』, 공감, 2010.
[3] 김태현, 「경제위기와 민주노총의 대응방향」, 한국노동사회연구소 69차 노동포럼, 2008.
[4] 불황기에 국가가 일자리를 보장하라는 주장은 이후 문재인 정부 시기에 이르면 경기순환과 상관없이 정부가 일자리를 책임지라는 주장으로 발전한다. 정부가 최후의 고용주로서 역할을 해야 한다는 것이었다. 정해구 외, "더불어 사는 사람중심경제", 대통령 직속 정책기획위원회 출범 토론회, 2017년 12월 15일. 이러한 '최후의 고용주'론은 포스트케인즈주의 경제학자 하이먼 민스키(Hyman Minsk)의 주장에서 비롯되었는데, 민간 부문의 투자와 고용은 언제든지 수축 국면에 진입할 수 있으므로 정부가 일정 임금 수준에서 무제한으로 일자리를 제공함으로써 실업을 제거해야 한다는 것이다. 이는 문재인 정부 시기 코로나19 위기 상황에서 현대화폐이론(MMT)과 함께 다시 부각된다.

는 실천보다는, 주로 정부(국가)에 정책을 요구하는 것이 중심이었다. (민주노총은 코로나19 위기에서도 비슷하게 대응한다. 관련 내용은 뒤에서 다룬다) 이렇게 진보정당이나 노동운동의 대응은 대체로 케인즈주의 단기 정책들과 구별되지 않았고, 일부 급진적 주장들은 구체적 정세를 분석하지 않은 도덕적 비판에 가까운 경우가 많았다. 초유의 세계 금융위기 속에서, 자본주의 자체에 대한 비판과 대안은 오히려 깊이 논의되지 못했다.

한편, 한국은 다른 나라에 비해 상대적으로 빠른 회복세를 보였다. 경제성장률은 2008년 4분기에 전년도 동기대비 -3.3%를 기록했지만, 정부의 과감한 총수요 확대 정책과 수출 회복에 힘입어 2009년 0.2%, 2010년 6.2%의 성장률을 기록했다.[5] 중국 시장도 중요한 변수였다. 세계금융위기 충격에 대응하여 경기를 부양하기 위한 중국 정부의 과감한 재정투입은 한국의 중간재 수출기업이 신속하게 회복하는 데 도움이 되었다. 기업들은 IMF 외환위기에서 혹독한 교훈을 얻은 이후 부채비율을 관리하고 있었기 때문에, 당장 고용조정이 급격하게 이루어지진 않았다. 그러나 이미 수익성이 좋지 않았던 한계기업이나 건설업을 비롯한 취약 업종의 기업이 파산하는 경우가 발생했다. 이외에 임금 억제, 고용조정, 투자 축소, 사업 재편 등 구조조정이나 인수합병도 나타났다. 아래에서 살펴볼 쌍용자동차와 한진중공업의 정리해고 반대 투쟁은 바로 이러한 구조조정 과정에서 벌어진 갈등이었다. 결과적으로 세계 금융위기는 기업들에 강력한 '효율화 압력'을 가한 충격이었다. 이후 기업의 생산체계는 이러한 압력에 반응하여 변화한다.

세계 금융위기 이후 세계경제와 한국경제는 장기적이고 구조적인

---

[5] 조동철, 김현욱 편, 『경제 세계화와 우리 경제의 위기대응역량』, KDI, 2011.

변화를 마주한다. 세계 경제성장률은 이전 10년간의 2% 중반대에서 1% 후반대로 하락한다. 한국도 위기 이전 5% 수준의 경제성장률을 유지하다가, 2011년 이후에는 2% 후반으로 크게 하락한다. 장기저성장이 '뉴노멀'이 된 것이다. 그런데 장기저성장의 근본적인 원인은 자본생산성의 장기적 하락 경향이었다. 한국경제는 투자 주도 성장을 해왔는데, 투자 확대는 장기적으로 자본의 한계 생산성을 하락하게 만든다. 일찍이 마르크스가 비판한 것처럼, 자본주의하에서 기업들은 노동력 소비보다 고정자본 소비를 더 선호하는 경향, 즉 편향적 기술진보를 추구하는 경향이 있고, 이 과정에서 고정자본의 상대적 과잉이 발생한다. 이는 기업의 이윤율을 떨어뜨리는 압력으로 작용한다.

세계시장에서 경쟁 압력으로 인한 수익성 하락에서와 마찬가지로, 고정자본 과잉으로 인한 이윤 하락 압력 역시 기업이 비용을 절감하도록 압박한다. 기업들은 기술진보를 촉진하는 한편 노동에 대한 공격을 통해 비용을 절감하고자 한다.[6] 결과적으로 기업의 수익성이 하락하면서 투자율도 하락하기 시작하는 것이 2010년대에 벌어진 일이었다. 2015년 이후 투자율은 그 이전 30% 중반대에서 20% 초반대로 하락했고, 이는 다시 잠재성장률을 하락시키는 원인이 된다. 또한, 총요소생산성 정체, 수출 부진과 제조업 생산성 하락, 서비스업 저생산성 고착, 고령화로 인한 노동투입 둔화, 고정투자 축소가 동시에 나타났다.[7] 한국

[6] 남종석, 「2000년 이후 한국 자본주의 전개: 선진국으로의 진입과 위기를 중심으로」, 『성공의 덫에서 벗어나기1』, 후마니타스, 2022.
[7] 총요소생산성(TFP, total factor productivity)은 노동이나 자본 투입의 양적 증가로는 설명되지 않는 생산성 향상분을 의미한다. 기술진보, 경영혁신, 제도개선, 교육수준 향상으로 인한 효율성 증대를 포착하는 지표로, 경제성장의 질적 측면을 나타낸다. 총요소생산성이 2010년대 점차 하락했다는 것은 앞으로 노동과 자본 투입이 늘기 힘든 한국경제의 전망이 어둡다는 사실을 의미한다.

은 세계 금융위기의 영향을 상대적으로 덜 받기는 했지만, 확실한 저성장 체제로 경제구조는 바뀌어갔다.

위기 직후 일시적으로 몇 년간은 대기업과 중소기업 사이의 임금 불평등은 줄어들었다. 수출이 급감하면서 수출 대기업에 종사하는 고임금 노동자들의 성과금과 상여금이 크게 줄었기 때문이다.[8] 그러나 위기 이후 회복 국면에서 수출 대기업의 빠른 성장은 노동시장 이중구조를 한층 강화하는 계기가 되었다. 수출 대기업이 구축한 공급 생태계는 부품 공급기업에도 일정한 이윤을 꾸준히 보장하는 것이었다. 이 때문에 내수 기업 등 독립적인 중소기업보다 상대적으로 나은 수익성을 확보할 수 있었고 불황기에도 위기에 덜 노출되었다. 수출 대기업은 계열사 및 협력기업 공급 생태계를 기반으로 생산의 모듈화와 자동화를 적극적으로 추진했다. 이는 생산성 향상 및 제품경쟁력 강화로 나타났다. 모듈생산방식(modular production)은 기업 내외부에서 복수의 부품을 모듈단위로 중간조립하여 최종 생산라인에 투입해 완제품을 만드는 방식인데, 이미 1990년대 이전부터 발전하던 한국의 조립형 공업화가 더욱 고도화한 것이다.[9] 대기업은 계열사가 생산하는 핵심 모듈에는 기술혁신을 최대한 반영해 제품경쟁력을 끌어올리고, 그 외 부가가치가 낮은 부품들은 2차, 3차 협력기업들이 생산하도록 하여 비용효율성을 달성했다. 이러한 생산방식은 원청인 수출 대기업의 자동화를 촉진했다.

수출 시장의 조건이 양호할 때에도 수익의 대부분을 원청 대기업이

---

[8] 최병천, 『좋은 불평등』, 메디치미디어, 2022.
[9] 핫토리 다미오의 '조립형 공업화'론에 따르면, 1970년대부터 한국은 개발 초기 단계에서 기계·금속 산업과 같은 기간 산업이 부족했기 때문에, 생산재 수입 및 조립을 중심으로, 기술·기능 절약적 발전을 추구한 특징을 보여주었다. 이러한 특성은 1990년대를 거치며 더욱 전면화된다. 요코타 노부코, 앞의 책.

가져갔기 때문에, 부품공급 기업의 수익성과 노동자 처우는 개선되기 어려웠다. 무엇보다 대기업은 자동화 설비투자를 계속하고 신규 고용은 억제하면서 노동생산성을 올렸는데, 이 역시 대기업 노동자들의 상대적으로 빠른 실질임금 상승의 기반이 된다. 중소기업은 생산성 상승률 자체가 대기업에 미치기 못했기 때문에, 생산성 향상만큼 실질임금이 상승하더라도 대기업 노동자와 중소기업 노동자 사이의 임금 격차는 더 벌어질 수밖에 없었다. 아울러, 위기를 전후로 일자리가 대규모 재배치되는 가운데 새로 창출된 일자리는 대부분 저임금의 불안정한 일자리였다.

2016년 현재 기업규모와 고용형태에 따른 고용현황을 보면, 300인 이상 대규모사업체 종사자는 381만 명으로 정규직 291만 명과 비정규직 90만 명으로 구성되어 있다. 한편, 공공부문은 비정규직이 약 32만 명, 정규직은 165만 명으로 추정된다. 대기업과 공공부문의 정규직은 455만 명으로 임금근로자의 23.2%, 취업자의 17.2% 수준이다. 따라서,

구분	공공부문	대기업 정규직	중소기업 정규직	대기업 비정규직		중소기업 비정규직	비임금	전체 (만 명)
				직접고용	사내하청			
인원수 (만 명)	222	290	840	90	93	395	710	-
임금근로자 중 비중(%)	11.5	15.0	43.5	4.7	4.8	20.5	-	1930
취업자 중 비중(%)	8.4	11.0	31.8	3.4	3.5	15.0	26.9	2640

[표] 임금근로자와 취업자 구성(2015년)

(자료출처: 장지연, 「고용형태 다양화와 노동시장 불평등」, 《고용·노동브리프》 제69호(2017-02), 2017)

한국 노동시장의 상층은 취업자 기준으로 볼 때 20% 정도로 추정할 수 있다. 이들 상층과 중층(30%)은 1.5배 차이, 중층과 하층(실업자와 영세자영업자를 포함한 50%)은 다시 1.5배 정도의 소득차이를 갖는 것으로 추정된다. 결과적으로 상층과 하층은 2.2~2.3배 이상의 평균 소득격차가 있다고 할 수 있다.[10]

이러한 경제적 격차 확대로 인한 불만 때문에 2012년 대선에서 박근혜 후보는 '경제민주화'를 내세웠고, 집권 후 '노동시장 구조개선'이라는 명목으로 노동정책을 추진했다. 그러나 이를 명분으로 한 일방적 노동시장 유연화 정책은 2015~16년에 노정 관계를 파탄으로 몰고 갔다. 박근혜 정부는 집권 1년차 말부터 '경제민주화' 정책을 사실상 포기하고 '창조경제'를 제시하면서 정책을 전환했다. 새로운 수출 산업 성장 동력을 찾겠다는 것이었다. 이후 박근혜 정부를 비판하면서 집권한 문재인 정부도 집권 초반에는 소득주도성장 정책을 추진하다가, 점차 '창조경제'와 유사한 '혁신성장' 정책으로 무게를 옮겼다. 세계 금융위기 이후 성장률이 계속 하락하는 가운데, 대기업 중심의 수출주도 성장체제를 유지하고 지원해야 한다는 비슷한 결론에 이른 것이었다.

2. 정리해고 반대 투쟁:
방어적 기업별 투쟁과 사회적 연대의 확장

2008년 미국에서 시작된 세계 금융위기는 한국경제에도 직격탄이

---

[10] 전병유, 「우리나라 노동시장 분절화의 구조와 시사점」, 『노동시장 이중구조 해소를 위한 통합적 노동시장 정책 패러다임』, 한국노동연구원, 2019.

었다. 민간과 공공의 많은 사업장에서 고용조정이 이루어졌다. 이 시기 대표적이고 상징적인 투쟁으로 2009년 쌍용차 정리해고 투쟁과 공공부문 선진화 저지 공동투쟁본부 공동파업, 2011년 한진중공업 정리해고 투쟁을 들 수 있다. IMF 외환위기 이후 두 번째 구조조정 저지 투쟁의 파고였다. 첫 번째 투쟁의 파고를 거친 후, 이번에는 전개와 결과가 달랐을까?

1) 쌍용자동차 정리해고 투쟁

2009년 쌍용차 정리해고 파업과 2011년 한진중공업 정리해고 파업은 세계 금융위기 이후 제조업 구조조정에 대한 대응이라는 점에서 중요한 계기였다. 쌍용차노조는 2009년 5~8월 회사의 극단적 구조조정 방안에 맞서 목숨을 건 저항을 전개했다. 이는 한국 노동운동사에서 가장 치열하고 처참하기도 한 투쟁이었다. 그러나 노동자운동은 기존의 기업별 대응을 반복했고, 세계와 한국 자본주의의 구조적 위기가 심화하는 상황에 적합한 새로운 운동 방향을 채택하는 데에는 성공하지는 못했다고 할 수 있다.

쌍용자동차는 1997년 IMF 외환위기 시기부터 경영 위기가 계속되었다. 1998년에 대우자동차에 일시적으로 매각되었다가, 대우그룹 부도 이후 2004년에 중국 상하이자동차에 재매각되었다. 상하이자동차는 적자를 이유로 2009년 1월 법정관리를 신청하고 경영권을 포기했다. 2008년 세계 금융위기가 닥치자 한국 자동차산업 역시 직격탄을 맞았다. 세계 자동차 수요가 급감하고 유가 급등의 영향이 겹치며, 국내 완성차업체들의 판매가 줄었다. 특히 스포츠유틸리티차량(SUV)이 주력이던 쌍용자동차는 2008년 한 해 판매량이 9만 2665대로 전년 대비 29.6% 급감하여 자금난에 빠졌다.

사측은 4월 들어, 2646명의 정리해고와 순환휴직 계획을 발표했다. 이는 희망퇴직과 무급휴직 등을 포함한 숫자였는데, 이미 2009년 초까지 1666명이 희망퇴직 등으로 회사를 떠났고 최종적으로 정리해고 대상 976명(이후 실행 시 980명)이 남았다. 사측은 유동성 위기 극복을 위해 인력감축이 불가피하다고 주장했으나, 금속노조 쌍용자동차지부 노조는 "부실경영 책임을 노동자에게 전가하는 것"이라며 반발했다. 노조는 특히 상하이차가 의도적으로 회사 가치를 하락시켜 철수하려 한다는 의혹을 제기하며, 정리해고 철회를 요구하는 투쟁에 돌입했다.

5월 22일부터는 평택공장에서 점거파업(옥쇄파업)에 돌입한다. 점거파업 기간에도 교섭을 진행했지만, 사측이 제시한 희망퇴직 기회 부여는 여전히 노조가 수용하기 어려운 안이었다. 이후 사측과 경찰의 진압 시도 과정에서 폭력과 부상자가 발생하면서, 투쟁은 더욱 격화되었다. 노조는 6월 말~7월 초 최후 항전을 준비하기 위해 도장공장에 집결하여 점거파업에 돌입했다. 7월 말에서 8월 초 이어진 노사간 최종교섭이 결렬되자, 경찰은 8월 4~5일에 걸쳐 경찰특공대를 공장에 투입해 대대적인 진압 작전을 벌여 77일간 계속된 점거파업을 강제 해산했다. 이후 진행된 노사 교섭에서 양측은 정리해고 158명과 무급휴직, 희망퇴직에 합의했다.

금속노조는 파업 초기부터 중앙 투쟁본부를 구성하고, 교섭과 현장 투쟁을 직접 지휘하며 지원했다. 법률 지원, 투쟁 기금모금, 언론 대응도 함께 했다. 그러나 금속노조는 산별노조로서 전체 조합원의 역량을 결집해 쌍용차 투쟁에 집중시키는 데 어려움을 겪었다. 현대차, 기아차 등 대공장 노조들이 연대투쟁에 소극적인 모습을 보이면서, 쌍용차 지부의 격렬한 투쟁이 중심이 되어 갔다.

민주노총은 금속노조의 쌍용차 투쟁을 '반(反) 이명박 투쟁'의 핵심 전선으로 설정하고 연대 활동을 조직했다. 시민사회단체와 연계하여 '쌍용자동차 문제의 올바른 해결을 위한 범국민대책위원회'(범대위)를 구성하고, 대규모 집회와 여론전을 통해 정부와 사측을 압박했다. 이는 투쟁을 정치적 쟁점으로 부각하는 데는 의미가 있었지만, 이를 통해 해

2009년 7월 쌍용차 평택공장에서 점거농성중인 모습. 2022년 11월 30일 대법원 1부(주심 노태악 대법관)는 정부가 금속노조 쌍용자동차지부와 조합원 104명을 상대로 낸 손해배상 소송에서 원고 일부 승소로 판결한 원심을 깨고 사건을 서울고법으로 돌려보냈다. 대법원은 먼저 헬기를 이용한 경찰 진압은 '위법' 소지가 있다고 판결했다. 경찰이 2009년 8월 파업 진압 과정에서 헬기로 최루액을 살포하거나 헬기 하강풍을 옥외에서 농성 중인 노동자에게 직접 노출시켜 경찰장비를 위법하게 사용했다는 것이다. 또한 재판부는 "경찰이 진압작전 과정에서 기중기에 대한 조합원들의 공격을 적극적으로 유도했다고 볼 여지가 있다"고 지적했다. 대법원 관계자는 "불법집회 및 시위라 할지라도 과잉 진압행위가 정당화될 수 없다는 점을 명확히 하고, [과잉진압에 대한] 대응행위가 사회통념상 용인되는 범위 내라면 위법성이 조각[제거]될 수 있다는 점을 확인했다"고 설명했다. (사진출처: 《연합뉴스》)

고를 막아내거나 노동자들에게 유리한 협상 국면을 만드는 데에는 한계가 있었다.

공권력과 격렬한 충돌이 있었던 만큼, 파업 이후 사법처리 규모도 컸다. 한상균 지부장 등 64명의 조합원이 구속되었고, 민주노총과 금속노조를 포함한 조합원에 대한 손해배상 청구가 16억 8천만 원에 달했다. (이는 계속 불어났다) 그런 가운데 33명의 해고노동자와 가족이 여러 이유로 목숨을 잃었다. 이러한 가혹한 규모의 손배 청구는 이후 손배가압류를 제한하는 '노란봉투법'을 제정하자는 운동이 벌어지는 계기가 된다. 특히 이명박 정부부터는 교섭이 타결되더라도 소송을 중단하지 않으면서 노조를 무력화하는 수단으로 사용되면서 문제가 더 커졌다.[11] 이후 '노란봉투법'은 2022년 조선업 하청노동자 투쟁을 계기로 하청노동자의 원청 사용자에 대한 교섭권과 쟁의권 보장을 부각하는 방향으로 강조점이 변하면서, 여러 제도개선 쟁점이 더해졌다.

해고노동자들은 해고 무효 소송과 복직 투쟁을 이어갔다. 그러나 현장에서는 금속노조 쌍용차지부가 소수노조로 밀려나고, 기업노조가 다수노조 지위를 차지하게 된다. 그 이후 노사 교섭은 사회적 대화와도

---

[11] 민주노총에 따르면, 손배·가압류 청구 규모는 크게 증가하고 있었다. 「2016년 민주노총 요구와 과제」, 손해배상 청구총액은 손배 청구가 극심하게 나타났던 2003년 10월 51개 사업장 575억원에서 2014년 3월 현재 17개 사업장 1,691억 6천만 원으로 대폭 늘어났다. 2016년 4월 현재 기준으로는 민주노총과 소속 사업장에 대한 손해배상 청구금액은 대략 1,557억 5천 3백만 원으로 집계되었는데, 개별 사업장 청구액 평균을 기준으로 하면 2002년 8억 8천만 원에서 2016년 현재 91억 4천만 원으로 10배 이상 늘어난 규모였다. 규모별로는 쌍용자동차지부 302억, 철도노조 313억 2천만, 현대차 울산 비정규직지회 225억 6천만, MBC 195억 1천만, 한진중공업 158억 1천만 원 등이었고, 사업장 규모에 따라 금액은 적더라도 노동조합과 해당 조합원들에게 엄청난 금액인 사업장도 많았다. 천문학적 금액의 손배·가압류에 시달리던 조합원들이 자살로 내몰리는 사태도 벌어졌다. 이러한 잔인한 행태는 '노란봉투법'이 사회적인 힘을 얻는 계기가 된다.

병행되면서 복잡한 양상으로 전개되었다. 이후 경영상태가 호전되면서 2013년 무급휴직자가 먼저 복직했고, 노사 교섭과 노·사·정 협의를 거쳐 2020년 5월 해고자 복직이 마무리되었다. 당시 문성현 경사노위 위원장이 합의를 주도한 것으로 알려졌다.

쌍용자동차 구조조정의 시작점은 정규직 노동자 해고 이전부터 이미 진행되고 있던 사내하청 노동자 해고였다. 2005년에 1700여 명에 달했던 쌍용차 사내하청 노동자는 정규직에 앞서 해고되면서 2009년 파업 직전에 이미 300여 명으로 줄었다. 이런 가운데 2008년 10월 사내하청 노동자들이 금속노조 쌍용차 비정규직지회를 결성하고 정규직 노조의 투쟁에 연대했다. 금속노조 쌍용차지부는 2016년 해고자 복직 과정에서 희망퇴직자와 정리해고자 외에도 해고된 사내하청 노동자를 포함하여 복직을 이뤄내는 의미 있는 성과를 거두었다. 그러나 이런 경우를 제외하면, 지역의 부품사 등 하청사의 고용조정은 상대적으로 거의 주목받지 못했다. 이들은 정리해고 노동자와 같은 복직 투쟁을 벌이더라도, 복직할 사업장이 아예 없어지는 경우가 많았다.

2) 한진중공업 정리해고 투쟁과 희망버스운동

2008년 세계 금융위기의 충격으로 한국 조선업은 급격한 불황에 직면했다. 수주 취소와 해운 물동량 감소로 중소 조선소들이 연쇄 도산 위기에 놓였고, 대형 조선사들도 인력 감축과 구조조정을 검토하기 시작했다. 한진중공업은 부산 영도조선소를 기반으로 한 중형 조선사로, 2000년대 중반까지 호황을 누렸다. 그러나 불황이 시작되자 한진중공업 사측은 2009년 이미 1천 명 이상의 노동자를 감원했다. 이후 2년간 일자리를 잃은 정규직·비정규직 노동자가 3천 명에 이르렀다. 이러한 상황에서 사측은 부산의 영도조선소를 단계적으로 축소 또는 폐쇄하고 생산거점을 인건비가 낮은 필리핀 수빅조선소로 아예 옮기는 방안을 추진하고 있었다. 2007년과 2010년에 노사가 "향후 인력 구조조정 중단"에 합의한 바 있었으나, 지켜지지 않았다.

2010년 12월, 사측은 생산직 노동자 400명을 대상으로 희망퇴직을 통보했다. 정리해고의 전 단계였다. 이에 반발한 금속노조 한진중공업 지회의 농성에 이어, 2011년 1월부터 (한진중공업 해고자인) 민주노총 부산본부 김진숙 지도위원이 85호 크레인에 올라 고공농성을 시작했다. 이 농성은 309일간이나 이어지며 상징적 투쟁이 되었다. 고공농성이 시작된 다음 주에 사측은 희망퇴직을 거부한 생산직 290명에게 정리해고를 공식 통보하고 다음 달에는 170명에 대한 정리해고를 강행했다. 사측은 직장폐쇄를 단행해 영도조선소를 봉쇄했고, 노조는 100일 넘게 조선소를 사수하며 대치 국면이 이어졌다.

김진숙 지도위원의 단식과 호소에 응답하면서 사회적 연대가 확장됐다. 시민사회단체들이 2011년 6~7월 세 차례에 걸쳐 '희망버스' 운동을 통해 부산 영도에서 진행되는 투쟁에 참여하면서 사회적 관심도 커졌다. 이렇게 시민들의 연대가 확산되자, 2011년 8월에는 국회 차원에서 여야 합의로 청문회가 열린다. 청문회 이후에도 합의 이행이 지연되자, 9~10월에 걸쳐 4차, 5차 희망버스가 이어졌다. 결국, 노사 교섭 끝에 11월 9일 잠정합의안이 도출되었고, 10일 노사 양측이 국회 권고안을 전격 수용한다. 그 내용은 △ 해고 노동자 94명은 1년 후 순차적으로 현장 복귀(실제로는 1년 8개월 후 재입사 방식으로 복직) △ 노사는 모든 민·형사상 고소고발 철회 △ 노조는 파업을 중단하고 업무에 복귀한다는 것이었다. 김진숙 지도위원도 이날 고공농성을 마무리했다.

김진숙 지도위원의 "해고는 살인"이라는 구호는 사회적 파급력이 있었다. 여기에는 소셜네트워크서비스(SNS)의 확산도 큰 영향을 준 것으로 평가된다. 희망버스운동은 기성 조직이나 정당이 아닌, SNS를 통한 "느슨한 연대"로 촉발되었다. 이러한 흐름은 이후 2016년 박근혜 퇴진 촛불시위에서 잘 드러나듯 사회운동의 새로운 양식으로 자리잡는다. 노동조합운동에서도 자신의 조직력과 투쟁력만이 아니라 SNS 등을 통한 사회적 이슈화와 여론 동원에 집중하는 양상이 나타났다. 최근에는 2024~25년 윤석열 퇴진 투쟁 과정에서도 비슷한 양상이 나타났다.

그러나 이러한 여론 확산은 한 사업장의 쟁점을 넘어 다른 사업장의 쟁점이나 제도적인 변화까지 이어지지 못한 한계가 있었다. 김진숙 지도위원도 인터뷰에서, "쌍용차 동지들을 보면 미안한 마음이 든다. 쌍용차 해고자들이 희망버스를 만드는 데 지대한 역할을 하고 많은 도움을 줬다. 하지만 희망버스의 흐름이 이어지지 못했다"라고 아쉬움을 표했다.[12] 이후 시민사회는 쌍용차 해고자들을 위한 '희망텐트촌'을 설치하고 문화인들의 '희망콘서트'를 열며 후속 활동을 활발하게 펼쳤으나, 한진중공업 투쟁만큼 대중적 폭발력을 재현하지 못했다. 정리해고 투쟁으로 잘 알려진 쌍용자동차도 이런 상황이었기에, 당시 벌어졌던 다른 수많은 고용조정은 쟁점화되기 더 어려웠을 것이다.

2009년 한진중공업이 감축한 노동자 1천여 명 중 상당수가 사내하청 협력업체 노동자였다는 점을 기억할 필요가 있다. 그러나 이들은 노

---

[12] "희망버스 1년 김진숙의 소회 '한진중 약속 어기면 다시 싸워야죠'", 《경향신문》, 2012년 6월 7일.

조의 교섭 대상이나 언론의 관심에서 벗어나 있었다. 경제위기 상황에서 부실기업의 정리해고를 저지하는 투쟁이 가진 한계를 어떻게 극복할 것인지나, 일자리를 잃은 노동자를 위한 사회안전망을 어떻게 마련할 것인가는 논의하기 더 어려운 문제였다. 정리해고 철회 투쟁은 해고자들의 생존권을 지키는 정당한 투쟁이었지만, 한계기업에서 어떤 대안이 가능한가의 문제에 대해서는 노동운동이나 사회운동, 정치권 그 누구도 뾰족한 답을 내놓지 못했다. 한진중공업 역시 해고자 복직이 이루어진 뒤에도, 경영난이 계속되면서 2010년대 중반 추가 구조조정과 법정관리를 거쳐야 했다.

한편, 한진중공업 투쟁에 정치권이 관여하는 과정에서, 민주당이 과거와는 다른 접근을 보이기 시작했다. 진보정당뿐만 아니라 정동영 민주당 최고위원과 손학규 민주당 대표가 투쟁 현장에 방문한 것이다. 한진중공업 정리해고 반대투쟁은 노동조합의 투쟁에 사회적 연대가 더욱 확장되었다는 의미가 있었다. 이는 이명박 정권의 노동, 사회정책에 대한 반대가 한진중공업 정리해고 투쟁이라는 계기로 결집한 것으로도 볼 수 있다. 노동조합운동의 폭발력 있는 의제가 정치쟁점화되고, 민주당이 필요에 따라 사안별로 합류하는 방식은 이후에도 이어졌다.

3) 기업별 대응이 된 구조조정 저지 투쟁

당시 한계기업의 고용조정 과정에서 광범위한 사내외 하청노동자가 선제적으로 해고되었다. 산별노조는 미조직노동자까지 대변하는 위상을 추구한다는 점에서, 노조 없이 해고되는 지역의 하청노동자에 대한 대책에도 관심을 기울일 필요가 있었다. 그러나 금속노조와 민주노총은 이러한 지역 고용위기에 대해서는 '총고용 보장'이라는 선언적 입장만 표명할 뿐, 개별 기업의 정리해고 투쟁을 지원하는 것에 초점을 두었다. 산별노조 건설에도 불구하고 쌍용차, 한진중공업 투쟁 모두 기존의 기업별 투쟁을 반복한 셈이었다.

당시 제조업 구조조정 과정에서 일자리를 잃은 사내하청이나 부품사 상황까지 고려할 때, 기업을 넘어선 산업적·지역적 수준의 고용유지 요구나 고용정책에 대한 대안을 제시하는 것이 중요한 상황이었다. 노동조합 조직률이 10% 초반대인 상황에서 특히 노조 없는 중소·영세 비정규직 사업장의 고용불안이 더 큰 문제였기 때문이다. 그리고 고용위기가 세계적 수준으로 전개되던 금융위기의 결과였다는 점에서, 개별 기업 수준에서 대책을 마련하기에는 한계가 있었다.

하지만 당시 '총고용 보장'이라는 구호는 '모두' 기업별로 고용을 보장하라는 의미에 가깝게 사용되었다. 이는 원래 의미라면 사회적 고용 총량을 유지하자는 것이므로, 한계기업에서 고용조정이 발생할 경우 다른 일자리를 마련하는 대책을 주요한 의제로 제시했어야 했지만, 민주노총이나 금속노조는 타 사업장으로 전직하는 방식의 고용대책은 적극적으로 요구하지 않았다. 정부에 대한 고용대책 요구가 있었으나, 정리해고 제한과 같이 기업별 해고를 제한하는 요구가 중심이었다.

노동자운동의 대응은 기업별로 고용보장 투쟁을 진행하며, 규모가 크고 전투적인 사업장에 특히 집중하여 총노동과 총자본·정부의 전국적 투쟁 전선을 형성한다는 것을 기본적인 관념으로 깔고 있었다. 즉, 총자본과 총노동의 일종의 '대리전'으로 사고한 것이다. 이러한 관념 속에서 쌍용자동차와 한진중공업의 기업별 투쟁은 반복적으로 이상화, 영웅시되고, 경제위기에 대응하는 투쟁의 '모범사례'처럼 제시된다.

이후에도 쌍용차 위기의 해법을 찾기 위해 기업을 넘어 지역·산업 노동시장 측면에서 접근하는 경우는 거의 없었다. 정리해고자는 원직 복직되어야 하며, 이를 위한 경영상의 조건이 갖추어져야 하므로, 기업 인수와 공적자금 지원과 같은 기업별 해법을 모색하는 데 관심이 집중되었다. 한계기업의 고용위기를 해결하려면, 적극적 노동시장 정책과 함께 표준적인 직무와 숙련의 형성, 이에 조응하는 임금체계 개편과 같은 초기업적 노동시장에 대한 개입도 고려해야 했지만, 노조운동은 기업 내 고용을 유지하거나 복귀하는 대안 외에는 검토하지 않았다. 심지어 해당 기업의 노동자로 돌아가는 방안 외의 대안은 고용조정과 노동유연화를 인정하는 것이라고 강변하는 입장도 있었다.

물론 당시에 기업별 대응을 넘어서는 대안을 제시해야 한다는 주장이 전혀 없지는 않았다. 사회진보연대는 "경제위기라는 조건에서 광범위한 해고와 계약해지가 발생하고 있는 현실에서 개별 기업 차원을 넘어 전사회적인 차원에서 노동자들의 고용 문제를 어떻게 해결할 것인가를 쟁점화해야한다"라고 주장했다.[13] 비슷한 맥락에서, "기업의 울타리를 넘어서 이데올로기 투쟁과 정책 제시, 사회적 여론화가 필요한 상황에서 옥쇄보다는 거리와 지역을 더 중시하는 전술을 선택했어야 한다"는 비판도 제기되었다.[14] 그러나 쌍용차 공장점거 파업과 격렬한 투쟁 과정에서 이러한 논의는 더 확산되지 못했다.

이후 금속노조가 초기업적 수준에서 고용안정 방안을 요구하는 시도는 부분적으로 발전했다. 금속노조는 2020년 중앙교섭 요구안 수립

---

[13] 이현대, 「쌍용자동차 투쟁과 향후 민중운동의 과제」, 《사회운동》 2009년 9월호.
[14] 이종탁, 「쌍용자동차 투쟁평가1: 쌍용차 투쟁의 전개과정과 의의」, 《진보평론》 2009년 가을 제41호, 2009.

과정에서 '고용안정위원회 설치·고용안정협약' 요구안을 제시했다. 이는 개별자본에 대해서는 고용안정기금을 요구하고, 산업자본에 대해서는 고용안정기금을 포함해 위기대응협약을 요구하며, 국가에 대해서는 고용안전망을 요구한다는 구상에서 출발했다.[15] 그러나 코로나19 고용위기가 시작되는 상황에서 이러한 요구안은 노조가 '구조조정'을 인정하는 것으로 보일 수 있다는 우려 때문에, 중앙위에서 부결되어 더는 추진되지 못했다.

물론 당시 노동자운동이 쌍용차 투쟁을 맞아 이러한 대안을 갑자기 제안하기는 어려웠다. 특히 기업별 조직인 금속노조 쌍용차지부에 이러한 역할을 요구하기는 어렵다. 그러나 쌍용차 투쟁 이후에도 민주노총이나 금속노조가 그러한 대안을 신중하게 검토하지 못했다는 사실은 문제다. 정리해고 이후에도 쌍용차지부뿐만 아니라 금속노조와 민주노총은 계속해서 해고자의 원직 복직 요구만을 중심으로 투쟁을 지속했다. 사회적 연대가 확장된 한진중공업 정리해고 저지 투쟁에서도, 고용문제에 대한 노조의 해결방안은 기업 수준을 넘지 않았다.

앞서 지적한 것처럼, 노동자운동은 2008년 금융위기 상황에서 고용문제 외에 거시경제정책에 대한 비판과 대안을 제시할 능력을 갖추지 못했다. 이런 상태에서 일체의 기업 구조조정에 반대하거나 한계기업 국유화를 주장할 따름이었다. 그러나 국유화는 현실가능성은 물론, 해당 기업 정규직 노동자의 고용보호를 위해 (산업 전반이나 취약계층이 아니라) 개별기업에 집중적으로 막대한 공적자금을 계속 투입해야 한다는

---

[15] 사회진보연대, 「엄중한 코로나 위기, 변수는 위기에 대처하는 노동조합이다: 오기형 금속노조 조사통계부장 인터뷰」, 《사회운동포커스》, 2020년 5월 12일.

점을 신중히 검토하지 못한 요구였다.

한편, 쌍용자동차와 한진중공업의 전투적인 투쟁을 거치면서, 자본도 원청 정규직을 정리해고하는 방식은 자제할 수밖에 없었다. 대신 수량적 유연성을 확보하기 위해 하청·외주화로 대응했다. 2011년 이후 한국경제는 빠르게 회복했고, 일부 수출 대기업은 기존 선진국 기업들의 위기에서 오히려 성장의 기회를 잡았다. 하지만 경기가 나아지면서 추가 인력이 필요한 상황에서도, 수출 대기업은 정규직 직접고용을 최소화했다. 대표적으로 현대자동차는 모듈화된 생산방식을 통해 전체 공정의 외주화에 박차를 가했다.

세계 금융위기 이후 벌어진 일련의 정리해고 저지 투쟁은 금속노조가 여전히 노사관계에서 기업별 대응에 머물렀다는 사실을 가장 분명하게 보여주었다. 2006년 이후 산별노조 형태를 갖추고, 산별노조를 강화하고자 하는 조직 초창기의 기세가 살아있었음에도 그러했다. 각 기업별노조의 전투적 투쟁에도 불구하고 전국적 투쟁 전선을 형성하는 데 어려움을 겪었던 IMF 외환위기 당시와 비교해보면, 전국적인 투쟁 집중과 사회적 연대라는 측면에서는 다소 발전된 측면이 있었지만 기업별 고용 방어라는 대안 제시 이상으로 나아가지 못한 점에서 비슷한 한계를 보였다고 평가할 수 있다.

3. 공공부문 구조조정 대응 투쟁과 이명박 정부의 노조 탄압

이명박 정부는 공공부문 구조조정을 본격적으로 추진한다. 인수위 시기부터 공기업 민영화를 검토하던 이명박 정부는 애초 5~6월경 공기업 민영화 계획을 확정하고 본격적으로 추진할 계획이었다. 그러나 5월부터 '미국산 광우병 쇠고기' 수입 문제가 부각되고 대규모 촛불집회가 이어지면서 계획에 차질이 발생했다. 촛불집회에서 이명박 정부의 주요 정책 의제에 대한 광범위한 반대가 나타났기 때문이다.

이에 따라 정부는 공기업 민영화와 관련된 내용은 제외하고, 통폐합과 정원축소를 중심으로 한 공공부문 구조조정 정책, 이른바 '공공기관 선진화 정책'을 발표했다. 특히 2008년 말에 발표된 4차 선진화 방안은 큰 폭의 정원감축을 포함했다. 공공기관별로 10~15%의 정원을 감축하도록 하고, 특히 철도공사는 정원의 무려 15.9%인 5115명을 감축하라고 요구했다.

공공운수연맹은 철도, 발전, 가스, 건강보험, 국민연금 등 주요 공공기관노조를 중심으로 '이명박 정권의 공공부문 선진화 분쇄와 사회공공성 강화를 위한 공동투쟁본부'를 결성하고 공동파업을 조직했다. 공투본은 11월 말부터 공동파업에 돌입했다. 특히 철도노조는 11월 26일부터 12월 3일까지 8일간 전면파업을 벌였는데, 이때까지 있었던 철도노조의 파업 중 가장 길었다. 파업 이후에는 노동조합에 대한 탄압이 본격화되었다. 철도공사는 110명을 해고하고 1만 2천여 명의 조합원을 징계했다. 철도공사 사측의 탄압이 장기화되면서, 2011년 말에는 해고 노동자였던 허광만 조합원이 스스로 목숨을 끊는 비극도 일어났다.

다른 파업 참여 노조에 대해서도 탄압이 가중되었는데, 특히 발전노조에 대한 탄압은 심각한 수준이었다. 이명박 정부는 국무총리실이 주재한 '노사관계 회의'와 청와대 대책회의 등 권력 핵심부 논의를 통해 발전노조 탄압 계획을 세운다. 정권의 지침이 내려가자 각 발전사 사측은 단체협약을 무리하게 해지하고 공격적인 노무관리에 나서기 시작했다. 노동조합 선거에서 민주노총 탈퇴를 주장한 후보 득표율을 경영평가 점수에 반영하거나 승진에 반영하면서 노골적인 노사관계 개입을 이어갔다. 급기야 전 조합원을 성향에 따라 '사과, 배, 토마토'로 분류한 후 개별적으로 압박하는 일까지 벌어졌다. 이러한 전방위적인 시도에도 불구하고 민주노총 탈퇴가 부결되자, 사측은 본격적으로 제2노조 설립을 지원하고 발전노조에서 조합원이 탈퇴하도록 압력을 가했다.[16] 그 결과 6천여 명에 이르던 발전노조 조합원은 1천여 명으로 축소되고 말았다. 정권 차원의 노골적인 노사관계 개입과 부당노동행위가 자행된 것이다.

그런데 공공부문 정원축소에 대응하는 공동파업은 비슷한 시기에 이어졌던 민간부문의 고용보장 투쟁과는 별개로 진행되었다는 특징이 있다. 공공부문 노조는 고용조정이 경제위기의 결과라기보다는 이명박 정권의 보수적 성격이 주된 원인이라고 보았다. 이명박 정부가 공공부문 노동조합에 가혹한 탄압을 가하면서 그러한 인식은 더욱 강해졌다.

한편, 이명박 정부의 노동조합 탄압은 민간기업 사용자들의 노조탄압도 촉진했다. 대표적으로 금속노조가 조직되어 있던 유성기업에서는 주야연속 2교대 합의를 사측이 무시하면서 파업이 벌어지자 사측의 직장폐쇄와 용역깡패 투입, 정부의 공권력 투입이 잇따랐다. 여기에 창조컨설팅처럼 노조 탄압을 전문적으로 자문하는 노무법인까지 나타난다. 유성기업 외에도 금속노조 산하 조직인 발레오만도, 상신브레이크, SJM에서 비슷한 사태가 이어졌다. 2010년 7월에 노조 전임자 임금지급 금지와 근로시간면제제도가 도입되고, 2011년 7월에 사업장 단위 복수노조가 허용된 후, 사용자들은 복수노조를 설립해 기존 노조와 갈등을 유도하는 전술을 적극적으로 활용했다. 이러한 상황에서 정권의 정치

---

16 한국발전산업노동조합, 『MB정권에 의해 자행된 발전노조 노동탄압 보고서』, 2012.

적 성격이 중요한 관심사가 될 수밖에 없었다.

　공공부문 노동조합들은 경제위기보다는 정권의 성격에 집중하면서, 총노동 차원에서 민간부문 노조와 함께 대응하거나 투쟁을 주도하는 데에는 관심이 적었다. 그 결과 공공부문 구조조정 저지 투쟁과 제조업 부문 정리해고 투쟁이 연대하려는 시도는 별로 이루어지지 못했다. 그러나 당시 세계경제위기의 상황을 돌아보면, 이명박 정부가 경제위기 대응책의 일환으로 공공부문 구조조정을 실행하기 위해 노동운동

민주노총과 금속노조가 2019년 3월 13일 서울남부지방법원 앞에서 '노조파괴 중대범죄자, 창조컨설팅 심종두 항소심 엄중 처벌 촉구 기자회견'을 열고 있다. 이날 법원은 심종두(노무법인 창조컨설팅 전 대표)에게 1심과 같은 1년 2개월의 실형을 유지했다. 같은 혐의로 재판을 받은 김주목(전 전무)도 원심대로 벌금 2천만 원을 선고받았다. 대법원 2부(주심 박상옥 대법관) 같은 해 8월 심 전 대표, 김 전 전무에 대한 원심을 확정했다. 창조컨설팅이 2011년 4월 작성한 '노사관계 안정화 컨설팅 제안서'에는 상신브레이크·대림자동차·캡스·성애병원·영남대의료원·레이크사이드컨트리클럽 등 창조컨설팅이 개입해 민주노조가 무력화된 12개 사업장 명단이 적혀 있었다. 컨설팅이 진행된 결과, 상신브레이크·대림자동차는 각각 금속노조와 민주노총을 탈퇴했고, 성애병원(서울)·레이크사이드 노조는 해산됐으며, 캡스와 영남대의료원은 1천 명이 넘었던 조합원이 20~60명으로 줄어들었다. 최근 7년 동안 창조컨설팅의 관여로 민주노조가 무너졌거나 약화된 사업장은 14곳에 이르렀다. (사진출처: 금속노조뉴스)

에 대한 탄압을 병행했다고 인식하는 것이 적절했을 것이다. 이런 정세 진단이 있었다면 투쟁 조직화도 어느 정도 달랐을 것이다.

4. 산별노조, 산별교섭의 한계와 새로운 시도

1) 한계에 처한 산별노조 프로젝트

민주노총 내에서 기업별노조에서 산별노조로 조직형태를 전환하려는 노력은 계속 이어졌다. 그러나 2010년대 들어, 산별교섭은 오히려 더 어려운 조건에 처했다. 금속노조에서는 완성차 공동교섭(2011년), 완성차를 중심으로 하는 업종교섭(2012년, 2017년), 그룹사 공동교섭(2016년)이 제안되기도 하였으나, 완성차 포괄은 거의 불가능한 상황이었다.[17] 산별교섭을 선도하던 보건의료노조도 2009년 산별교섭이 중단되었다가 2011년을 지나면서 부분적으로 복원했다. 이렇게 2010년대에는 어려운 조건에서 산별교섭을 복원하기 위한 다양한 시도가 전개되었지만 한계에 처했다.

2000년대 초반 진행된 산별노조 건설은 독일식 노사관계를 모델로 삼았고, 각 산업에서 다양한 노력이 있었으나 모두 어려움에 직면한 셈이다. 금속노조는 2002년 금속노조 건설 이후 2006년 현대차노조 등 완성차 노조의 합류로 형식적으로는 산별노조가 완성되었다. 그러나 다양한 시도에 불구하고 완성차 사측이 참여하는 전국적 산별교섭 실현에는 실패하고 만다.

금속노조는 2012년 대의원대회 보고서 「금속노조 운동에 대한 평

---

[17] 오기형, 「금속산업 교섭체계 현황과 향후 개선방향」, 2021.

가와 발전방향』에서 조합원이 15만 명으로 확대된 이후의 중앙교섭을 평가하면서, 금속노조의 조직력이 재벌 대기업을 넘어서지 못했다고 진단했다. 특히 이 모든 평가의 핵심에는 산별교섭의 정체가 있었다. 2007년 이후 노조는 수년간 완성차의 중앙교섭 참가를 요구했으나, 2009년에 이르면 완성차 사측이 참여하는 산별교섭이 순순히 성사되지 않는다는 사실이 뚜렷하게 드러났다. 결국, 금속노조는 2011년 재벌사의 중앙교섭 참여를 견인하기 위한 단계적 전략을 제출하면서 방향을 전환했다. 중앙산별교섭이 지지부진한 상태를 벗어나지 못하면서, 2016년에는 이를 타개할 우회적 방안으로 현대자동차그룹사 공동교섭도 추진되지만 이 역시 불발됐다. 이런저런 다양한 시도들 모두 어려움에 처한 것이다. 그 후 2021년에는 모든 교섭단위에서 통일적으로 산업전환협약을 요구하면서, 산별교섭에 사용자 참여를 견인하고 산별교섭의 의제를 확대하려는 시도를 이어갔다.

금속노조는 2019년 49차 임시대의원대회에 제출된 『산별노조 발전방안 연구자료』에서 그간 산별중앙교섭 실현을 위한 노력의 한계를 인정하는 가운데 "금속노조 운동을 '미조직 노동자와 함께 하는 방향'으로 전면 전환하면서, 노조 안으로는 '지역지부 확대·강화를 주된 목표'로 제반 사업을 추진하며, '신규 조합원을 초기업 차원으로 조직'하는 활동에 계획적으로 힘을 집중한다"는 방향을 제시했다. 산별교섭 추진 방향도 "지금까지 기본체계인 중앙·지부의 교섭체계·교섭방침을 재정비하면서, 특히 지부집단교섭을 산별교섭의 중심축으로 강화하면서, 이후 교섭 발전 위해, 신규·불참 사업장 대책에 집중해 단계적으로 발전시키면서, 특히 소규모·업종 등 다양한 초기업교섭의 조직적·계획적 추진"하자고 제안했다. 즉, 산별교섭에서는 중앙산별교섭 실현 중심에서 '지역지부 집단교섭' 강화를 중심으로, 산별노조 활동을 교섭 모델에서 조직화 모델로 전환한다는 것이다. 한계에 부딪힌 기존 전략을 현실적으로 재조정하려 한 것이다. 금속산업 전체를 대상으로 한 산별교섭 실현은 단기간에 이루어질 수 있는 과제가 아니고 산업정책 실현과 법 제도개선을 동반한 장기적 과제라는 점을 인정한 것이다.

금속노조의 산별교섭 실패는 타 산업부문도 노사관계를 재편하기가 쉽지 않음을 보여주었다. 산별교섭 실현의 또 한 축이던 보건의료노조는 노무현 정부 시기 우호적 분위기 속에서 산별교섭을 실현했으나, 앞서 살펴본 것처럼 내홍을 겪고 2005년에 조직이 분열한 바 있다. 공공노조와 운수노조도 2006년 말 각각 건설되었으나, 전자는 조직적 과소함과 산별 대정부교섭의 실패로, 후자는 2008년 철도-화물 공동투쟁이라는 프로젝트의 실패로 조직적 어려움에 봉착했다.

주로 공공운수노조의 공공기관노조가 속한 공공부문에서도 개별 사용자를 모아서 사용자단체를 구성하는 방식의 산별교섭은 어렵다는 점이 확인되었다. 공공노조는 건설 초기인 2006~8년에 금속노조나 보건의료노조와 같이 개별 사용자를 압박해 집단교섭을 추진하려 했으나, 정부의 지배력이 강한 공공기관에서 그러한 모델은 작동하기 어려웠다. 공공노조를 계승한 공공운수노조는 그 대안으로 노정교섭을 추진하고자 집중하지만, 정부 측은 수용하지 않았다. 이명박·박근혜 보수정부는 물론, 문재인 정부에서도 실현되지 못했다. 문재인 정부 때는 사회적 대화(경사노위)를 경유하는 방안도 제시되었지만, 민주노총의 사회적 대화 참여 논란과 정부의 소극적 태도로 이 역시 실패했다.

산별 협약이 기업별 지부의 경제적 성과를 제한하는 것을 강경하게 반대하는 입장도 강했다. 2005년 서울대병원지부의 보건의료노조 탈되는 산별교섭과 기업별교섭의 관계에 대한 쟁점이 드러나는 계기가 되었다. 이러한 조건에서는 산별협약 실현이 어려울 수밖에 없었다. 결국, 산별노조는 '모여서 공동으로 투쟁'하는 데 용이한 조직 정도로 사고되었는데, 이는 산별연맹과 본질적인 차이가 없는 것이었다.

한편, IMF 외환위기 당시 금융부문 구조조정에 대응하는 과정에서 산별노조로 재편된 금융노조(한국노총)는 비교적 안정적으로 산별교섭을 유지할 수 있었다. 여기에는 여러 요인이 있었다. 금융산업이 지불여력이 있다는 점, 국가의 규제를 강하게 받는 부문이며 사용자단체(은행연합회)가 사실상 구성되어 있다는 점, 노조가 낮은 수준의 유연한 산별노조로서 노사협조적 전략을 취한다는 점이다.

산별노조 운동이 정체되는 사이, 민주노총 안에서는 산별노조 간 조직 구획과 편제를 둘러싼 갈등이 계속되었다. 중앙집행위원회 회의에 관련 안건이 끊이지 않았고, 논의는 장기화되기 일쑤였다. 대표적으로, 전국학교비정규직 노동조합이 기존에 공공부문 비정규직을 조직하던 공공운수노조나 교육 부문의 전교조가 아니라 서비스연맹에 가입하는 과정에서 발생한 갈등, 강원랜드 노조가 민주노총에 재가입하면서 과거 소속인 서비스연맹이 아니라 공공운수노조로 가입하면서 발생한 갈등, 사무금융 연맹 내부 조직갈등 속에서 불거진 농협노조 편제 문제, 운수노조가 공공운수노조로 전환하는 과정에서 이탈한 민주택시연맹이 서비스연맹에 가입하면서 발생한 갈등이 있었다. 주로 공공부문에서 조직갈등이 잦았는데, 금속이나 건설과 같이 조직적 단결의 기풍이 취약하기도 했거니와 다양한 업종을 포괄하고 있었고, 상대적으로 조직확대가 빠른 속도로 이루어지면서 조직화의 성과를 특정 노조에 남기려는 정파적 입장이 부각했기 때문이다. 민주노총은 조직갈등

조정단을 비롯한 대안을 마련하려 했지만, 규율하기 어려웠다.

2) 산별노조 운동이 마주친 높은 벽

종합적으로 평가해보면, 2010년대 초반에 이르러 한국에서는 독일 금속노조와 유사한 형태의 산별노사관계 형성이 어렵다는 점이 드러났다. 이와 함께 완성차지부를 지역지부로 재편하려는 노력도 실패했다. 이것이 비슷한 시기 진보정당 분열 및 혼란과 겹치면서, '양날개론'의 두 전략이 모두 위기에 처했다는 점이 분명해졌다. 그렇다면 산별교섭 시도는 왜 대체로 실패했는가? 물론 이명박 정권의 보수적 노동정책이 산별노사관계 형성에 상당히 부정적 영향을 미친 것이 사실이지만 그것만이 핵심 원인이라고 할 수는 없었다.

산별노조 건설 당시 한국 노동운동이 지향했던 독일식 모델은 사업장에 노동조합이 결성되어 있지 않더라도 해당 산업 전체 노동자의 노동조건을 규율하고 임금격차를 축소할 수 있는 산별협약을 염두에 둔 것이었다. 그러나 한국의 기업별노조 체제에서 산별교섭의 실현은 매우 어려웠을 뿐 아니라 금속 지역지부, 보건의료노조, 과학기술노조, 금융노조 등에서 실현된 경우에도 노동조합이 결성된 사업장, 조합원에만 적용되는 협약이었다. 금속노조의 금속산업 최저임금은 조직된 사업장을 넘어 노동시장 기준을 형성하려는 시도였으나, 이 역시 2010년대 들어 더 이상 발전하지 못했다. 결국, 한국의 산별노조는 기업별교섭 체제를 유지한 가운데 노동조합 조직형태를 변경하는 것에 머물렀다.

한편, 독일을 비롯한 중·북부 유럽식 산별노조도 이미 1990년대 초부터 신자유주의 노동개혁을 거치면서 이완되고 있었다. 한국의 금속노조가 만들어지는 2000년대에 들어오면 유럽의 산별교섭도 상당히 약해졌다. 세계화된 경쟁과 신자유주의 개혁, 노동조합 조직률의 하락 과정에서 기업별 교섭이 우위에 서게 된 상황이었다. 이미 한국 노조운동이 모델로 삼은 독일을 비롯한 유럽에선 중앙에서 협상된 조항들을 우회할 수 있는 '개방 조항'의 기회가 증가하면서 산업 전체를 포괄하는 산별교섭은 침식되고 단체교섭은 기업 수준으로 더욱 분권화되어 가고 있다.[18] 이렇게 보면, 세계적인 추세를 한국에서 역전하기는 쉽지 않은 일이었다.

한국의 노동시장 상황도 계속 변화하고 있었다. 1990년대와는 달리, 정작 산별노조가 건설된 2000년대 들어서는 노동시장 안에서 노동자의 기업 간 이동이 상당히 어려워졌고 노동시장의 분할이 굳어졌다. 2000년대 초반 활성화된 산별노조 건설은 IMF 외환위기 이후 고용불안에 대응한다는 목표를 담았지만 역설적으로 산별 노사관계를 형성하기 위한 조건은 더욱 어려워진 상황이었다. 이미 기업 간 고용 이동장벽이 높아지고 임금격차는 커진 상황에서 기업별 교섭을 넘어서려는 시도는 훨씬 힘들 수밖에 없었다.

산별노조가 산별협약을 실현하기 위해서는 조직적으로도 기업별 분권화가 아니라 고도의 중앙집중성이 필요했다. 산별노조가 임금을 조절하는 기능을 수행하지 못하면 사용자도 산별교섭에 호응할 의미를 찾지 못하기 때문이다. 그러나 한국의 산별노조는 기업별 지부를 압도할 정도로 권한을 집중하지 못했다. 산별노조 중앙과 대기업 지부 간 온도 차이도 컸다. 대기업지부는 임금교섭권을 산별노조 중앙에 넘기

---

[18] 루초 바카로 외, 유형근 옮김, 『유럽 노사관계의 신자유주의적 변형』, 한울, 2020.

는 상황을 원하지 않았다. 노동자운동 내에서는 기업별 '현장 파업권'을 유지해야 한다는 식으로, 사실상 기업별 분권화를 옹호하는 논리가 득세했다.

현장의 전투적 경제주의는 기업을 넘어서기 어려웠다. 제조업 대기업 노동자들은 강한 집단주의 문화를 갖고 전투적 집행행동을 마다하지 않았지만, 이러한 집단주의는 노동계급 전체로 모이기보다는 점차 대공장 노동자 집단의 배타적인 경제적 이익을 충족하기 위한 수단으로 변형되었다. 조직적인 이유도 있었다. 기업별 노조(지부)에서 지도부의 리더십은 매년 임금인상 투쟁을 통해 재생산되었다. 임금교섭 결과는 조합원 총회를 통한 인준절차를 거쳐야 했다. 임금인상 투쟁은 조합원의 참여를 통해 노조의 대중적 기반을 유지·강화하고, 집단주의를 배양하며, 때로는 어용노조를 민주화하는 기능을 해왔다.[19] 기업별 조직에 근거한 노동조합들은 이러한 구조를 대체할 대안을 찾지 못했다.

물론 조합원을 탓할 문제는 아니다. 조합원에게 내재한 도구적 집단주의와 전투적 경제주의라는 정체성은, 그러한 행위 성향을 구조화한 제도적 배치와 조건, 계급관계가 변하면 바뀔 수도 있기 때문이다. 오히려 문제는 산별노조운동이 이러한 변화를 조직하는 데 실패했다는 점이다. 이는 단순히 권한 집중만의 문제는 아니었다. 민주노총과 산별노조도 최저임금 인상과 기업별 임금교섭을 통한 인상 외에 포괄적인 사회적, 계급적 임금정책을 갖추지 못하고 있기 때문이다.

산별교섭으로 임금격차를 줄이는 방식을 실현하지 못하는 상태라

---

[19] 유형근, 「노동조합 임금정책의 표류와 노동조합운동의 위기」, 『한국 노동운동 위기 진단과 대안 모색』, 한국노동사회연구소, 2015.

고 할지라도, 노조가 동일노동·동일임금 원칙에 입각한 중장기적 임금 정책을 바탕으로 일본처럼 조율된 기업별 교섭을 통해 최소한의 평준화를 추구하는 방법도 있다. 사업장을 넘어 적용될 수 있는 표준적인 임금체계를 단계적으로 적용하는 방법도 있다.[20] 그러나 이러한 방법들은 시도되지 못하고 있다.

3) 산별노조 운동의 새로운 시도들

산별노조 운동이 어려운 상황에서도, 다양한 실험과 성과가 나타났다는 점에 주목할 필요가 있다. 2010년대 들어 저임금·불안정 노동자층을 주요 적용 대상으로 하는 초기업 단위 교섭의 실험과 성과가 활발하게 나타나고 있었다. 타워크레인기사, 형틀목수, 플랜트 공사 기능공, 대학 청소용역 노동자, 대리운전기사의 경우 전국 혹은 지역 단위 초기업 교섭을 통해 해당 직종의 '표준임금'이 사실상 결정되고 있다. 학교비정규직 노동자들의 임금도 서비스연맹 학교비정규직노조, 공공운수노조 전국교육공무직본부, 전국여성노조가 모인 '학교비정규직연대회의'와 교육감 및 교육청 등 사용자가 참가하는 전국단위 중앙교섭에서 주요 사항이 결정된다. 초기업 교섭형태는 아니지만, 화물연대의 '안전운임제'와 건설노조의 '적정임금제' 역시 초기업노조가 노·사·정 협의를 통해 임금(운임) 기준을 결정하는 방식이다.

이러한 초기업 단위 협약은 공식적으로는 조합원에게만 적용된다고 명시되어 있지만 실제로는 비조합원에게까지 확대적용되는 경우도

---

[20] 임영일, 「총론: 신자유주의 20년. 시장전제주의 노동체제의 극복을 위하여」, 『한국의 신자유주의와 노동체제』, 2013.

많다. 특히 건설, 대리운전 등에서는 전국 혹은 지역 단위에서 해당 직종의 모든 노동자에게 사실상 확대·적용된다. 대학 청소용역, 택시에서는 해당 노조가 일종의 '유형 설정자'로서 기능하며 비조합원의 임금·노동조건에 상당한 영향을 미친다.

흥미로운 점은, 사용자 입장에서도 이러한 초기업 단위 교섭에 응할 필요성이 있었다는 점이다. 예를 들어, 원·하청 관계에 얽매일 수밖에 없는 전문건설업체, 대학 청소용역업체, 방송·통신 설치·수리 하청업체에서는 사용자 간의 출혈적인 비용 경쟁을 방지할 필요가 있다. 또한, 원청 기업은 직접 교섭에 나서지 않으면서도 효율적인 노무관리를 위해 비공식적인 경로를 통해 교섭을 관장할 필요성도 있었는데, 이 역시 초기업 단위 교섭 성사에 중요한 요인으로 작용한 것으로 평가된다.[21] 산별교섭이 실현되기 위해서는 사용자 측에서도 교섭에 참여할 유인이 필요하다는 것이다. 이는 기존의 산별노조들이 산별교섭을 추진하는 과정에서는 그다지 주목받지 않은 부분이다.

2010년대 이후 민주노총이나 산별노조 중앙의 커다란 전략적 방향성이 없는 상태에서도, 이러한 새로운 방식의 노사관계를 건설노조, 공공운수노조, 서비스연맹, 지역일반노조 등 기층 초기업 조직들이 스스로 형성해온 것은 인상적이다. 특수고용, 하청, 중소·영세, 비정규직 등 가장 열악한 영역에서 이루어진 이러한 초기업 교섭은, 노동조합의 전략적 유연성이 초기업 단위 교섭의 성사와 유지에 매우 중요한 요인 중 하나라는 점을 보여준다. 현실의 노동환경, 노사관계에 부딪히면서 창의적인 해법을 찾아가는 노력이 존재한다.

---

21 이창근 외, 『초기업 단위 교섭 실태와 시사점』, 민주노총 총서, 2018.

특히, 최근 확산되고 있는 특수고용·플랫폼노동 영역에서 일반적인 노사 교섭만이 아니라 사회적 대화 방식을 활용하면서 초기업 노동기준을 만드는 시도도 주목할만하다. 플랫폼 노동자의 법적 지위를 둘러싼 불확실성과 기존 노사관계 제도의 구조적 한계를 반영해 새로운 방식을 모색하고 있기 때문이다. 이후 어떠한 제도화로 이어갈 수 있을지 귀추가 주목된다.

물론 한계가 없는 것은 아니다. 원청 사용자가 배후에서 조종하거나 비공식 협의를 진행하더라도 직접 교섭에 나오지 않는다거나, 노조가 없는 하청업체가 원청에서 단가를 높이더라도 하청 노동자들에게 지급하지 않는 경우도 나타났다. 화물 안전운임제처럼 정부 정책에 영향을 받을 수밖에 없는 영역은 정권의 성향에 따라 불안정해지고 부침이 나타나기도 했다. 또한, 몇 가지 업종·직종에서 성공한 사례를 넘어 산업 수준의 보편적인 노동기준을 형성하는 데까지는 나아가지 못하고 있다.

IMF 외환위기 이후 2000년대 초반 본격화된 산별노조 운동은 기업을 넘어 노동조건을 결정하고 노동자 간 격차를 축소하기 위해 여전히 중요한 의미가 있다. 기업 간, 고용형태 간 임금격차를 축소하고, 경제적 이해에 갇힌 노조활동을 개혁하면서 기업별 노사관계 체제의 문제를 극복하기 위한 시도이기 때문이다. 그러나 사후적으로 볼 때 세계적인 노사관계의 변화 추세와 한국 자본주의와 노사관계의 발전 경로상에서, 한국의 산별노조 건설은 아직 '성장판'이 열려 다양한 가능성이 있었을 시기에 '하나의 별을 형성할 수 있는 임계질량'을 채우지 못한 채 단지 성운으로 남아 실패했다고 비유할 수 있다. 그러나 새로운 가능성을 실현하기 위한 다양한 시도가 이어지고 있다는 점에 주목할 필요가 있을 것이다.

5. '방어투쟁'으로 전개된 사회공공성 운동

2010년대 들어 사회공공성 운동은 '무상급식' 논란을 계기로 부각된 복지정책 요구나 보수 정부의 공기업 민영화 시도에 대한 반대 투쟁 중심으로 진행되었다. 2008년 미국산 쇠고기 수입 반대 투쟁과 민영화 반대 투쟁이 결합되고 2011년 서울특별시 무상급식 주민투표에 이르는 일련의 과정을 거치면서, 사회공공성은 '반보수전선'의 주요 의제가 되었다. 이후 박근혜 정부의 철도 구조조정(KTX 분할 민영화)에 반대하는 2013년 철도노조 파업, 2013~14년 진주의료원 폐업반대와 의료민영화 반대투쟁은 이러한 경향을 심화했다.

박근혜 정부는 공식적으로는 "공공부문 민영화는 없다"라고 선언했지만, 실제로는 간접적 민영화로 이해될 수 있는 공기업 구조조정을 추진했다. 이른바 "공공기관 정상화" 정책이었다. 정부가 공공기관 효율화를 이유로 공공기관 간 경쟁체제 도입을 추진하면서, 철도 분할 민영화 논란이 나타났다. 정부는 철도공사를 지주회사로 전환하고 철도를 노선별·사업별로 분할해 별도의 민간회사에 맡기겠다는 구상이었다. 2013년 6월 26일 정부가 발표한 '철도산업 발전방안'에는 철도공사와 분리된 여객출자회사(수서발 KTX 등) 설립도 포함되어 있었다.

철도노조는 이를 사실상의 철도 분할 민영화 신호탄으로 규정하고 12월 9일부터 파업에 돌입했다. 23일간 지속된 이 파업은 2009년 이후 철도노조의 최장기 파업이었다. 정부는 사상 처음으로 민주노총 사무실을 침탈하는 사태까지 벌이며 강경하게 대응했다. 철도공사는 파업

기간 8천여 명에 달하는 조합원을 직위해제하고, 194명을 업무방해 혐의로 고소·고발했으며, 노조간부 490여 명에 대해서는 파면, 해임 등 중징계에 착수했다. 수백개의 시민사회단체가 참여하는 '철도 민영화 반대 범국민대책위'가 확대되고, 고려대에서 시작해 대학가에 나붙은 "안녕들 하십니까" 대자보 열풍으로 사회적 지지가 이어졌다. 이러한 두 흐름이 극적으로 대비되면서, 철도노조 파업은 박근혜 정권에 맞선 투쟁의 상징이 되었다.

2013년 12월 30일, 철도노조는 새누리당 및 민주당과 함께 국회국토교통위원회에 철도발전소위원회를 구성하기로 합의하면서 23일간의 파업을 마무리했다. 이후 수서발 KTX는 (철도공사의 출자회사에서 자회사로 전환된) SRT(주)가 별도로 운영하고 있다. 박근혜 정부의 '철도산업 발전방안'이 담고 있었던 물류나 차량관리 부문의 단계적인 자회사 전환은 더 이상 추진되지 못했다.

한편, 박근혜 정부 출범 직후 경상남도가 누적부채로 경영 정상화가 불가능하다는 이유로 진주의료원 폐업을 갑자기 발표했다. 취약계층, 사각지대에 의료서비스를 제공하는 지방의료원의 특성상 구조적으로 발생하는 적자에 대해 정상화를 위한 노력은 기울이지 않고 폐업 발표부터 강행한 것이다. 홍준표 도지사가 보궐선거로 당선된 직후 발표했다는 점에서, 정치적 이슈화를 위한 조치였을 가능성도 컸다. 민주노총은 진주의료원 폐업조치를 '공공의료 포기'로 규정하고 투쟁했지만, 결국 폐쇄를 막지는 못했다. 그 결과, 경상남도는 전국에서 공공병상이 가장 부족한 지역이 되었다.

2014년 박근혜 정부가 의료 정책을 발표하자, 노조와 시민사회는 진주의료원 폐업 반대운동에 이어 의료민영화 반대운동을 전개했다. 정

2013년 12월 22일 경찰이 김명환 철도노조 위원장의 체포영장을 강제집행하겠다며 민주노총 사무실이 있는 정동 경향신문사 건물 1층 로비에서 출입문을 뜯어내고 최루액을 발사하고 있다. 대법원 2부(주심 이상훈 대법관)는 2017년 2월 3일 8639명이 참여한 철도노조 파업을 주도한 혐의(업무방해)로 기소된 김명환 전 철도노조 위원장 등 4명에게 무죄를 선고한 원심을 확정했다. 대법원은 "검사가 제출한 증거만으로는 이 사건 파업이 전격적으로 이루어졌다고 평가하기 부족하다"고 밝혔다. 김 위원장에게 무죄를 선고했던 서울고법 형사6부(재판장 김상환)는 "수서발 KTX 법인 설립 여부는 근로조건 결정에 상당한 영향을 미칠 것이어서 근로자들에게는 중요한 현안이었다"며 "사정이 이러하다면 사용자인 한국철도공사로서도 '자회사, 즉 수서발 KTX 법인 설립을 추진할 경우 철도노조가 쟁의행위에 돌입할 수 있다'는 예측을 할 수 있었다고 봄이 상당하다"고 판단한 바 있다. 대법원의 판결로 지난 2013년 12월22일 파업 중인 철도노조의 지도부 검거를 위한 민주노총 사무실 공권력 투입은 정부의 무리한 판단이었음이 드러났다. 특히 경찰이 체포영장만 가지고 민주노총에 난입해 압수수색영장 없는 수색이라는 지적을 받기도 했다. (사진출처: 《한겨레》)

부가 발표한 '경제혁신 3개년 계획'에서는 서비스산업 규제 완화를 언급하면서 보건의료 정책을 구체적으로 언급했는데, 경제자유구역 내 투자개방형 병원(영리병원) 규제 완화, 의료기관 해외진출 활성화, 원격의료 활성화가 그 내용이었다. 논란이 커지자 정부는 '의료민영화는 아니다'라고 주장했으나, 시민사회는 '의료를 필요에 의한 공공재에서 돈벌이

수단으로 변경'하려는 정책이라는 점에서 민영화로 규정했다. 민주노총은 이 정책을 박근혜 민영화 2라운드로 보고 의료민영화 저지 투쟁에 나설 것을 선언했다. 2015년에는 정부가 제주도에 영리병원 허용을 추진하면서 이에 대한 반대투쟁이 이어졌다.

그런데 철도노조 파업과 의료민영화 반대 운동과 같이 국민적 지지를 받으며 저변이 크게 확산된 사회공공성 운동도 주로 개별 부문·업종별 이슈를 부각하는 경향이 있었다. 여러 쟁점들을 묶어내면서 좀 더 넓은 시각에서 전체 사회, 경제구조를 개혁하자는 운동으로 확장되지는 못한 것이다. 철도노조 파업에서도 상급조직인 민주노총과 공공운수노조가 산별노조 체제 구축을 통한 정책개입을 추진하지 못한 점도 투쟁의 한계로 지적되었다.[22] 부문별로 정부 정책에 대응하는 방어적 성격이 강했던 것이다.

1998년 IMF 외환위기를 거치며 공공부문 민영화와 구조조정에 대응하는 과정에서 형성된 '사회공공성' 담론은 2010년대 들어 사회보장·복지 확대와 같은 쟁점을 포괄하면서 더욱 확장되었다. 사회공공성 운동은 노동조합이 경제투쟁을 넘어 정치사회적 문제를 제기하고자 하는 시도였다는 점에서 의미가 있었다. 그런데 이러한 사회공공성 운동은 경제를 비롯한 정세적 조건을 고려하지 않으면 한계가 있을 수밖에 없다. 이탈리아의 보건의료 구조조정 과정을 반면교사로 삼을 수 있다.

이탈리아는 신자유주의 개혁과 산업 구조조정 실패, 2008년 글로벌 금융위기를 겪으면서 장기침체에 빠졌다. 이와 함께 공공 보건의료

---

[22] 박태주, 「공공서비스 노조주의 관점에서 살펴본 철도노조의 민영화 저지투쟁」, 『산업노동연구』 22권 1호, 2016.

체제도 크게 약화되었다. 금융위기 이후 지속적인 재정 위기를 겪으면서 공공 의료 예산을 대폭 삭감했기 때문이다. 젊은 의사들이 불안정한 고용 환경과 낮은 임금, 열악한 근무 조건을 피해 독일, 영국 등 다른 유럽 국가로 대거 이주하는 현상이 심화되었다. 그 결과 이탈리아는 코로나19가 확산될 때 사망자가 속출하면서 유럽에서 팬데믹 상황이 가장 심각한 국가 중 하나가 되었다. 특히 중환자 치료를 담당할 전문 의료진의 부재는 위기를 증폭시켰다.

문제는 그러한 예산 삭감이 시행된 배경이다. 2000년대 이탈리아의 만성적인 경제위기가 보건의료 투자가 줄어든 원인이었다. 이미 열악한 재정 상황에서 연금 지출은 이미 GDP 대비 15%를 넘어 재정 여력이 부족했다.[23] 이러한 조건에서 공공의료 인력의 임금과 근무 환경이 열악해지고 의료 인프라에 대한 투자가 줄어들었다. 정부의 재정확보를 어렵게 하는 해당 국가의 거시경제 상황이 문제였던 것이다.

한국도 공공서비스를 확대하기 위해서는 전체 거시경제 조건을 고려할 필요가 있다. 그러나 민주노총이나 공공부문 노조는 이러한 조건을 고려하지 않은 채, 공공부문의 조직·인력 확대 혹은 공공부문 지출 확대가 정당하다는 주장만 제시한다. 그러면서 공공지출 확대를 필요로 하는 보건의료, 사회서비스, 연금, 에너지, 대중교통 등 각각의 의제와 영역별 요구들을 최대치로 나열한다. 사회적 자원과 공공지출 규모가 어쩔 수 없이 제한된 현실적 조건에서, 어떤 공공서비스가 시급하고 중요한지에 대한 조직 내 토론은 거의 이루어지지 않았다.

---

[23] 2017년 GDP 대비 공적 연금 지출은 OECD 평균 7.7%이며, 이탈리아 15.6%, 프랑스 13.6%, 독일 10.2%, 일본 9.4% 등이 높은 수준이다. OECD, "Pensions at a Glance 2021".

6. 서비스업으로 확대된 비정규직 투쟁

이 시기 비정규직 투쟁은 제조업 사내하청 노동자들의 불법파견 투쟁이 대표적이었지만, 공공부문에서도 비정규직의 조직확대가 이어지고 있었다. 먼저, 대학 청소노동자 조직화가 서울을 넘어 각 지역으로 확대된다. "무노조" 경영을 표방한 삼성그룹의 사업장인 삼성전자서비스에서 노동조합 조직화가 이루어진다. 지역사회 연대운동 강화와 대안노조를 표방한 '희망연대노조'를 중심으로 씨앤엠-티브로드, SK브로드밴드-LG유플러스 등 케이블방송과 통신산업 간접고용 노동자 조직화와 투쟁도 이어진다. 이러한 투쟁은 자동차산업을 넘어 서비스업에서도 재벌 대기업의 간접고용 문제가 심각하다는 사실을 폭로하는 의미가 있었다.

공공운수노조 서울지역지부(당시 공공노조 서울경인공공서비스지부)는 서울지역 여러 대학의 청소노동자를 조직하고 있었다. 1990년대 초반부터 대학에서는 청소미화·시설관리직 업무가 외주화되기 시작하여, 2000년대에 들어서면 대부분 외주용역업체가 수행하고 있었다. 간접고용 비정규직 노동자의 임금과 노동조건은 원청과 용역회사 간 체결되는 용역계약에 의해 근본적으로 제약될 수밖에 없었다.

서울지역지부는 2010년 들어 고려대, 연세대, 이화여대에서 재계약 시기가 일치하는 여러 용역업체를 중심으로 집단교섭을 요구했다. 사용자들은 교섭에 불응할 경우 노조의 집중 투쟁 대상이 되는데다, 용역단가와 노동자들의 임금·노동조건이 비슷한 상태였으므로 교섭에 응했다. 물론 교섭이 평화적으로만 진행된 것은 아니었다. 대표적으로는 2011년 1월 홍익대 청소용역노동자들의 투쟁이 있다. 노조가 결성되자 원청인 홍익대가 해당 업체에 계약해지를 통보하면서 노조가 점거 농성투쟁을 시작했다. 학생과 시민사회단체, 진보정당이 함께 연대하여 청소노동자의 노동조건과 노동권 보호 문제, 원청 사용자 책임을 사회적으로 공론화시켰고, 이는 그해 집단교섭을 성사시키는 중요한 계기가 되었다. 또한, 공공운수노조와 함께 진행한 대학 청소노동자 전략조직화 사업의 일환으로 "따뜻한 밥 한끼의 권리" 운동을 전개했다. 이 사업은 사업장을 넘어 청소노동자들의 보편적 권리를 확장하는 운동으로 발전했다.[24] 특히 이 운동은 각 대학의 학생운동과도 연대하면서 노학연대의 새로운 모델을 세운 것으로도 평가받았다. 이후 이러한 운동은 전국 각 지역의 대학으로 퍼져나갔다.

통신산업에서도 초기업적인 노동조합 결성과 투쟁이 조직되었다. 2009년 출범한 민주노총 서울지역본부 소속의 '희망연대노조'(현 공공운수노조 더불어사는희망연대본부)는 케이블방송·통신 설치 및 수리기사를 중심으로 콜센터상담원, 방송스태프 등을 조직했다. 희망연대노조는 사업장을 넘어 초기업을 실현하려는 노력을 기울였다. 케이블방송·통신 설치·수리·철거 등을 담당하는 간접고용 노동자들 다수, 티브로드, LG유플러스, 딜라이브에 소속된 간접고용 비정규직 조합원들이 각각 해당 원청 소속 다수 하청업체와 초기업단위 교섭을 실현했다.

---

[24] 사측이 청소 노동자들의 탈의·휴식을 위해 제대로 된 휴게공간을 마련하고 노동자들이 회사에서 제공하는 식사를 구내식당에서 할 수 있도록 하라는 요구였다. 당시 청소 노동자들은 휴게 공간도 없어 창고나 심지어 화장실에서 식사하는 경우도 있었다. 이러한 운동은 일정 규모 이상의 건물과 사업장에 청소 노동자의 휴게공간 설치를 의무화하는 제도개선도 요구했는데, 2014년에는 서울시에서 전국 최초로 '청소근로환경시설 가이드라인' 시행하게 되었다. 이후 전국적으로 2018년에는 고용노동부가 '사업장 휴게시설 설치·운영 가이드'를 제정하고, 2022년 8월부터는 모든 사업장에 휴게시설 설치 의무화 제도로 발전한다.

케이블방송 씨앤앰(현 딜라이브) 하청 노동자 조직화 이후 2014년 사측이 109명의 하청 조합원과의 계약을 해지하면서 투쟁이 시작되었다. 희망연대노조는 205일간의 거리 농성, 두 조합원이 서울 도심 프레스센터 광고탑 위에서 벌인 50일간의 고공농성 등 투쟁을 이어갔다. 이 투쟁에서는 씨앤앰 정규직 지부가 연대 파업을 함께 하면서 정규직과 비정규직의 연대 사례를 보여주었다. 희망연대노조는 그 밖에도 임금교섭에서 '연대임금'이라 부르는 정액 임금인상 방식을 추구하고, 단체협상에서 사회연대기금을 꾸준히 조성해 지역사회와 이주노동자를 지원하며 기존 노조운동의 경제주의적 활동과는 상당히 다른 접근으로 주목을 받았다.

희망연대노조는 다수의 협력업체들과 단체교섭을 진행하면서 당장 원청으로 고용 전환을 요구하는 방식보다는 하청업체 노동자들의 노동조건에 대한 원청 책임을 요구하는 방식으로 유연하게 대응했다. 이렇게 체결된 단체협약은 법적인 효력확장 제도의 적용을 받는 것은 아니지만 사실상 다수의 미조직 하청기업의 직원들에게도 적용된다. 원청 입장에서도, 교섭 내용이 거의 다를 것 없는 상황에서 업체(센터)별로 따로 교섭하는 것은 매우 비효율적이라는 요인도 있었다.

조합원 규모가 가장 큰 SK브로드밴드비정규직지부는 2017년 7월 자회사인 홈앤서비스 정규직으로 전환되었다. 이후 더 살펴보겠지만, 재벌 대기업이 자회사를 통해 비정규직을 정규직으로 전환하는 모델이 점차 확산했다. 문재인 정부 출범 이후 공공기관 비정규직 정규직 전환을 추진하면서, 다수의 공기업·준정부기관에서도 이러한 방식의 정규직 전환이 이루어졌다.

한편, 삼성전자서비스는 전국의 서비스센터에서 일하는 약 1만 명의 노동자를 직접 고용하지 않고 있었다. 전국에 산재한 100여 개가 넘는 소규모 '협력업체'와 서비스 위탁 계약을 맺고, 이 협력업체들이 기사들을 간접 고용하는 구조였다. 다수의 협력업체는 삼성전자서비스 전·현직 임직원들에 의해 설립되었으며, 이들은 삼성과의 계약 외에는 독자 사업이 없는 '바지사장'에 불과했다. 즉, 실질적인 경영 독립성 없이 삼성의 노무관리를 대행하는 기관일 따름이었다.

삼성전자서비스는 원청이 업무 하나하나를 직접 지휘하고 통제했다는 점에서 '도급'이 아닌 '파견'이었는데, 파견법상 허용되지 않는 업종이었으므로 이는 '불법파견'이었다. 협력업체에 소속된 수리기사의 기본급은 최저임금 수준에 묶여 있었고, 수입 대부분은 수리나 설치 '건당 수수료'에 의해 결정되었다. 이는 성수기·비수기에 따른 극심한 소득 불안정, 성수기에 집중된 가혹한 노동강도와 장시간노동으로 이어졌다. 삼성전자서비스는 일방적 계약 해지 통보로 협력업체를 하루아침에 폐업시킬 수 있어, 상시적인 고용불안을 불러왔다.

이러한 열악한 조건에서 2013년 7월 삼성전자서비스 간접고용 노동자들이 금속노조 삼성전자서비스지회를 결성했다. 이후 1천 명 이상이 삼성전자서비스를 상대로 근로자 지위확인 집단소송을 제기했다. 삼성은 신속하고 조직적인 탄압으로 대응했다. 이들은 소위 '그린화'(Green化)라는 이름의 노조 무력화와 탄압 작전을 추진했다. 이러한 작전은 삼성그룹의 핵심 기구인 미래전략실 차원에서 조직적으로 이루어졌는데, 이는 이 문제가 일개 계열사의 노사분규가 아니라 그룹 차원에서 총력 대응하는 최우선 과제였음을 보여준다. 삼성은 조합원에 대한 감시와 사찰, 노조가입률이 높은 협력업체에 대한 폐업 유도, 노조 조합원에 대한 물량 배정 불이익, 고소·고발 등 다양한 방식을 활용했다.

삼성의 무자비한 노조탄압 과정에서 2013년 10월 최종범 조합원이 사망하는 사건이 벌어졌다. "그동안 삼성서비스 다니며 너무 힘들었어요. 배고파 못 살았고 다들 너무 힘들어서 옆에서 보는 것도 힘들었어요"라는 유서를 남긴 채였다. 노조 가입 이후 겪어야 했던 표적 감사와 일감 축소로 인한 극심한 생활고가 직접적인 원인이었다. 이듬해인 2014년 5월에는 염호석 양산분회장이 "지회가 승리하는 그 날, 화장해서 뿌려달라"는 유언을 남기고 스스로 목숨을 끊었다.

염호석 열사의 유언에 따라, 노조와 유족은 '노동조합장'으로 장례를 치르려 했다. 그러나 수백 명의 경찰병력이 장례식장을 급습해 염호석 열사의 시신을 강제로 탈취했다. 이는 1991년 박창수 열사 시신 탈취를 떠올리게 하는 폭거였다. 경찰은 열사와 오랫동안 교류가 없었던 친부의 요구에 따른 것이라고 주장했지만, 이후 조사와 재판 과정에서 충격적인 진실이 드러났다. 삼성이 친부에게 6억 원의 거액을 주고 시신에 대한 권리를 주장하도록 회유하는 한편, 경찰 정보관들이 이 과정에 깊숙이 공모해 시신 탈취 작전을 실행했다는 사실이 밝혀진 것이다. '경찰청 인권침해 진상조사위원회'는 2019년 5월 이러한 범죄를 모두 인정하는 조사 결과를 발표했다.

근로자 지위확인을 위한 법적투쟁도 쉽지 않았다. 고용노동부는 삼성전자서비스에 대한 수시 근로감독 결과 '적법 도급'이라는 결론을 내리며 삼성의 손을 들어주었다. 2017년 1심 법원에서도 노동자 측이 패소했으나, 항소심은 이를 뒤집고 삼성전자서비스가 전산 시스템과 업무 매뉴얼을 통해 기사들에게 직접적인 지휘·명령을 내렸다고 판단하며 불법파견을 인정하는 판결을 내렸다. 소송 제기 후 약 12년이 흐른 뒤, 대법원은 이 판결을 확정했다.

원청인 삼성전자서비스가 교섭을 거부하는 가운데, 삼성전자서비스지회는 각 업체별로 단체교섭 체결을 요구하고 조직화와 투쟁, 법적 대응을 계속했다. 2018년 4월 17일 삼성이 마침내 백기를 들었다. 삼성전자서비스는 협력업체 직원 약 8천여 명을 직접 고용하고, 금속노조 삼성전자서비스지회와 교섭하겠다고 발표했다. 삼성전자서비스의 불법파견을 인정하는 2심 판결, 노조의 끈질긴 현장 투쟁과 두 열사의 희생, 박근혜 정권 퇴진 이후 삼성그룹이 연관된 국정농단 사건 수사·재판, 검찰의 본격적인 노조와해 수사가 회사를 압박한 결과였다.

노조와해 의혹을 수사한 검찰은 삼성그룹 미래전략실과 삼성전자, 삼성전자서비스의 전·현직 임원 수십 명을 부당노동행위 혐의로 대거 기소했다. 2022년 2월과 3월에 걸쳐, 법원은 이 사건을 "그룹 차원에서 조직적으로 이루어진 범죄"로 규정하고 최고위급 임원에게까지 실형을 선고했다. 이후 노사협상을 거쳐 2018년 11월, 최종 합의로 수리·설치기사 7800여 명은 삼성전자서비스 본사 소속 정규직으로, 콜센터 상담원 약 900명은 삼성이 100% 지분을 소유한 자회사 '삼성전자서비스CS' 소속으로 직접고용되었다. 이재용 삼성전자 부회장은 2020년 5월 무노조 경영에 대해 사과하며 이를 폐기한다고 선언했다. 이후 삼성에버랜드·삼성웰스토리·에스원·삼성디스플레이·삼성화재 그리고 삼성전자에도 노조가 만들어졌다.

이 투쟁은 유사한 처지에 놓인 노동자들에게도 영향을 준다. 삼성전자서비스의 합의 이후 LG전자 역시 서비스센터 간접고용 노동자들을 직접 고용하기로 했다. 그러나 이는 사측의 일방적 조치였기에, 고용전환 이후 임금이 오히려 줄어드는 문제가 발생하기도 했다. 이후 LG전자 자회사에서 추가로 금속노조 서울지부 가입이 이어져 모회사에 공동 대응하는 활동을 벌였다.

삼성전자서비스지회는 하청업체만이 아니라 실질적인 지배력을 행사하는 원청 '진짜 사장'을 대상으로 투쟁을 전개했다. '진짜 사장 나와라!'라는 선명한 구호가 주목받으면서, 무분별하게 외주화를 확대한 대기업 원청의 사용자 책임을 묻는 투쟁이 떠오르는 계기가 되었다.

7. 최저임금 1만원 운동

2015년 출범한 민주노총 한상균 위원장 집행부는 '최저임금 1만원' 요구를 4월 총파업의 주요 의제로 삼았고, 그해 최저임금위원회에서도 전면에 내세웠다. 최저임금 1만원 요구는 2015년 민중총궐기와 2016~17년의 박근혜 퇴진 촛불시위에서도 중요한 의제로 다뤄졌다. 박근혜 대통령 탄핵 후 치러진 2017년 조기 대선에서는 모든 후보가 최저임금 1만원을 공약으로 채택했다.[25]

2000년대 초반에서 2014년까지 노동운동은 '5인 이상 사업체 노동자 평균임금 50%'를 최저임금 인상의 근거로 제시해왔다. 2001년부터 양 노총이 최저임금위원회에 공동으로 참가하면서 노동계 요구안의 단일화 필요성이 제기됨에 따라, 조직 간 협의를 통해 이러한 기준을 마련한 것이다. 민주노총은 합법성 쟁취 후 가장 중요한 정책 참가단위로 최저임금위원회를 설정했다. 민주노총이 참여한 후 저임금 노동자들을 중심으로 대중적인 투쟁을 전개하면서 최저임금 제도에 대한 사회적 관심

---

[25] 2017년 대선에서 문재인·유승민·심상정 후보는 2020년까지, 홍준표·안철수 후보는 2022년까지 최저임금 1만원 실현을 공약으로 제시했다.

도 커졌다. 민주노총은 최저임금 대상 노동자뿐 아니라 다른 노동자에게도 광범위한 영향을 준다는 점에서 '국민임투'라고 규정하고 전조직적인 투쟁 과제로 삼았다.

민주노총은 2016년 적용 최저임금을 심의하는 2015년부터 최저임금 요구안을 산출하는 기준으로 "가구 생계비"를 새롭게 제시했다.[26] 이와 함께 요구액으로 시급 1만원이 등장했다. 이때 제시된 1만원이라는 숫자 자체는 가구생계비 산식에 따른 것이었으나, 이미 민주노총은 한상균 후보 선거운동 시기부터 1만원 요구안을 결정한 상태였기 때문에 사후적으로 근거와 산식을 역산했다고 보는 것이 사실에 가깝다. 즉, 최저임금 1만원 요구는 통계적 근거 이전에 운동의 이슈화를 위해 제기된 것이었다. 그러나 최저임금 1만원을 실제 최저임금위원회에서 제시할 수 있는지는 민주노총 안에서도 논란이 많았다.[27] 또한, 최저임금위원회 협의 과정에서 수차례 노동계와 경영계가 상호 수정안을 제출하게 되는데, 수정안 제출 여부 자체도 논란이 되었다. 그 결과, 민주노총은 2017년 최저임금을 심의하는 2016년 최저임금 심의 과정에서는 수정안을 제시하지 않겠다는 입장을 고수했다. 수정안을 제시하더라도 실제 인상률을 높일 수 있을지 미지수이며, 오히려 최저임금 1만원 요구의 정당성과 투쟁 동력을 훼손시킬 수 있다는 이유였다.

이후 최저임금 1만원은 박근혜 정부 퇴진투쟁과 결합하면서 대선

---

[26] 이창근, 「최저임금 핵심 결정기준으로 생계비 재조명」, 『최저임금 핵심 결정기준으로 생계비 재조명 토론회』, 한국노총·민주노총·이수진·강은미 의원, 2022.

[27] "최저임금 요구안, '평균 임금 50%' vs '1만원'", 《미디어스》, 2013년 7월 25일. 2013년 당시 최저시급은 4,860원이었다. 알바노조는 당시 최저임금의 2배가 되는 1만원의 근거로 '미혼 단신근로자 [평균] 생계비' 이상, OECD 회원국 평균 최저임금 수준 등을 근거로 제시했는데, 전체 노동자에 적용되는 최저임금 결정 기준으로 적절하다고 보기는 어려웠다.

의제로 부각되어, 문재인 정부에서 본격적으로 추진되었다. 민주노총은 2017년부터는 최저임금 1만원 공약을 조기에 이행할 것을 요구하는 투쟁을 전개했다. 그러나 최저임금 1만원을 3년만에 실현하겠다고 약속했던 문재인 정부는 임기말까지도 이를 실현하지 못했다.

8. 이주노조 합법화와 이주노동자 운동

2015년 8월, '서울경기인천 이주노동자 노동조합'(이하 이주노조)이 설립 신고를 제출한 지 10년 4개월 만에 노조 설립 필증을 발부받았다. 2005년 4월 출범한 이주노조에 대해 노동부는 "불법체류 외국인노동자는 조합원 자격이 없다"라는 이유를 들어 설립 신고를 반려했다. 이주노조는 이에 맞서 '노동조합설립신고반려처분 취소 소송'을 제기하였고, 오랜 법정 다툼 끝에 2015년 6월 대법원 전원합의체가 미등록 이주노동자도 노조 결성권은 보장받아야 한다는 취지의 판결을 확정한 것이다. 이 소송은 대법원에 최장기 계류된 사건 중 하나였다. 대법원 판결 이후에도 고용노동부는 '이주노동자 합법화', '고용허가제 폐지'와 같은 노동조합의 목적이 '정치운동'이라며 노조 설립 필증 교부를 미뤘다. 이에 이주노조는 25일간 노숙 농성을 전개했다.

이주노동자의 투쟁은 한국이 이주 노동력을 수입하기 시작한 1990년대부터 시작되었다. 1990년대 한국은 투자와 성장이 계속되는 과정에서 저임금으로 고용할 수 있는 미숙련 노동자가 점차 부족해졌다. 이른바 '3D 업종'(어렵고, 위험하며, 힘든 일자리)에서 심각한 구인난이 발생하기 시작했다. 정부는 1993년부터 외국인을 산업연수생 자격으로 들여오는 산업기술연수생제도를 도입했다. 명목상 기술연수를 가장한 간접

고용 형태로, 외국인 노동자를 공식적으로 "근로자"로 인정하지 않으려는 꼼수였다.

그러나 산업연수생 제도 도입 이후 이주노동자가 급증하고 이들의 열악한 처우 문제도 불거졌다. 산업연수생은 연수생 신분이었지만, 사업주들은 이들을 저임금 노동력으로 활용하며 여권 및 통장압류, 폭언, 폭행, 임금 미지급 등 갖가지 인권유린을 저질렀다. 이에 연수생들은 너나없이 사업장을 이탈했고, 2003년에 이르면 이들 중 거의 80%가 미등록체류자가 되었다. 이에 2000년대 초반부터 제도개선 논의가 시작되었다. 2003년, 정부는 기존 산업연수생 제도를 고용허가제로 변경했다. 그러나 고용허가제 역시 이주노동자의 노동자성을 인정하는 제도가 아니었다. 노동자의 사업장 이동을 제한함으로써 이들을 값싸고 순응적인 노동력으로 통제·관리하려는 국가와 자본의 의도가 여전히 남아 있었기 때문이다. 정부는 고용허가제를 조기에 안착시키고 미등록체류자 숫자를 대폭 줄이기 위해 '인간사냥'과 같은 강제 단속추방을 본격화했다. 또한, 이주노조의 뿌리를 뽑고자 조합원과 간부에 대한 연속적인 표적단속도 자행했다.[28]

처음으로 조직된 이주노동자 노동조합은 민주노총 서울본부 산하의 서울경인평등노조 이주노동자지부였다. 비슷한 시기에 대구 성서공단에서도 성서공단노조가 결성된다. 이주지부는 미등록이주노동자 사면과 '현대판 노예제 고용허가제'가 아닌 '노동허가제' 도입을 요구하며 2003년 11월부터 이듬해까지 명동성당에서 380일간 농성투쟁을 벌였다. 이후 이주지부는 2005년 '서울경기인천 이주노동자 노동조합'으로

---

[28] 정영섭, 「미등록 이주민 단속추방 정책의 역사와 문제점」, 사회진보연대, 2019.

전환하여 활동을 이어갔다. 노조는 2004년 고용허가제 실시 이후에는 사업주의 입장만 반영하는 제도 개악에 항의하며 사업장 변경의 자유를 위한 운동을 전개했다.[29] 그러나 정부의 탄압은 계속되었다. 2007년 말 이명박 정부 출범 전후로 미등록 이주자에 대한 대대적 단속이 재개되면서, 이주노조의 출입국관리사무소 항의 시위를 앞두고 위원장과 사무국장 등 지도부를 체포하고 강제 출국시키는 일이 벌어졌다. 이러한 탄압 속에서도 이주노조는 대규모 단속 반대 운동과 함께, 내국인 노동자와 동일한 최저임금과 산재·고용보험 적용 요구 등 입법, 제도개선 투쟁을 계속했다.

또한, 민주노총과 시민단체와 함께 '이주노동자공동행동'을 구성하고, 매년 12월 18일 '세계이주노동자의 날' 기념행사와 전국이주노동자대회를 통해 이주노동자의 권리보호를 사회적으로 알리는 투쟁을 계속하고 있다. 최근에는 농축산업과 어업 등 열악한 부문의 이주노동자 권리 개선 운동과 함께 주거권, 건강권 등 제반의 기본권 영역에서 이주노동자 권리 실현을 위한 운동을 활발하게 전개하고 있다.

한편, 민주노총 산하 산별노조들도 이주노동자 조직화에 나섰다. 2010년대 중반 건설노조와 금속노조는 건설 현장과 공단 지역에서 이주노동자를 적극적으로 조직했다. 노동운동과 시민운동 차원에서 이주노동자 운동을 지원하기 위한 이주노동자운동후원회(공동대표 김세균, 단

---

[29] 고용허가제는 정부가 허가한 사업장에서만 일할 수 있도록 제한하는 반면, 노동허가제는 이주노동자의 직업 선택의 자유를 보장하는 제도다. 현행 고용허가제는 사업장 이동의 자유를 봉쇄하여 사용자의 불합리한 처우에 종속될 수밖에 없다. 사업장을 이동하기 위해서는 사업주의 동의를 받거나, 휴업·폐업, 근로조건 위반 행위와 폭언·폭행, 임금체불 등 부당한 처우가 있어야만 한다. 그러나 부당한 처우를 노동자가 입증해야 하기 때문에 실제로는 사업장 이동이 매우 어렵다.

병호, 장창원)도 2011년부터 활동을 시작했다.

　그러나 항상 내국인 노동자와의 연대가 이루어지는 것은 아니었다. 2023~24년에는 민주노총 산하 일부 건설노조가 '불법고용 이주노동자 단속 촉구' 집회를 여는 사태가 발생했다. 이들은 "외국인 불법고용 근절", "외국인이 현장 장악", "세금 한 푼 안 내는 불법외국인 고용" 운운하는 구호를 외쳤다. 어떤 진보당 지역위원회는 "일자리 빼앗는 불법 외국인 고용 권장하는 윤석열" 정부를 규탄하는 현수막을 내걸기도 하면서 이주노동자 문제에 대한 잘못된 인식을 드러내기도 했다.

　2000년대 이후에는 산업구조뿐 아니라 저출산·고령화로 인한 인구 구조 변화가 이주노동자 수요를 높이면서 이주노동자가 더욱 늘어나고 있다. 2020년대 전체 취업자 대비 외국인 비율은 약 3~4% 수준이지만, 이미 일부 산업에서는 이주노동자 없이는 운영이 어려울 만큼 높은 의존도를 보인다. 특히 인력난이 심한 업종일수록 그 의존도가 높다. 이렇게 이주노동자가 내국인이 기피하는 업종에 집중되다보니, 작업장 안전사고, 임금체불, 열악한 숙소 문제를 비롯해 열악한 상황에 놓여있는 경우가 많다. 2023년 산업재해 사고 사망자의 10.5%가 외국인 노동자였는데, 이는 전체 취업자 중 외국인 비율 약 3.2%에 비해 매우 높은 수준이다.

　법무부에 따르면, 이미 한국의 체류외국인은 전체 인구 대비 5.2%에 이르고 있다. 한국에 사는 사람 스무 명 중 한 명 이상이 외국인이라는 뜻이다. 고용허가제 외에도 외국인 선원, 계절근로자, 조선업 숙련기능인력 등 다양한 제도를 통해 이주노동자를 사용하면서 국내 체류외국인 취업자는 2024년 현재 이미 100만 명을 넘어서고 있다. 최근에는 돌봄 인력의 부족이 가시화되자 외국인 가사관리사 도입이 논란이 되기도 했다. 한국의 산업, 인구 구조를 볼 때 이주노동자는 더욱 늘어날 수밖에 없으므로 이주노동자 운동은 앞으로 더 중요해질 것이다.

9. 보수 정권의 노동개혁 실패와 총파업-총궐기 투쟁

이명박 정부는 노동운동에 적대적인 입장으로 일관했다. 2008년 세계 금융위기가 전개되자, 이명박 정부는 경기부양을 위해 더욱 친기업적인 정책을 추진하는 한편 노동시장 유연화 정책 기조를 유지했다. 노사관계에서는 법과 원칙을 앞세워 노조활동에 대해 무관용 원칙으로 일관하면서도, 현대자동차 최병승씨 사건에서 나타나듯 사용자의 법 위반에 대해서는 방관했다. '국민노총'이라는 친정부 노동조직을 만드는 데 정권 핵심이 개입하기도 했다. 노사정위원회 등 사회적 대화기구를 매개로 한 정책 실행도 사라지거나 그 의미가 크게 후퇴했다.[30]

또한, 노동계의 격렬한 반대에도 불구하고 노조전임자의 급여 지급과 관련된 근로시간면제제도와 복수노조 교섭창구 단일화를 법제화했다. 정부와 여당 그리고 야당 소속 추미애 국회 환경노동위원회 위원장은 2010년 1월 1일 새벽 노조법을 날치기 통과했다. 노조 전임자 임금 지급 금지와 근로시간면제 제도는 2010년 7월 1일부터, 사업장 단위 복수노조 설립은 '교섭창구 단일화'를 조건으로 2011년 7월 1일부터 시행되었다. 본래 복수노조 인정은 노동자의 단결권을 보장하는 취지였지만, 이 법은 복수노조가 병존할 경우 사업장 단위로 교섭창구 단일화

---

[30] 김인재, 「이명박 정부 노동정책의 평가와 과제」, 《민주법학》 50호, 2012.

를 강제함으로써 교섭권의 본질적 내용을 침해했다.[31] 심지어 사용자가 원하면 복수노조 하에서도 사업장 단위로 자율교섭을 할 수 있도록 열어줌으로써 사용자 친화적인 어용노조의 교섭권을 쉽게 보장했다. 교섭창구 단일화의 범위를 사업장으로 규정하면서 산별교섭은 더욱 어려워졌다.

이러한 흐름에 편승해 복수노조 설립을 수단으로 노동조합을 파괴하는 공작도 기승을 부렸다. 2010년부터 발레오만도, KEC 등에서 사용자가 직장을 폐쇄하고 노조 탈퇴를 종용하는 방식의 공격적인 노조파괴가 이루어졌다. 2011년에는 현대차 부품사인 유성기업, 만도, 보쉬전장, 콘티넨탈, SJM에서 사측의 공세가 진행됐다. 유성기업은 금속노조 유성기업지회가 현대차와 같은 주야연속 2교대제 도입을 요구하는 부분파업에 돌입하자, 직장폐쇄를 단행하고 제2노조를 설립한 후 제2노조만을 대상으로 교섭했다. 이러한 노조파괴 공작은 노무사를 비롯한 노조파괴 전문가가 개입한 것이었다. 이외에도 영남대의료원, 골든브리지, 보쉬전장, 상신브레이크에서 비슷한 공작이 진행되었다.

'경제민주화'를 앞세워 당선된 박근혜 정부는 재벌 개혁과 함께 노동시간 단축과 최저임금 인상, 정리해고 요건 강화, 비정규직 정규직 전환과 같은 상당히 개혁적인 공약을 내세웠다. 그러나 박근혜 정부에서도 노동조합에 대한 탄압 기조는 이어졌다. 2013년에는 해고자의 조합원 자격을 유지하는 규약이 교원노조법에 위반된다는 이유로 전교조를

---

[31] 복수노조 인정이라는 노동운동의 요구는 상급조직에서 복수노조 허용(즉 산별연맹과 민주노총 합법화)라는 측면과 사업(장)단위의 복수노조 허용이라는 상이한 두 층위의 요구가 혼재된 것이었다. 이 중 상급조직에서 복수노조 허용은 96~97년 총파업 이후 1997년 노동법 개정에서 이미 반영되었다.

법외노조화했다. (이후 2020년 들어 대법원 전원합의체는 전교조에 대한 법외노조 통보 처분은 부당하다고 판결했다.) 단 9명의 해직자 조합원을 이유로 6만 명에 이르는 조합원이 있는 노동조합의 합법성을 부정한 것이다. 이후 2013년 철도노조 파업 탄압과 민주노총 사무실 공권력 투입으로 노정 간 갈등의 골이 더 깊어졌다.

박근혜 정부는 이명박 정부와 달리 노사정위 합의를 활용한 노동개혁을 지속적으로 추진했다. 물론 민주노총은 노사정위에 참여할 의사가 전혀 없었기 때문에 한국노총만이 정부의 대화상대였다. 한국노총은 2014년 12월 노사정위 합의를 통해 박근혜 정부가 제시한 노동개혁 의제를 논의하기로 했다. 정부는 노동시장 이중구조 해소를 과제로 제시했으나, 세부적으로 들어가면 기간제 사용제한의 완화, 정리해고 외에 저성과자 퇴출제, 취업규칙 불이익변경 요건 완화 등 노동계가 반대하던 내용이 주요 의제였다. 정부가 2014년 공공부문 개혁을 명분으로 추진한 '공공기관 정상화' 정책은 '방만경영 정상화'라는 이름으로 공공부문 단체협약 개악을 밀어붙였다.

결과적으로 '기울어진 운동장'이었던 노사정위는 한국노총이 불참과 참여를 오가는 우여곡절을 거쳐 2015년 9월 15일, '노동시장 구조개선을 위한 노·사·정 합의'를 체결했다. 청년고용 활성화, 노동시장 이중구조 개선, 사회안전망 확충, 통상임금 등 현안해결이 주요 내용이었다. 박근혜 정부와 새누리당은 이 합의 이후 곧바로 '노동개혁 5법'을 발의했다. 소위 '노동시장 경직성 해소'를 명분으로 △ '비정규직 보호법'으로 비정규직 사용기간 제한 4년으로 연장 △ 근로기준법 개정으로 사용자와 근로자 대표가 합의한 경우 1주 8시간까지 특별근로 허용, △ 파견법 개정으로 55세 이상의 고령자 및 전문직, 뿌리 산업 등에 대해 파견 허용 업무 확대, △ 고용보험법의 수급기간과 보험금 지급 기간 확대(금액은 축소), △ 산재보험법 개정으로 출퇴근 사고의 단계적인 인정이 발의되었다. 고용·산재보험은 부분적 개선이었으나, 다른 항목은 노동기준을 후퇴시키는 것이었다.

민주노총은 이러한 합의를 전면 거부하는 가운데 대정부 투쟁에 집중했다. 2014년 말 최초의 민주노총 직선제 선거가 시행되고 쌍용자동차 정리해고 투쟁 당시 지부장이었던 한상균이 위원장에 당선되었다. 2015년부터 임기가 시작된 민주노총 한상균 집행부는 당선 직후부터 총파업과 민중총궐기를 통해 박근혜 정부에 대한 투쟁에 나섰다. 4월 24일 첫 번째 총파업을 진행한 데 이어, 7월 15일, 9월 23일, 12월 16일에도 총파업 투쟁을 전개했다. 그러나 실제 파업에 돌입한 조직은 소수였다.[32]

민주노총은 2013년 철도노조 파업 당시 정부의 민주노총 사무실 침탈을 계기로 '박근혜 퇴진' 투쟁을 선언했다. 민주노총은 2015년 말부터는 서울 도심에서 '민중총궐기' 집회를 열었다. 민중총궐기는 민주노총이 중심 대오를 형성하는 가운데 여러 민중단체와 함께 대규모의 정치 시위를 조직한 것으로, 이후 박근혜 정권 퇴진 촛불시위로 이어지는 전초전이었다. 11월 14일 1차 민중총궐기 집회 참가자와 경찰이 격렬하게 충돌하는 과정에서, 전농 회원이던 백남기 농민이 경찰의 시위진압 물대포에 맞아 뇌사 상태에 빠지는 비극이 벌어졌다. 정부는 경찰의 과잉진압에 대한 책임을 묻기는커녕, 집회 참가자에 대한 대대적인 구속

---

32 민주노총은 2014년 세 번, 2015년 네 번, 2016년 세 번의 총파업을 연속적으로 선언했다. 그러나 실제로는 총파업이라고 부르기 어려운 총력 집회 수준이었다. 이 때문에 민주노총의 총파업 선언 남발에 대한 조직 내부의 비판도 제기되었다.

과 소환조사를 전개했다. 한상균 민주노총 위원장도 '소요죄'를 적용하여 수배했다. 한 위원장은 조계사에서 농성을 이어가다가 12월 10일 자진 출두하면서 구속되었다.

'9·15 노·사·정 대타협'에도 불구하고 정부는 노·사·정 합의를 존중할 생각이 없었다. 격렬하게 반발하던 노동계를 제압했다고 판단한 박근혜 정부는 자신감을 얻었다. 그해 12월 30일 고용노동부를 통해 '저성과자 해고'(이른바 '쉬운해고')와 '취업규칙 변경요건 완화' 지침(양대지침) 정부안을 전격 발표했다. 노·사·정 합의문에서 "정부는 일방적으로 시행하지 않으며 노사와 충분한 협의를 거친다"는 약속을 정면으로 거스른 것이다. 당시 여당인 새누리당은 노·사·정 합의 바로 다음날 '기간제 사용기간 연장', '파견 허용범위 확대'가 포함된 노동 5법을 일방적으로 이미 발의한 상황이었다. 박근혜 대통령도 이들 법안을 연내에 처리해야 한다며 국회를 압박하고 있었다.

한국노총은 2016년 1월 19일 9·15 노·사·정 합의 파기를 공식 선언했다. 이런 상황에서 노동부는 1월 22일 쉬운 해고를 담은 행정지침을 전격 발표하고, 기획재정부는 1월 28일 공공기관에서 성과연봉제를 전 직원을 대상으로 확대한다고 밝혔다. 공공기관 성과연봉제는 이전까지 간부층만 적용하던 임금체계를 전 직원으로 확대한 것인데, 노사관계를 무시하고 일방적인 강제력을 동원한 것이었다. 결국 박근혜 정부는 실제로 사회적 합의를 존중할 생각은 없었다.

박근혜 정부의 무리한 노동개혁은 결국 노동운동의 광범위한 반발을 야기했다. 특히 전 직원 성과연봉제에 반발하는 공공부문 노동자들의 투쟁이 대규모로 이어졌다. 기획재정부는 일반 직원까지 개인별 성과연봉제를 연말까지 모두 도입하라는 지침을 내리고, 이를 이행하지 않으면 인건비와 경영평가에 불이익을 주겠다고 공공기관 노사를 위협했다. 임금체계 개편은 노사합의가 반드시 필요한 사항이고 일반 기업에서도 인사제도와 연계되어 신중한 합의가 필요한 사안이라는 점에서 무리한 지침이었다. 기획재정부를 통한 각종 압력은 정부가 노동법을 넘어 완력을 사용한 조치였다.

민주노총뿐 아니라 한국노총 소속의 공공기관 노조까지 공동투쟁을 준비했다. '양대노총 공공부문 노동조합 공동대책위원회'는 상반기 농성투쟁과 경고파업을 거쳐 9월말 공동파업에 돌입했다. 민주노총 공공운수노조와 보건의료노조, 한국노총의 금융노조, 공공연맹, 공공노련 소속 노동조합들이 연쇄 파업을 시작했다. 특히 공공운수노조 소속 공공기관 노동조합은 12개 단위노조 7만여 명이 파업에 동참하여 파업대오의 주력을 이뤘다. 철도노조는 역대 최장기간인 74일간 파업투쟁을 이어갔다. 철도노조 파업이 종료된 12월, 본격적으로 박근혜 대통령의 국정농단 사건(이른바 '최순실 게이트')이 터지면서 박근혜 대통령 퇴진 촛불시위가 폭발했고, 노동조합은 자연스럽게 이 시위에 합류했다.

2016년 말에서 2017년 초까지 박근혜 대통령 퇴진(탄핵)을 요구하는 대규모 촛불 집회가 이어졌다. 촛불 집회는 2016년 10월말부터 시작되어 12월 3일 전국에서 열린 '박근혜 즉각 퇴진의 날' 집회에서 절정에 이른다. 이후 2017년 3월까지 박근혜 전 대통령의 퇴진을 요구하며 촛불집회가 매주 이어졌다. 2017년 3월 10일 헌법재판소에서 박근혜 대통령 탄핵이 인용되면서 조기대선이 열렸다. 이 시위에는 여러 시민사회단체와 민주당 등 야권과 일반 시민들의 광범위한 참여가 있었지만, 집회를 주관한 '박근혜 정권 퇴진 비상국민행동'(퇴진행동)에서 민주노총은 집행력의 상당 부분을 담당했다. 민주노총은 정권 퇴진투쟁을 통해 박근혜 정부가 강행해온 노동정책을 멈추고자 했다.

이를 위해 촛불시위에서 박근혜 대통령 즉각퇴진, 조기탄핵만이 아니라 노조할 권리, 최저임금 1만원, 비정규직 철폐 등 노동운동의 요구와 '적폐청산, 재벌 공범세력 처벌, 촛불개혁 실현' 등 확장된 쟁점을 사회적으로 부각하려고 노력했다. 다만 워낙 퇴진 자체에 집중된 촛불집회에서 이러한 노력은 한계가 있었다. 민주노총과 퇴진행동이 요구한 '촛불개혁' 정책은 대선 이후 문재인 정부에서 부분적으로 수용, 추진되었지만 이러한 수용이 충분치 못하다는 불만 혹은 '촛불에 대한 배신'이라는 비판이 문재인 정권 내내 민주노총에서 제기된다.

박근혜 정권 퇴진과 정권교체라는 정치적 성과는 노동운동에 깊은 인상을 주었다. 문재인 정부와 여러 쟁점에서 갈등이 존재했지만, 노동운동은 정권교체로 이어진 촛불시위를 주도한 입장에서 새 정부 정책에 '지분'을 주장할 근거가 있다고 스스로 생각했다. 그리고 노동조합의 선도투쟁을 통해 시민들의 반정부 시위를 촉발함으로써 보수정권에 실질적인 타격을 줄 수 있다는 경험을 얻었다. 개별적인 정책 사안 투쟁보다 정권에 대한 집중적인 정치투쟁이 효과가 더 확실한 것으로 보였다. 이러한 집단적 경험은 윤석열 정부 집권 이후 민주노총 집행부가 구체적인 정책에 대한 투쟁들보다는 정권 자체를 반대하고 퇴진을 요구하는 투쟁에 몰두한 이유 중 하나였다.

10. '반보수전선' 야권연대와 진보정당 운동의 퇴조

정치세력화 운동이 퇴조하는 가운데 진보정당에 대한 현장의 관심은 지속적으로 하락해갔다. 오히려 2008년 '광우병 쇠고기' 촛불시위를 거치면서 '야권연대'가 중심적인 정치 전략으로 부상하고 진보정당들도 여기에 동참했으며, 이러한 흐름은 2016년 박근혜 대통령 퇴진 운동으로 이어졌다. 그 결과 노동운동은 민주당과 문재인 정부에 대한 비판적 거리를 두기 어려워졌다. 이후 2025년 대선에서 노동운동 다수는 이재명 민주당 후보를 지지했고 권영국 후보는 저조한 득표율을 얻었다. 진보정당 운동의 약화는 2008년 민주노동당 분당과 2010년대 야권연대를 거치면서 이미 시작되었다고 할 수 있으므로, 이 시기를 돌아볼 필요가 있다.

2000년 민주노동당 건설로 본격화되는 진보정당 운동은 이에 앞서 1980년대 후반 형성된 정치적 노동자운동과는 단절을 겪었다. 첫 번째 단절은 1980년대 말~90년대 초의 노동자 정치운동이 노동조합운동과 정당건설 지향의 운동으로 분할되는 과정에서 나타났다. 전노협 운동은 전국노운협 등 노동단체운동의 흐름이나, 한사노당-진정추-진정련에 이르는 정치적 노동자운동 세력과 차츰 분리되었다. 두 번째 단절의 계기는 국민승리21-민주노동당 건설과정이었다. 민주노총 활동가들이 정당 건설을 주도하며 정당의 성격도 변화한다. 이에 따라 노동조합의 정치운동은 곧 정당을 통한 공직 선거 대응이라는 인식이 굳어졌다.

세 번째이자 마지막 단절의 계기는 2008년 민주노동당 분당이었다. 이 사태는 선거에서 성과를 보인 민주노동당에 민족해방파(NL)가 진입하기로 결정하고(이른바 '군자산의 결의'), 당권을 장악하여 공직선거에서 우세한 위치를 확보하려고 시도하면서 시작된 갈등이 폭발한 결과였다. 그 이후에 진보정당 운동은 더는 1980년대 형성된 정치적 노동자운동의 계승이라고 보기는 어려워졌다. 계속된 위기 속에서도 노조운동은 현장에 근거한 '운동의 정치'를 복원하려 하기보다는 선거정치와 이를 위해 선거정당화한 진보정당들의 재통합에 집중했다.

2004년 총선에서 민주노동당이 달성한 정치적 성과는 당내 경쟁적 정파 세력 간 권력 균형 위에서 이룩한 것이었다. 그러나 민주노동당의 빠른 성장의 가능성을 확인한 2004년 총선 이후 정파 간의 경쟁과 대립은 심각하게 격화되었다.[33] 이미 2005년경부터 민주노동당의 지역 조직(분회)을 이른바 '자주파'(민족해방파) 활동가들이 주소지 위장전입까지 하면서 무리하게 장악하려는 시도가 곳곳에서 벌어지면서 충돌이 시작되었다. 2007년 대선을 앞둔 당내 경선에서 신생 스타 정치인인 노회찬·심상정 대신 자주파의 지지를 얻은 권영길 후보가 이기면서 갈등은 한층 격해졌다.

대선 이후에는 당 핵심인사가 북한의 간첩과 연루된 '일심회 사건'이 드러났다. 이 사건의 책임자들을 제명하려는 시도는 자주파의 극렬한 반발을 불렀다. 결국, 2008년 2월 이들을 제명하려는 임시 당대회 안건이 자주파 세력에 의해 부결되고, 오히려 이 제명안을 삭제하자는 수정동의안이 이들에 의해 발의되어 가결됐다. 그 결과 당이 쪼개졌다. 이른바 '평등파'를 비롯한 민주노동당 탈당파는 '진보신당'으로 분리되어 나갔다. 하지만 진보신당은 2008년 18대 총선에서 원내 진입에 실패했다. 민주노동당 잔류파는 총 5석을 얻었다.

민주노총은 진보정당의 분열이 위기의 원인이라고 판단하며 민주노동당과 진보신당의 통합을 적극적으로 압박했다. 압박의 결과 2010년 7월 민주노총과 민주노동당, 진보신당의 전·현직 대표 모임에서 '진보

---

[33] 임영일, 「노동정치: 노동정치 운동의 실패와 진로 모색」, 『한국의 신자유주의와 노동체제』, 2013.

정치 대통합과 새로운 진보정당 건설' 계획이 합의되었다. 그러나 진보신당에서는 이 합의문 승인이 부결되었다. 민주노총은 9월, 중집위원회 회의에서 통합안을 부결시킨 진보신당에 대한 한시적 지지를 철회하면서 압박의 수위를 높였다.

2011년 12월 노회찬, 심상정 등이 진보신당에서 다시 탈당하여 이정희의 민주노동당, 유시민 등 친노무현 그룹이 창당한 국민참여당과 함께 '통합진보당'에 합류했다. 사실상 단일 정파 정당이 된 민주노동당은 합당을 앞두고 기존의 '민주적 사회주의' 강령을 폐기하고 '진보적 민주주의' 강령으로 대체하면서 (이후 통합한 유시민의 국민참여당을 염두에 두고) 연합의 폭을 더 넓힐 준비를 하고 있던 상태였다. 통합진보당은 이정희, 유시민, 심상정을 공동대표로, 강기갑 의원을 원내대표로 추대하면서 신설 합당 방식으로 창당했다. 그러나 통합진보당은 19대 총선과 18대 대선이라는 정치 일정과 공통의 정치적 이해관계 속에서 급조된 정당이었다. 분열을 불러왔던 쟁점에 대한 성찰은 부족했고, 새로운 진보정당의 가치와 지향은 충분히 논의되지 않은 채 출발했다. 2012년 4월 총선에서 통합진보당은 13명(지역구 7명, 비례 6명)의 의원을 당선시키면서 역대 진보정당 중 최대 의석을 확보하는 성과를 얻었다. 민주통합당(현 더불어민주당)과의 야권연대를 통해 지역구 후보까지 단일화한 결과였다.

민주통합당과의 야권연대 흐름은 2011년 하반기부터 준비되고 있었다. 2011년 10월 26일 서울시장 보궐선거에서 박원순 후보가 야권 단일 후보로 나서 승리하자 총선 연대의 필요성이 부각되었다. 민주통합당은 2012년 초부터 통합진보당과 연대협상을 본격적으로 시작했다. 수차례의 실무 협상과 대표 회담을 거듭한 끝에 양당은 2012년 3월 10

일, '이명박 정부 심판'과 '정권교체'라는 명분으로 야권연대에 최종 합의했다. 당시 야권연대의 전략적 근거를 제시한 집단은 백낙청 교수를 중심으로 하는 '창비' 그룹이었다.

백낙청 교수는 2012년, 〈2013년 체제 만들기〉라는 단행본을 내고 1987년 민주화 이후 정착된 '87년 체제'가 한계에 봉착했다며 한반도 평화체제 구축, 보편적 복지국가 실현, 사회경제 민주화와 정의 실현을 위한 소위 '2013년 체제'를 형성하자고 주장했다. 이러한 체제 전환은 다양한 시민사회 세력과 진보적 정당들이 연대하고 협력하는 '연합정치'를 통해 가능하다고 제시했다. 당시 이해찬 전 국무총리는 '희망 2013, 승리 2012 원탁회의'에서 "2013년 민주진보진영 공동정부 운영"을 언급한다.

진보정당 통합 기획은 이 프로젝트와 접합되어 야권연대로 귀결되었다. 이 프로젝트는 2012년 대선에서는 실패했지만, 끈질기게 살아남아 2017년 문재인 정부 집권과 이후 두 번의 총선에 걸친 비례위성정당으로 이어졌다. 2025년 대선에서는 백낙청이 '김대중 이후 최고 정치인'이라고 치켜세운 이재명 후보의 당선으로 실현된 셈이다. 그러나 독자적 진보정당은 이 과정의 수혜자라고 하기는 어려웠다.

2012년 총선 이후 비례대표 경선 부정 의혹이 제기되면서 통합진보당은 다시 내홍에 빠졌다. 그 결과 2012년 다시 한번 당이 쪼개졌다. 책임 공방이 진행되던 와중에 2012년 5월에 열린 통합진보당 중앙위원회에서 강령개정안이 통과되자, 당권파(NL) 활동가 수십 명이 단상에 난입하는 폭력사태가 발생하면서 조준호 공동대표를 비롯한 당 간부들이 다치는 사태가 발생했다. 이 사태를 계기로 민주노총은 통합진보당에 대한 지지를 철회하는 결정을 내렸다. 이후 민주노총은 12월 대선을 앞

2012년 3월 13일, 민주통합당과 통합진보당, 시민사회 대표자들이 국회에서 '범민주진보진영 총선 승리와 정권교체를 위한 야권연대 공동선언'을 발표한다. 앞줄 왼쪽부터 유시민·이정희 통합진보당 공동대표, 백낙청 서울대 명예교수, 한명숙 민주통합당 대표, 김상근 목사. (사진출처: 《한겨레》)

둔 상황에서도 통합진보당에 대한 지지는 철회했지만 단일한 대선 방침을 수립하기 어려워 결국 지지 후보 방침을 결정하지 못했다.

2012년 9월 통합진보당을 탈당한 세력은 '새진보정당추진회의'를 결성하고 노회찬 의원과 조준호 전 통합진보당 최고위원을 공동대표로 추대했다. 이들은 10월, 원내 5석의 '진보정의당'을 창당했다. 이른바 '경기동부·부울경·광전연합' 등 강성 NL만 통합진보당에 남았다. 진보정의당은 이후 2013년 7월 전당대회를 통해 '정의당'으로 당명을 개정했다. 민주노총이 3년간 진보정당의 통합을 압박한 노력이 무색해지는 허무한 결말이었다. 민주노총은 노동자 정치세력화 혹은 진보정치의 위기의 원인이 진보정당들의 분열 때문이라고 판단했지만, 분열 자체가 위기의 원인은 아니었다. 그러나 이런 과정을 겪고 나서도 민주노총 활동가들

사이에서는 진보정당이 통합하기만 하면 다시 한번 민주노동당 초기의 성과를 재현할 수 있을 것으로 생각하는 경향이 지금도 깊이 남아있다.

민주노동당과 통합진보당 분당 이후, 진보정당은 경쟁적으로 민주당과의 야권연대에 동참했다. 2012년 대선에서 통합진보당 이정희 후보는 박근혜 후보의 집권을 막기 위해 사퇴한다고 밝히며 사실상 문재인 후보를 지지했다. 그런데 NL노선에 비판적인 진보정의당 후보였던 심상정 후보 역시 문재인 후보를 지지하고 대선후보 등록을 포기했다. 이후 정의당은 민주통합당, 재야 단체들과 함께 '국민연대'를 결성하여 문재인 후보를 '국민후보'로 추대하는 데 동참했다. 노동자 독자후보로 출마한 김순자·김소연 후보는 0%대의 저조한 득표율을 얻는 데 그쳤다.

통합진보당과 이를 계승한 민중당-진보당과 정의당은 이후에도 야권연대를 통해 민주당과 긴밀히 공조하려는 입장을 이어갔다.[34] 정의당은 급기야 2019년에는 연동형 비례대표제 선거법 개정을 위해 조국 장관 임명과 공수처법에 찬성했고, 2022년에는 검수완박에도 찬성하면서 민주당에 협조적인 노선으로 경도되었다. 정치 현안뿐 아니라 '소득주도성장론'을 사실상 수용하면서 민주당의 정책노선과 근본적 구별도 흐려졌다. 진보당은 훨씬 더 나아가서 아예 민주당이 주도하는 비례위성정당에 참여했다.

이 과정을 거치면서 진보정당 운동은 '정치적 노동자운동'의 희미한 계승이라는 성격마저도 거의 유실했다. 민주노동당 창당의 계기였던 조직노동과의 연계라는 유산조차 지속적으로 약해졌는데, 무엇보다 정

---

[34] 통합진보당은 이석기 의원 등의 RO(지하혁명조직) 내란음모, 내란선동, 국가보안법 위반 사건에 연루되어 2014년 헌법재판소의 위헌정당 심판으로 해산되었다.

의당 스스로 조직노동과 연계하기 위한 뚜렷한 전략이 없었다. 예를 들어 21대 총선에서 비례대표 후보 상위순번에 노동운동이 아니라 청년을 할당한 전략은 정의당이 노동운동과의 결합을 우선순위에 두지 않는다는 점을 상징적으로 보여주었다.

그러나 진보정당이 야권연대로 나아가는 흐름은 실상 민주노총에서부터 나타난 것이었다. 즉, 야권연대는 사실상 민주노총 자신의 노선이기도 했다. 2008년 '광우병 쇠고기' 수입반대 시위부터, 2014년 세월호 참사 투쟁, 2015년 민중총궐기를 거쳐 2016년 박근혜 대통령 퇴진 촛불까지, 민주노총은 민주당이 주도하는 반보수전선의 중요한 축을 담당했다. 집회 실무를 맡고 조합원을 동원하는 민주노총의 역할은 매우 중요했다.

특히 민주노총은 2008년 광우병 쇠고기 수입반대 시위가 이명박 정권 초반 국정 동력을 약화하고 민영화 반대 쟁점도 제기하면서 성과가 있었다고 긍정적으로 평가하면서, 이후에도 이와 같은 방식의 투쟁을 조직하려는 구상을 이어갔다. 그 후 2010년 지방선거에서 민주노총은 야권연대 후보 지지를 명분으로 최초로 민주당 후보에 투표할 수 있도록 결정하면서 야권연대는 확고한 방침이 되었다. 2012년 총선에서는 한발 더 나아가 민주통합당과 최초로 협약을 맺고 민주노총이 민주통합당의 당선을 위해 노력한다는 점도 명시했다. 그에 따라 김영훈 민주노총 위원장이 민주당 유세에 참여하는 장면도 연출된다. 당시 정치방침과 민주당과 정책협약에는 아래의 내용이 포함되었다.

> **<2010년 지방선거 민주노총 방침>**
> "(2) 지역본부 및 지역사회 및 진보정당 등의 동의(합의)로 선출된 '반MB연대단일후보' 중에서 민주노총후보(지지후보)와 배치되지 않고 민주노총 요구를 실현할 수 있는 자에 대하여 지지, 연대한다."
>
> **<2012년 총선 민주통합당-민주노총 협약>**
> '민주진보 진영의 총선 승리와 노동기본권 보장 및 사회민주화 실현'을 위한 정책협약
> "제19대 국회에서 민주진보 진영의 원내 제1당 의석 확보 및 교섭단체 구성 등 안정적인 의회 내 절대다수 의석 확보를 담보하는 총선 승리를 위해 적극 협력한다."

이러한 과정을 거치면서 민주노총의 실천은 점점 민주당과 구별되기 어려워졌다. 당연히 민주노총은 진보정당들이 민주당과 공조하고 야권연대를 추구하는 것을 비판할 수 없었다. 김대중·노무현 정권 시기만 해도, 민주노총은 신자유주의 정책을 추진하는 민주당 정부에 비판적이었다. 그러나 야권연대 10년이 지나고 문재인 정부 시기에 이르러서는 사실상의 '비판적 지지'나 '활용론'에 가까운 실용적인 입장으로 전환했다. 노동자 정치세력화 노선의 실패에는 민주노총이 반보수전선의 핵심적인 역할을 맡으면서 민주당과 공조한 역사가 배경으로 깔렸다.

민주노동당 분당 이후로도 통합진보당 분당과 해산을 거쳐, 노동당·녹색당·정의당·진보당 등 복수의 진보정당이 존재하는 상황이 10여 년간 지속되면서 민주노총은 특정 진보정당을 지지하는 결정을 내리지 못했다. 민족해방파(NL) 노선의 민주노총 집행부를 비롯하여 현장과 일부도 이러한 분열이야말로 노동자운동이 진보정당운동과 결합하는 데 결정적인 장애이며 진보정당이 위기에 빠진 원인이라고 지적하곤 한다. 그러나 복수의 진보정당이 존재하는 상황이 위기의 원인일까? 정작 민주노총이 민주당과 구별되는 진보정당을 통해서 실현하려는 것이 무엇

인지 모호했을 뿐 아니라, 노동조합이 조직력과 투쟁력을 기반으로 한 정치활동을 이어간다는 관점을 점차 잃었다. 진보정당 역시 민주노총이나 노동자운동과 무엇을 함께 할 것인지가 뚜렷하지 않았다.

5장
문재인 정부 이후의 노동운동

변화의 기회를 놓친 민주노총

2018년 하반기부터 이미 소득주도성장론의 문제점이 드러나면서, 이를 주도했던 청와대 홍장표 경제수석과 반장식 일자리수석이 전격 교체되었다. 연말에는 장하성 정책실장도 교체됐다. 2019년에는 최저임금 인상률이 10.9%(시급 8,350원)로 둔화했고, 2020년에는 2.8%(8,590원), 2021년에는 역대 최저 수준인 1.5%(8,720원)에 그쳤다. 문재인 정부도 더는 소득주도성장론을 언급하길 꺼렸다. 민주당도 두 번에 걸친 이재명 후보의 대선 운동에서 더는 소득주도성장론을 제시하지 않았다.

문재인 정부 집권 기간 연평균 실질 GDP 성장률은 2%대 초중반에 그쳐 뚜렷한 성장률 제고를 이루지 못했다. 2017년 3.2%이던 성장률이 2018년 2.9%, 2019년 2.2%로 둔화된 데 이어, 2020년에는 코로나19 충격으로 -0.9% 역성장을 기록했다가 2021년 4.0%로 반등했다. 코로나19 대유행이라는 변수를 감안하더라도, 소득주도성장 정책이 성장률 제고로 이어졌다는 증거는 미약했다. 2018년~19년 최저임금 인상과 공적이전소득 확충을 통해 임금 격차, 가계 처분 가능 소득 격차가 다소 개선되었던 것도 수도권 중심의 부동산 가격 폭등으로 인한 주거비 부담 상승으로 상쇄되었다.[4]

한편, 문재인 정부 시기에는 미중 무역 갈등이 본격화했다. 2018년 1월 트럼프 미국 대통령은 중국의 불공정 무역에 대응한다면서 중국에 관세와 무역장벽을 부과하기 시작했다. 이러한 정책기조는 바이든 행정부에서도 그대로 이어졌다. 이미 박근혜 정부 시기 주한미군 사드(THAAD) 배치를 이유로 중국 정부가 한한령(限韓令)으로 무역을 규제하면서 줄어들던 대중국 수출은 미중 무역 분쟁이 심화하면서 더 빨

---

[4] 정준호, 「문재인 정부 경제 정책의 성과와 평가」, 《동향과 전망》 113호, 2021.

리 줄어들었다. (2023년 대중 무역 수지는 적자로 돌아선다) 여기에는 중국의 '제조업 굴기'로 인해 세계시장에서 경쟁력이 높아진 요인도 컸다. 문재인 정부는 미국과 중국 사이에서 오락가락하면서 이러한 변화에 잘 대처하지 못했다.

문재인 정부 집권 후반기인 2020~21년에는 예상치 못한 코로나19 위기가 정책 환경을 바꾸어 놓았다. 경제 충격을 완화하기 위해 정부는 전례 없는 확장적 재정정책을 펼쳤고 재난지원금 지급을 통해 가계소득을 직접 지원했다. 이에 따라 분배지표가 개선되는 "역설적 성과"가 나타났다. 그러나 이는 정부의 공적이전소득에 의한 것으로, 정부의 지원금을 빼면 소득불평등은 오히려 악화되었다.

정부의 핵심 공약이었던 '비정규직 제로' 선언과는 달리 비정규직 규모는 2017년 843만 명에서 2022년 900만 명으로 오히려 57만 명 증가했다. 공공부문 비정규직의 정규직 전환 정책이 민간부문으로 확산되지 못했고 코로나19 위기로 인한 불확실성 증대에 기업이 비정규직 고용으로 대응한 결과였다.[5] 코로나19 확산으로 인한 경제위기 대응으로 관심이 전환된 가운데, 소득주도성장론과 긴밀히 연계되어 있었던 노동개혁 정책들도 관심에서 더욱 멀어졌다.[6] 문재인 정부 후반기로 갈수록 노동운동과 갈등이 깊어진 배경에는 이러한 경제정책의 난맥이 있었다.

---

[5] 김유선, 「문재인 정부 고용노동정책 평가」, 한국노동사회연구소, 2023.
[6] 사회진보연대 노동위원회, 「노동 없는 대선? - 대선후보 노동정책 비판」, 《계간 사회진보연대》 2022년 봄호.

2) 집권 초반, 개혁에 대한 희망과 환멸

'노동존중'을 표방한 문재인 정부는 노동운동의 정책 요구를 대선 공약과 국정과제에 상당 부분 반영했다. 취임 후 첫 현장방문 일정으로 전체 노동자 중 비정규직 비율이 압도적이었던 인천국제공항을 선택해 '공공부문 비정규직 제로화'(비정규직 정규직 전환) 정책을 발표한 사건은 노동조합들도 놀랄만한 일이었다.[7]

정부의 '노동정책 로드맵'은 양질의 일자리 확대, 노동존중, 차별적인 노동시장의 시정을 제시했다. 이어 2017년 7월에는 이듬해 최저임금을 16.4% 인상한 7530원으로 결정했는데, 이는 외환위기 극복 시기인 2000년 이후로 특별한 거시경제적 변동이 없는 상태에서 가장 높은 인상률이었다. 박근혜 정부의 양대지침(쉬운해고, 취업규칙 개악)과 공공부문 전직원 성과연봉제 지침도 즉각 폐지했다. 2018년 2월에는 주당 법정 근로시간을 현행 68시간에서 52시간으로 단축하는 내용의 근로기준법 개정안이 국회 본회의를 통과했다. 이러한 집권 초반 정책은 노동계의 기대를 높였다.

2017년 말 민주노총 직선제 선거에서 당선된 김명환 위원장 집행부는 사회적 대화의 복원을 핵심 정책으로 제시했다. 김명환 위원장 당선은 갓 집권한 문재인 정부에 대한 조합원의 기대를 반영한 것으로도 볼수 있다. 새로 취임한 민주노총 집행부는 2018년 초부터 본격적으로 사회적 대화 복원을 위한 노정 대화를 시작했다. 제도적 대화기구인 노사

---

[7] 인천국제공항은 모회사의 정규직 일부를 제외하고 대부분의 현장 업무를 하청회사의 간접고용 노동자들이 수행하고 있었다. 전체 1만여 명의 노동자 중 비정규직 비율이 84%에 달했다.

정위원회가 제대로 기능하지 못하는 상황에서, 문재인 정부는 과거 노무현 정부의 노·사·정 대표자회의 방식을 채택했다. 문재인 대통령이 1월 노·사·정 관계자를 청와대로 초청해 새로운 사회적 대화를 요청하면서 시작된 대화는 그해 11월까지 이어졌다. 민주노총은 '노사정 대표자회의'를 통해 기존 노사정위를 '경제사회노동위원회'(경사노위)로 변경하는 데 합의했다.

그러나 곧 이루어질 것처럼 보였던 민주노총의 사회적 대화 복귀는 역시 쉽게 이뤄지지 않았다. 3년 내 최저임금 1만원 실현을 공약했던 문재인 정부는 높은 인상률로 인한 충격을 줄이기 위해 최저임금 산입범위를 넓히는 최저임금법 개정도 함께 추진하면서 '조삼모사'라는 반발을 불렀다. 최저임금이 크게 인상된 2017년부터 2018년까지 보수 언론과 재계는 최저임금 인상이 고용 악화와 기업 경영 부담의 원인이라며 공세를 강화했다. 일부 소상공인 단체도 인상 철회를 요구하는 시위를 벌였다. 정부 내에서도 "최저임금 속도조절"론이 제기되기 시작했다.

정부는 2018년 2월부터 사용자측 요구를 반영하여 최저임금 산입범위에 정기상여금과 복리후생비를 포함하도록 법 개정을 추진하였는데, 이 조치는 최저임금 인상 효과를 줄이는 개악이었다. 이는 2018년 5월 28일 국회에서 통과된다. 이는 애초 면밀한 준비가 없었던 최저임금 인상 결정에 따른 뒤늦은 후속 대책이었지만, 반발은 당연했다. 민주노총은 정부·여당이 주도한 최저임금법 개악에 항의하면서 2018년 5월 노사정 대표자회의를 일시적으로 탈퇴했다.

민주노총은 그해 8월, 3개월 만에 다시 노사정 대표자회의에 복귀했다. 김명환 집행부는 10월 정책대의원대회를 거쳐 이듬해 정기대의원대회에서 경사노위 참여를 결정하고자 했다. 그러나 문재인 정부의 노동정책에 대한 기대가 점차 사그라지는 상황에서 정부가 추진하는 최저임금 결정구조 개편과 탄력적 근로시간제 확대 문제가 논란을 불렀다. 이러한 상황에서 개최된 2019년 정기대의원대회에서 경사노위 참여 안건은 찬성 44.1%로 과반에 미달하여 부결되었다. 결국 문재인 정부 출범 이후 노·사·정 기구 복귀로 사회적 대화를 재개하려는 김명환 집행부의 시도는 실패했다.

한편, 정부와 여당은 민주노총이 불참한 경사노위에서 사회적 합의를 추진했다. 여기에는 탄력적 근로시간제와 선택적 근로시간제 확대 등 노동시간 유연화가 동반되면서 민주노총의 반발을 야기했다. 합의 직후 경사노위에 참여했던 청년·비정규직 대표 위원들이 합의에 반대하며 사퇴하는 사태가 벌어지면서, 문재인 정부 집권 초반의 사회적 대화 시도는 사실상 파탄에 이르렀다.[8]

---

[8] 주40시간제를 도입한 2003년 근로기준법에서도 탄력근로제 단위기간 확대 등 노동시간 유연화 조치가 동반되었던 적이 있다. 한국뿐 아니라 다른 나라에서도 노동시간 단축은 일반적으로 노동시간 유연화와 함께 도입되었다. 노동시간 단축이 예외없이 노동시간 유연화를 동반해왔다는 점을 인식하고 대응했어야 했으나, 노동운동의 준비는 미흡했다. 프랑스는 주35시간제를 도입하면서 논란 끝에 2005년 법 개정으로 초과근로에 대한 할증률(10~25%)을 노사 협약에 따라 자율적으로 결정할 수 있도록 허용하고 연간 시간 외 근무 제한을 완화했다. 이는 산별노조가 체결한 단체협약 효력확장제도와 보편적 국가 규제에서 기업 단위의 협상된 유연성으로 무게 중심을 이동시키는 결정적 전환이었다. 독일에서는 1990년대 중반 산별협약을 통해 노동시간 단축이 이루어지면서 노동시간 계좌제도가 도입되었다. 노동자가 기준 시간을 초과하여 일한 시간을 현금(초과근무수당)으로 보상받는 대신, 시간 계좌에 저축했다가 업무가 적을 때 유급 휴가로 사용하는 제도다. 노동시간 계좌제 적용 방식은 산별협약이 아니라 기업별로 직장평의회에서 결정한다.

3) 코로나19 위기와 '원포인트 사회적 대화'의 실패

민주노총이 참여하지 않은 가운데 '개문발차'한 경사노위는 곧 위기에 빠졌다. 2019년 주 52시간 노동시간 제한과 함께 추진된 탄력근로제 확대 결정 과정에서, 경사노위는 계층별 위원들을 배제하고 의결하려 시도했다. 이에 반발한 위원들이 모두 사퇴하면서 애초 구상한 사회적 대화기구로서의 위상이 크게 훼손되었다. 결국 정부와 여당이 최저임금법 개정과 탄력근로제 확대 등 개별 법안 추진과정에서 경사노위를 활용하여 정당성을 확보하려 했으나, 무리한 시도로 인해 경사노위 자체의 정당성을 훼손한 셈이었다. 한국노동연구원의 박명준은 "경사노위도 양극화 완화와 공정 노동시장의 구축과 같은 큰 이슈의 공론화는 제쳐둔 채 출범과 동시에 단기적이고 가시적인 성과에 목을 매며 몇몇 노동법 개정을 위한 대화와 타협의 함정에 빠져들었다"고 비판했다.[9]

이러한 상황에서 2020년 세계를 강타한 코로나19 위기는 모두가 처음 겪어보는 사태였다. 각국 정부는 다양한 정책 수단으로 감염병 확산을 차단하고 경제 활동의 갑작스러운 중단에 대응하려고 시도했다. 재난지원금과 같은 현금지원이 대표적이었지만, 이러한 경제적 충격을 계기로 사회보장을 확충하고 경제구조를 개혁하자는 목소리도 커졌다. 민주노총은 이러한 상황에 대응하기 위해 노·사·정 대화를 제안한다.

코로나19 위기는 민주노총 역시 처음 겪는 상황이었으나 정책적인 준비, 특히 정책의 실현가능성과 영향까지 고려하는 신중한 토론은 거의 거치지 않은 채 노·사·정 대화부터 우선 제안한 것이다. 민주노총은 대유행 초기인 3월 10일 기자회견을 열고 '재난생계소득제' 조기 시행,

---

[9] 박명준, 『새로운 사회적 대화의 쟁점과 과제』, 한국노동연구원, 2019.

취약 노동자 보호, 사회공공성 강화를 요구하며 대정부 교섭, 긴급 비상협의를 요구했다. 김명환 집행부가 방점을 찍은 바는 '코로나19 극복 노정협의 TF' 구성이었다. 4월 초에는 코로나19 확산의 직격탄을 맞은 항공, 특수고용, 영세사업장, 보건의료 노동자를 중심으로 기자회견을 열고 해고 금지를 요구했다.

정부 입장에선 민주노총이 경사노위에 참여하지 않고 있다는 점이 걸림돌이었다. 그렇기에 경사노위 바깥에 별도의 교섭 테이블을 여는 쪽으로 논의를 시도했다. 4월 17일, 김명환 위원장은 '코로나19 원포인트 노·사·정 비상협의'를 공개적으로 제안하고, 정세균 총리가 이를 수락했다. 경총과 한국노총을 설득하는 데 시간이 소요되어, 한 달 뒤인 5월 20일에야 '코로나19 위기 극복을 위한 노·사·정 대표회의'가 개최되었다. 민주노총은 코로나19 위기를 사회적 대화 복원의 계기로 삼고자 했다. '코로나 위기 극복 노·사·정 교섭'(원포인트 사회적 대화)이 5월과 7월 사이 집중적으로 진행된 결과, 잠정합의안을 도출했다. 그러나 이 합의안을 둘러싸고 민주노총 내에서 격렬한 논쟁이 펼쳐졌다.

6월 말~7월 초에 열린 중앙집행위에서 격렬한 반대가 표출된 상황에서, 김명환 위원장은 7월 1일 예정되어 있던 노·사·정 합의 협약식에 참석하지 못하고 23일 임시 대의원대회를 직권으로 소집했다. 노·사·정 대화 문제가 대의원대회로 넘어간 후 김명환 집행부는 정부 정책을 그대로 옮겨놓은 최종안을 아름답게 포장하기 바빴고, 반대 목소리를 특정 정파의 정치공세로 단정했다. 반면, 반대파는 최종안의 문제점을 지나치게 과장하며 사회적 대화 무용론을 펼치는 경향이 있었다. 상황이 그렇게 흘러가니 대의원대회까지 가는 과정에서 어떠한 생산적 토론도

진행될 수 없었다.[10]

민주노총 중집위원회와 위원장실에 항의 농성이 진행되는 혼란스러운 상황에서 노·사·정 합의안은 대의원대회에서 찬성 38.3%, 반대 61.7%로 부결되었다. 이는 2019년 1월 대의원대회에서의 경사노위 참여 찬성율 44.1%에도 미치지 못한 결과였다. 김명환 위원장은 합의안 부결의 책임을 지고 조기에 사퇴했다.[11]

민주노총이 추진한 코로나19 원포인트 사회적 대화의 실패는 문재인 정부 하에서 노·사·정 사회적 대화의 최종적 파탄을 의미했다. 왜 이런 결과로 이어졌을까? 우선, 민주노총은 정세에 대한 충분한 분석과 대책 없이 요구안을 급조했다. 요구안은 기존 사업계획에 코로나19 방역 대책을 포함한 수준이었고, 심지어 내부에서 충분히 토론된 적 없는 '재난생계소득'까지 포함했다. 민주노총 요구안의 핵심이었던 '해고 금지' 역시, 미조직 노동자 포괄 여부와 같은 구체적 정책에 관한 논의 없이 제기되었다.

그러다 보니, 민주노총의 첫 번째 요구인 '해고 금지'가 빠진 잠정합의안에 대해 반발이 나올 수밖에 없었다. 합의안 반대를 주도한 현장파는 합의안에 해고 금지가 없다는 점을 비판하고, 일부는 합의안이 1998년 정리해고제 도입과 같은 대량 해고를 야기할 것이라고 주장했다. 해고를 막을 수 없는 도산 기업은 공적 자금을 투입하거나 국유화하면 된

---

[10] 김성균, 「원포인트 노사정 대화, 대체 어디서부터 무엇이 잘못되었나」, 《계간 사회진보연대》 2020년 가을호.

[11] 결국 원포인트 사회적 대화의 주체 중 민주노총을 제외한 5개 주체(한국노총, 경총, 대한상의, 고용노동부, 기획재정부)와 문재인 대통령은 7월 28일 경사노위에서 '코로나19 위기 극복을 위한 노·사·정 협약'을 체결했다.

다거나 국가가 일자리를 보장하면 된다는 주장도 제기되었다.[12] '전국민 고용보험'이나 상병수당과 같은 유의미한 제안도 없지 않았지만, 균형 있게 논의되지 못했다.

민주노총의 주요 의결기구인 중앙위원회나 중앙집행위원회에서 원포인트 노·사·정 대화가 논의 안건이 아닌 보고 안건으로 처리되면서 내부 논의과정 역시 부실했다. 중앙집행위의 파행적 운영, 일부 노동단체의 회의 방해, 대의원대회 개최 논란, 집행부 측의 정파책임론 등 의사결정을 둘러싼 갈등과 혼란은 눈 뜨고 보기 힘들 정도였다. 이와 함께 코로나19 대유행 대응 정책에 대한 혼란은, 민주노총이 미조직 노동자를 포함한 노동자계급의 사회적 대변자로서 기능하기 위한 근본적인 체질 개선이 시급함을 보여주었다.

결과적으로 민주노총은 노동시장 제도를 다루는 노·사·정 대화에 참여하기 어려운 내부적 조건을 다시 확인했다. 하지만 그렇다고 현실에서 민주노총과 산별노조들이 경사노위 외의 노·사·정 협의를 진행하지 않는 것도 아니다. '플랫폼 사회적 대화포럼' 같은 의제별·업종별 협의 사례가 있고, 건강보험정책심의위원회, 국민연금기금운용위원회, 공무직위원회 등 각종 정부위원회에도 민주노총과 산하조직이 참여했다.

---

[12] 사회변혁노동자당, 『코로나 19 이후 한국사회의 과제』, 이슈페이퍼 2020-1. 이에 따르면, 국가는 위기 기업에 (비정규직을 포함한) 해고 금지를 조건으로 공적자금을 투입하고, 해당 기업은 영구적으로 국유화할 것을 요구했다. 국유화된 기업에 대해서는 노동자민중 통제를 통해 '반자본사회화 경제'를 실현할 수 있는 것으로 제시되었다. 이러한 접근에서는 노·사·정 합의를 통한 위기 극복이란 애당초 있을 수 없는 일이었다. 그러나 현재 노동자운동의 역량으로 일시적 국유화를 영구적 국유화로 이어지게 하고, 그 기업에 대한 노동자민중 통제를 확보할 수 있을지는 깊이 생각해볼 문제다. 무엇보다, 국유화 그 자체가 곧 사회주의는 아니라는 사실은 과거 소련이나 현재의 북한을 비롯한 현실 사회주의 국가나 전후 공기업이 지배적이었던 프랑스 경제를 보아도 알 수 있다.

그럼에도 총노동 의제를 다루는 경사노위 참여 문제는 조직적 합의가 어려웠다. 이런 논란의 연장선에서 경사노위 산하 부문·업종 위원회 참여나 '코로나19 극복을 위한 노·사·정 대표자 회의' 합의도 정치적 쟁점으로 부각된 것이다.

물론 정부가 신뢰를 주지 못했다는 문제도 크다. 정부가 논란이 예견되는 많은 쟁점을 경사노위 의제로 넘기면서 사회적 대화가 과잉정치화될 것이라는 우려가 제기되었고, 실제로도 그러한 결과를 낳았다. 그

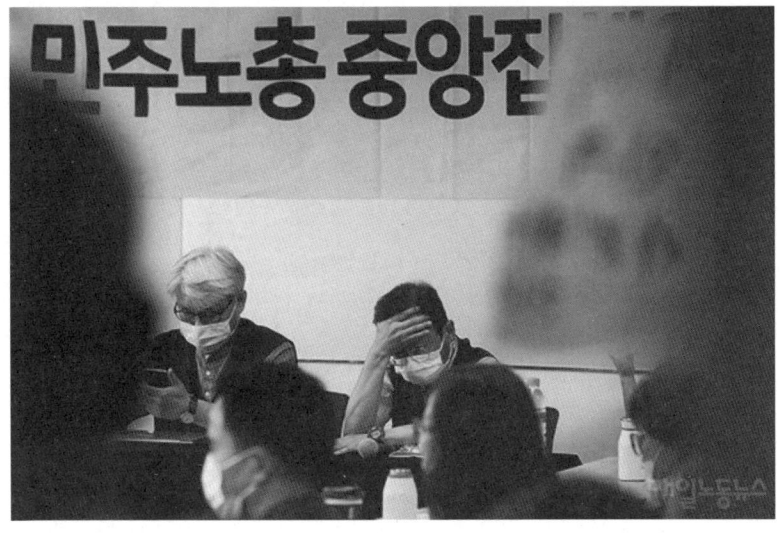

김명환 민주노총 위원장이 2020년 7월 1일 코로나19 위기 극복을 위한 원포인트 노사정 합의안 논의를 위해 열린 민주노총 중앙집행위원회 도중 이마를 짚고 있다. 40일간 코로나19 위기 극복 방안 마련을 목표로 진행된 노사정대표자회의 합의가 서명 직전 불발됐다. 협약식은 이날 오전 10시 30분 삼청동 국무총리 서울공관에서 열릴 계획이었다. 김동명 한국노총 위원장과 손경식 한국경총 회장, 박용만 대한상의 회장, 홍남기 경제부총리 겸 기획재정부 장관, 이재갑 고용노동부 장관과 정세균 국무총리가 합의안에 서명하기 위해 참석했지만 김명환 민주노총 위원장은 내부 반발로 오지 못했다. 민주노총은 이날 오전 8시 비상중앙집행위를 소집하고 전날에 이어 합의안 추인을 논의할 예정이었으나, 사회적 대화를 반대하는 단체와 조합원의 '회의 참관' 문제로 갈등하면서 개회 선언도 하지 못했다. 결국 총리실은 이날 오전 10시 15분께 협약식 취소 사실을 공지했다. (사진출처:《매일노동뉴스》)

렇지만 노동시장, 노사관계 제도의 변화에 개입하기 위해서 이해관계자들이 참여하는 사회적 대화에서는 어느 정도 주고받는 합의가 이루어질 수밖에 없다. 그럼에도 민주노총 지도부는 2020년 노·사·정 대표자회의 합의안 부결 논란에서 볼 수 있듯이 이를 감당할 지도력을 갖추지 못했다. 또 합의안 도출 이전에 어떤 합의를 추진할 것인가에 대한 조직 내 분명한 합의도 없었다.

사회적 대화라는 역할을 아예 배제한다면 과연 총연맹은 어떤 역할을 할 것인지가 문제로 남을 것이다. 기업별노조는 여전히 교섭권을 통해 자신의 기능을 수행하고 있으며, 산별노조는 산업정책에 관해 노사 협의나 (경사노위만 아니라면) 노·사·정 협의를 진행하고 있다. 그러나 민주노총은 총연맹으로서 정부와 사용자를 대상으로 하는 협의 테이블이 없기 때문에, 전체 노동시장과 노사관계에 개입하는 데 한계가 있다. 이런 조건에서 민주노총은 정책을 구체적이고 현실적으로 발전시키기보다는, 최대치 요구를 투쟁 구호처럼 제시하는 편향이 심해졌다. 그러면서 총연맹은 총파업을 조직하는 투쟁기구라는 역할에 머물렀다.

2. 정규직 전환과 비정규직 투쟁의 전환점

1) 공공부문 비정규직 정규직 전환

문재인 정부가 야심차게 시작한 공공부문 비정규직 정규직 전환 정책은 IMF 외환위기 이후 관행화된 비정규직 고용 관행을 공공부문에서부터 끊어내자는 야심찬 취지를 담고 있었다. 노동시장 이중구조와 임금격차의 심화를 해결하겠다는 정부의 정책의지를 보여주려는 것이기도 했다. 특히 이전 정부들과는 달리 직접고용 비정규직만이 아니라 하청 등 간접고용 노동자들을 포괄한 것은 큰 진전이었다.

그러나 이 정책 역시 추진과정에서 곧 파열음이 터졌다. 정부는 추상적인 기준만 제시한 후 기관별로 노·사·전문가 위원회(노사전위원회)를 구성하여 구체적인 전환 방식을 결정하도록 했다. 그런데 이런 전환 방식을 실제 적용하는 과정에서 많은 기관이 위원회에 노동자 측 대표로 비정규직 노동자 대표가 아니라 정규직 노조 혹은 하청사 관리자가 참여하도록 하면서 논란이 커졌다.

가장 큰 문제는 정규직 노동자와 정규직 취업을 준비하는 취업준비생들의 반발이었다. 이미 2016년 교육공무직법 추진과정에서도 나타난 바 있던 반발이 더욱 확산된 것이다. 경영계와 보수 진영은 애초부터 공공부문 정규직화가 '과도한 특혜', '역차별'이라며 비판했다. 이와 함께 인천국제공항, 서울교통공사, 도로공사 등에서 청년층 직원을 중심으로 정규직 전환에 반대하는 행동이 나타났다. 이들은 정규직 전환이 시험을 거치지 않은 특혜라며 비판하고 "공정성" 이슈를 제기했다.

이러한 조건에서 정규직 전환 정책이 지지부진해지거나 왜곡되면서 고용 전환 대상자인 비정규직 노동자들의 투쟁이 이어졌다. 정규직화 방식은 기관별 협의를 통해 △ 기관 직접고용(무기계약직 등), △ 자회사 설립(자회사 정규직으로 고용), △ 제3섹터(사회적 기업 등) 고용, 세 가지로 제시되었다. 그런데 많은 공공기관에서 사용자들이 '자회사 전환' 방식을 주요 수단으로 채택하면서 갈등이 나타났다. 모회사 소속으로 고용이 전환된 경우에도, 무기계약직 별도 직제라는 점이 갈등 요인이었다. 기존 정규직과는 임금과 복지에서 차이가 컸기 때문이다.

사업장별로는 2018년 잡월드 비정규직, 2019년 도로공사 비정규직과 국립대병원 간접고용, 2020년 가스공사 비정규직, 2021년 국민건강보험공단 고객센터 등에서 정규직 전환 방식을 둘러싼 파업투쟁이 이어졌다. 특히 도로공사에서는 불법파견 이슈와 맞물려 장기간 투쟁이 전개되었다. 사측이 자회사인 한국도로공사서비스를 설립해 약 6천여 명의 톨게이트 수납원을 흡수하고자 했으나, 대법원은 2019년 8월 이를 불법파견으로 판결했다. 노동자들은 이 판결에 따라 직접고용 전환을 요구했다. 그러나 사측이 거부하자 1500여 명의 조합원이 본사 점거농성과 장기간의 격렬한 파업을 진행했다. 민주노총도 7월 3일부터 3일간 공동 총파업 투쟁으로 이를 엄호했다.

사측은 결국 소송 승소자에 대한 직접고용(무기계약직)을 수용하고 나머지는 자회사로 고용했다. 그러나 사측은 톨게이트 업무를 자회사가 수행하도록 하고 직접고용된 노동자는 기존 업무가 아닌 시설관리 업무 등에 배치했다. 이들의 임금과 처우도 기존 자회사 노동자들과 크게 다르지 않았다. 이 투쟁 과정에서 정규직 직원으로 구성된 한국도로공사노조(한국노총)는 톨게이트 업무의 정규직 전환에 반대하면서 사실상 사측 입장을 대변해 큰 논란이 발생했다.

본래 문재인 정부의 공공부문 비정규직 정규직 전환 정책은 크게 세 단계로 구상되었다. 1단계는 중앙행정기관, 지방자치단체, 공공기관에서, 2단계는 지자체 산하 출자·출연기관 등 지방 공공기관에서, 3단계는 공공기관이 위탁한 민간업체에서 비정규직을 정규직으로 전환하는 것이었다. 이 중 3단계 부문에서는 문재인 정부 집권 후반기까지 정규직 전환이 거의 이루어지지 않으면서 노사 갈등이 커졌다. 정부가 "각 기관이 자율적으로 전환 여부를 검토하라"는 원칙만 제시한 상태에서 사용자들은 소극적 태도를 보였다. 건강보험공단 고객센터 노동자와 지자체 생활폐기물 수거원 등 민간위탁 노동자 상당수의 정규직 전환 여부가 대표적 사례였다.

특히, 건강보험고객센터 상담원 노동자(공공운수노조 국민건강보험고객센터지부)의 경우, 전환 방식을 두고 직접고용인지 별도 산하기관인지를 둘러싼 논란이 계속되면서 투쟁이 길어졌다. 이 과정에서 국민건강보험공단 정규직 노조의 일부 조합원들이 상담원 노동자 직접고용에 부정적 입장을 보이면서, 노노 갈등이 크게 부각되었다. 국민건강보험노조가 민주노총에서 가장 전통이 있는 전투적인 노동조합이었다는 점에서, 이러한 노노 갈등은 노동운동 내에 큰 충격을 주었다.

일련의 공공부문 비정규직 투쟁에서 민주노총과 산하조직들은 자회사 전환 방식이 '제대로 된 정규직 전환'이 아니라고 비판하며 모회사의 직접고용을 요구했다. 이와 더불어 고용 전환과정에서 공공기관 임금체계가 논란이 된다. 정부는 정규직 전환과정에서 유사 직무에 대해 기관을 넘어선 '표준임금체계'를 적용하는 방안을 제시했다. 이를 두고 민주노총 산하 산별노조 간에 쟁점이 불거졌다. 보건의료노조는 이를 공공병원의 정규직 전환자에 적용하는 방안을 수용했다. 이를 두고 공공운수노조와 민주일반연맹은 보건의료노조가 비정규직을 차별하는 직무급제를 수용한 것이라고 강력하게 비판했다. 별도 임금체계가 아니라 해당 기관의 정규직 임금체계를 확장하는 방향이어야 한다는 주장이었다. 논란 끝에, 정부가 제시했던 표준임금체계는 현장에 안착하지 못했다.

종합해보면, 공공부문 비정규직 투쟁은 대체로 정규직과는 구별되는 직무를 수행하던 노동자들을 모회사 직접고용으로 전환하고 기존 정규직의 기업별 연공 임금체계에 포함하라고 요구한 것이었다. 즉, 노동조합 대부분이 정규직 전환 노동자들의 초기업 또는 산업별 임금기준을 마련하기보다는, 해당 기업 안에서 정규직 노동자의 임금수준을 최대한 따라잡는 투쟁에 집중했다고 평가할 수 있다. 정부가 정규직 전환 노동자의 처우 기준을 마련하기 위해 제안한 노정 협의기구인 '공무직위원회'도 수당 증액 등의 부분적 처우개선 방안을 논의했을 뿐, 공공부문에 일반적으로 적용되는 임금이나 처우의 표준을 마련하지는 못했고 3년간 운영되다가 일몰되었다. 기업별 수준에서 이루어지는 비정규직 투쟁이라는 경로가 더욱 강화되었다.

정규직 전환에 대해 정부와 노조의 평가는 서로 큰 차이가 있었다. 예를 들어 처우개선 측면에서 정규직화를 평가할 때, 정부는 기존 임금수준과 비교해서 얼마나 개선되었는가를 기준으로 삼았지만, 노동운동 진영은 기존 정규직의 임금수준에 얼마나 근접했는가를 기준으로 삼았다. 정규직 전환 이후 임금이 기존 대비 16% 인상되었으므로 처우개선에 상당한 성과가 있다는 정부의 평가와, 전환자 임금이 기존 정규직 임금 대비 50%에 불과하므로 처우개선의 한계가 분명하다는 노조의 평가가 대립한 것이다.[13]

이는 정규직과 비정규직 모두 공공부문이 민간부문보다 임금수준이 높은 상황에서, 차별 해소 기준점과 해법을 어디에 두어야 하느냐의 차이였기도 하다.[14] 대기업·공공부문과 중소기업, 그리고 정규직과 비정규직 간의 임금 격차가 발생하는 원인은 기본적으로 근속에 따른 연공 차이에 있다. 정규직은 연령에 따라 근속·임금이 비례하여 증가하는 반

---

[13] 고용노동부 공공부문정규직화추진단, 「공공부문 정규직 전환으로 처우 개선되고 만족도 올라가」, 2019.

[14] 김동근, 「공공부문 비정규직 정규직화 평가」, 《계간 사회진보연대》 2019년 가을호.

면, 비정규직은 연령과 근속·임금의 비례 경향이 약하기 때문이다. 따라서 정규직 전환과정에서 어떤 임금체계를 택할 것인가, 즉 정규직과 같은 연공급제를 채택할 수 있는 것인지가 중요한 쟁점이었다.

2000년대 이후 재벌 대기업과 공공부문을 중심으로 형성되어온 비정규직 운동은 대기업·공공부문 정규직의 임금수준·임금체계를 '제대로 된 정규직'이라 규정하고 이를 쟁취하는 것을 임금 격차 해소의 방안으로 생각했다. 그렇다면 대기업·공공부문의 연공급, 특히 기업별 교섭을 전제로 할 수밖에 없는 기업별 임금체계인 연공급이 한국의 일반적인 임금체계가 될 수 있는가 혹은 노동운동이 추구할 대안이라고 할 수 있는가의 문제를 따져볼 필요가 있다.

1990년대를 거치면서 대기업에서 사업장 내 임금 형평성을 도모하려는 노력을 거쳐 정착된 '연공급'은 기업 고용 시스템의 유연화에 따른 비정규직과 외주화가 증가하는 외환위기 이후 상황에서는 다른 효과를 발휘했다. 비정규직을 포괄하지 못하고 정규직에만 적용되면서, 오히려 임금 불평등을 유발하는 제도가 된 것이다. 이렇게 노동운동 조직구조가 변화하고 비정규직이 증가하면서 노조의 임금정책을 둘러싼 맥락과 환경이 급격하게 변하는 상황에서도, 노조운동은 기업별 노사관계를 중심으로 임금을 극대화하는 현상유지적이고 방어적 태도를 유지했다.[15] 이는 정규직 노조와, 정규직 전환을 요구하는 비정규직 노조 모두 무시한 문제였다.

물론 이를 새로 조직된 비정규직 노동조합의 책임만으로 볼 수는

---

[15] 유형근, 「노동조합 임금정책의 표류와 노동조합운동의 위기」, 『한국 노동운동 위기 진단과 대안 모색』, 한국노동사회연구소, 2015.

없다. 기존 재벌·공공부문의 정규직 노동조합이 기업별로 해온 활동을 따라잡으려 했을 뿐이기 때문이다. 그러나 공공부문 비정규직 노조들이 정규직 따라잡기를 추구하는 과정에서 노노 갈등이 격화되었다. 많은 공공기관에서 정규직 조합원 혹은 아직 미취업자(실업자)인 '공시생' 청년을 중심으로 이른바 '공정성' 논란이 제기되었다. 이를 두고 '계급의식' 약화를 우려하거나, 이들이 제기하는 '공정성' 담론과 능력주의의 허구성을 비판하는 주장이 다수 제기되었다.[16] 이런 논의는 이후 '이대남' 보수화 담론과도 연결되었다.

그러나 이들이 주장하는 '담론'의 허구성을 비판하는 것만으론 부족했다. 이 사태는 청년과 취업준비생의 노동기본권 의식이 낮아서 생기는 현상만은 아니었는데, 많은 노동자가 상대적으로 조건이 좋은 공공부문 일자리를 두고 경쟁하는 현실적 조건에 의해 불거진 논란이었기 때문이다.[17] 따라서 노동조합운동은 고용 구조의 변화를 비롯한 구조적 원인을 찾는 논의를 대안으로 이어가야 했으나 그러지 못했다. 예를 들어 2000년대 이후 기업을 분단선으로 하는 노동시장 이중 구조의 고착, 원·하청 기업 간 임금격차의 심화, 크게 낮아진 기업 간 일자리 이동성, 청년층이 선호하는 정규직 일자리의 추세적인 감소와 좋은 일자리를 둘러싼 경쟁 심화와 같은 현실 진단이 더 필요했다.

공공부문에서 간접고용 비정규직 노동자가 직접고용으로 전환되는 경우와 유사하다고 할 수 있는, 중소기업에서 일하던 노동자가 대기업으로 이직하는 경우가 얼마나 가능한지 살펴보자. 2022년에 중소기

---

16 이에 대한 보다 상세한 비판은 다음 글을 참고할 수 있다. 김동근, 「공정성과 능력주의에 대한 이론적·현실적 검토」, 《계간 사회진보연대》 2021년 여름호.

17 박준형, 「세계 금융위기 이후 한국 노동자운동 평가」, 《계간 사회진보연대》 2019년 여름호.

업에서 일하던 노동자가 2023년에 그대로 중소기업으로 옮기는 비중은 80.9%였다. 중소기업이 아닌 일자리로 옮기는 '유출' 비중은 총 19.1%였는데, 이 중 중소기업에서 대기업으로 상향 이동하는 비율은 겨우 2.5%에 불과했다. 기업 간 일자리 장벽이 높아, 상향 이동이 거의 일어나지 못하고 있는 것이다. 임금수준은 대기업을 100이라고 할 때 중소기업은 56.2 수준이었다.[18]

노동시장에서의 이동성은 2차 부문 '내에서'는 유동적이지만, 1차 부문과의 '경계에서는' 사실상 얼어붙어 있다. 이러한 노동시장 구조는 비정규직이나 하청 노동자를 원청이 고용하는 방식의 정규직화를 정규직 노동자나 취업준비생이 수용하지 못하게 하는 현실적 조건이었다. 정규직 전환 정책에 반발하는 이들은 이러한 방식의 정규직 전환을 '무임승차'라고 비난했다. 이들의 취약한 사회적 연대 의식을 비판할 필요는 분명히 있지만, 노동운동은 이러한 의식이 형성된 조건을 개선하는 노력, 즉 노동시장 구조라는 토대를 변화시키는 실천을 이어가야 했다.

코로나19 위기로 인한 경기침체·고용악화 속에서도 노동조합 조직률은 꾸준히 증가했다. 그런데 늘어난 조합원 상당수는 공공부문 노동자였다. 민주노총에 따르면, 2018~2019년간 증가한 조합원 중 37.9%가 공공부문이었고, 조직된 공공부문 조합원의 세 명 중 두 명은 비정규직 정규직 전환과정에서 조직된 것으로 추산된다. 노동조합 조직률 상승은 그 자체로 긍정적이다. 그러나 경기침체와 고용악화 및 노동정책 후퇴의 영향을 상대적으로 덜 받는 공공부문에서 대거 신규 조합원이 조직된 상황은 가장 조직화가 시급한 민간부문 취약층 노동자를 민주노

---

[18] 통계청, '2023년 일자리이동통계 결과', 2025.

총이 조직하지는 못했다는 현실을 보여주는 지표이기도 하다. 한국에서 공공부문 노동자는 전체 임금노동자의 10% 수준을 차지하지만, 민주노총 조합원 중 공공부문 노동자는 40%에 이른다는 사실을 숙고할 필요가 있다.[19]

한편, 공공기관 정규직 전환 관련 갈등이 계속되던 2018년 12월 11일, 한국서부발전 태안 화력발전소에서 비정규직 노동자 김용균 씨가 사망하는 사고가 발생했다. 2인 1조로 근무해야 할 위험업무에 하청업체가 한 명을 배치하여 근무하게 한 결과였다. 이 사건은 위험의 외주화 문제를 선명하게 드러냈을 뿐 아니라 공공기관도 민간기업과 다르지 않다는 사실을 보여주었다. 김용균은 사고 직전, 노동조합이 주도한 비정규직 정규직 전환을 문재인 대통령에게 요구하는 손피켓 인증 사진을 찍었는데, 사실상의 '유서'와도 같이 인식된 이 사진은 정부의 책임을 묻는 강렬한 이미지로 남았다.

이 사건은 결국 산업안전보건법을 개정하고 중대재해기업처벌법을 제정하는 계기가 되었다. 그러나 정작 김용균이 요구했던 발전소 하청 노동자의 정규직 전환은 문재인 정부 임기가 끝날 때까지도 이루어지지 못했다. 전환 방식을 둘러싼 논란이 계속되는 가운데, 기후위기에 따른 석탄화력발전소 폐쇄 문제가 부상하면서 논의가 더 진행되지 못했기 때문이다. 이후 석탄화력발전소는 탄소감축과 에너지전환 과정에서 노동자의 고용을 어떻게 보호할 것인가 문제가 가장 직접적으로 부각되는 현장이 되었다.

기후위기 대응을 위한 산업전환은 발전 공기업만의 문제는 아니었

---

[19] 박준형, 「2020년 민주노총은 무엇을 해야 하나」, 《계간 사회진보연대》 2019년 겨울호.

다. 제조업에서도 산업전환에 대비하는 것이 중요해졌기 때문이다. 이에 금속노조는 산별교섭에서 '산업전환 협약'을 체결하자고 요구했다. 2021년 8월 금속산업 노사는 "디지털화·자동화·전동화 및 기후위기에 따른 산업전환 시기 회사의 지속 가능한 미래 발전과 고용안정, 양질의 일자리 확보를 위한 투명한 경영전략을 기반으로 책임성 있는 산업전환 대응계획을 함께 수립하고 실행한다"는 내용에 합의했다.

전국금속노동조합 조합원들이 2021년 6월 16일 세종문화회관 앞에서 열린 '희생과 파괴가 없는 노동참여 산업전환 선언 기자회견'에서 구호를 외치고 있다. 김호규 금속노조 위원장은 기자회견에서 "정부가 주도하는 산업재편은 자본 쪽으로 기운 불공정한 방식이다. 노동자, 작은 사업장 등 일방의 희생을 전제로 한다"라며 "정의로운 산업전환의 첫 단추는 올해 금속산업 사업장 노·사가 맺을 산업전환협약이다. 산업 재편기 노동자 고용을 지키고 미래 세대에게 제조업의 지속 가능한 발전을 물려주는 데 산업전환협약이 반드시 필요하다"고 주장했다. 금속노조는 민주적인 산업전환과 노동자 참여를 제도로 보장하기 위해 국회 국민동의청원 방식으로 '공동결정법' 입법 운동을 벌인다고 밝혔다. 또한, "노조가 요구하는 정의로운 산업전환 공동결정법은 노동조합에 가입하지 않은 노동자들도 산업전환 과정의 주인공으로 세우는 역할을 한다"고 설명했다. (사진출처:《파이낸셜뉴스》)

그러나 금속노조가 산업전환 대응의 실효성을 확보하기 위해 함께 추진한 '공동결정법' 입법은, 민주노총 내에서 논란이 커지면서 금속노조만의 사업으로 진행하기로 했다. 현장파 일부와 여러 단체가 이를 두고 제2의 '사회적 합의'와 같이 대자본 투쟁을 회피하는 계급협조 노선이라고 비판한 것이다.[20] 이는 산업별 의제조차도 여전히 민주노총 내에서 사회적 대화에 관한 합의를 도출하기 쉽지 않음을 보여주었다.

2) 불법파견 대응의 갈림길: 현대모비스 자회사 전환

2000년대 들어 현대자동차는 모듈화 생산전략을 본격화한다. 모듈 생산역량을 갖춘 부품기업이 부족한 조건에서 현대자동차그룹은 계열사를 중심으로 모듈기업을 직접 육성했다.[21] 그룹 차원의 지원에 힘입어 모듈업체는 짧은 시간에 급속히 성장했다. 현대자동차그룹은 계열사인 현대모비스(이하 모비스)를 핵심 모듈기업으로 육성하고 여타의 모듈기업 및 1차 부품기업을 모비스의 하위부품기업으로 재편하는 전략을 추진했다. 이는 '완성차기업-하위부품기업'으로 연결되었던 가치사슬 내에 중간관리기업을 세움으로써 기업 간 분업을 보다 중층적으로 위계화한 것이다. 모비스의 이러한 역할분담에 따라, 완성차기업은 타사 제품과 외적 차별화와 다양화를 기하기 위한 연구개발과 기획·디자인에 역량을 집중하고 핵심부품에 투자할 수 있게 되어 효율성이 높아지고 경쟁력을 확보할 수 있을 것으로 여겨졌다. 무엇보다 모비스는 완성차기업이

---

[20] 사회변혁노동자당·현장실천사회변혁노동자전선 외, "[공동성명] 금속노조는 공동결정제 요구안을 폐기하라", 2021년 6월 11일.

[21] 앞서 소개한 핫토리 다미오의 '조립형 공업화'론의 맥락에서, 현대자동차의 모듈 생산전략은 본사 내 정규직 고용을 최소화하는 전략과 함께 이미 1990년대부터 시작된 것이다.

내부 생산을 축소, 외부화하면서도 안정적으로 생산이 이뤄질 수 있도록 자동차 생산 전반에 대한 조정과 관리역할을 하는 '중간관리기업'이라는 성격이 강했다. 그 결과 모비스는 모듈공장 생산노동력 전부가 사내하청으로 구성된 '비정규직 공장'이 되었다.[22]

이러한 조건에서 노동조합 결성은 쉽지 않았다. 2017년 5월 현대모비스 화성공장의 사내하청 노동자들이 금속노조 현대모비스 화성지회를 설립하는 데 성공한다. 현대모비스 비정규직 공장 최초의 민주노조였다. 같은 해 10월 아산공장을 비롯한 현대모비스 여러 사업장에서 비정규직 지회들이 결성된다.[23] 비정규직 지회들은 현대모비스 본사와 공장 앞 선전전, 집단 진정과 소송 준비를 이어가면서 원청 사용자성을 인정받고 직접고용을 쟁취하고자 하는 투쟁을 전개했다. 2021년에는 파업을 통해 현대차·기아차 원청 완성차 공장의 생산에 타격을 줄 힘을 보여주었다. 이 시기 현대모비스 사내하청 노동자들은 법적 투쟁도 추진했다. 현대모비스의 고용형태가 파견법을 위반한다고 노동청에 고발하고 근로자지위확인 소송도 진행했다. 2019년 서울중앙지방법원은 현대모비스 사내하청 노동자 일부가 제기한 소송에서 "생산공정을 전부 외주화한 경우라도 원청이 협력업체 노동자들에게 실질적으로 지휘·명령을 했다면 불법파견"이라고 판결했다.

2022년 고용노동부의 불법파견 시정 지시와 법원의 1심 판결이 나

22　김철식, 『대기업 성장과 노동의 불안정화』, 백산서당, 2011.
23　2017년 모비스 이화모듈 공장에서 탄생한 노조는 '현대모비스화성지회'다. 노조 명칭에 협력업체 사명을 쓰지 않고 '모비스'를 쓰되 '비정규직'이라는 표현을 뺐다. 노조 설립을 준비하는 과정에서 정규직화보다 조직확대를 통해 권리를 확대하는 데 초점을 맞추자는 논의를 반영했다. 조건준, 「새로운 노조의 가능성과 과제」, 『MZ노조 등장 새로운 이해대변인가?』, 서울노동권익센터, 2022.

오자 현대모비스 사측은 기존 10여 개 하청업체 소속 약 6천여 명의 생산직 노동자를 두 개의 신규 자회사로 고용하는 방안을 내놓았다. 금속노조에서는 이 방안을 수용할지를 두고 논란이 벌어졌다. 이 방안에 합의하면 현대모비스지회 조합원들은 자회사 정규직으로 전환되고 일정 수준의 처우가 개선되는 대신, 기존의 근로자지위 확인 소송을 취하하며 향후 회사에 대한 부제소(不提訴) 동의 조건을 수용해야 했다.

금속노조 중앙은 현대모비스의 자회사 전환 방안이 불법파견에 면죄부를 주는 것이라고 강하게 비판하며 공식적으로 반대했다.[24] 다른 사업장에서 불법파견 투쟁을 하던 조직들도 이러한 전환 방안에 반대했다. 완성차 기업이나 현대제철·포스코 등의 사내하청지회들은 8월 23일 "원청 사용자 책임 회피하는 현대모비스 자회사 꼼수 반대한다"라는 제목의 '금속노조 비정규직 단위 공동성명서'를 낸다.

그러나 모비스 조합원은 총투표를 통해 자회사로 전환을 가결했다. 자회사 전환은 오랜 시간이 걸리는 직접고용 투쟁보다 고용불안과 열악한 처우를 단기간에 개선할 수 있다는 것이 현장의 여론이었기 때문이다.[25] 현대모비스지회 간부들도, "불법파견 사업장 사례를 보니 소송을 하는지 안 하는지, 또 이기는지 지는지에 따라서 결국 조직이 갈라"졌다는 점에서 '비소송·비극단·비갈등'이라는 경로를 선택했다고 말했다.

"노동자들의 최고 무기는 불법파견 소송이 아니라 단결력이다. 설사 불법파견 소송을 한다 해도 모듈·부품사 노동자 전부가 다 하는 게

---

[24] 금속노조, 「현대모비스 자회사 전환에 대한 금속노조 입장」, 2022.
[25] "[현대트랜시스 이어 모비스물류까지] 자회사 설립 하청노동자 고용 '꼼수'인가 '대안'인가", 《매일노동뉴스》, 2023년 4월 17일.

힘이고, 통합계열사로 간다면 모두가 가는 것이 진짜 힘이라고 생각한다"라는 박유종 울산현대모비스지회장의 발언은 기존 불법파견 투쟁과는 상당히 다른 접근을 보여주었다.[26] 이는 장기투쟁으로 이어지면서 소수의 소송당사자만 남아 모회사로 전환되는 것보다는, 최대한 많은 조합원의 고용을 전환하면서 회사의 고용 구조를 변화시키는 다른 방향의 선택을 시도한 것으로 볼 수 있다.

이를 계기로 현대차의 모듈화 생산전략도 일정한 수정이 불가피해졌다. 이후에도 불법파견 소송, 정규직 전환 투쟁을 전개한 현대제철, 한국GM 사내 하청노동자들에 사측은 자회사 전환 혹은 부제소 합의를 요구했다. 노조들은 대체로 이러한 제안을 거부하지만 사측은 사내하청노조와 교섭을 거부하는 것은 물론 개별 소송 참여자에 한해 정규직으로 전환한 후 지방 사업장에 발령하는 식으로 대응하고 있다. 또한, 사측은 법원 판결에 따라 개별적으로 복직을 수용하면서도 조직적으로는 노조와해, 교섭 거부, 사내하청 전환 유지 등 기존 구조를 고수하고 있다. 이 때문에 결국 소송을 중심으로 한 투쟁은 비정규직 철폐, 비정규직 없는 공장이라는 투쟁 목표를 실종시켰고 조직력 훼손으로 이어졌다는 평가도 있다.[27] 이런 점에서, 기존의 운동 경로와는 다른 접근을 시도한 현대모비스의 사례는 현재진행형 쟁점이다.

비록 완전하지는 않지만 공공부문 정규직 전환과 대기업에서 불법파견 노동자의 직접고용 혹은 자회사 전환이 진행되면서, 결과적으로 사업장 단위에서 정규직으로 전환할 수 있는 비정규직 노동자들의 문

---

26 "[안재연(화성)·박유종(울산모비스) 현대모비스지회장] 현대모비스 하청노동자들은 왜 통합운영안을 택했나", 《매일노동뉴스》, 2022년 8월 29일.
27 최병승, 「사내하청노동자와 불법파견 투쟁사」, 『비정규직 노동운동사』, 민주노총, 2017.

제는 어느 정도 해결의 방향을 잡아갔다. 여전히 비정규직 노동자 투쟁 과제를 '정규직 전환'으로, 즉 사업장 단위로 비교 가능한 정규직 노동자를 임금과 고용에서 따라잡는 투쟁으로 보는 시각이 많지만, 비정규직 문제는 차츰 아예 그런 비교 대상이 없는 노동자들의 문제로 무게 중심이 옮겨졌다. 특수고용·플랫폼 노동자 문제와 정규직-비정규직의 고용형태 구별이 큰 의미가 없는 중소·영세 사업장과 근로기준법 적용이 제한되는 5인 미만 사업장 문제가 대표적이다. 이 영역에서 노동자운동의 요구와 과제, 조직화 방식은 다를 수밖에 없다.

3. 문재인 정부의 대북 정책과 민주노총의 통일운동

문재인 정부 전반기에는 남북 정상이 세 차례 만나고 판문점 선언과 평양 공동선언이 발표되며 한반도 화해 분위기가 조성되었다. 보수 정권 시기 위축됐던 민간 통일운동도 활성화되었다. 2018년과 2019년 남북관계의 짧은 해빙기에 민주노총은 정부에 "남북 민간연대교류의 복원 및 활성화를 위한 아낌없는 지원"을 촉구하는 한편, 연이어 6·15 남북노동자통일대회, 판문점선언 이행 촉구대회를 개최하며 정부의 평화정책을 견인하려 했다.[28]

2018년 평창올림픽을 계기로 한반도 평화체제 논의가 본격화되는 상황에서 민주노총은 4월 21일 6·15공동선언실천남측위원회와 함께 노동자 통일대회를 개최했다. 4월 27일 남북 정상이 판문점 선언을 발표

---

[28] 민주노총, 「남북고위급회담 개최를 환영하며, 남북관계의 획기적 개선을 기대한다」, 2018년 1월 5일.

하자 민주노총은 "평화와 번영 시대, 자주통일 시대가 시작"되었다며 한반도 분단체제 해체와 항구적 평화체제 구축에 노동자가 앞장서겠다는 환영 성명을 발표했다.[29]

실제로 민주노총과 한국노총은 2018년 8월 판문점 선언 이후 첫 민간교류 행사로 북한의 조선직업총동맹과 함께 '판문점선언 이행을 위한 남북노동자 통일축구대회'를 개최했다. 2018년 9월 평양 남북정상회담 당시에는 민주노총은 대표단 방북도 추진하지만 무산되었다. 2019년 2월 12~13일에는 금강산에서 양대노총과 조선직총 대표자들이 모여 '남북노동자 대표자회의'를 개최했다. 2월 27일 북미정상회담 회담이 결렬된 이른바 '하노이 노딜' 직전이었다.

민주노총은 하노이 회담 결렬 이후 정세를 반일 평화세력과 친일 적폐 세력의 대립으로 판단했다. (그러나 회담 결렬은 북한 비핵화에 대한 미국과 북한의 근본적인 입장 차이 때문이었다) 이에 따라 2019년 7월 일본 수출규제에 대응하여 확산하던 '노 재팬' 반일 운동에 적극적으로 호응하며 '친일 적폐 청산' 운동을 전개했다. 민주노총, 한국진보연대, 한국YMCA 등 680여 곳의 시민단체로 구성된 '아베 규탄 시민행동'은 불매운동과 함께 일본을 규탄하는 '아베 규탄 촛불 문화제'를 7월부터 매주 토요일마다 열었다. 민주노총 집행부과 가까운 입장의 서비스연맹 마트산업노동조합과 택배연대노동조합 등은 국민적 일본 제품 불매 운동에 동참하겠다며 매장 내 일본 제품 안내와 유니클로 제품 배달을 중단할 것을 결의했다. 이 해에 20기를 맞이한 민주노총 통일선봉대는 역대

---

[29] 민주노총, 「민주노총 김명환 위원장 '9월18-20일 남북정상회담' 방북 관련한 입장」, 2018년 9월 16일.

최대인원인 5백여 명이 참가하여 일제의 침략 지배 및 강제징용에 대한 사죄와 배상, 일본의 재무장과 군사대국화, 한일군사정보보호협정 폐기를 전면에 내세우고 활동했다.

2020년 이후 북한이 대남 강경 태도로 돌아서고 남북관계가 냉각되자 민주노총을 비롯한 통일운동 진영은 문재인 정부의 대북정책을 비판하는 목소리를 높였다. 2021년 4월 27일 판문점 선언 3주년을 맞아 양대노총(6.15공동선언실천남측위원회 노동본부)은 공동 기자회견을 열고 "남북관계를 파탄 낸 문재인 정부를 규탄"하면서, 4·27 판문점선언을 한국 정부가 단독으로 이행할 것을 요구했다. 그러나 이미 한반도 정세는 남한 정부가 단독으로 무엇을 해야 한다는 주장이 통할 수 있는 상황이 아니었다.

1987년 이후 발전해온 노동자운동은 민주화 이후 활성화된 통일운동에 참여했다. 1990년부터 시작된 '범민족대회'와 1993년 '범민족대회 추진본부 산하 노동자추진위원회' 참여가 대표적이다.[30] 전노대도 1994년 출범한 '자주평화통일 민족회의 준비위원회'에 참여했고, 민주노총(준)도 1995년 '8·15 50주년 민주노총 원년 노동자통일한마당'을 개최했다. 민주노총은 건설 직후 상설위원회로 '통일위원회'를 구성하고 통일운동과 남북 교류사업을 진행했다. 김대중 정부 시기 남북 대화가 활성화되자, 1999년에는 '통일염원 남북노동자 축구대회' 개최를 위해 이갑용 위원장과 축구팀이 방북했다. 이어 2000년 금강산에서 '6·15남북공

---

[30] '범민족대회'는 남한과 북한 및 해외동포가 참여한 '민간 주도'의 통일행사로. 1988년 남측 통일운동 세력이 북한에 제안하고 북한이 이에 응하면서 논의가 진행되었다. 1990년 8월 15일 제1차 범민족대회가 남한과 북한에서 각각 열린다. 한국 정부가 이를 반정부 행사로 규정하여, 대회는 순탄하게 진행되지 않았다.

동선언 지지 관철을 위한 노동자통일대토론회'를 개최하고, 2002년 평양에서 열린 6·15민족통일대축전에 참가하며 교류사업을 이어갔다. 노무현 정부 시기에도 민주노총과 한국노총, 북한의 조선직업총동맹이 2003년 평양에서 '조국통일을 위한 남북노동자 대표자회의'를 개최하고 '6.15 공동선언 관철을 위한 남북노동자통일선언문'을 채택했다. 이러한 교류사업은 노무현 정부 말기인 2007년까지 산별노조 사업으로도 확대되었다. 민주노총 통일위원회는 매년 '8·15 통일대회'와 노동자 통일선봉대 운영을 정례화했다.

그러나 북한이 핵 신고서 검증을 위한 시료 채취를 거부하고 핵개발에 나서면서 6자회담이 2008년 말 중단된다. 이에 따라 남북교류 사업도 중단되었다. 미국 오바마 행정부는 북한이 협상을 할 의사가 없다고 판단하고 '전략적 인내'를 택하여 이후 8년간 아무런 실질적인 비핵화 대화가 이뤄지지 않는다. 이 시기에는 남한이 단독으로 남북 화해를 위한 사업을 할 수 없었다. 아울러, 이명박 정권 시기에 발생한 2010년 천안함 폭침 사건과 연평도 포격 사건으로 남북관계가 경색됐다.

이 시기 민주노총 통일위원회는 이명박 정부의 대북정책에 대한 투쟁과 함께 노동운동 내에서 통일운동을 확산하려는 조직화 사업을 진행했다. 통일위원회는 통일강사단 학교, 통일 교과서 발간, 통일 골든벨 등 대중사업을 진행했다. 문제는 내용이 상당히 편향적이라는 점이다. 북한이 헌법을 개정해 핵보유국임을 천명한 사실을 언급하며 사실상 북핵을 옹호한다거나, 김정은의 3대 세습을 두고 "선대 지도자의 노선을 고수 발전시켜가겠다는 의지를 재천명하였다"라고 긍정적으로 서술했다.[31] 민주노총은 이에 대한 언론의 비판을 공안몰이라고 반박했다.

최근에는 이와 관련된 내용이 2025년 이재명 정부에서 고용노동부 장관으로 지명된 김영훈 당시 민주노총 위원장의 인사청문회에서 논란이 되었다. 김영훈 후보자는 통일위원회가 사실상 자체적으로 사업을 진행하므로 위원장의 통제 밖에 있다는 취지로 답변했다. 이러한 답변은 논란을 회피하기 위한 임기응변일 수도 있으나, 진실의 일면을 담고 있기도 하다. 민주노총의 평화운동과 한반도 정세 입장 수립, 대응을 사실상 총괄하는 통일위원회는 민족해방파 혹은 진보당 활동가들로 구성되어 외부 통제를 거의 받지 않는다. 북한에 대한 이들의 인식은 민주노총 산하조직과 토론을 통해 합의된 입장이라고 보기 어려우며, 조합원의 평균적인 인식과도 동떨어져 있다.

그러나 통일위원회 중심의 이러한 활동들은 한반도 정세에 관한 민주노총의 입장에 지배적인 영향력을 미친다. 예를 들어, 민주노총 집행부는 2024년 민주노총 대의원대회에 제출한 사업계획 중 '국제·한반도 정세와 민주노총의 과제' 부분에서 '세계비핵화 투쟁을 적극적으로 벌여야 함'이라는 내용을 담았다. 세계비핵화란 전세계 모든 핵무기가 사라지기 전에는 핵을 포기할 수 없다는 뜻으로, 자국의 핵 보유를 정당화할 때 사용하는 말이다. 가장 대표적 용례는 지난 2016년 북한 외무성

---

[31] 이러한 주장은 이후에도 반복된다. 민주노총 기관지 '노동과 세계'에 연재된 <최재영의 북녘노동자 이야기>(2020년 5월 20일)는 "(조선노동당은) 당명에서도 볼 수 있듯이 자본가들이 이끌어가는 남측 사회와는 달리 북측 사회를 이끌어가는 주체는 노동자 계급이며 노동자를 대변하는 단체임을 알아야 한다"라고 서술한다. 2022년 8·15 대회를 맞아 민주노총·한국노총과 북한의 조선직업총동맹이 발표한 공동 입장문도 핵전쟁 위험의 원인으로 남한과 미국만 비판할 뿐, 북한 핵무기에 대해서는 전혀 언급하지 않는다. 「민족의 자주, 평화, 대단결을 위한 남북노동자 결의대회 공동결의문」, 2022년 8월 13일.

미국국 부국장 최선희가 "세계비핵화 전에는 핵을 포기할 수 없다"라고 한 발언을 들 수 있다.[32] 이를 비판하며 한반도 비핵화 원칙을 견지하자는 수정동의안이 제출되었지만, 재석 대의원 992명 중 찬성 280명으로 과반에 미달해 부결되었다. 찬반 토론 과정에서는 북한 핵문제에 대한 극명한 인식차가 드러났다. 집행부가 제출한 원안에 동의하는 대의원들은 '북핵은 미국에 대항하는 북한의 정당한 자위권 실현'이라는 주장을 노골적으로 펼쳐, 집행부가 제출한 '한반도 비핵화'가 아닌 '세계비핵화' 주장의 의미가 무엇인지를 뚜렷하게 드러냈다.

이러한 통일위원회의 논리와 사고방식은 반핵평화운동에 도움이 될 수 없다. 민주노총은 자신의 강령에 "전쟁과 핵무기의 위협에 맞서 항구적인 세계평화를 실현한다"를 담고 있다. 그런데 북한은 2022년 9월 제정한 핵무력법령을 통해 핵무기에 '선제적 공격수단'이라는 의미를 부여하고 남한을 겨냥하는 전술핵 개발에 박차를 가하고 있다. 국제정세가 급변하는 가운데 북한의 핵보유와 억압적 정치제도가 한반도는 물론 동아시아 평화를 무너뜨릴 수 있다는 위험성을 간과해서는 안 된다. 김정은 위원장을 정점으로 하는 지도부가 위험에 처하면 핵으로 공격하겠다는 북한의 모습은 다른 핵무기 보유국에서도 찾아볼 수 없는 호전적인 핵 태세다. 그러나 민주노총은 '겨레하나'와 공동 발간한 2022년 노동자 통일교과서 『패권의 종말과 대전환, 우리 노동자는』에서, 북한의 핵무력법령이 미국의 선제핵공격을 막고 핵전쟁이 일어나지 않도록 관리하기 위해 마련되었다며 오히려 북한의 행태를 옹호하고 있다.

---

[32] 사회진보연대, 「민주노총 대대 유회, 진보당 지지 철회 여부를 놓고 격론 - 〈민주노총 제80차 대의원대회〉 지상중계」, 《사회운동포커스》, 2024년 3월 19일.

이는 과거 군사독재와 투쟁하는 과정에서 형성된 한반도 문제에 관한 입장과 정세관을 40여 년이 지난 오늘날의 상황에 맞게 바꾸지 못하는 것이다. 2023년 이후 북한의 통일 포기 선언으로 기존의 통일운동도 더는 지속할 수 없는 상황이지만, 이제까지의 관성을 볼 때 운동 방향이 쉽게 바뀌지는 않을 것이다.[33] 민주노총이라는 한국 사회 최대 규모의 대중조직이 한반도 전쟁 위기에 어떤 영향을 줄지 우려가 크다.

4. 문재인 정부의 실패, 민주노총의 실패

1) 문재인 정부와 노동운동의 초라한 성적표

문재인 정부 집권 후반기에는 대선 공약이었던 국제노동기구(ILO) 핵심협약 추가 비준이 쟁점으로 떠올랐다. 2021년 2월 ILO 결사의 자유 협약(87호, 98호)과 강제노동협약(29호)이 국회에서 비준되었다. 정부는 2018년 7월 경사노위 내에 '노사관계 제도·관행 개선위원회'를 구성해 ILO 협약 비준에 맞춰 노동관계법 개정 논의를 시작했다. 노동계는 해고자, 실업자의 노조가입 허용, 노조전임자 임금 지급 금지 폐지, 복수노조 교섭창구 강제 단일화 폐지, 파업 시 대체인력 투입 금지 등 국제 기준에 부합하는 폭넓은 노동법 개선을 요구했다. 반면 경영계는 협

---

[33] 2023년 말 김정은 북한 국무위원장은 노동당 전원회의에서 남북관계를 "동족이 아닌 적대적 두 국가 관계"로 규정하고 사실상 기존의 평화통일 노선 포기를 선언했다. 이후 북한 내 조국통일범민족연합(범민련) 북측본부, 6·15 공동선언실천 북측위원회, 민족화해협의회 등 통일 관련 단체들이 모두 해체된다. 남한에서도 기존 통일운동 단체들이 통일을 강조하지 않고 '자주화' 등을 전면에 내세우는 상황이다. 대표적인 통일운동 단체였던 범민련 남측본부는 스스로 해산하고 '한국자주화운동연합'(자주연합)으로 변모했다.

약 비준에 선결조건이 있다며, 쟁의 시 대체근로 허용, 부당노동행위에 형사처벌 폐지, 사업장 내 점거파업 금지 등을 내세웠다.

논의는 초기부터 평행선을 달리다가 노·사·정 합의에 이르지 못하고 사실상 결렬되었다. 정부는 공익위원 안을 토대로 노동조합법 등 이른바 노조 3법 개정안을 국회에 제출하고, 여당 단독으로 2020년 12월 국회에서 개정안이 통과됐다. 노동조합이 요구한 특수고용노동자의 단결권 인정, 복수노조 교섭창구 단일화 폐지, 파업 시 필수유지업무 제한 완화 등을 거의 반영하지 못했다. 오히려 사용자 요구였던 단체협약 유효기간 최장 3년 연장, 사업장 내 쟁의행위 금지 명문화 등 노동권 후퇴 조항이 포함되었다. 민주노총은 이를 "노동법 개악"이라 규정하며 즉각 재개정을 촉구했지만 실질적인 투쟁을 전개하지 못했다.

2021년 최저임금은 9160원으로 결정되어, 문재인 대통령이 대선에서 공약한 1만원에 결국 미치지 못했다. 문재인 정부의 최저임금 연평균 인상률은 7.2%로, 박근혜 정부의 7.42%보다도 낮았다. 문재인 정부가 소득주도성장론의 핵심적 정책수단으로 최저임금의 급격한 인상을 추진했다는 사실을 고려하면 초라한 결과다. 대통령은 2019년도 최저임금 결정 직후 열린 수석·보좌관 회의에서 "최저임금위원회의 결정으로 2020년까지 최저임금 1만원을 이룬다는 목표는 사실상 어려워졌다"며 "결과적으로 대선 공약을 지키지 못하게 된 것을 사과드린다"라고 밝히며 공약 포기를 공식화했다. 그 과정에서 문재인 정부의 대표 경제정책인 소득주도성장의 동력도 크게 약화되었다. 결국 임기 말 ILO 핵심협약 비준과 최저임금 인상 모두 현실의 노사관계를 바꾸는 데 큰 영향을 주지 못한 채, 초라하게 마무리되고 말았다.

문재인 정부의 노동정책 실패가 뚜렷해지자 민주노총도 투쟁을 조직하고자 했다. 그러나 문재인 정부의 정책에 대한 반대라기보다는 애초 공약과 국정과제를 완수하라는 압력에 가까웠다. 예를 들어, 민주노총은 2020년 최저임금 인상률이 2.87%에 불과한 수준으로 결정되자, 이를 비판하는 논평 「소득주도성장 폐기 선언한 문재인 정부」(2019년 7월 12일)을 발표했다. 이미 문재인 정부가 포기하고 있던 소득주도성장 정책을 끝까지 추진하라는 주문이었다. 경사노위 참여가 무산된 후 김명환 위원장은 대화와 투쟁을 병행하자고 제안했다. 그러나 2019년 하반기 최저임금법 개정과 노동법 개악 국면에서 민주노총이 여러 차례 총파업을 결의하고도 내부 조직력 부족으로 실행에 옮기지 못했다.

2021년부터 임기를 시작한 양경수 위원장 집행부는 강경투쟁 노선을 전면에 제시했다. 민주노총은 "비정규직 철폐, 노동법 전면개정! 산업전환기 일자리 국가보장! 주택, 교육, 의료, 돌봄, 교통 공공성 강화"를 3대 요구로 내걸고 2021년 10월 20일 총파업을 추진했다. 코로나19 방역으로 거리두기가 시행되던 상황에서 집회를 강행했으나 총파업이라는 규정에 걸맞는 수준의 투쟁으로 보기 어려웠다. 정부의 대응과 언론의 관심도 주로 방역지침 준수 여부였다. 문재인 정부의 '개혁 후퇴'를 비판하는 의미가 있었지만, 총파업 요구과 쟁점이 불명확했다. 민주노총의 총파업은 이미 일종의 의례적 투쟁이 되었지만, 더더욱 실질적인 파업에서 멀어진 '정치적 선언'이 되어가고 있었다.

2) 변화했지만 변화하지 않은 민주노총

문재인 정권 초기부터 민주노총을 포함한 노조운동은 최저임금 인상과 공공부문 비정규직 정규직 전환, 주 52시간제와 같은 정부 정책을 비판적으로 지지했다. 이후 최저임금 인상폭 축소와 산입범위 개악, 정규직 전환 지체와 왜곡, 탄력근로제 확대를 거치면서 정부의 노동정책과 갈등이 벌어지기는 했지만 정책에 대한 본질적인 비판이었다고 보기 어렵다. 이 시기의 노동운동의 대응은 주로 문재인 정부가 제시한 노동정책을 애초 취지에 맞게 '제대로' 하라는 요구에 가까웠다. 문재인 정부의 여러 가지 대선공약과 이후 '노동존중사회' 천명은 모두 민주노조운동이 확보한 '채권목록'으로 볼 수 있었기 때문이다.[34]

그러나 문재인 정부 시기 노조운동 전반을 살펴보면, 공약 이행요구를 제외하면 노동시장 변화에는 소극적으로 대응했다. 임금체계 개편 문제를 보면 반대입장이 주류였으며, 그렇다고 다른 초기업적 대안을 제대로 제시한 것도 아니었다. 문재인 정부도 기존 정규직 보호를 건드리지 않는 상황에서 노동계의 요구를 선택적으로 수용했는데, 공공부문 정규직 전환 외에 민간부문에서 비정규직을 줄이기 위한 실효성 있는 정책을 추진한 것은 없었다.[35] 재벌 대기업이 사내하청 일부의 정규직화(신규채용)를 진행하기도 했으나, 결국 2차 노동시장에 대한 대안이 부재한 가운데 1차 노동시장을 부분적으로 확대하는 방식으로 타협이 이뤄진 셈이다.[36]

최저임금 인상을 둘러싼 난맥상과 함께, 문재인 정부 노동정책의 양대 축이라고 할 수 있었던 '공공부문 비정규직 전환'에 따른 갈등도 많은 쟁점을 드러냈다. 상대적으로 안정적인 공공부문의 상용형 비정규

---

[34] 노중기, 「문재인정부 노동정책 1년: 평가와 전망」, 《산업노동연구》 24권 2호, 2018.
[35] 이창근, 「문재인 정부 4년 노동정책 총괄평가」, 민주노동연구원, 2021.
[36] 권현지, 「지속가능하고 유연한 노동체제 구축」, 『성공의 덫에서 벗어나기 1』, 후마니타스, 2021.

직에 대한 정책으로 그친 한계도 문제였지만, 전환과정에서 기존 정규직(특히 MZ 세대)의 극심한 반발이 나타나며 공정성 논란이 부각되었다. 전환과정에서는 전환 방식을 둘러싼 투쟁이, 전환 후에는 초기업적 표준 형성보다는 기업별로 차별철폐를 요구하는 투쟁이 가장 큰 쟁점이었다.

결과적으로 공공부문에 국한된 이 정책은 전체 노동시장의 비정규직 문제를 해결하는 데에는 큰 한계가 있었다. 냉정하게 말해 민간부문 비정규직 정책은 제대로 추진된 것이 없었다. 문재인 정부도 국정과제로 비정규직 사용 사유 제한 도입, 동일노동 동일임금 차별시정 강화, 파견·도급 구별기준 명확화를 내걸었으나 이러한 제도개선은 끝내 진행되지 못했다. 민간부문 비정규직 남용을 막기 위한 법률 제·개정은 시도조차 거의 이뤄지지 않았다. 민주당이 압도적인 국회 의석을 보유한 상황에서도 아무런 노력을 하지 않은 것은 결국 의지가 없었다고 볼 수밖에 없었다.[37] 실제로 통계상 전체 비정규직 규모와 비중은 문재인 정부 후반기에 오히려 증가 추세였다. 비정규직 비율은 코로나19 위기를 감안해도 2017년 32.8%에서 2022년 37.5%로 상당히 늘었다.[38]

민주노총은 2020년 '원포인트 노·사·정 대표자 합의'가 무산되고 김명환 위원장이 사퇴한 상황에서, 비대위 집행부(김재하 비상대책위원장)가 21대 국회에 대한 요구로 '전태일 3법'을 전면에 내세웠다. 특히 2020년 전태일 50주기를 계기로 하반기 최우선 과제로 선포했다. '전태일 3법'은 △ 근로기준법 제11조 개정을 통해 5인 미만 사업장에도 근로기준법

---

[37] 남우근, 『문재인 정부 비정규직 정책 평가』, 민주노동연구원, 2021.
[38] 이병훈, 「문재인 정부의 고용 노동 정책: 평가와 과제」, 『문재인 정부 5년 평가와 과제』 토론회, 소득주도성장위원회, 2022.

을 전면 적용하고, △ 노동조합 및 노동관계조정법(노조법) 제2조 개정을 통해 특수고용 및 간접고용 노동자의 노동 3권을 보장하며, △ 중대재해기업처벌법 제정을 통해 노동자가 일하다 사망하는 중대재해 발생 시 기업의 책임자에 대한 처벌을 대폭 강화하는 내용을 말한다.

민주노총이 조합원과 시민의 국회 국민동의청원 온라인 플랫폼 참여를 조직하며 적극적인 여론 활성화에 앞장선 결과, 30일 이내 10만 명 동의 요건을 채워 국회 소관 상임위 회부를 결정했다. 이는 민주노총이 조직 노동자를 넘어 모든 노동자를 위한 노동법 개정 투쟁에 전조직적으로 나섰다는 큰 의미가 있었다. 국민청원이 국회에 공식 회부된 이후, 민주노총은 하반기 총력투쟁 국면으로 전환하여 국회를 압박했다. 그러나 집권 중후반, 최저임금 인상 속도 조절, 탄력근로제 확대를 비롯해 노동정책의 방향을 전환하고 있던 문재인 정부와 민주당은 영세 자영업자 부담과 경제 상황을 이유로 소극적인 태도를 보였다.

다만 문재인 정부는 중대재해처벌법 제정에는 비교적 협조적 입장을 취해 2021년 1월 여야 합의로 해당 법안이 통과된다. 비록 한계는 있지만 경영책임자를 처벌할 수 있는 근거를 마련한 것이다. 그러나 다른 법안들은 21대 국회에서 실질적으로 추진되지 못한다. 민주노총도 이후 적극적으로 움직였다고 볼 수 없다. 노조법 2조 개정은 이후 '노란봉투법'에 포함되어 재추진되지만 미조직 노동자에게 가장 포괄범위가 넓다고 할 수 있는 5인 미만 사업장 근로기준법 전면 적용은 관심이 줄고 구체적인 입법 활동도 뜸해졌다. 5인 미만 사업장 근로기준법 적용의 필요성이 그새 낮아진 것은 아닐 것이다. 민주노총이 시기마다 쟁점화된 특정 이슈를 부각하다가 제대로 결말을 보지 않고 시간이 지나면 또 다른 이슈로 뛰어넘는 식으로 접근한 것은 아닌지 돌아볼 문제다.

종합하면, 문재인 정부의 노동정책은 여러 한계에도 불구하고 노동운동의 요구를 수용한 부분도 상당히 많았다. 그러나 그렇기에 문재인 정부의 노동정책 실패는 다른 한편으로는 결국 민주노총의 실패일 수밖에 없었다. 민주노총은 문재인 정부를 거치고 나서는 더 이상 이전과 동일한 요구를 반복할 수 없었다. 그렇다면 무엇이 문제였는지, 어떤 방향으로 가야할지를 찾으려는 노력이 필요했다. 그러나 이어진 대선과 정권교체 이후, 민주노총은 문재인 정부 시기 실패에 대해 진지하게 복기하기보다는 "불평등 체제 교체"와 같은 추상적인 구호를 내세우거나 윤석열 정권 퇴진투쟁에 집중했다.

한편 문재인 정부 시기 양대노총의 조직규모가 커졌다. 민주노총과 한국노총 모두 공공부문 정규직 전환과정에서 조직이 확대된다. '노조할 권리'에 대한 사회적 인식의 제고도 영향을 주었다. 그 외에도 한국노총은 공노총 등 외곽에 있던 노조가 가입하면서 조직규모가 커진다. 전체 노동조합 조직률은 2016년 10.3%에서 2021년 14.2%로 상승했다. 민주노총의 경우, 공공부문 외에도 건설, 서비스 등에서 중소·영세 비정규직 노동자의 조직화 확대가 이루어졌다는 점에서 의미가 있다. 이 시기에 조직된 노동조합들은 조합원 규모를 떠나 건설, 화물, 라이더 등 특수고용, 플랫폼 영역 조직화, 안전운임제 도입과 확장 시도 등 초기업적 노동기준 형성을 위한 노력을 펼쳤는데, 이는 기존 기업별 노조와는 다른 운동방식을 발전시킬 수 있는 가능성도 보여주었다.

문재인 정부 집권 기간에 전체 조합원 수는 5년간 49.1% 증가했고, 특히 민주노총 조합원이 2016년 대비 86.7%나 급증했다. 2018년 민주노총은 사상 처음으로 "제1노총" 지위에 올랐다. 2019년에는 민주노총이 조합원 수 101만 4천여 명을 돌파하며 100만 노총 시대를 열었고, 한국노총도 곧이어 100만 명을 넘었다. 2017년을 기점으로 MZ세대에서도 부당대우 대응, 고용안정, 임금인상을 위한 노조의 필요성에 대한 긍정적인 인식이 증대했다. 세대별 노조가입률 추이를 볼 때, 베이비붐 이전 세대와 베이비붐 세대의 추세적 감소, X세대의 유지, 그리고 M세대와 Z세대의 추세적 증가 등 세대별 차이가 뚜렷하게 드러났다.[39] 그러나 2022년에는 전체 노동조합 조직률이 13.1%로 전년 대비 1.1%p 감소했다. 조합원 수는 한국노총 112만 2천여 명, 민주노총 110만여 명으로 한국노총이 다시 제1노총 지위를 차지했다.[40]

이렇게 노동조합의 규모는 확대되었지만 조합원의 구성이 크게 변화한 것은 아니었다. 비정규직의 노동조합 조직률은 여전히 2%대로 정체 상태를 벗어나지 못했고 중소·영세사업장 노동자 조직률은 오히려 후퇴했다. 300인 미만 중소규모 사업체의 조직률은 2018~19년 사이 1%대로 떨어졌고, 특히 전체 임금노동자의 거의 60%를 차지하고 있는 30인 미만 '작은 사업장' 조직률은 0.1%에 불과했다. 즉 이는 조직화의 성과가 2차 노동시장이 아니라 공공부문이나 대기업 부문에 집중되었다는 것을 의미한다.

물론 의미 있는 새로운 시도도 있었다. 2010년대 새로 조직이 확대된 영역 중에서 초기업적인 비정규직 조직은 다소 다른 가능성을 보여준다. 건설, 화물노동자, 택배·배달노동자 등에서는 초기업적 연대가 의미 있게 나타났다. 즉, 앞서 살펴본 비정규직 유형 중 '② 임시직·일용직형 비정규직 유형'에서 가시적인 조직화 사례가 등장했다. 이들은 IMF

---

[39] 통계청 통계개발원, 『한국의 사회동향 2023』, 2023.
[40] 고용노동부, 『2023 전국노동조합 조직현황』, 2024.

구제금융 위기와 2008년 금융위기 이후 본격화되었을 뿐 아니라, 기존 기업별노조의 결합이라는 경로와 다른 산별노조 운동의 발전이라는 측면에서도 의미있는 성과다. (이 부문은 고용이 매우 불안정하여 기업별 노사관계 그 자체가 불가능하다는 배경도 있다) 네이버노조의 원하청 공동투쟁과 같이 상급조직의 지원이 초기업적 활동의 중요한 원동력이 되는 경우도 있었다. 그러나 이런 사례는 여전히 예외적이다. 화물 안전운임제, 건설 적정임금제는 의미가 있으나 적용 범위가 업종·부문별로 제한적이다.

역설적으로 문재인 정부와 민주당의 실패를 계기로 노동운동에는 지난 10여년간 이어진 '범민주·진보 진영', '야권연대'라는 길을 반성할 수 있는 계기가 열렸다. 그러나 여전히 노동운동에는 "범민주진보" 진영이라는 통념이 널리 퍼져있고, 많은 고참 활동가들이 586세대의 인적 관계망으로 민주당과 연결되어 있다.[41] 이러한 연계망은 다소 희미해지면서도 후세대 활동가들에서도 재생산되었다. 이후 민주노총 집행부의 투쟁방식이나 민주당과의 관계 설정을 볼 때, 노동운동의 주류는 대체로 그러한 성찰의 기회를 살리지 못한 것으로 보인다. 문재인 정부를 거치면서 노사관계와 노동시장에 좋은 쪽이든 그렇지 않은 쪽이든 변화가 있었지만, 노동운동은 변화를 이끌지 못했다.

---

[41] 이철승은 1980년대 학출 활동가를 비롯한 전위적 지식인들이 주도한 하향식 연대에 주목한다. 그들이 작업장과 공단에 참여한 활동은 1980년대 노동운동에 큰 영향을 주었지만, 이 활동은 1990년대 초에 기층에서 소멸하기 시작했다. 그러나 이와 동시에 수많은 노동친화적 성향의 진보적 시민단체가 급진적인 학출 지식인에 의해 설립되었는데, 이러한 과정에서 노조와 시민사회 사이에 긴밀한 인적 네트워크가 형성되었다.

5. 윤석열 정부 출범과 노동자운동의 대응

2022년에 치러진 20대 대선은 노동정책이 주요 쟁점으로 부각되지 못한 선거로 평가받는다. 당시 한국 사회는 문재인 정부의 정책 실패로 정치적, 사회적 갈등이 격렬했다. 선거 국면에서는 노동정책보다는 다른 정치적 쟁점들이 압도했다. 조국 전 법무부장관의 자녀 입시비리 의혹과 울산시장 선거 개입 의혹, 라임·옵티머스 사태 등 민주당 정권 핵심인사들이 연루된 부패 의혹은 대중의 피로도를 높였다. 이재명 당시 대선 후보는 이에 더해 사법 리스크도 안고 있었다. 이재명 선거운동에 이용득 전 한국노총 위원장, 김영훈 전 민주노총 위원장 등 노동계 인사가 대거 합류했으나 정작 선거운동은 '기본소득', '기본주택'과 같은 포퓰리즘적 '기본 시리즈' 공약에 집중했다. 박근혜 퇴진 후 진행된 2017년 조기대선에서 나름대로 노동정책이 주요한 이슈였던 상황과 비교하면 격세지감이었다. 민주노총은 2022년 대선에서 진보정당 후보 3명을 함께 지지하는 것으로 결정했으나, 득표율은 정의당 심상정 후보 2.37%, 노동당 이백윤 후보 0.02%, 진보당 김재연 후보 0.11%로 저조한 수준이었다. (직전 19대 대선에서는 심상정 후보가 약 201만 표, 6.17% 득표율을 얻었다.) 결국, 국민의힘 윤석열 후보가 48.56% 득표율로 당선된다.

1) 윤석열 정부의 '노동개혁'과 노동운동의 반발

2022년 출범한 윤석열 정부는 인구 감소와 경제성장률 하락에 대응하기 위한 경제 전반의 구조개혁의 일환으로 '노동개혁'을 주요 과제로 추진하겠다고 밝혔다. 이후 윤석열 정부의 노동개혁은 크게 '노동시장 유연화'와 '노사 법치주의'라는 두 축을 중심으로 실행되었다. 그러나 실제로 노동시장이나 노사관계 구조를 바꾸기 위한 실효성 있는 정책이 진지하게 추진되었다고 보기는 어려웠다. 맥락을 파악하기 어려운 즉흥적 정책들이 종종 나타났다.

윤석열 정부 출범 직후 거제통영고성 대우조선 조선업 하청 노동자들의 투쟁이 폭발했다. 이 투쟁은 조선업계의 원·하청 이중구조와 그로 인한 하청노동자들의 열악한 처우를 사회적 쟁점으로 부각시켰다. 대우조선해양(현 한화오션)을 비롯한 인근 조선소들은 생산공정의 약 60% 이상을 사내하청 노동자에 의존하는 비정상적 고용구조로 운영되었다. 하청 노동자의 임금은 원청 정규직의 50~70% 수준에 불과했다. 조선업 불황기에 인건비 절감을 위해 다단계 하도급이 확대되고 하청 노동자 임금이 5년간 삭감·동결되며 누적된 구조적 문제가 폭발했다. 이러한 배경 속에서 51일간 하청노동자들의 파업이 진행되었다.

금속노조 거제통영고성 조선하청지회는 대우조선해양의 하청사 중 22개 업체와 단체교섭을 진행하고 있었다. 그런데 원청인 대우조선해양이 하청에게 지급하는 기성금을 3% 인상하는 수준에 그치자 임금인상은 거의 불가능해졌다. 이에 노조가 6월, 파업에 돌입하자 공권력과 물리적인 마찰로 이어졌다. 정부와 사용자는 이를 불법으로 간주하고 엄단에 나섰다. 이후 정부가 공권력 투입까지 시사하며 개입한 결과, 7월 22일 노조가 하청사들과 임금인상 합의를 도출해 파업이 마무리된다. 임금인상률은 요구에 크게 미치지 못하는 4.5% 수준이었다.

이 파업 당시 사방 1미터 철제감옥에 자신을 가두고 "이대로 살 순 없지 않습니까?"라고 적은 선전물을 들었던 유최안 전 거통고지회 부지회장의 투쟁은 큰 주목을 받았다. 또한, 유 부지회장 등이 이 농성투쟁을 이유로 업무방해로 기소되고 470억 원의 손해배상 소송에 직면하면서, 노조법 2·3조 개정안(이른바 '노란봉투법') 논의가 다시 촉발되었다. 이는 쌍용자동차 정리해고 반대 파업 당시 조합원에 대한 손배소에 대응하는 과정에서 제안된 것이었는데, 이번에는 원청 기업에 대한 하청노동자의 교섭권 보장을 요구하는 취지가 더 부각되었다.[42]

노조법 2·3조 개정안은 2023년 야당 주도로 국회를 통과했지만 윤석열 대통령이 거부권(재의요구권)을 행사했다. 당시 정부는 조선업 하청 구조의 문제점을 인정하고 대책을 마련하겠다는 입장을 표명했다. 그러나 이렇게 원하청 문제가 사회적으로 공론화된 이후에도 제도개선 방안을 사회적 합의로 도출하려는 노력은 진행되지 않은 채, 야당의 입법 강행과 대통령의 거부권 행사라는 타협 없는 정치적 갈등만 반복되고 있었다.

이후 정부와 노동계의 갈등이 격렬하게 표출된 계기는 2022년 화물연대 총파업이었다. 화물연대는 안전운임제 일몰을 앞두고 2022년 6월과 11월 두 차례에 걸쳐 파업을 전개했다. 6월 파업에서는 국토부와 화물연대본부가 안전운임제 지속 추진과 품목 확대 논의를 합의하며 파업을 극적으로 종료했다. 그러나 노정 협의가 지지부진한 가운데 화물연대가 파업을 예고하자 정부·여당은 11월 23일 당정협의회를 통해 안전운임제 일몰만 3년 연장하되, 강제성을 완화하고 품목확대는 포함하지 않는 방안을 부랴부랴 발표했다. 화물연대는 국토부가 교섭을 결

---

[42] 2025년 2월 진행된 1심 재판에서, 김형수 지회장은 징역 3년에 집행유예 4년과 벌금 100만 원, 유최안 당시 부지회장 등 10명은 징역 2년~8개월에 집행유예가 선고됐다. 나머지 11명은 벌금 500만~100만 원이 선고됐다. 실형은 면했지만 형사 재판과 별개로 회사가 하청노조 집행부 5명을 상대로 제기한 '470억 원대 손해배상 소송'은 2025년 현재 계속 진행되고 있다.

렬시키고 화물노동자들을 파업으로 내몰았고 정부의 연장안이 '반쪽짜리', '가짜 연장안'에 불과하다고 비판하면서 11월 24일 예정대로 파업에 돌입했다.

파업 후 협의가 지지부진한 상황에서 정부는 11월 29일 사상 처음으로 시멘트 운송 부문 등에 대해 업무개시명령을 발동하여 파업참여자들에게 복귀를 명령하고 이를 거부한 조합원에게는 형사처벌과 면허취소 등 강경대응을 예고했다. 정부의 강력한 대응 속에 별다른 성과 없이 12월 9일 파업이 끝나면서, 결국 안전운임제는 폐지되었다.

정부는 이후 '노사 법치주의'를 앞세우고 노동운동에 대한 강경대응을 반복했다. 화물연대에 이어 정부의 탄압이 집중된 곳은 건설노조였다. 정부는 노조를 '건폭'이라고 공격하며 조합원들의 채용 요구, 단체행동권과 단체교섭권 행사를 강요, 협박, 공갈 혐의로 수사했다. 2023년 1월부터 8월까지 진행된 "특별 경찰 단속"을 통해 조합원 1700여 명을 강요 및 협박 혐의로 소환 조사했다. 이 과정에서 공갈 및 협박 혐의로 조사를 받던 양회동 조합원(강원건설지부 3지대장)이 2023년 5월 1일 노동절에 분신 자결했다. 덤프트럭, 콘크리트 믹서 트럭, 굴착기를 운전하는 노동자들로 구성된 건설기계지부의 활동에 대해서는 공정거래법을 적용하여 수사했다. 노사 간 합의로 이미 인정되어오던 건설노동자들의 단결권과 단체교섭권을 부정한 것인데, 특수고용 노동자의 노동기본권 보장이라는 흐름에 정면으로 역행하는 조치였다.

정부는 '노사 법치주의'를 명분으로 삼아 노조 회계 투명성 제고, 대기업노조 고용 세습 단협 시정 명령을 추진하면서 조직노동에 대한 통제 강화를 시도했다. 고용노동부는 회계 공시를 요구하면서, 미제출 노조에 대해 압수수색과 과태료 부과를 경고했다. 정부는 조합 운영의 투명성을 제고한다는 명분으로, 각종 정부 보조금을 받는 시민단체들과 함께 노조를 "이권 카르텔"로 규정하며 지원 예산을 삭감하고 감사를 강화했다. 민주노총은 정부가 노조의 자주성을 침해하고 노동운동을 탄압할 구실을 만드는 것이라 반발했다. 그러나 노동조합의 강력한 반발에도 불구하고 조합비 세액공제를 연계한 압박이 계속되자, 민주노총 금속노조를 제외하고는 대부분 회계공시를 수용했다.

2023년 들어서는 '주69시간' 논란과 임금체계 개편이 쟁점이 된다. 윤석열 정부의 근로시간 개편안은 주52시간 제한의 부작용을 해결하겠다며 추진된 안이었으나 '주69시간' 논란은 오히려 대중적 반감을 불러일으켰다. 정부는 발표 15일 만에 재검토에 들어가며 우왕좌왕하는 행보를 보였다. 한편, 정부는 임금체계 개편을 추진한다며 전문가 자문기구인 '상생임금위원회'를 발족했다. 한국노총까지 반발하며 사회적 대화가 어려울 것으로 보이자 정부는 이를 우회하고자 한 것이다. 그러나 아무리 임금체계 개편이 필요하더라도 노사 당사자를 배제한 기구가 제안하는 방안이 추진력을 얻을 수는 없었다.

민주노총은 윤석열 정부의 노동정책에 대응하는 정치적 투쟁에 집중한다. 2023년 7월 민주노총은 "노동·민생·민주·평화 파괴 윤석열 정권 퇴진 총파업"을 진행한다. 이 투쟁의 주요 요구로는 노조탄압 중단, 노조법 2, 3조 개정, 일본 핵오염수 해양 투기 중단, 최저임금 인상, 생활임금 보장, 민영화·공공요금 인상 철회, 국가 책임 강화, 공공의료·공공돌봄 확충, 과로사 노동시간 폐기·중대재해처벌 강화, 집회시위의 자유 보장 등을 망라했다. 윤석열 정부 퇴진과 일본 핵오염수 투기 중단 등을 제외하면, 2021년 양경수 위원장이 첫 번째 임기 첫 해에 문재인 정부를 상대로 진행한 총파업 요구와 크게 다르지 않은 종합적인 요구였다.

이는 구체적인 노동·사회 정책을 실제로 관철하기 위한 투쟁이라기보다는, 윤석열 정부에 반대하는 정치적 투쟁에 가까웠다. 현장의 실제 파업 돌입도 저조했다. 민주노총은 '윤석열 정권 퇴진'을 전면에 내세운 투쟁을 이듬해까지 계속 이어갔다.

윤석열 정부의 노동정책은 '노동시장 유연화'와 '노사 법치주의'를 양대 축으로 삼았지만 일관된 구조개혁이 아니었다. 전반적으로 기업 측 요구나 우려를 수용하면서 단기적이고 근시안적인 제도 변화에만 집착했다. 정부는 '노동규범 현대화'라는 명분을 내세웠지만, 실제로는 장시간 노동이 가능한 현행 제도에서 예외적으로 규제하던 연장 노동의 개념을 유연하게 풀어주는 식으로 기존 노동시간 제도를 급격하게 바꾸고자 했다.

또한, '노사 법치주의' 정책은 노사 갈등을 증폭했다. 자율적으로 결정해야 할 노사관계를 정부가 '법치'를 명분으로 과도하게 개입함으로써, 노동개혁의 본래 취지인 인구 감소 시대의 경제구조 개혁이나 노동시장 체질 변화와 거리가 먼 '노조탄압' 프레임에 갇혔다. 특히 대통령의 잦은 거부권 행사는 노사관계의 첨예한 쟁점에 대한 사회적 논의 공간을 닫았다.[43]

종합해보면, 윤석열 정부의 노동정책은 노동시장의 구조적 문제 해결이나 노동자 간 격차 해소보다는, 특정 집단의 이해관계를 대변하고 법치를 명분으로 노동운동을 통제하려는 시도에 집중되었다. 집권 초반기, 조선업 하청노동자 투쟁으로 때마침 부각된 노동시장 이중구조,

---

[43] 사회진보연대, 「2024년 노동정세 전망②: 윤석열 정부 노동개혁이 오답인 이유」, 《사회운동 포커스》, 2024년 1월 16일.

원하청 차별 문제를 해결하려는 진지한 노력을 기울였다면 결과는 달랐을 수 있다. 그러나 결국 윤석열 정부가 채택한 정책 방향은 노동계와의 대립을 심화시키고 노동정책의 효과적인 추진을 어렵게 했다. 노동조합의 정권 퇴진투쟁에 대중적 정당성을 더욱 부여하는 결과로 이어졌다.

2) 정권 퇴진 투쟁에 집중한 노동운동

민주노총은 윤석열 정부의 노동정책에 강력히 반발하며 총파업, 대규모 집회를 조직하면서 반발했다. 반면 한국노총은 이 기간 온건 협상 노선과 대정부 투쟁노선 사이에서 마치 줄타기를 하는 듯 했다. 2023년 5월, 한국노총은 김준영 금속연맹 사무처장의 고공농성 투쟁을 경찰이 진압한 데 항의하며 경사노위 대화 불참을 선언했다. 3개월 후 한국노총은 2023년 11월 13일 경사노위 복귀를 전격 결정한다. 한국노총이 그간 제기한 "윤석열 대통령이 한국노총의 노동자 대표성을 인정하라"는 요구에 정부가 응했다고 본 것이 복귀의 명분이었다. 그렇다고 한국노총이 윤석열 정부를 지지했다고 보기는 어렵다. 한국노총은 계엄 이후 탄핵에 찬성하고, 2025년 대선에서도 이재명 후보 지지 입장을 공식적으로 채택했다. 과거 정부들과의 관계처럼 상황에 따른 실리적 판단을 우선했다.

2022년 화물연대 파업에 대한 강경대응과 2023년 건설노조 탄압을 계기로 노정 관계가 경색되는 가운데, 민주노총은 윤석열 정부 집권 1년 만에 정권 퇴진 입장을 채택했다. 이어 전농, 빈민운동단체 등과 정권 퇴진을 위한 연대기구 건설을 추진해, 2023년 6월 민주노총 등 37개

단체는 '윤석열 정권 퇴진 운동본부(준)'을 발족했다. 운동본부는 7월 15일 1차 범국민대회를 열고 '친재벌 민생파탄, 반노동·반농민·반빈민·반자영업자·반민중 정권, 민주주의 파괴와 헌법유린, 후쿠시마 핵오염수 해양투기 허용, 전쟁위기 평화파괴를 초래한 윤석열 정권 퇴진'을 요구했다. 이후 연말까지 네 차례 범국민대회와 총궐기대회를 열고 반윤석열 투쟁 전선을 형성하는 운동을 확대하고자 했다. 또한, 민주노총 집행부는 윤석열 정부의 일본 강제동원 피해자 제3자 변제안을 비판하는 운동과 후쿠시마 핵발전소 오염수 해양 투기 반대운동 등 반일 민족주의 투쟁을 결합했다.

이러한 분위기에서 '노란봉투법'은 구체적인 입법 투쟁에 역량을 집중한 쟁점이었다. 그러나 법안은 민주당의 정치 전략에 활용되어 실현되지 못했다. 민주당이 문재인 정부 시절에는 소극적이었던 노조법 개정을, 윤석열 정부가 출범하자 적극적으로 나선 정치적 의도를 민주노총은 알면서도 무시했다.[44] 오히려 민주노총은 실제 입법가능성을 고려하지 않은 채, 민주당의 '거부권 패키지 법안'에 노조법 개정안을 포함하도록 압박해 민주당의 정치투쟁에 '불쏘시개'로 동원했다는 비판을 받는다.[45]

실제로 민주노총은 노란봉투법을 민주당이 추진하던 다른 '거부권 행사 법안'에 묶어서 발의할 것을 민주당에 요구했다. 민주노총 기관지 《노동과 세계》 기사 "노조법 2.3조 개정안, 거부권 법안과 함께 발의

---

[44] 문재인 정부 5년 동안 민주당이 국회 환경노동위원회에서 노란봉투법을 논의한 것은 딱 한 차례였다. 그 논의에서도 고용노동부 차관은 노란봉투법에 대해 "법률 원칙을 흔드는 조항이 많다"라면서 우려를 표시했다.

[45] 사회진보연대, 「민주노총 30주년, 노동자 간 격차 축소와 계급적 단결의 계기로 삼자」, 《사회운동포커스》, 2024년 11월 9일.

에 속도 내야"(2024년 6월 26일)에 따르면, 양경수 위원장은 안호영 국회 환경노동위원장을 만난 자리에서 "민주노총이 국회 환경노동위원에 노조법 2, 3조 개정안이 윤석열 대통령이 거부권을 행사한 법안들과 함께 발의돼야 반 윤석열 전선에 더 큰 힘을 실을 수 있다고 강조했다". 이어 "노조법 2, 3조 개정안이 중요한 핵심 현안으로 대두된 만큼 전체 거부권 법안과 흐름을 같이 가져가는 게 중요하다. 그래야 전반적인 대정부 투쟁 흐름이나 반 윤석열 전선을 형성하는 데 노동자들이 주된 역할을 하는 것도 가능할 것"이라며 "다른 거부권 법안과 다른 길을 가거나 뒤처지는 일이 발생하면 더 어려워지기만 한다"라고 발언한다. 적어도 당시 정세에서 민주노총은 '노란봉투법' 입법의 실현 가능성보다는 '반윤석열 전선 강화'에 더 관심이 있었던 것이다.

한편, 원하청 격차를 해결하고자 노동자운동이 주장해왔던 초기업(산별)교섭 실현을 위한 제도적, 운동적 과제는 상대적으로 덜 부각되었다. 노조법 2조 개정을 통해 원청 기업에 사용자 의무를 부여하는 방식은 해당 대기업의 하청기업 노동자에게 적용될 수 있고 자동차나 조선업 하청, 공공기관 자회사와 같은 경우에 효과가 있을 것으로 보인다. 그러나 이는 본질적으로 해당 원청 대기업의 지배력이 분명한 범위까지 적용되는 것으로, 기업별 교섭의 확장이라고 볼 측면이 있다. 또한, 원청 기업의 '실질적 지배력'은 증명하기 까다롭고 사용자가 진성 도급으로 전환할 수 있다. 자동차 부품사와 같은 사외 하청사에는 적용되기가 쉽지 않은 한계도 있다. 따라서 노동자운동이 지속적으로 주장해온 산별교섭구조 형성이 더 넓은 범위의 중소·영세기업 노동자들까지 포괄할 수 있는 방법으로 볼 수 있다.[46] 산별교섭 실현은 △ 단체협약 효력확장과 노동위원회에 의한 교섭단위 결정과 같은 제도개선 △ 사용자의 초기업 교섭 참여 유도 △ 임금·노동조건의 산업별 기준 마련 △ 노동조합도 기업별 기득권을 내려놓는 과정을 병행해야 하는 복잡하고 지난한 과정이다.[47] 야당의 입법 강행과 거부권 행사로 이어지는 선명한 정치쟁점화로 될 일은 아니었다.

윤석열 정부 시기에 노동운동은 전반적으로 정부의 압박에 대한 방어적 대응과 기존의 투쟁방식을 반복하는 경향을 보였다. 노동시장 양극화 심화, 저출산·고령화 등 변화된 거시경제 조건 속에서 노동운동이 전체 노동자 계급의 이해를 대변하고 사회적 대안을 제시하는 데 한계를 드러냈다는 평가를 피하기 어렵다. 특히 '노동자 계급의 단결'을 위한 연대임금, 연대고용 정책 등 계급적 대안을 제시할 필요성은 점점 커졌으나 실질적인 진전은 더뎠다. 노동운동은 '반윤석열 전선' 강화를 중

---

[46] 이런 관점에 따른 비판적 접근으로는 『새 정부 노동정책 무엇을 해야 할까-노동기본권 확대와 불평등 해소 방향 및 과제』 토론회(2025년 7월 15일)의 권오성, 박명준의 발제문을 참고할 수 있다. 다만 국회 환경노동위원회에서 법안이 통과된 이후, 김영훈 고용노동부 장관은 언론 브리핑(2025년 7월 29일)에서, 이를 계기로 기업별 노사관계를 중심으로 한 제도와 시스템·관행을 바꾸고 초기업별 노조 교섭을 촉진하겠다고 밝힌 만큼, 이후 과정을 지켜볼 필요는 있을 것이다.

[47] 한편, 노조법 2조가 개정된다고 하더라도 교섭창구 단일화나 교섭 의제 등 제도에 대해 정해진 것이 없어 노사 갈등과 법적 소송이 이어질 것으로 예상된다. 노조운동도 무엇을 요구(교섭)하고 투쟁할 것인지에 대해 준비가 부족하다는 비판도 제기된다. ("사법화 지속 우려 속 제도 안착할 노·사·정 실력 절실", 《매일노동뉴스》, 2025년 7월 23일.) 사내하청업체 교체가 실질적인 의미를 갖지 않을 정도로 높은 조직률을 가진 직종별·지역별 노조가 존재하거나, 하청업체가 교체되더라도 기존 노동자들의 고용이 그대로 승계될 수밖에 없는 등 해당 노동자 집단이 상당히 독점적인 지위를 갖는 경우가 아니면 효과가 제한적일 것이라는 진단도 있다. ("사내하청도 원청과 교섭…노란봉투법 현실화 땐 무엇이 달라질까?", 《한국경제》, 2025년 6월 5일.) 결국 법 개정만이 아니라 노동조합의 준비와 조직화가 문제라고 볼 수 있다.

심으로 움직이면서 민주당과 사실상 연합하는 방향으로 기울었다. 이러한 정치적 연합에 몰두한 결과, 사회경제 체제에 대한 대안 논의는 상대화했다. 물론 윤석열 정부 하에서 정책 실현이 어렵다는 정세진단이 있었겠지만, 노동운동 내부의 정책적 준비와 내부 합의를 위한 논의도 지체되는 결과를 낳았다. 2025년 대선에서 집행부가 민주당 후보 지지를 결정하려다 커다란 논란 끝에 실패한 일은 이러한 과정의 결과였다.

국회를 장악한 거대 야당의 입법 강행과 대통령의 거부권 행사가 반복되는 정치적 교착 상태에서, 2024년 12월 3일 오후 10시 27분, 윤석열 대통령은 대한민국 전역에 비상계엄을 선포했다. 비상계엄의 명분은 '종북과 반국가세력을 척결하고 자유대한민국을 수호하겠다'였다. 담화 내용은 국가안보상의 긴급한 위협보다는, 야당이 장악한 국회를 직접 겨냥했다. 정치적 교착 상태를 위헌적 계엄 선포라는 시대착오적 정치적 난동으로 해결하려 한 것이다. 국회는 곧바로 계엄 해제를 결의했다. 뒤이어 12월 14일, 윤석열 대통령에 대한 국회의 탄핵소추안이 가결되고, 2025년 4월 4일 헌법재판소 결정으로 대통령 윤석열이 파면되었다.

계엄 이후 윤석열 대통령 파면에 이르는 과정에서 농민·여성·인권단체 등 1천여 개가 넘는 시민사회단체들은 민주노총과 함께 '윤석열 즉각 퇴진·사회대개혁 비상행동'(이하 비상행동)이라는 연대체를 결성했다. '윤석열 정권 퇴진 운동본부(준)'를 더욱 확대한 연대기구였다. 비상행동은 2016~17년 박근혜 대통령 탄핵을 이끌었던 촛불집회 조직 모델을 따라 대규모 주말 촛불집회를 이어갔다. 촛불집회 문화는 이번에는 '응원봉 운동' 문화로 바뀌었다.

3) 조기 대선, 방침을 결정하지 못한 민주노총

(1) 민주노총 정치방침의 붕괴

2024년 총선을 앞두고 민주노총 내부에서는 '정치방침 없는 총선 방침'이라는 문제가 지속적으로 제기되었다. 이미 김명환 집행부 시기부터 민주노총은 낮은 수준의 정치 방침조차 대의원대회 논의에 부치기 어려웠고, 선거 방침조차 현실적으로 무기력했다. 2022년 대선을 앞두고도 민주노총의 정치세력화 논의는 중단된 상태였으며, 차기 집행부의 대선 계획은 매우 모호했다.

그런 가운데, 4월 총선을 앞둔 3월 18일 민주노총 임시대의원대회에서 진보당 지지 철회 여부를 두고 격렬한 논쟁이 벌어졌다. 진보당이 민주당의 비례 위성정당인 '더불어민주연합'에 참여를 결정하면서, 민주노총의 기존 총선 방침(친자본 보수 양당 및 위성 정당 지지 금지)과 충돌했기 때문이다. 일부 민주노총 중집 위원들은 '통합비례정당은 위성정당으로 볼 수 없다'는 주장을 폈으나, 대의원대회에서는 총선 방침 수정안이 부결된다. 공공운수노조와 화섬식품노조 등 일부 가맹 산별은 자체적으로 진보당 지지 철회를 결정했다. 이러한 논란은 민주노총 내부의 정치적 분열과 지도력 문제를 노출시켰다. 이 문제는 불과 1년 후 대선에서 반복되었다.

2025년 6월 3일 진행된 21대 조기 대선에서 이재명 후보가 당선되며 3년여 만에 정권이 다시 교체되었다. 위헌적 계엄 선포 이후 진행된 대선이라는 점에서 정권 교체는 예정된 결과였다. 그러나 아이러니하게도 야당과 함께 윤석열 정권 퇴진투쟁을 주도하던 민주노총은 정작 대선방침을 결정하지 못했다. 당초 집행부는 진보정당의 후보 및 진보정당과 연대연합을 실현한 후보를 지지한다는 대선방침을 제출했지만 강력한 내부 반발에 부딪혔다. 민주노총 집행부 안은 사실상 진보당 대선 후보가 사퇴하면서 지지를 선언한 이재명 민주당 후보를 지지하겠다는 의미였기 때문이다. 중집위원회 논쟁 과정에서 양경수 위원장을 비롯한 민주노총 지도부와 이들과 입장을 같이하는 중집위원들은 "이번 대선은 내란으로 인해 치러지는 조기 대선으로, 핵심적인 목표는 내란세력의 재집권을 저지하는 것"이라고 주장했다.[48] 집행부 내부에서도 논란이 커지자, 고미경 민주노총 사무총장은 5월 9일 사임 의사를 밝혔다.

그런데 이재명 후보를 사실상 지지하자는 민주노총 집행부의 입장이 갑자기 튀어나온 것은 아니었다. 이미 2024년 말 '비상행동'과 함께한 윤석열 퇴진 운동 속에서도 집회 무대를 야당의 무대로 치환하고 민주노총이 이를 뒤따르는 모습이 나타났다. 정치인의 발언을 극히 예외적으로만 배치했던 박근혜 퇴진투쟁 당시와 달리, 윤석열 퇴진투쟁 과정에서는 주요 집중집회 때마다 원내 야권 정치인이 연사로 등장했다. 집회에서는 시민 자유발언을 포함해 모든 연사를 대상으로 사전 발언문 검토를 원칙으로 했으나 민주당을 비롯한 야권 정치인의 발언은 종종 예외였다.[49]

그러나 양경수 위원장의 안은 민주노총이 2023년 9월 임시대의원대회에서 정한 보수 양당 체계 혁파를 뼈대로 하는 정치방침에 반하는 것이었다. 민주노총은 '배타적 지지'를 한 과거 민주노동당이 2010년대 여러 진보정당으로 분열된 뒤에도 꾸준히 진보정당을 지지했다. 집행부

---

[48] "진보정당을 지지하지 못한 민주노총", 《한겨레》, 2025년 5월 11일.
[49] 공공운수노조 '2025년 상반기 사업 평가' 2025년 8월 중집위원회 회의 자료집.

안에 반대하는 중집위원들은 "유일한 진보정당 후보인 민주노동당(사회대전환 연대회의) 권영국 후보 지지를 결정한다"는 안을 제출하며 장시간 논쟁했다. 그러나 4월과 5월 두 차례 중집 회의에서도 결론을 내지 못하고 대선방침 없이 대선을 맞았다.

사태가 이렇게 전개된 데는 무엇보다 진보당의 책임이 컸다. 진보당은 탄핵국면에서 야5당 원탁회의(민주당, 조국혁신당, 사회민주당, 기본소득당, 진보당)를 통해 민주당과 적극적인 연대연합을 추구했다. 4월 19일 진보당은 '빛의 연대', '광장연합' 등을 표방하며 사실상 야권연대를 표방한 김재연 상임대표를 대통령 후보로 선출하고, 이어 5월 9일, 광장대선시민연대-제정당 연석회의 공동선언 기자회견을 통해 '광장연합의 힘을 통한 압도적 대선 승리'를 위해 이재명 후보를 '광장대선후보'로 지지한다며 진보당 대선 예비후보를 사퇴했다. 민주노총 집행부를 주도한 NL 정파는 '당 중심 노동운동'을 천명해왔다. 그런데 이들이 자신들이 지지하는 '진보당'의 입장에 맞게 대중조직인 민주노총의 입장을 무리하게 결정하려다가 문제가 된 것이다. 정당과 노동조합의 관계가 왜곡되었음을 보여준 사태였다.

집행부 외에 이재명 후보를 지지하는 민주노총 인사들도 있었다. 5월 7일 국회에서 이재명 후보 지지를 밝히는 민주노총과 산별조직 전직 임원들이 기자회견을 개최했다. 이들은 "소년공의 꿈, 노동자들이 지키겠습니다!"는 현수막을 내걸고 민주당 의원들과 함께 마이크를 잡았다. 여기에는 조준호·신승철·김영훈 전 민주노총 위원장 등 민주노총 전직 간부 20명, 산별연맹과 지역본부 전직 임원 184명이 동참했다. 결국, 민주노총 안에서도 민주당 후보를 지지하자는 흐름이 광범위하게 나타났고, 현장 조합원의 지지도 상당했다.

(2) 진보정당운동의 쇠락

한편, 진보3당(정의당, 노동당, 녹색당)은 이러한 흐름과 별개로 노동운동, 사회운동 세력과 '사회대전환 대선 연대회의'를 구성하고 독자완주를 목표로 대통령 후보 경선을 진행해, 경선 결과 정의당 권영국 대표를 대통령 후보로 선출했다. 이후 대선 시기에 정의당은 '민주노동당'으로 당명을 변경했다. 민주노총 내 논쟁 속에서 이재명 후보 지지를 반대한 중집위원들은 대부분 권영국 후보 지지를 선언하고 선거운동을 함께 진행했다. 권영국 후보는 세 차례 TV 토론에서 인상적인 토론을 진행했고, 지역과 현장에서도 헌신적인 선거운동을 펼쳤다.

그러나 원외로 밀려난 정의당이 다른 진보정당과 사회운동과 연합하여 치른 대선에서 권영국 후보는 0.98% 득표율을 얻는 데 그쳤다. 이는 지난 20대 대선 결과 심상정 정의당 후보의 득표율인 2.37%의 절반에도 미달했고, 1997년 민주노동당의 전신인 건설국민승리21 권영길 후보의 득표율인 1.2%보다도 낮은 결과였다. 그런데 출구조사 결과가 나온 6월 3일 오후 8시부터 밤 12시까지 4시간 동안, 13억원이 넘는 후원금이 권영국 후보 후원 계좌에 입금됐다. 그러나 후원금에 기뻐하기는 어려웠다. "표는 못 주고 미안하니까 후원금을 내는 것을 긍정적으로 평가하면 계속 반복되는 이 구도에서 벗어날 수 없다. 이번 선거에서 전통적으로 진보정당이 우세했던 창원 성산구와 울산 남구·북구에서도 권영국 후보보다 이재명 후보가 압도적으로 득표율이 높았다. 노동자 기반으로 기성정당과 다른 정치를 하겠다는 진보정당의 모델이 위기에 빠졌다는 증거"였기 때문이다.[50]

50 "진보 정치, 언제까지 표 대신 후원금만 받고 말 텐가", 《시사IN》, 2025년 6월 17일.

2025년 대선에서 민주당 이재명 후보 지지를 위한 진보당 김재연 후보의 사퇴와 민주노동당 권영국 후보의 저조한 득표율은 진보정당 운동의 위기를 극적으로 보여주었다. 민주노총이 수년간 집중하던 윤석열 정권 퇴진은 이루었지만, 노동자 정치운동이 노동조합의 단결을 오히려 훼손하는 결과를 낳았기 때문이다. 진보정당 운동은 정의당이 2024년 총선에서 원외로 밀려나면서 침체된 상태였다. 당시 녹색당과 연합하여 '녹색정의당'으로 치른 총선에서 비례대표 정당투표에서 2.14%를 받아 최소 득표율 3%를 넘지 못하고, 지역구에서도 심상정 의원이 낙선하면서 의석을 모두 잃은 것이다. 진보당은 민주당 위성정당인 '더불어민주연합'에 참여해 2석을 얻고, 민주당과의 지역구 단일화로 1석을 얻었다. (이후 이재명 대통령 당선 후 위성정당에서 비례의원을 1석 더 승계하여 총 4석을 확보했다) 그러나 민주당의 위성정당으로서 얻은 의석을 노동자계급 정치세력화의 성과로 볼 수 있을지는 의문이다.

진보정당 운동의 전개와 위기를 진단하는 진보정당 활동가의 인터뷰를 인용하면 다음과 같다.

"많은 이들은 진보정당이 가장 빛났던 시기가 2004년 민주노동당 첫 원내 진출이라고 하겠지만, 내 생각에는 2017년 대선 때부터 (노회찬 의원 사망 뒤 여영국 정의당 후보가 경남 창원성산에서 당선되는) 2019년 보궐선거까지다. 과거 민주노동당보다 노동 기반은 약해졌지만, 통합진보당 실패 이후 어렵게 출발한 정의당이 새로운 기반 위에 진보정당을 할 수 있다는 것을 보여줬기 때문이다. 그렇다면 진보정당의 위기는 언제였을까. 아이러니하게도 위기 역시 동일한 시기였다. 문재인 정부 출범과 함께 당은 크게 성장했는데, 성장의 한 축이 민주당과 연대, 문재인 정부에 대한 태도와 깊이 연관되어 있었음을 부인하기 어렵다."("성공해서 실패한 진보 정당 20년사의 역설",《시사IN》, 2024년 4월 16일.)

여기서 언급되는 두 가지 요인, 즉 '노동 기반의 약화'와 '문재인 정부에 대한 태도'가 문제였다. 먼저, 최근 진보정당의 위기가 드러난 선거 결과는 2010년대 초반부터 나타난 계급적 지지 기반 붕괴의 최종적 결과물이었다. 민주노동당이 원내 10석을 얻으며 약진하던 2004~07년, 핵심 지지기반은 노동자계급과 중간계급의 동맹에 있었다.[51] 특히 당시에 상당히 높았던 노조 효과를 고려하면, 이 지지 동맹 내에서도 노조 가입자들이 핵심 지지기반임을 예상할 수 있다.

그런데 민주노동당 시절에 형성됐던 이러한 지지 동맹은 그것을 구성했던 하위 집단들의 순차적 이탈로 무너졌다. 먼저, 2008~14년 진보정당 분열 국면에서 노동자계급에서는 서비스 노동자, 중간계급에서는 사회문화전문가 상당수가 이탈했다. 생산직 노동자 조합원도 일부 이탈했다. 다음으로 2016~23년에 정의당 지지층이 대폭 축소되었다. 아직까지 지지 대열에 남아있던 생산직 노동자와 사무원들의 상당수가 이탈하며 노동자계급 내부의 지지층 전체가 붕괴했기 때문이다. 결국 진보정당은 초창기에 형성했던 계급적 기반과 조직 노동자와의 연계를 상실했다. 이번 대선에서 권영국 후보는 과거 진보정당 국회의원 후보들이 당선되던 울산, 창원 등에서 낮은 득표율을 얻는 데 그쳤다. 이는 탈(脫)계급정당으로 나아간 결과였다.

[51] 유형근,「진보정당의 계급적 지지 기반 분석, 2003~2023」,《한국사회학》제59집 제2호, 2025.

둘째는 '문재인 정부에 대한 태도'다. 2019년 불거진 '조국 사태' 때 정의당은 조국 법무부 장관 임명을 두고 "사법개혁의 대의 차원에서 대통령의 결정을 존중한다"라고 밝혔다. 문재인 정부와 민주당이 추진하던 선거제도 개혁을 염두에 둔 선택이었다. (이때 도입된 준연동형비례대표제는 이후 거대 양당의 위성정당과 정의당 원내 의석 상실의 계기가 된다.) 주요 사회적 쟁점에서도 정의당은 대부분 민주당과 입장을 공유했다. 소득주도성장 전략, 김경수-드루킹 선거 조작 스캔들, 검경 수사권 조정 및 공수처 설치를 포함한 검찰개혁, 패스트트랙 상정 논란, 강제징용 배상 및 한일 군사정보보호협정 파기 등 반일 민족주의 쟁점에서 민주당과 같은 목소리를 냈다.[52]

또한, 문재인 정부에 대해 비판을 하더라도, 민주당의 정책을 더 급진적으로 집행할 것을 요구할 따름이었다. 예를 들어, 정의당은 이재명 경기도지사나 김경수 경남도지사와 같이, 정부가 코로나19 재난지원금으로 지출한 10조 원의 다섯 배가 넘는 51조 원(1인당 100만 원)을 '재난기본소득'으로 지급하자고 주장했다. 만약 이 주장대로 지원금을 지급했다면 인플레이션 심화와 기준금리 인상으로 연결되고, 향후 정부가 다른 위기에 대응할 재정적 여력을 더욱 제한하는 결과를 낳았을 것이다.[53] 이를 두고 정의당 내에서도 민주당에 제대로 된 비판과 독자적 정

---

[52] 김동근, 「정의당 이대론 안 된다 - "민주당 2중대"라는 평가로부터 자유로운가」, 《계간사회진보연대》, 2020년 봄호.

[53] 코로나19 팬더믹 시기의 확장적 통화·재정 정책은 결국 2021년 하반기부터 2023년 초까지 높은 물가 상승으로 이어졌다. 황선주, 「최근 물가 변동 요인 분석 및 시사점」, KDI, 2024년 11월. 정의당의 주장처럼 51조 원을 지출했다면 2022년의 러시아-우크라이나 전쟁으로 인한 공급망 충격과 결합되어 인플레이션은 더 커졌을 것으로 예상할 수 있다. 소비자 물가 상승의 영향은 시차효과 등으로 2024년 초까지 이어지는데, 당시 총선을 앞두고 윤석열 대통령의 이른바 "대파 한단 875원은 합리적 가격" 발언 파동이 벌어진다.

치노선을 분명히 하지 못한 것이 선거 패인이라는 비판이 제기됐다.[54]

그런데 진보정당이 위기에 이르는 이러한 요인들은 민주노총이 '남의 일'로만 치부할 수 있는 문제들이 아니다. 민주노총을 비롯한 노동운동 역시 문재인 정부의 포퓰리즘 정책에 대해 비판적 의식을 갖지 못하고 '촛불 개혁 연합'의 일원이라고 생각하기 때문이다. 문재인 정부 초기의 노동정책에 노동운동은 상당 부분 무비판적으로 지지하는 태도를 보였다. 문재인 정부의 노동정책 후퇴에 비판적이던 집권 후반부에도 '소득주도성장론' 등 핵심정책에 대해서는 여전히 동조했다. 민주노총 총파업 요구안에 정부에 의한 일자리 보장과 같은 희망 사항에 가까운 정책들도 다수 포함되었다.

민주노총 지도부가 민주당에 대해 분명히 선을 긋지 못하면서, 선거 연합 정당 추진과정에서 진보당 강성희 의원의 친민주당 행보를 사실상 묵인한 사례는 노동운동의 독자성 훼손이라는 문제를 더욱 분명히 드러냈다.[55] 강성희 의원은 '고맙습니다 민주당' 현수막을 걸고 이재명 대표 체포동의안 반대 시위에 참여했으며, 심지어 민주당 강경파 모임인 '처럼회'에 가입하는 해프닝도 벌였다. 그 결과는 2025년 대선에서 집행부의 민주당 이재명 후보 지지 방침이었다.

진보정당에 대한 노동자계급 지지의 붕괴라는 문제 역시, 민주노총의 위기와도 연결된다. 경남 창원성산 지역구에서 정의당 국회의원 후보로 출마했던 여영국 전 의원은 "공장을 돌다 보면 '정의당은 정규직 노동자들 편이다'라는 인식이 강하다. 정작 정규직 노동자들은 정의당

---

54 양경규, 나경채 외, "올바른 총선평가와 정의당 혁신을 고민하며", 《레디앙》, 2020년 5월 15일.
55 사회진보연대, 『민주노총 선거연합정당, 무엇이 문제인가 10문 10답』, 2023.

을 그렇게 좋아하지 않는데도 그렇다"라고 말한다. 이는 노동자계급의 분할과 격차 심화가 그대로 반영된 장면이라고 할 수 있을 것이다.

민주노총이 '모든 노동자의 민주노총'에서 멀어진 모습이 진보정당이라는 거울에 비치고 있는 셈이다. 정의당은 민주노총, 즉 정규직 노동자들이 지지하는 정당이라는 인식도 충격적이지만, 그렇기에 정의당을 지지하지 못한다는 비정규직, 하청 노동자들의 인식에 주목할 필요가 있다. 정규직 노동자 중심이라는 민주노총에 대한 이들의 적대적 인식을 엿볼 수 있기 때문이다. 진보정당의 위기는 그와 함께 성장해왔던 민주노총의 위기를 다른 방식으로 보여주고 있다.

6장
1987년 이후 노동운동은 변화할 수 있는가

6장.
1987년 이후 노동운동은 변화할 수 있는가

한국 노동운동은 1997년 IMF 외환위기, 2008년 세계 금융위기, 코로나19 위기 등 연이은 세계 자본주의의 충격과 한국 자본주의의 위기 전개 과정, 그리고 군사독재 체제에서 민주화를 거쳐 신자유주의 국가로 이행하는 정치적 변동 속에서 매 위기 국면마다 치열한 투쟁을 전개해왔다. 하지만 국가권력의 폭력적 탄압과 제도적 포섭 전략, 그리고 정규직과 비정규직으로 분할된 노동시장 구조와 운동 내부의 이념적 분화가 결합되면서, 노동자운동의 사회운동적 잠재력은 지속적으로 억제되고 제약되어왔다. 이러한 한국 노동운동의 궤적은 현재와 미래의 노동자운동에도 질문을 던진다. 지금까지 다루었던 문제는 단지 과거의 일이 아니라 앞으로 해결해야 할 과제기 때문이다.

간단히 정리해보아도, △ 정치적 노동자운동과 사회경제적 노동자운동의 교차와 분화 △ 노사정 협의 참여 시도와 그 실패 이후에 이어진 사회적 대화에 대한 불신 △ 정리해고 및 구조조정 대응 방식에 나타난 한계 △ 노동조합 내부 민주주의 문제, 관료화 및 정파 갈등 △ 노동시장 이중구조 심화와 임금 격차 △ 비정규직 조직화와 그 과정에서 벌어진 '비정규직 철폐냐 차별철폐냐' 논쟁 △ 기업별 노조 체제의 고착화와 산별노조의 안착 실패와 그 원인을 둘러싼 시각 차이 △ 사회공공성 운동의 성격과 의미를 둘러싼 인식 차이 △ 정치세력화와 진보정당의 위기와 같은 쟁점이 있다. 결론을 대신하여, 독자들이 이 문제를 풀어가기 위한 시사점을 정리하고자 한다.

1. 1987년 이후 노동운동의 흐름과 역사적 경로의존성

1987년 노동자 대투쟁은 그 해 민주화운동의 분출과 6·29 선언을 계기로 폭발적으로 전개되었지만, 이러한 사건의 단순한 결과로 보기는 어렵다. 1970년대 중화학공업 투자가 본격적으로 이루어지고 1980년대 중반 3저 호황을 맞으면서 젊은 노동자층이 대거 형성되었다. 그러나 군사독재 하에서 억압적 노동환경과 저임금, 고강도 노동으로 인한 노동자의 불만은 커져갔다. 한편, 반독재 민주화운동 과정에서 급진화된 학생운동과 사회운동은 노동자의 불만을 조직할 수 있는 이념과 조직형태를 제공하기 시작했다. 이러한 배경에서 1987년 노동자 대투쟁이 폭발할 수 있었다.

특히 1987년 노동자 대투쟁 이전에 있었던 1985년의 두 투쟁에 주목할 필요가 있다. 바로 4월 대우자동차노조 파업과 6월 구로동맹파업이다. 상당한 임금인상을 쟁취하는 것으로 마무리된 대우차파업은 점차 규모가 커지고 있는 중공업 대공장 남성 노동자들의 경제투쟁이 시작되고 있다는 사실을 보여주었다. 구로동맹파업은 중소 제조업을 중심으로 지역(공단)에 기반한, 여성노동자가 상대적으로 주류인 투쟁이었다. 사업장을 넘어 정치적 요구까지 내건 이 투쟁은 이후 지노협 건설로 이어지는 지역연대 투쟁의 원형을 보여준다. 또한, 구로동맹파업이 남긴 교훈은 군사독재와 억압적 노동체제를 뚫기에 "노동조합만으로는 한계가 있다"는 인식으로 이어졌다. 이는 서노련을 비롯해 정치적 노동자운동의 조직적 발전으로 연결된다. 이렇게 대우차파업과 구로동맹파업에서 비롯된 두 흐름은 이후 노동자 투쟁의 역사에서 다양한 방식으로 계승되고 변주된다.

1987년 대투쟁에 나선 노동자들의 요구는 급진적이기는 했으나 대체로 경제적이었다. 물론 임금인상만이 아니라 억압적 현장관리 척결도 요구했고, 이는 당시 상황에서는 당연한 요구였지만 기본적으로는 사업장 내에서 불만을 해결하기 위한 것이었다. 그해 7~9월에 남동해안 공업지대의 중화학공업 대공장에서부터 노동조합 결성과 투쟁이 폭발했으나, 이에 나섰던 노동자들이 그 이후 노동운동이 나아갈 방향을 어렴풋하게라도 그리고 있지는 않았다. 이 방향을 제시한 쪽은 정치적 노동자운동의 흐름이었다. 정치적 노동자운동은 노동자들의 폭발적 투쟁과 만나 민주노조의 전국적 단결과 투쟁, 민주노조 운동의 이념과 가치를 주조해갔다. 이는 전노협 건설로 이어졌다. 그러나 정치적 노동자운동과 노동조합 운동의 긴밀한 결합은 민주노총 창립으로 이어지는 과정에서 점차 약화한다.

1980년대 말 폭발적으로 성장한 민주노조 운동은 정권과 사용자의 극심한 탄압으로 큰 어려움을 겪으면서도 상당한 임금인상을 쟁취한다. 그러나 1990년대 초 호황국면이 끝나가면서 정부는 노동조합에 대한 물리적 탄압에 더해 임금 가이드라인을 제시하고, 자본은 기업 구조조정과 생산시설의 해외이전을 단행한다. 이러한 조건에서 1990년 1월 전노협이 건설된다. 전노협의 주력이던 중소 제조업 노동조합은 물리적 탄압과 구조조정이라는 이중고 속에서도 임금인상 투쟁은 물론, ILO 협약 비준 투쟁과 같은 제도개선과 대정부 정치 투쟁을 이어간다. 그러나 전노협이 사무전문직 중심의 업종회의와 대기업노조를 포괄하지 못하면서 "민주노조 총단결"에 주도력을 발휘하기는 점차 어려워졌다.

전노협 창립대회가 열린 1990년 1월 22일과 같은 날, 민주정의당과 통일민주당, 신민주공화당이 합당하여 거대 여당인 민주자유당을 창당한다. (이른바 "보수대연합") 이로써 정권은 여소야대 국면을 일거에 역전하고 노동운동과 민중운동의 투쟁을 견제할 수 있는 정국 주도권을 확보한다. 3당 합당은 국내 계급투쟁에 대한 대응만이 아니라 1990년대 초반 냉전의 종결과 같은 국제정세의 급변에 대한 지배계급의 대응이기도 했다. 새로운 국제질서 속에서 북방정책과 같은 중대한 과제를 안정적으로 추진하기 위해서는 불안정한 여소야대의 4당 체제가 아니라 안정적인 국내 정치적 기반이 필요하다고 판단한 것이다.[1] 3당 합당을 통해 집권 기반을 정비한 여당(민자당)은 1992년 대선에서 재집권한다.

한편 1991년 소련의 붕괴는 노동운동 안에서 급진적 지식인과 학

---

[1] 백승욱, 「되돌아보는 1991년」, 《경제와 사회》, 통권 제130호, 2021. 한편, 정권 내부에서는 3당 합당의 설계자 중 한 명이자 '6공 황태자'라 불린 박철언을 중심으로 이러한 정치적 기반 재편과 함께 정치 구도도 '보혁(保革) 구도'로 재편하려는 시도가 있었다. 1991년 11월 18일 노태우 대통령이 민중당 대표 이우재, 사무총장 이재오, 정책위원장 장기표를 청와대로 초청해 대화를 나누고 정국에 대한 협조를 요청한 것도 이런 정계 재편구도와 관련된 것이었다. 즉, 전노협 등 급진적 노동운동에 대한 탄압은 계속하면서도, 혁신정당을 합법적 군소정당으로 용인하여 제도권 내에서 흡수하려는 구상이었다. 이후 합법적 진보정당을 추진하던 '한국노동당'이 주대환 등 구속자 석방을 위해 제출한 '프롤레타리아 독재 노선, 폭력혁명 노선, 전위정당 노선 포기' 탄원서 사건은 이러한 구도 속에서 발생했던 것이다.

출 활동가가 대거 이탈하고 정치적 노동자운동이 더욱 약화하는 계기가 된다. 1980년대 후반 노동현장에서 민주노조가 건설되고 그와 함께 변혁적인 정치적 노동자운동이 형성되면서 양자가 동반 발전하던 과정의 한 축이 무너진 것이다. 그 결과, 1997년 국민승리21과 2000년 민주노동당 창당으로 이어지는 진보정당 운동도 '노동자계급의 정치세력화'라기보다는 '민주노총의 정치세력화'라는 성격이 강해진다.

한편, 정부의 임금가이드라인과 한국노총·경총 간 임금합의에 반발하는 투쟁에서 대기업과 공공부문의 이른바 '중간노조'가 한국노총을 이탈하는 흐름이 빨라졌다. ILO공대위(1991년), 전국노동조합대표자회의(1993년), 민주노총 준비위(1994년)를 거쳐 "민주노조 진영"의 단결이 확대된다. 그 결과, 전노협은 물론 업종회의와 대기업노조(그룹별 협의회), 그 외 한국노총을 이탈한 공공부문 노조(한국통신노조 등 공노대 상당수) 등을 포함한 민주노총이 1995년에 건설된다. 그러나 이 과정은 전노협의 확대로 보기는 어려웠고, 노동운동의 조직과 이념의 커다란 변화를 동반했다.

새로 출범한 민주노총은 전노협과 비교해 이념적 급진성이나 투쟁의 전투성을 덜 중시하고 사회운동적 성격도 약해졌다. 민주노총은 출범 직후 김영삼 정권이 제안한 사회적 협의기구인 '노사관계개혁위원회'에 참여한다. 1990년대 초중반을 거치면서 경제개발협력기구(OECD) 가입과 금융시장 개방을 추진하던 김영삼 정부 입장에서는 노동시장과 노사관계 제도개혁도 필요한 상황이었다. 정부는 집단적 노사관계법 개혁과 개별적 근로관계법 개악을 교환하는 구도를 그렸다. 그러나 정권 차원의 마지막 제도개혁 시도이기도 했던 이 협의는 노·사·정의 입장 차이로 결렬된다. 노·사·정 합의가 불발하자, 정권은 공익안보다 후퇴한 정부안을 국회에서 날치기로 통과시키는 악수를 둔다. 민주노총은 1996~97년 총파업으로 이를 저지한다.

총파업의 결과, 정부·여당이 강행한 날치기 법안은 여야 협의를 거쳐 재개정된다. 그러나 재개정된 법안 역시 공익안에 가까운 것으로, 민주노총이 만족하기는 어려운 내용을 담고 있었다. 이러한 결과가 기성 정당에 입법 협상을 의존할 수밖에 없는 한계 탓이라 평가한 민주노총은 다가오는 대선에서 권영길 민주노총 위원장을 후보로 출마시키고, 훗날 민주노동당 창당으로 나아가는 정치세력화를 추진한다. 이 과정에 1990년대 초중반을 거쳐 상당히 축소된 징지적 노동자운동의 활동가들이 참여했으나, 이때의 정치세력화는 과거 정치적 노동자운동의 계승이라기보다 민주노총의 정치세력화 프로젝트였다는 점에서 오히려 단절적인 성격이 강했다고 할 수 있다.

노동조합 운동이 민주노총 건설과 총파업을 거치며 발전하는 와중에 한국경제와 노동시장은 이미 상당히 변화하고 있었다. 수출 재벌 대기업이 과잉투자를 이어가는 가운데 임금 수준도 꾸준히 상승했다. 일부 대기업을 중심으로 생산직 노동자도 "마이카, 마이홈"을 실현하기 시작한다. 그러나 중소기업은 해외로 이전하거나 대기업의 다단계 하청 구조에 편입되고 임금 수준 상승도 상대적으로 제한됐다. 노동시장의 분할이 모습을 드러내고 있었다. 다만, 아직은 고성장이 이어지고 일자리 이동 가능성이 아예 사라지지 않은 상황이어서 모순이 전면화하진 않았다.

이 모든 상황은 재벌 대기업의 과잉투자, 준비되지 않은 금융시장 개방, 단기 외채 의존 등 경제구조의 모순이 폭발하면서 갑자기 반전된다. 1997~98년 IMF 구제금융 위기는 총파업을 통해 저지했던 노동법 개악을 다시 불러왔다. 심지어 민주노총도 참여한 1998년 노사정위원회 합의를 통해 법이 개정됐다. 정리해고제, 근로자파견제, 탄력근로제로 대표되는 노동유연화 제도가 시행된다. 불과 1년 만에 나타난 이러한 상황 역전은, 민주노총 역시 한국경제의 구조적 모순이 폭발할 가능성을 과소평가했고, 정작 위기가 닥치자 일관된 대응전략을 마련하지 못한 채 좌충우돌했다는 사실을 보여준다. 경제학에 기초를 둔 현실 인식과 비판이 부족한 상황에서 경제 위기의 '결과'(정리해고와 구조조정)에 대한 투쟁을 넘어 '원인'에 대한 투쟁을 조직하는 것은 어려울 수밖에 없었다.

민주노총은 1998년 현대자동차노조의 정리해고 저지 파업 등 단위 노조의 투쟁을 지원하고 이를 전국적 투쟁 전선으로 확산하려 했지만 총파업을 조직하는 데는 실패한다. 현대자동차노조의 투쟁마저도 정리해고의 규모를 축소하기는 했지만, 완전히 막지는 못했다. 총파업과 노·사·정 교섭을 병행하던 민주노총은 결국 1999년에 노사정위를 최종적으로 탈퇴하고 이후 사회적 대화기구에 복귀하지 않았다.

정부의 신자유주의 정책개혁은 노동유연화만이 아니라 공공부문 구조조정도 포함했다. 정부가 추진하는 공기업 민영화에 대응하는 철도, 발전, 가스 3개 노조의 연대파업이 2002년 2월에 일어났다. 이를 계기로 당시 집행부가 민주화된 철도노조 등 기간산업 공기업노조가 민주노총에 합류했다.

위기 과정에서 정규직 노동자의 정리해고도 있었지만 하청, 계약직 등 비정규직 노동자가 먼저 일자리를 잃었다. 이로 인해 비정규직 노동자들의 투쟁이 본격적으로 일어났고, 노동자운동 안에서도 비정규직 혹은 불안정노동자 조직화와 투쟁의 중요성이 본격적으로 부각되기 시작한다. IMF 구제금융 체제를 벗어난 2001년 이후 경기회복 과정에서도, 기업들은 고용의 완충지대를 형성하기 위해 정규직 고용은 억제하는 가운데 다양한 형태로 비정규직을 활용하는 방식을 취한다. 경기가 호전되었지만, 현대자동차는 정규직이 아니라 사내하청 노동자를 채용했다. 이러한 상황에서 비정규직 노동자의 투쟁과 총연맹·산별노조 차원의 미조직·비정규직 노동자 "전략조직화" 사업이 확산한다.

비정규직 노동자가 늘어나면서 이들의 조직화와 투쟁이 2000년대 초반을 거치면서 증가한다. 그러나 비정규직 투쟁 역시 기업별 투쟁의 형태를 띠는 경우가 많았다. 이랜드, 재능교육, 기륭전자, 광주시청 등 비정규직 노동자 투쟁과 현대자동차 불법파견 투쟁은 기본적으로 기업별 사용자를 대상으로 했다. 물론, 건설노조나 화물연대, 지자체 비정규직처럼 초기업적인 조직화와 투쟁 양상을 보여준 사례도 있었다. 이러한 사례는 사업장을 넘어서 노동조건의 통일과 제도개선을 추구하는 투쟁으로 발전하면서, 기존 기업별노조의 조직형태를 형식적으로 전환한 데 그친 정규직 중심 산별노조와는 또 다른 운동의 가능성을 보여주었다. 산별노조도 미조직·비정규직 전략조직사업에 대한 투자를 통해 이들의 투쟁을 초기업적 조직으로 발전시키려는 노력을 기울였다. 그러나 새로 조직된 이러한 부문은 노동조합 운동의 주류적인 흐름을 바꾸기에는 역부족이었다.

전 산업에 걸친 고용불안에 맞서기 위해선 기업별노조의 틀을 넘어야 하며, 국회 입법을 비롯해 정치적 대응도 필요하다는 인식에 따라 산별노조 운동과 정치세력화 운동에 대한 공감대가 확산한다. 이른바 "양날개론"이 민주노총의 여러 정파가 대체로 공감하는 노선으로 자리를 잡는다. 우여곡절을 거쳐 2006년 금속노조가 대기업노조를 포함한 산별노조로 전환을 완료하고, 공공, 운수 등 여러 산업에서도 산별전환이 촉진된다. 그러나 이미 2004년 보건의료노조의 산별협약에 대한 내부 반발과 조직 분열을 겪으며, 한국 노조운동에서 산별노조가 기틀을 마련하고 산별 노사관계와 산별 노동시장 형성으로 나아가는 게 만만치 않은 과제라는 점이 드러난다. 결국, 조직형태의 전환은 있었으나 2010년대 초반이 되면 산별노조 대부분은 산별교섭 구조를 구축하기가 쉽지 않다는 현실을 실감한다. 노동시장 구조 측면에서도 대기업이 정규직 고용을 최소화하고 내부 노동시장으로 유지하는 가운데, 외주·하청·특수고용을 활용하는 방식이 고착한다. 대기업, 공공부문과 그 외 부문의 임금격차도 지속적으로 확대된다. 그러나 노동조합을 통해 이를 해결하려는 시도라고 할 수 있는 산별 노사관계 형성은 지체되었다.

전 세계에 타격을 주었던 2008년 금융위기는 한국에도 큰 영향을 주었다. 한국은 수출 제조업을 바탕으로 비교적 빠르게 경기가 호전됐지만, 한계기업의 구조조정을 피할 수는 없었다. 그에 따라 2009년 쌍용자동차, 2011년 한진중공업 등에서 정리해고를 막기 위한 투쟁이 격렬하게 벌어진다. 그러나 민주노총이나 금속노조는 산별노조로 조직을 전환한 후인데도 산업적 차원 혹은 전체 노동시장 차원의 대안을 요구하거나 실현하지는 못했다. 단지 해당 기업별노조의 전투적 투쟁을 지원하거나 연대를 확산하는 방식으로 대응했을 뿐이었다. 그리고 곧 경기가 회복되자 수출 대기업을 중심으로 기업의 이윤을 기업별 노조 차원에서 분배받는 것이 유리한 선택이 되었다. 이렇게 기업별노조로 굳어진 노사관계를 지양하는 일은 더욱 어려워졌다.

산별노조 운동이 한계에 봉착하던 시기에 "양날개"의 다른 한 축인 정치세력화도 삐걱대기 시작한다. 2000년대 중반부터 민족해방(NL) 계열 활동가가 대거 진입한 민주노동당은 2008년에 이르러 정파 간 갈등으로 분당된다. 이후 통합진보당으로 재통합이 이뤄졌지만 2012년에 또다시 (진보)정의당이 갈라져 나온다. 한편, 2008년 이명박 정권부터 박근혜 정권으로 이어지는 보수정당 집권기에 민주노총은 대정부 투쟁에 집중한다. 특히 2011년 지방선거, 2012년 총선과 대선을 거치면서, 진보정당(통합진보당)과 민주당의 야권연대가 본격화되고 "반보수 전선"이 형성된다. 통합진보당과 정의당은 분당했음에도 2012년 대선에서 야권연대에 참여했다는 점에서 일치된 행보를 보였다. 민주노총은 이를 적극적으로 추동했다. 당시 정부의 반노조 정책에 대응하기 위한 선택이었지만, 이후 민주당과 연대관계는 더 심화한다.

2010년대 중반을 거치면서 대중국 수출 호조에 힘입어 경기가 호전된다. 이 상황에서 박근혜 정부는 1998년 노동법 개정 이후 더 진행되지 못한 노동시장 법·제도 개정을 시도한다. 민주노총은 총파업과 2015년 민중총궐기, 2016년 성과연봉제 반대 공공부문 공동파업으로 대정부 투쟁을 전개한다. 또한, 박근혜 대통령 퇴진 촛불시위에 역량을 투여한다. 결국, 조기 대선이 벌어지고 문재인 후보가 당선된다.

문재인 정부가 집권하면서 민주노총이 요구하던 노동정책들이 국정과제에 상당 부분 반영된다. 공공부문에서 비정규직 정규직화 정책이 추진되고, 지난 정권 시기의 해고자도 대거 복직한다. 정부가 최저임금 1만원 조기달성을 약속한 가운데 최저임금도 급격하게 인상된다. 또한, 민주노총이 참여하는 노·사·정 대화기구의 복원이 구체적으로 추진된다. 이에 명칭을 '경제사회발전노사정위원회'에서 '경제사회노동위원회'로 변경한 노·사·정 협의가 진행되었다.

그러나 민주노총 대의원대회는 새로운 노·사·정 기구에 참가하는 것에 반대한다. 당시 정부가 탄력근로제 확대를 추진하고 있었으므로 투쟁을 우선해야 한다는 반대론이 강했기 때문이다. 하지만 사회적 대화 불참 결정을 단지 당시 부각된 법안 탓으로 돌리긴 어려운데, 사회적 대화 참여 자체가 민주노총 내에서 오랫동안 뜨거운 쟁점이었기 때문이다. 민주노총 집행부는 코로나19 위기 대응을 위한 원포인트 사회적 대화를 다시 추진하지만 "코로나19 위기극복을 위한 노·사·정 합의" 잠정 합의안은 의결기구에서 부결되고, 위원장이 이에 책임지고 사퇴하는 사태가 벌어진다. 민주노총이 사회적 대화에 참여하기 위해서는 조직 내 탄탄한 합의가 먼저 필요하다는 점을 확인했지만, 동시에 이런 합의를 도출하는 것이 앞으로도 매우 어려울 것이라는 사실도 드러났다.

문재인 정부의 노동정책은 곧 한계에 부딪힌다. 최저임금 인상과 함께 불거진 최저임금 산입범위 논란에 이어, 최저임금 인상률 자체가 낮아져 결국 지난 박근혜 정부 동안의 평균인상률을 하회하는 데 그친다. 그 외에 노동운동에 장기적으로 더 중요하다고 할 수 있는 산별 노사관계의 형성, 특수고용 노동자의 노조할 권리 보장 등 노사관계 제도의 개혁도 이루어지지 못한다. 민주노총의 법·제도 요구 중 가장 중요했던 노조법 2·3조 개정과 5인 미만 사업장 근로기준법 적용(이른바 "전태일법")은 민주당 집권기에 방치된다.[2] 결과적으로 문재인 정부를 거치면서 노동시장과 노사관계에서 의미 있는 변화는 없었다.

문재인 정부의 실패는 2022년 대선에서 정권교체, 즉 국민의힘 윤석열 대통령 당선으로 이어졌다. 윤석열 정부는 초반에는 화물연대나

---

[2] "전태일법" 중 노조법 2·3조 개정은 "노란봉투법"으로 윤석열 정부 집권 후 여소야대 국회에서 민주당이 강행한다. 그러나 이는 이미 대통령이 거부권을 행사할 것을 예상한 상황에서 추진한 것이었다.

금속노조 거제·통영·고성 조선하청지회 등의 투쟁에 대해 과거 보수정권과 달리 다소 온건하게 대응하는 것처럼 보였다. 그러나 화물연대의 2차 파업을 계기로 대응방식이 강경하게 변화한다. 이후 건설노조 수사를 비롯해 노골적인 노동조합 탄압도 밀어붙였다. 정부는 핵심 정책과제로 노동시장 이중구조 해소와 같은 노동개혁을 제시했지만 조직 노동자와의 대화나 사회적 합의보다는 정부가 단독으로 주도하는 방식을 택했다. 노사관계 분야에서는 정리된 정책이라 보기 어려운 "노사관계 법치"를 내세웠다. 따라서 민주노총이 정부의 노동정책을 비판하는 것은 당연했다. 그러나 민주노총은 노동정책의 방향 수정을 구체적으로 요구하기보다, 민주당을 비롯한 야당이 주도하는 정권퇴진 운동에 몰두했다.

그러한 상황은 민주노총 집행부와 연계가 깊은 진보당이 마치 자연스러운 듯 2024년 22대 총선에서 민주당의 비례위성정당에 참여하는 것으로 이어졌고, 진보당은 상당수의 국회의석을 확보하는 데 성공했다. 반면 민주당의 비례위성정당에 참여하지 않은 정의당을 비롯한 독자 진보정당은 의석을 전혀 얻지 못했다. 2025년 대선에서도 민주노총은 대선 방침, 즉 어느 후보를 지지해야 할 것이냐 문제를 두고 어떤 결정도 내리지 못했다. 독자후보로 출마한 민주노동당 권영국 후보는 0.98%의 저조한 득표율을 얻는 데 그쳤다. 1998년부터 시작된 민주노총 중심의 정치세력화 운동도 한 순환이 끝난 것이다.

이러한 역사적 과정을 거쳐 형성된 1987년 이후 민주노조 운동의 현재를 어떻게 결산해볼 수 있을까. 민주노조 운동은 헌신적 투쟁과 많은 희생을 통해 과거 군사독재 세력의 정치적 독점과 재벌의 경제적 독점을 견제하며 정치적 민주화와 노동기본권의 점진적 확대라는 성과를 냈다고 할 수 있다. 즉, 노동조합은 재벌의 정치 포획을 견제하고, 노동자의 임금과 노동조건을 개선했으며, 취약했던 사회복지를 강화했다. 1980년대 이후 한국의 발전은 정치적, 경제적 민주주의의 진전과 이를 통해 가능해진 경제구조의 개혁을 빼고는 생각하기 어렵다.[3] 이 과정과 결과에는 분명히 노동운동의 몫이 있다.

그러나 커다란 실패도 민주노조 운동의 결산서에 남아있다. 무엇보다 일자리와 소득의 양극화, 노동계급의 분할을 막아내지는 못했다는 사실이 뼈아프다. 1980년대 후반 노동자 대투쟁의 주력이었던 제조업 재벌 대기업의 노동자들은 상당한 고임금을 실현했다. 반면, 다단계 하청 구조의 아래에 있는 중소·영세 사업장이나 특수고용노동자와 그들 간 격차는 커졌다. 이 문제를 해결하려면 산별 노사관계 확립을 비롯한 초기업적 교섭·투쟁, 사회적 협의를 통한 제도개선, 이를 의회에서 뒷받침하는 정치세력화가 함께 실행되어야 한다. 그러나 이 세 가지 길 모두 한계에 부딪혔다. 더 큰 문제는 노동운동이 한계를 돌파하기 위한 새로운 전략을 거의 합의하지 못하고 있다는 사실이다.

한국 노동운동은 전략적 전환을 이룰 수 있는 계기를 지난 20여 년간, 특히 2008년 세계금융위기를 지나는 과정에서 놓쳤다. 민주노총이 건설된 직후에 터진 IMF 외환위기 당시에는 많은 한계가 있었지만, 이후 2000년대 신자유주의 구조조정 대응 과정에서는 산별노조 건설과 정치세력화, 미조직·비정규직 노동자 전략조직화와 같은 전략적 방향 설정을 시도했다. 그러나 2008년 이후에는 이런 전략이 점차 한계를 드러내기 시작했는데도 적절한 보완책을 제시하거나 방향을 전환하는

---

[3] 모종린·배리 와인개스트, 『한국발전론: 정치경제 불균형 극복의 동학』, 서울셀렉션, 2015.

노력이 드러나지 않았다는 점에서 2000년대와 큰 차이가 있었다. 노동조합 운동도 경제위기의 구조적 원인을 인식하고 대안사회를 건설하기 위한 '사회운동노조'로 변화해야 한다는 문제의식은 확산되지 못했다.

더구나 2010년대에는 보수정권에 반대하는 투쟁 과정에서 민주당과 긴밀한 야권연대가 이루어졌다. 문제는 민주당이 포퓰리즘 정당으로 변화했다는 사실이다. 결국, 야권연대를 매개로 민주노총이 포퓰리즘 정치를 지지하기에 이르렀다. 이는 과거 정치적 민주화를 지향하고 재벌독점에 대항하는 투쟁을 통해 한국경제의 발전에도 기여했던 노동운동의 성과를 크게 훼손하는 결과를 낳았다.

2. 균열된 노동시장이라는 결과

현재 노동시장의 핵심적 특징인 기업별 격차와 양극화는 경제환경의 변화에 자본 측이 대응한 결과이기도 하지만, 자본 측에 대응하는 데 노동조합운동이 한편으로는 성공하고 다른 한편으로는 실패했기 때문에 나타난 결과이기도 하다. 노동운동에 모든 책임을 떠넘길 수는 없지만, 성공했기 때문에 나타난 결과란 것은 어떤 의미인지, 반대로 실패해서 나타난 결과란 것은 또 어떤 의미인지 비교해서 평가해보자.

한국 노동자의 평균임금은 경제개발협력기구(OECD) 평균의 90%를 넘는다. 특히 대기업 노동자의 임금수준은 OECD 평균을 넘는다. 엔화 약세를 고려하더라도 대기업 노동자의 임금수준은 한국이 일본을 이미 추월했다.[4] 이런 상황을 보면 대기업에서 노동자의 임금인상은 상당히

---

[4] 한국경영자총협회, 『한·일 임금현황 추이 국제비교와 시사점』, 2024.

성공적이었다고 평가할 수 있다. 특히, 한국 임금체계의 연공성이 높다는 점을 고려하면, 50대 이상에서는 그 성과가 더 클 것이라고 예상할 수 있다. 대기업과 중소기업의 임금격차는 두 배 이상으로 벌어져

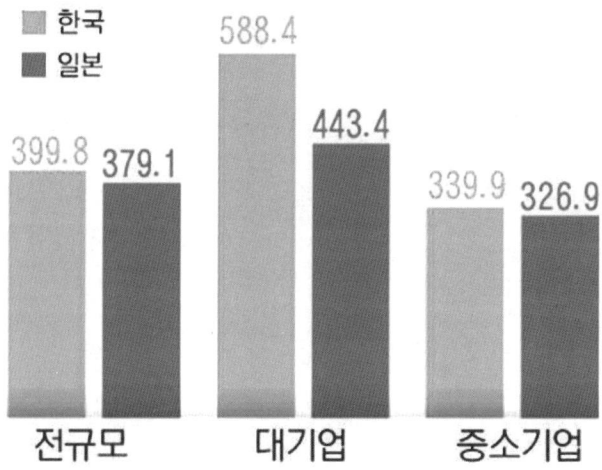

2024년 3월 17일 경총이 발표한 「한·일 임금현황 추이 국제비교와 시사점」에 따르면, 2022년 한국의 평균 임금 수준은 399만 8천 원으로 일본의 379만 1천 원을 넘어섰다. 여기서 평균 임금 수준은 한국과 일본의 10인 이상 기업의 상용직 노동자의 정액급여와 상여금 등 특별급여를 더한 월 임금 총액을 분석한 결과다. 20년 전과 비교하면, 2002년 한국의 평균 임금은 179만 8천 원으로 일본의 385만 4천 원의 절반에도 못 미쳤다. 다른 한편, 임금격차도 한국이 일본보다 차이가 더 큰 것으로 나타났다. 2022년 대기업 임금을 100으로 할 때, 중소기업 임금수준은 한국이 57.7로, 일본(73.7)에 비해 낮았다. 2002년에는 일본(64.2)이 우리나라(70.4)보다 낮았지만, 이후 20년간 한국 대기업 노동자의 임금이 급격히 인상되면서 대기업 노동자와 중소기업 노동자 사이의 임금격차가 확대된 것이다. 한국 대기업의 시간당 임금 인상률(183.1%)은 1인당 명목 GDP 증가율(154.2%)보다 높게 나타났지만, 일본은 1인당 명목 GDP가 조금이나마 증가(8.8%)했음에도 시간당 임금은 오히려 9.7% 하락했다. (자료출처: 《브릿지경제》)

OECD 국가 중 최고 수준이다.[5]

2022년 대우조선해양 하청노동자 투쟁에서 상징적으로 드러났듯, 원청 정규직과 하청 비정규직 노동자의 고용과 임금 격차는 심각한 수준이다. 대기업은 핵심 인력만 정규직 직접고용(내부노동시장)으로 유지하고 광범위한 업무를 외주화, 하청 계열화(외부노동시장) 하여 활용했다. 대우조선해양은 이러한 이중노동시장 구조의 모순을 잘 보여주었다. 이러한 모순은 2010년대 조선산업의 부침에 따라 격심하게 표출되곤 했다. 문제는 이러한 심각한 격차를 해소하기 위한 노동조합운동의 적극적인 노력이 부족했다는 점이다. 상당수 정규직 노동자는 하청노동자 파업에 비협조적인 태도를 넘어 적대적인 태도마저 보였다.

그러나 이를 정규직 노조의 어쩔 수 없는 한계로 여길 수는 없다. 한국 노동운동사에는 다른 사례도 존재하기 때문이다. 예를 들어, 1980년대 조선업에는 '사외공'으로 불린 임시직 노동자가 많이 존재했는데, 현대중공업 노동자들은 1987년 대투쟁에서 사측이 급조한 어용노조의 퇴진, 임금인상, 병영적 노동통제의 폐지와 더불어 사내하도급의 직영화를 요구조건으로 내걸고 임시직 노동자와 함께 노동조합을 결성해 파업에 돌입하기도 했다. 물론 1990년대에 신경영전략이 확산되고, 민주노조가 퇴조하고 어용노조가 부상하면서 사내하청이 다시 확대되고, 정규직은 임금과 고용을 방어하지만 하청 노동자는 성과를 쟁취하지 못한 상황이 현재까지 이어졌지만 말이다. 원하청 분할과 격차는 1987년 이후 한국 제조업에서 가장 큰 변화였던 강력한 노동조합 운동의 성과와 한계를 동시에 반영하고 있는 셈이다.

---

5   OECD, OECD Data: Average wages, 2024.

문재인 정부와 윤석열 정부는 공히 임금격차 해소의 방안으로 직무급을 제시한 바 있다. 노동조합은 대체로 직무급 수용을 거부하고 있는데, 그렇다고 해서 원하청의 임금과 고용의 격차를 해결하기 위한 노동조합의 임금정책이 뚜렷하게 있는 것도 아니다. 산업정책이나 노동시장 정책을 보면, 사회적 합의는커녕 정부나 노조 모두 별로 명확한 입장이 없는 가운데 그때그때 단기적인 이해를 반영하는 데 가까웠다.

이 때문에 민주노총도 정규직의 현재 조건을 방어하는 가운데, 최저임금 인상이나 비정규직의 정규직 전환을 통해 중소·영세 사업장 노동자나 비정규직을 대기업 정규직에 근접하게 상향평준화하면 된다는 요구를 제시했을 뿐이다. 그러나 한국의 대기업 정규직 제조업 노동자의 임금 수준은 이미 일본 등 선진국을 추월했지만 국민소득은 이들 국가보다 낮은 한국에서, 그런 방식이 실제로 실현 가능할지 의문이 생길 수밖에 없다. 물론 그런 요구가 투쟁을 위한 '구호'일 수는 있겠으나, 현실의 거시경제와 노동시장에서 작동 가능한 대안이기는 어렵다는 점도 함께 고려해야 한다. 실현 가능한 대안보다는 선명한 구호를 앞세우는 사이, 임금격차 축소에 노동운동은 별 영향을 미치지 못했기 때문이다.

한국에서 500명 이상 대기업 노동자 평균임금은 1인당 국민소득 대비 1.91배에 이른다. 이는 1980년대 1.05배에서 1987년 대투쟁을 계기로 1.25배, 1997~98년 경제위기를 계기로 1.35배, 2007~09년 경제위기를 거쳐 1.7배로 확대된 데 따른 것이다. 물론 수출대기업을 중심으로 높은 수익성을 기록하고 있지만 이러한 고임금의 상당 부분은 생산성을 반영한다기보다는 소속 기업과 고용형태에 따른 '신분의 지대'에 가

갑다는 비판이 제기된다.[6]

2010년대 들어 기업 규모 간, 소득분위 간, 노동자 간 임금격차 추세를 보면 2008년 금융위기 이후 주춤하던 격차 확대 추세는 2014~15년에 다시 심해지며 최고점을 기록하고 이후 횡보하는 것으로 나타난다.[7] 이렇게 격차가 더 벌어지지는 않는 현상은 2008년 세계금융위기 이후 글로벌 경쟁력을 확보한 극소수의 수출 대기업을 제외하고는 대부분 기업의 수익성이 제한되어 임금인상도 감속했다는 것을 의미한다.[8] 최저임금 인상 추세로 인해 하위 분위에서는 임금액이 비슷하게 올랐다는 점도 원인으로 들 수 있다.

그런데 이러한 요인들은 대체로 노동운동의 실천과 무관한 국제시장과 경제구조, 기업활동의 변화에 따른 것에 가까워, 노동운동의 성과라고 제시하기 어렵다. 물론 최저임금의 지속적인 인상에는 노동운동이 영향을 주었으나, 이명박-박근혜 정부 시기부터 최저임금 인상률은 평균 임금인상률을 뛰어넘는 추세를 보였다. 오히려 최저임금 1만원을 약속한 문재인 정부 시기 때 최저임금 평균인상률이 가장 낮았다. 한편, 최저임금 인상은 임금격차를 축소하는 데는 기여했지만, 불황기에 저임금 부문 고용에 부정적인 영향을 주어 오히려 가계소득 격차를 확대시켰다는 비판도 있다. 또한, 소득수준이나 노동시장에서의 이동을 볼 때 사실상 노동자계급에 가까운 영세자영업자의 위기에 대해서는 대책이 없었다는 비판 역시 제기되었다.

---

6   윤소영 외, 『문재인 정부 비판』, 공감, 2020.
7   성재민 외, 「규모 간 임금격차 변화 원인과 정책방향」, 한국노동연구원, 2020.
8   남종석, 「2000년 이후 한국 자본주의 전개: 선진국으로의 진입과 위기를 중심으로」, 『성공의 덫에서 벗어나기1』, 후마니타스, 2022.

물론 한국 노동자운동이 작동 가능한 대안보다는 최대치의 요구안을 제시하며 전투적으로 투쟁하는 관행은, 1980년대 민주노조 운동이 출발한 시점에서 군사독재와 억압적 노동체제를 이겨내며 높은 경제성장률과 고인플레이션 속에서 장기간 고착화된 저임금을 타개할 급격한 임금인상을 쟁취해야 했던 과제에서 비롯했다고 이해할 수 있다. 이러한 운동방식은 1987년 이후 1997년까지는 어느 정도 잘 작동했다. 그러나 1998년 IMF 외환위기와 2000년대 노동체제의 변화를 거치면서 기업별 전투적 경제투쟁으로 "끝까지 투쟁하면 승리한다"라는 공식은 점차 통하지 않게 되었다.

총연맹·산별노조 차원의 제도개선 투쟁은 정부와 국회를 상대로 하고 사회적 합의와 여론의 영향을 반영하기에, 전부 아니면 전무라는 투쟁 방식으로 접근하기 어렵다. 그러나 민주노총은 1996년 노개위 합의의 실패와 총파업, 1998년 노사정위에서 정리해고제 수용의 트라우마를 겪으면서 조정과 타협의 복잡한 과정을 선택하기보다는 사회적 대화에서 철수하기로 결정한다. 그러나 과거와 같은 방식으로 기업별 투쟁에만 기반한 총연맹·산별 차원의 투쟁 전략으로 달라진 과제, 즉 균열된 노동시장과 격차를 해결할 수 있을지를 돌아보아야 한다.

3. 기존 전략의 실패와 새로운 실험

무엇을 실패했는지를 알아야 어떻게 바꿀 수 있을지도 알 수 있으므로 기존 전략의 실패에 대해 더 살펴보자. 1987년 노동자 대투쟁에서 총파업과 IMF 경제위기가 발생한 1997년까지의 10년간은 산업과 노동시장의 조건이 매우 특수했다. 지금의 노동운동의 형태와 노선은 당시의 조건을 반영하여 형성되었다. 그런데 그 후 매우 다른 조건이 형성된다. 기업별 전투적 경제투쟁이 1990년대에는 노동자계급 모두의 이익을 극대화하는 성공 공식이었을 수 있지만, 이후 정세변화에 따라 모든 노동자에게 이익이 확장될 수 있는 방식이 아니게 됐다. 임금격차가 커지는 2000년대 이후에는 이러한 방식의 투쟁으로 노동시장의 변화를 막을 수 없었다.

민주노총 안에서 합의된 노선이라고 할 수 있던 산별노조-진보정당 노선이 2000년대 말에 이르러 한계에 봉착했다는 사실이 점차 분명해졌으나, 새로운 합의가 형성되었다고 보기 어려운 상황이 이어지고 있다. 지금 상황에서 민주노조 운동의 '초심', 예컨대 1990년대 형성된 추상적 원칙으로서 자주성·민주성·투쟁성·연대성·계급성을 복원하면 된다는 주장만으로는 변화에 대응하기 어렵다. 2008년 세계금융위기 이후, 노동시장의 변화와 보수정권의 탄생이라는 새로운 정세에서도 기존의 기업별 노조의 행동방식과 다른 활동은 시도되지 못했다. 오히려 기업별 방어투쟁이 강해지고 정치적으로는 야권연대를 통해 민주당에 접근하는 방향으로 이동하고 말았다. 결과적으로 2008~12년이라는 결정적인 시기에 노동운동은 새로운 방향을 설정하지 못했고, 기존 노선은 한계를 드러내며 해체되기 시작했다고 평할 수 있다.

문재인 정부 초기에 민주노총을 포함한 노동조합 운동은 정부 정책을 비판적으로 지지했다. 최저임금 인상과 공공부문 비정규직의 정규직 전환, 주52시간 제한 정책이 대표적이다. 이후 최저임금 인상폭 축소와 산입범위 개악, 정규직 전환의 지체와 왜곡, 탄력근로제 확대를 거치면서 노동조합은 정부의 노동정책과 갈등을 빚었지만, 정책에 대한 본질적 비판이 있었다고 보기는 어렵다. 한편, 일부 재벌 대기업은 법원 판결로 인해 사내하청 일부를 정규직화(신규채용)하거나 상시 용역을 자회사로 전환했다. 결국 2차 노동시장에 대한 대안이 부재한 가운데 1차 노동시장을 부분적으로 확대하는 식으로 타협한 셈이다. 그러나 1차 사내하청을 넘어 2차 사내하청 이상의 범위에서 불법파견 소송을 통한 정규직 전환은 어려운 것이 현실이다. (현대자동차에서 '2차 사내하청' 노동자는 직접고용 대상이 아니라는 내용의 대법원 판결이 2023년 10월에 있었다) 2022년 금속노조 현대모비스 모듈·부품사지회는 논란 속에서도 본사에 대한 불법파견 소송보다는 별도의 생산 전문 통합계열사로 고용을 전환하는 방식을 선택했다. 이는 기존의 불법파견 소송과 정규직화 투쟁과는 다른 접근 방식이었다.

문재인 정부의 노동정책은 한계가 있었지만, 노동운동이 요구해온 정책을 수용한 부분도 많았다. 따라서 문재인 정부 노동정책의 한계는 민주노총의 한계이기도 하다는 사실을 인정해야 했다. 그러나 민주노총은 문재인 정부의 정책 추진 의지가 불충분했다고 평가했을 뿐 민주노총 자신의 정책적 요구를 진지하게 재검토하지 않았다. 이런 상황에서 윤석열 정권이 등장하자 민주노총은 구체적인 정책적 요구는 제쳐둔 채 "불평등 체제의 교체"와 같은 추상적인 구호를 내걸거나 정권퇴진 투쟁에 중점에 두었다.

노동조합 조직 측면에서 보면, 문재인 정부 시기 양대노총의 조직규모가 크게 확대되고 노조 조직률이 상승해 2021년 14.2%로 최고를 기록한다. (이후 2023년에는 13.0%까지 하락한다) 양대노총 모두 공공부문 비정규직의 정규직 전환이나 공공부문 증원과정에서 조직을 확대했다. 한국노총은 공노총 등 외곽에 있던 노조를 포괄하는 방식이 많았다. 반면 민주노총의 경우 공공부문 외에도 의미있는 조직화 성과가 있었다는 사실은 주목할 만하다. 건설, 서비스 등에서 중소·영세 비정규직 노동자의 조직이 확대했다. 이 중에서 특히, 규모는 작았지만 특수고용, 플랫폼 영역에서 조직을 구성하고 초기업적 교섭구조을 형성하려는 시도는 기존 기업별노조와는 다른 운동방식의 가능성을 보여주었다.

요약하자면, 세계 금융위기 전후부터 오늘날까지 한국 노동자운동은 변화의 가능성을 부분적으로 보여주었지만, △ 변화하는 정세에 대한 인식을 쇄신하지 않은(못한) 상황에서 △ 오래된 전략 노선(산별노조·진보정당 등)은 한계에 봉착했고 △ 기업별 경제주의를 넘어서는 대안의 형성은 지체되고 △ 노동운동 주류는 사회·경제 정책에서 민주당과 나르지 않은 정책방향(포퓰리즘 정책과 소득주도성장론 등)을 수용하고 있으며 △ 정치적으로는 반보수전선(야권연대, 촛불연합)을 반복했다.

돌아보면, 1987년 대투쟁 이후 지금까지 노동운동이 노선을 혁신할 수 있었던 결정적인 계기는 크게 두 번이 있었다. 첫 번째 계기는 IMF 구제금융위기 이후다. 이때 산별노조, 진보정당, 비정규직 조직화, 사회공공성 등 새로운 운동적 방향이 대안으로 제시되고 실천으로 수용되었다. 그러나 이러한 대안은 실천으로 옮겨진 지 얼마 지나지 않은 2000년대 중후반을 거치면서 어려움에 부딪쳤다.

두 번째 계기는 결정적인 계기는 2008년 세계금융위기 이후였다. 당시 심각한 세계 자본주의와 한국 자본주의의 구조적 문제점에 대한 인식에서 출발해, 이를 변혁하기 위한 정치·사회운동으로 노동자운동이 발전할 필요가 있었다. 이러한 운동은 노동자 계급의 단결 없이는 실현될 수 없다는 점에서, 노동자 사이에 격차를 줄이고 단결의 조건을 형성하는 실천, 즉 산별교섭과 연대임금 실현을 위한 투쟁이 필요했다고 할 수 있다. 이를 '사회운동노조'라고 할 수 있을 것이다. 직전에 겪은

IMF 외환위기 속에서 정규직과 중소영세, 비정규직 노동자의 분할과 격차의 심화를 겪었던 만큼, 경제위기가 불러올 같은 결과를 막기 위한 운동의 필요성은 더 컸다. 그러나 2010년대의 노동운동은 오히려 기존에 합의된 노선, 즉 산별노조와 진보정당 운동이 동시에 약화-해체되어가는 역설적인 상황에 처했다. 고용유지 투쟁이든 비정규직 투쟁이든 대부분 기업별로 전개되면서 산별교섭의 실현은 여전히 멀었다. 정치세력화는 2008년부터 잇따른 진보정당 분열로 힘을 잃었고, 진보정당은 야권연대 흐름 속에서 민주당에 종속되었다.

이러한 상황에서 민주노총은 위기에 처한 기존 운동노선의 전면적인 쇄신 노력보다는, 야권연대와 '반보수전선'을 통해 대정부 투쟁에 집중하는 쪽을 선택했다. 박근혜 정권 집권 이후에는 2014년 총파업과 2015년 민중총궐기를 주도한다. 노동운동은 2016~17년 촛불시위와 박근혜 대통령의 탄핵, 파면을 자신의 승리로 간주했다. 그러나 돌이켜보면, 이는 '대안'이라기보다는 오히려 위기의 시작점이었다. 촛불시위로 박근혜 정권이 내려간 뒤 문재인 정부가 들어서며 민주노총의 요구도 어느 정도 수용되었지만, 오히려 이 탓에 민주노총은 기존 운동전략을 쇄신하지 못하고 정치와 경제, 노동시장과 노사관계의 변화된 조건에 적합한 대안을 제시하지 못하는 상황에 빠졌기 때문이다. 결과적으로 2008~12년 사이의 결정적인 시기에 노동자운동은 혁신하지 못했고, 기존의 산별노조와 진보정당 노선은 한계 속에서 해체되는 방향으로 나아가고 말았다.

그렇다면 2020년대 이후, 세 번째 계기를 마주하는 것은 가능할까? 객관적 조건으로 코로나19 위기, 신자유주의 정책의 한계, 우크라이나 전쟁, 중국의 권위주의와 대만에 가하는 위협, 북한의 퇴행적 3대 세습

체제와 핵무장, 윤석열 정부의 집권과 조기 퇴진이 2010년대와는 또 다른 정세를 조성하고 있다는 점에 주목해볼 수 있다.

주체적 상황도 변화했지만 이를 좋은 방향이라고 하긴 어려울 것이다. 무엇보다 노동운동 내에서 노선에 관한 토론이나 논쟁이 점차 사라졌다. 특히 전투적 경제투쟁에 대한 비판이 사라지거나 금기시되었다. 민주노총 현 지도부는 노조 조직화와 정당 조직화를 일치시키는 정파노조의 경향을 강하게 보이고 있다. 정책적 측면에서 보면, 촛불집회와 문재인 정부를 지나면서 민주노총을 포퓰리즘 정당으로 변모한 민주당과 구별하기가 점점 더 어려워지고 있다.

이러한 객관적, 주체적 변화 탓에 2020년대에는 2010년대와 또 다른 정세가 펼쳐지고 있다. 2010년대의 개혁을 이제라도 완수한다는 접근보다는 2020년대 이후에 적합한 새로운 개혁방향을 찾는다는 인식의 전환이 필요한 시점이다. 무엇보다 기업별 임금극대화 노선은 상대화하고, 이제라도 교섭·투쟁의 모든 수단을 통해 임금격차를 축소하고 연대임금을 실현하는 쪽으로 방향을 전환해야 한다. 산별노조와 정치세력화의 "양날개" 전략이 (물론 정세인식의 한계는 있었지만) 그 당시로서는 최선의 시도였더라도, 지금 상황에서는 애초 구상대로 실현되기 어렵다는 점을 인정하고 대안을 찾을 필요가 있다.[9]

---

[9] 물론 2000년대 초반 시점에서도 산별노조, 진보정당 노선이 적절한 대안이었는가에 대해서는 논란이 있을 수 있다. 민주노총이 모델로 삼았던 유럽의 산별 노사관계는 이미 1990년대부터 약화되고 있었고, 진보정당(노동당, 사민당)은 신자유주의 정당으로 변모하면서 노총과의 조직적 연계도 느슨해지고 있었다. 한국이 따라잡으려고 했던 유럽의 모델 자체가 무너지고 있었던 셈이다. 물론 당시 민주노조 운동은 유럽에서 변화를 가져온 신자유주의 정책을 한국에서 노동조합의 투쟁을 통해 역전하고자 했으며, 이러한 투쟁의 성과로 산별노조와 진보정당이 작동 가능한 조건을 만들고자 분투했다고 할 수 있다.

4. 노동운동의 변화는 가능할까?

　노동운동이 이번에는 정말 쇄신할 수 있을까. 지난 30여 년에 걸쳐 형성된 노동운동의 노선과 정책을 변화시킬 수 있을까. 몇 가지 쟁점을 생각해보자. 먼저, 변화된 정세에 맞는 노동조합 운동노선의 쇄신이 가능할지 검토할 필요가 있다. 한국 경제는 2030년대에 0%대의 성장률로 하락할 것으로 예상되고 있다. 이런 상태에서는 저임금·불안정 노동자들의 처우개선도 더욱 힘들 수밖에 없다. 경제의 장기 저성장과 함께 인구구조의 변화, 포퓰리즘 정치의 득세와 헌정 위기, 자유무역의 쇠퇴와 국제 질서의 변화, 북핵 고도화와 한반도·동북아시아 전쟁 위기, 기후 위기의 심화와 에너지 전환, AI 등 기술 변화와 플랫폼 노동 확산에 따른 일자리의 변화와 같은 정세의 빠른 변화는 노동자가 처한 조건을 크게 바꾸고 있다. 노동운동은 자신의 활로를 새롭게 모색해야 하는 상황이다. 노동자운동이 앞으로 전개될 한국의 정치, 경제, 사회의 위기를 막거나 완화할 것인지, 오히려 심화시킬 것인지도 아직 알 수 없다.

　지난 과정을 돌아볼 때 한국의 노동자운동이 이러한 정세변화를 잘 분석하고 자신의 대응 과제를 도출했다고 보기는 어려웠다. 1990년대 민주노조운동은 자신의 조직적 성장과 경제 호황의 이면에 커지고 있던 위기의 누적과 구조적 모순을 인식하지 못하는 가운데 IMF 구제금융 위기를 맞았다. 위기 이후 노동시장의 변동에 대한 대응은 파편적이었다. 2008년 세계 금융위기 이후 국제적·국내적 정세변화와 함께 기존의 노선이 무너지는 이중적 변화에 대해서도 관성적 대응을 넘지 못했다. 객관적, 주체적 정세의 변화를 있는 그대로 분석하지 못하는 이러한 무관심 혹은 무능함을 넘어서는 것이 시작일 수밖에 없다. 또는 그 이전에 자신의 성공만이 아니라 실패까지도 있는 그대로 인정할 수 있는 것이 시작일 수 있다. 이는 노동운동이 하기 어려워했던 일이다. 조합원들의 사기를 위해 혹은 자신들을 정당화하기 위해 실패들은 언급하기를 꺼렸던 것이 사실이다. 그 곳에서 위기는 시작되었다. 물론 쉬운 일은 아니겠지만 노동자운동이 이러한 변화를 포착하고 자신의 실패들까지도 성찰하며 원인을 분석하고 대응 전략을 논의할 수 있다는 가정을 전제로, 노동자운동의 역사를 돌아보며 몇 가지 과제를 정리해보고자 한다.

오늘날 대기업과 공공부문을 제외한 약 80%의 중소·영세기업, 특수고용과 플랫폼 일자리에서 취업하는 청년 노동자들에게는 '환승이직'이 일상이다. '환승이직'은 현재 다니고 있는 직장을 그만두기 전에 새로운 직장을 미리 확보해 놓는 방식의 이직을 말하는 신조어다. 직장에 계속 다니면 내가 망가지거나 병들 것 같아서 일단 퇴사를 선택하고 보는 '생퇴사'도 있다. 노동조합의 '가성비'를 느끼기 어려운 이 청년들이 노조 조합원이 되는 경우도 적다 보니 이들의 생활세계와 노동운동의 정서에 거리도 있다. 이들이 처한 상황은 현재의 삼성전자 노동자보다는 1985년의 구로공단 노동자와 오히려 비슷하다. 1980년대 중후반 노동자들은 새로운 노동자운동을 건설하면서 국제적, 국내적 정세변화와 이와 연결된 노동자들의 상태·조건 변화에 대응했다. 2020년대에도 노동자들이 처한 새로운 상태·조건에 따른 새로운 운동이 등장할 수 있을 것이다.

앞으로 전개될 노동시장과 노사관계, 거시경제와 산업구조의 변화는 1980~90년대나 2000년대 초반과도 또 다른 상황을 낳을 것이므로, 2020년대에 노조가 해결해야 할 과제 역시 다를 수밖에 없다. 운동노선뿐만 아니라 더 깊은 차원의 관행과 정서도 변화의 압력에 직면해 있다. 1980~90년대 형성된 익숙한 노동조합 운동의 관성은 586세대 또는 1987년 노동자 대투쟁 세대가 퇴직하면서 자연스럽게 약해지고 있다. 기존 관행이 여전히 강력하게 남아 있지만 새로운 세대의 노동자들은 노동조합의 기존 활동 방식에 점점 공감하기 어려워하고 있다.

물론 더 많은 과제가 있겠지만, 이러한 현재 시점에서 아래 몇 가지를 특히 강조할 수 있겠다. 첫째, 연대임금 실현을 통한 노동자 간 격차 해소, 둘째, 기업별 투쟁 지양과 산별노조와 총연맹 중심 체계 강화, 셋째, "범민주진보" 이데올로기를 넘어 노동자운동의 정치적 독립성 확보, 넷째, 이러한 혁신을 위한 새로운 운동 주체 형성 등이 그것이다.

먼저, 첫째, 노동자 간 격차 축소, 즉 연대임금, 연대고용의 실현을 위한 구체적인 실천이 필요하다. 임금과 고용의 격차의 축소는 노동자 계급의 단결의 기초다. 이를 위해서는 초기업적, 산별적 노사관계가 필요하므로, 이를 형성하기 위한 시도를 통해 노동시장 불평등을 실질적으로 감축하는 운동을 만들어야 한다. 1987년 이후 민주노조 운동은 경제위기(1998년과 2008년) 때마다 노동자 간 임금과 고용의 격차가 크게 확대된 상황을 이미 두 번이나 경험했다. 국제정세의 변화와 한국 경제 구조의 문제로 앞으로 경제위기가 다시 심화될 가능성이 큰 상황에서, 이미 '기출문제'가 된 문제 풀이를 준비해야한다. 물론 한국경제가 구조적인 장기 저성장으로 접어든 상황에서 훨씬 어려운 도전이 될 것이다.

이를 위해서는 기존의 운동 관행과 투쟁 내용, 자원 배분 방식을 바꾸어, 대기업을 중심으로 고임금·고용안정을 방어하는 조직(이른바 "귀족노조")으로 인식되는, 노동운동에 대한 미조직 노동자와 시민들의 통념을 바꾸어내야 한다. 노동운동이 노동시장의 불평등을 실질적으로 줄여나갈 때, 노동조합에 대한 사회적 인식도 비로소 바꿀 수 있다.

물론 현실적으로 대기업 정규직 중심의 초기업적 임금체계를 구축하기는 어렵다. 수출대기업 중심의 기업별 임금구조를 당장 바꿔내기도 쉽지 않다. 그러나 여러 연구자와 활동가는 이를 극복하는 방식으로, 중소·영세 비정규직, 특수고용-플랫폼 등 주변부에서부터 먼저 초기업적 노동조건을 형성하고 부문 간 비교 가능한 임금체계를 구축하며 단계적으로 격차를 축소해가는 방안을 제안했다. 역설적이지만 고용이 매우 불안정한 '외부노동시장'이 확대됨에 따라 초기업 수준의 노조나 교섭이 형성될 수 있는 환경이 마련된 셈이다.[10]

기존 산별노조에서도 새로운 탐색을 이어가고 있다. 금속노조에서는 단계적으로 기업별 임금 체계를 통일하고 격차를 줄여가기 위한 구상을 「금속노조 임금정책 전략적 목표와 단계적 계획」(2020)에 담아 실제 추진하기도 했다. 보건의료노조는 노동조합에 소속되지 않은 중소 병·의원 노동자를 포괄하기 위한 '모든 보건의료 노동자의 노동기본권 보장을 위한 교섭'을 요구한다. 이러한 시도와 성과를 여러 산업 부문으로 넓히고 끈질기게 추진할 필요가 있다.

특수고용-플랫폼 등 불안정노동 영역에서는 지난 수년간 초기업적이고 사회적인 노사관계·노동조건을 형성하기 위한 실험이 펼쳐졌다. 최근 사례로는 배달 라이더 플랫폼 노동자의 '지역 협약'이 있다. 일종의 의제별 사회적 협의기구라고 할 수 있는 최저임금위원회에서 노동운동이 특수고용-플랫폼 등 사각지대에 최저임금을 적용하기 위한 활동을

---

10 박용철, 「한국의 노동시장구조와 교섭체계의 관계」, 『한국 노동운동 위기 진단과 대안 모색』, 한국노동사회연구소, 2015.

펼치고 있는데 이 역시 의미 있다. 건설노조와 화물연대는 적정임금제·안전운임제와 같은 초기업적 임금기준을 세우기 위한 투쟁을 전개하고 구체적인 성과를 실현하기도 했다. 이러한 성과를 여러 부문으로 확산해야한다.

둘째, 기업별 전투적 투쟁을 이상화하는 문화를 성찰하며 산별노조와 민주노총(총연맹)을 통한 초기업 교섭에 더 힘을 실어야한다. 역사적으로 저임금과 억압적 현장관리에 저항하면서 폭발한 민주노조 운동은 기업 내의 문제를 기업별로 해결하는 전투적 투쟁을 특징으로 했다. 이렇게 형성된 전투적 경제주의 정서는 기업별로 경제적 이익을 극대화하는 투쟁이 곧 정치적으로도 정당하다고 간주한다. (임금이 높든 낮든, 모든 노동자는 자본에 착취당하기 때문이다) 노동운동 안에서는 여전히 1980~90년대 기업별 투쟁에서 나타난 전투성이 곧 변혁성이라 생각하며 이를 아예 노동조합 활동의 "원칙"으로 격상하는 경향이 강하다.

기업별 투쟁이 노동운동사에서 이룬 눈부신 역사적 성과를 무시하는 것은 아니다. 노동자의 기본적 권리를 지키기 위해서라도 전투적 투쟁이 필요한 기업별 현장이 여전히 많다. 그러나 이러한 투쟁을 계속 이상화하고 노동운동의 일반적인 과제로까지 승격할 경우, 초기업노조와 초기업적 교섭-투쟁으로 뒷받침되어야만 가능한 임금격차의 축소, 연대임금의 실현을 위한 고임금 부문의 조정은 수용하기 어렵게 된다. 1980~90년대 전투적 경제주의가 나름대로 의미 있는 성과를 냈던 것은 한국경제의 고성장이라는 정세나, 대기업과 중소기업 간 일자리 이동이 지금보다는 활발했던 상황 덕분이었지만 이런 시대적 조건은 이제 모두 달라졌다.

이제는 이러한 기업별 투쟁으로 대기업과 공공부문에서는 정규직이든 비정규직이든 경제적 이익을 실현할 수 있을지 몰라도 대기업과 공공부문의 담을 넘어, 또 개별 기업의 이윤을 분배받는 것을 넘어 성과를 확장하기 어렵다. 노동자 내부의 임금격차를 축소하기 위해서는 저임금 계층의 임금을 더 끌어 올리고 고임금 계층의 임금 상승을 조절하지 않을 수 없는데, 이는 대기업노조의 임금 극대화 정책과 충돌할 수밖에 없다. 이러한 긴장을 해소하려면 노조 운동 내부의 조율능력 또는 중앙집권화가 필요하다. 그러나 한국에는 아직 총연맹이나 산별노조가 대기업노조의 임금협상을 통제할 제도적 수단이 충분히 없는 것도 사실이다. 앞으로 총연맹이 '노동조합으로서의' 역할을 재건하는 방법을 어떻게든 찾아낼 필요가 있다. 특히 노조법 2조 개정(노란봉투법)을 계기로 노사관계의 커다란 변화가 이루어질 수 있는 만큼, 다시 과거의 많은 비정규직 투쟁과 같이 기업별 대응으로 나아갈 것인지, 초기업 교섭으로 나아갈 것인지도 중요한 문제다. 산별노조 운동으로 기업별 경제투쟁을 넘어서려는 노력을 쌓아온 만큼 여러 한계에도 불구하고 산별노조로의 집중을 강화해야 한다.

이와 함께 민주노조운동의 난제 중 하나인 사회적 대화도 사회적 투쟁과 병행하여 유연하게 활용할 필요가 있다. 노·사·정 사회적 대화 참여 여부는 원칙의 문제가 아니라 정세의 문제다. 물론 민주노총 내부의 합의가 우선되어야 하지만, 경사노위가 아니라도 산업별, 업종별, 지역별 상황에 따라 노동자 간 격차를 줄이는 다양한 시도가 불가능하지는 않을 것이다. 이런 시도를 "타협적"이라고 금기시할 필요는 없다. 다만 대응 원칙과 대화의 목표에 대한 조직 내 민주적 합의 없이 정치적 성과를 얻으려고 조급하게 대응해서는 안 된다. 과거의 실패는 사회적 대화의 찬반 입장들 모두에서 드러난 그런 과욕 때문에 나타났다.

셋째, 노동운동에 팽배한 "범민주진보" 이데올로기에 거리를 두고 민주당 류의 포퓰리즘으로부터 정치적, 이념적으로 독립해야한다. 2010년대를 거치며 야권연대가 일상화되면서 "범민주진보" 진영론이 한층 더 강화됐다. 노동운동 안에서도 신자유주의 정책 반대를 걸고 비정규직 입법, 한미FTA, 이라크전 파병 등 쟁점에서 민주당 정권과 대결했던 2000년대와는 사뭇 다른 분위기가 확산됐다. 자본주의 위기가 심화되는 가운데, 대안을 제시해야할 노동운동의 정치적 독자성이 오히려 약화되면서 위기를 임기응변으로 봉합하는 포퓰리즘 정치세력의 헤게모니에 종속되어 가는 역설적인 상황이 발생한 것이다. 양대노총이 포퓰리즘 정당에 대한 정치적 지지와 경제적 이해, 상황의 지대(rent)를 교환하는 상황이 자칫 굳어질 수 있다.

물론 1980년대 후반 반독재 민주화운동과 노동자 대투쟁을 통해 형성된 민주노조 운동 사이에는 교집합이 있다. "범민주진보" 진영은 1980년대 후반 형성된 586세대의 경험을 공통 분모로 하는데, 노동운동을 비롯한 사회운동과 진보정당, 민주당이 여전히 인적 네트워크를 긴밀히 공유한다는 점도 이러한 관념이 강해지는 이유일 것이다.

그러나 문재인 정부를 지나면서, 노동조합 운동과 진보정당 운동을 민주당의 '2중대'로 전락시키는 야권연대의 문제점이 드러나고, '조국 사태'를 계기로 그들이 자임하는 '진보'의 실체가 드러나고 말았다. 2024년 22대 총선에서 진보당이 민주당의 비례위성정당에 참여하고 2025년 21대 대선에서 이재명 후보를 지지하며 촉발된 민주노총 내의 논쟁은 여전히 진행 중이지만, 적어도 이러한 상황을 반성할 수 있는 계기이기도 하다.

넷째, 마지막으로 중요한 과제로, 노동운동의 변화를 위해서는 "운동 내 운동", 즉 새로운 활로를 모색하는 주체들의 세력화가 필요하다. 기존과는 다른 운동적 변화를 추동하는 것은 본래 정치적 노동자운동과 그 활동가의 역할이었지만, 1980년대 노동조합 운동의 발전과 함께 형성되었던 이러한 흐름은 이미 정당 운동의 실패와 소련 등 구 사회주의 체제의 붕괴를 거쳐 1990년대 중반에 이르면서 거의 무너지고 말았다. 1980년대 말 급진적 노동자운동 정파들의 형성에서 시작된 정치적 노동자운동은, 사회경제적 노동자운동인 민주노총이 주도한 진보정당에 포괄되는 데 이르렀다. 그러나 이제는 그마저도 진보정당과 함께 또다시 위기를 겪고 있다.

정치적 노동자운동이라는 한 축이 부재한 상황에서는 장기적 관점에서 사회경제적 노동자운동(노동조합)을 변화시켜가는 과정도 어려울 수밖에 없다. 노동자계급에 여전히 기반을 두고자 하는 진보정당도 노동자운동이 지금과 같은 상황이라면, 그 위기를 독자적으로 극복하기 어렵다. 그렇다고 특정 정당 혹은 정파가 노동조합을 지도하는 과거 형태의 정치적 노동자운동은 가능하지도 않고 바람직하지도 않다.

그렇다면 지금 민주노조운동의 활동가는 반드시 정당 지향 운동을 뜻하는 것은 아닌, 더 넓은 의미에서 '새로운 정치적 노동자운동의 복원'을 추구할 필요가 있다. 이는 정당에 기대지 않더라도 노동조합 자체가 자신의 현장에 기반하여 정치·사회운동을 병행할 수 있는 노조 운동, 말하자면 '사회운동노조'를 발전시키는 이념적·조직적 활동을 말한다. 이 속에서 진보정당이나 노동운동 단체의 활동가도 사회운동의 지도자를 자임하는 '전위당'이 아니라 노동자운동의 변화를 포함한 사회

운동에 기여하는 일종의 '후위당'의 역할로서 연대할 수 있을 것이다.[11]

역설적으로, 현재 드러난 노동운동의 한계를 계기로 변화의 가능성이 얼마간 더 형성됐을지도 모른다. 이제까지 노동자운동의 실천이 비록 의도하지는 않았지만 지금의 노동 현실을 만든 책임이 함께 있다는 점, 보다 노골적으로 말해 애초 의도했던 결과를 실현하는 데는 대부분 성공하지 못했다는 사실도 이제는 알고 있다. 그러나 실패한 대목에서도 아직 너무 실망할 필요는 없다. 역사의 경로는 늘 울퉁불퉁하며, 마르크스마저 항상 노동자계급이 승리할 것으로 보지는 않았다. 다만 '투쟁하는 계급들의 공멸'이라는 최악의 상황을 한국의 노동자운동이 막을 시간은 아직 남아있어야 하겠지만 말이다.[12] 최선에서 최악까지, 노동자운동의 투쟁의 결과는 열려있고 우리는 그 사이 어딘가에 서 있다. 역사는 교훈을 주기는 하지만 쉬운 답은 없다. 노동자운동이 선 자리에서 다른 미래를 위해 다시 출발할 수 있다면 한국의 노동자운동을 어제와는 다른 내일을 위해 바꾸어 나갈 수도 있을 것이다. 변화의 가능성은 여전히 우리 앞에 열려 있다. ●

---

[11] 사회운동 노조주의를 주장한 피터 워터만은 사회운동노조의 지표로 "노동자 자신에 대해 또 노조 내부에서 제기되는 새로운 사회적 문제를 해결할 필요성"을 언급한다. 세계적이면서 지속적이고 쇄신가능한 프로젝트로서 사회운동 노조주의라는 워터만의 관념은 한국 노동자운동 내부의 변화를 위한 '운동 내 운동'에도 시사하는 점이 있다. 피터 워터만, 「대안노조의 모델로서 사회운동노조 개념」, 『일반화된 마르크스주의와 대안노조』, 공감, 2008.

[12] 마르크스는 '공산주의자당 선언'(1848)의 첫머리에서 "억압자와 피억압자는 항상 서로 대립하면서 때로는 숨겨진, 때로는 공공연한 싸움을 벌였다. 그리고 각각의 싸움은 그때마다 사회 전체의 혁명적 재구성 또는 투쟁하는 계급들의 공멸로 끝났다"라고 썼다.

부록
독자 좌담회

1987년 이후
한국 노동자운동의 역사

부록

1987년 이후 한국 노동자운동의 역사 독자 좌담회

일시   2024년 8월 18일(일) 사회진보연대 사무실
사회   이아림 사회진보연대 정책교육국장
참석자   김승곤(플랜트노조 경인지부 수석부지부장), 박준형(공공운수노조 교육국장), 서선주(민주노총 인천본부 전략조직부장), 안민지(금속노조 총무국장), 이미지(사회진보연대 광전지부 정책국장), 한건희(금속노조 대전충북지부 조직국장)

* * *

이아림   내년은 민주노총이 30주년을 맞이하는 해입니다. 민주노총 차원에서도 지난 역사를 결산하는 평가 작업을 하게 될 것으로 보이는데, 그 세월을 함께했던 사회진보연대 역시 몇 년 전부터 우리가 걸어온 길을 돌아보는 작업을 진행해 왔습니다. 2021~2022년에 노조 경력이 오랜 회원이 모여 노동운동사 세미나를 진행했고, 박준형 회원이 대표 필자로 2년에 걸쳐 긴 연재를 맡아주셨습니다. 오늘 연재를 마무리한 기념으로 필자를 모시고 이렇게 좌담을 진행하게 되었습니다. 사회자를 포함해 오늘 좌담에 참석한 회원들은 세미나에 함께 하진 않았지만, 후배 세대로서 글의 내용 중에 궁금한 점을 물어보고, 질문을 빙자한 여러 토론거리도 제기해 보려고 합니다.

참석자분들을 소개하겠습니다. 먼저, 필자인 박준형 공공운수노조 교육국장입니다. 그리고, 금속노조 대전충북지부 한건희 조직국장, 민주노총 인천본부 서선주 전략조직부장, 플랜트노조 경인지부 김승곤 수석부지부장이 참석해주셨고, 사회진보연대 광전지부 이미지 정책국장, 금속노조 안민지 총무국장이 참석했습니다. 모두 반갑습니다.

참석자에게 사전 질문을 받았는데, 내용이 만만치 않습니다. 글 연재 순서에 따라 시대순으로 살펴보고, 마지막 연재 글을 토대로 시대를 포괄하는 종합토론을 해보겠습니다.

1. 노동자 대투쟁에서 IMF 구제금융위기 이전까지

1) 전노협에서 민주노총으로의 전환에 대한 평가

이아림 필자가 한국 자본주의 역사에서 굵직한 정세적 계기마다 노동운동이 어떻게 대응했냐를 중심으로 노동운동사를 정리해주셨는데요. 첫째 글은 3저 호황 이후 노동자운동이 폭발한 뒤 IMF 외환위기가 발발하기 전까지, 노동운동의 주요 경로와 방향성이 설정되던 시기에 관한 이야기입니다. 아무래도 전국노동조합협의회(전노협)에서 민주노총으로의 전환에 대한 평가가 핵심적인 지점이라, 그 부분에 대해서 서선주 회원이 질문을 해주셨는데요.

서선주 전노협에서 민주노총으로 가면서 변혁 이념이 유실되고 사회운동적 성격이 사라졌다는 게 주류적 평가인데, 정세상 불가피한 결과였는지 활동가의 선택 결과에 가까웠는지 궁금합니다. 민주노총이 출범할 때 사회개혁적 노동운동이라는 특정한 방향이 있었으니 이념이 탈각되었다기보다 그런 이념을 선택한 결과라고 볼 수도 있지 않을까요? 또한, 전노협 시절에 형성된 노동체제가 현실에서 더는 작동하거나 유지되기 어려운 상황이었음을 고려하면, 민주노총의 행보가 단순히 '전노협 정신을 잃어서' 그렇다고 평가할 수 있을까요?

박준형 우선 말씀드리자면, 참석자 분들 질문이 전반적으로 수준이 높고 어렵네요. 어떻게 보면 답하기에 곤란하거나 답이 없을 수도 있는 쟁점이에요. 사회진보연대가 노동운동사를 토론하고 글을 쓰자고 했던 것도 여기 나온 질문의 답을 찾아가자는 차원이라고 할 수 있고, 아직 명확하게 정리했다고 보기 어려운 쟁점도 많습니다. 제가 정답을 알고 얘기한다기보다는 오늘 좌담에서 같이 토론해 볼 주제라고 생각합니다.

또 하나 더 말씀드리자면, '우리가 그때 어떻게 해야 했을까?' 하는 반사실적인 질문이 많은데요, 참 어려운 문제입니다. 크리스토퍼 놀란 감독의 '테넷'이라는 영화를 보면, "일어날 일은 일어난다"는 명대사가 있습니다. 영화의 주인공들이 어떤 일이 일어날 것을 이미 알고 있지만, 알면서도 그 일을 하거든요. 우리가 그때로 돌아갔더라도 사실 다르게 하기 어려웠을 수 있고, 어떻게 보면 미래가 상당 부분 정해져 있을 수도 있어요. 과거에 어떤 실천을 비판한다고 해서, 곧바로 '이렇게 했으면 미래가 달랐을 것'이라고 얘기하는 건 아니라는 전제로 토론할 필요가 있을 것 같습니다. 다만 그러한 조건에서도 결과야 어떻든 운동 주체, 활동가가 무엇을 했어야 하는지는 돌아볼 수 있을 것입니다.

90년대 중반이 되면 전노협이 더는 유지되기 어려운 객관적 조건이 조성됩니다. 전노협이 유지되기 어려웠던 이유는 우선, 90년대 들어 노동시장과 노사관계의 조건이 변화하기 때문입니다. 1980년대 말 3저 호황을 거치며 노동운동이 분출했을 때 그때 주력은 대공장 제조업 노동조합이었습니다. 전노협은 중소영세 사업장 위주였고, 대기업 노조는 거의 전노협에 합류하지 않았습니다. 3저 호황이 끝나고 90년대 들어 경기침체가 시작되었을 때, 중소영세 사업장은 어려워지고 대기업 독점이 강화되는 과정에서 노동운동도 중심축이 더더욱 대기업 노조로 가게 되었고요. 즉 대기업 노조를 포괄하지 못하는 전노협이 민주노조운동을 주도하기에는 어려운 객관적 조건이 구성됩니다. 이처럼 노동시장과 산업구조가 변하면서 노사관계가 변화했다는 점이 첫 번째 조건입니다.

또 하나는 정치적으로 문민화가 이뤄집니다. 이 과정에서 김영삼 정부가 노사관계 안정화를 꾀하며 노사정 타협을 시도하는데요, 즉 전노협의 전투적 경제주의라는 투쟁 방식이 유지되기 어려운 조건이 형성된 것입니다. 그랬을 때 노동계 안에서도 훗날 김영삼 정부의 노사관계개혁위원회(노개위)로 이어지는 노사정 협상을 하려면 전노협으로는 안 된다는 생각이 커지면서 'ILO조약 비준 및 노동법 개정을 위한 전국노동자공동대책위원회', 전국노동조합대표자회의, 민주노총으로 가는 과정에서, 다른 조직을 만들어야 한다는 흐름이 형성됩니다.

세 번째로는 활동가의 문제인데, 1991년에 소련이 붕괴하면서 혁명적 사회주의를 지향하던 현장 활동가가 대거 이탈합니다. 조직 방침에 따라 당을 만들고자 현장을 떠난 인천지역민주노동자연맹(인민노련)-한국사회주의노동자당(한사노당) 쪽도 있었지만, 많은 활동가가 전망을 상실하고 이탈합니다. 이 과정에서 전노협의 이념적 성격이 약화하고 변할 수밖에 없었죠. 사회주의 체제를 건설하기 위한 혁명 운동의 일부로서 노동운동이라는 관념을 유지하기가 어려운 상황이 됐던 것입니다.

"전노협에서 민주노총으로 가면서 변혁이념이 유실되었다고 평가하는데, 정세상 불가피한 결과였는지 활동가의 선택 결과에 가까웠는지 논의해보고 싶습니다. 전노협 시절에 형성된 노동체제가 현실에서 유지되기 어려운 상황이었음을 고려하면, 민주노총의 행보가 단순히 '전노협 정신을 잃어서' 그렇다고 평가할 수 있을까요?"

서선주 민주노총 인천본부 전략조직부장

이런 여러 조건이 결합하여 전노협에서 민주노총으로 전환되었습니다.『전노협 청산과 한국노동운동』을 쓴 김창우 씨는 이 전환을 '전노협 청산'이라고 얘기하는데, 물론 그렇게 평가할 수 있겠죠. 전노협 정신이 민주노총을 주도하는 것으로 계승되지는 못했으니까요. 그런데, 말씀하신 대로 단지 활동가들이 전노협을 청산했기 때문에 이렇게 되었다고 하는 것은 너무 일면적이고, 객관적인 상황과 조건의 변화에 강제된 부분이 있다고 평가해야 할 것입니다.

이아림 변혁적 이념을 잃고 방향을 상실했던 당시 활동가에게 산업 구조조정이 진행되는 경제 정세에 대한 인식이 있었다고 할 수 있을까요?

박준형 아예 없었다고 할 수는 없겠죠. 하지만 우리도 지금 일어나는 일에 대해서 단편적으로는 인식하지만 장기 추세에서 어떤 의미인지는 나중에 봐야 알 수 있는 것처럼, 당시에 정세적 함의를 모두 파악하기는 어려웠겠죠. 1991년 한중 수교가 이뤄지고 한국의 제조업이 급격히 중국으로 이전하게 되면서 전노협의 주력 사업장이 없어지는 상황에 대해서는 당시에도 이해는 했을 것입니다. 그러나 이게 과연 노사관계에 어떤 변화를 줄 것인지 그때는 알 수 없었을 겁니다. 문제는 그 이후에라도 잘 인식했냐는 건데요. IMF 외환위기에 대해 노동운동도 무지했던 것은 물론, 부르주아 경제학자도 대부분 무지한 상태에서 대응했기 때문에, 노동운동의 한계를 넘어 한국 사회 전체가 잘 인식하지 못했던 측면이 있다고 보아야 합니다.

물론 정부는 그나마 인식하고 대응했다고 볼 수 있습니다. 한국 자본주의 구조 변화 속에서 1990년대 초 임금 가이드라인을 통해 임금 인상률을 억제하고, 노개위를 거쳐 노사관계를 정부가 원하는 방식으로 안착하고자 시도했습니다. 이는 정부와 자본가계급 나름의 객관적 경제 진단을 통해 이루어진 것입니다. 그러나 그건 그들의 입장일 뿐이고 노동자운동의 입장에서는 다른 대안이 필요했습니다. 그러나 당시에 돌아가는 상황을 다 이해하기엔 어려운 측면이 있었죠.

2) 1990년대 전후 정치적 노동자운동의 유실

서선주   정치적 노동자운동의 핵심적인 내용은 무엇이었기에 이들이 민주노총으로 가는 과정에서 유실되고 배제되었다고 평가하는 건지 궁금합니다. 왜냐하면, 실제 노동조합 운동이나 현장에 밀착한 방식이었다고 보기 어려울 것 같은데, 이들이 정당 건설로 수렴되어 노조에서 이탈했다기보다는 애초에 그렇게 갈 수밖에 없었던 흐름이 아닌지 의문이 들었습니다. 더불어, 민주노총이나 진보정당 운동이 정권 반대

투쟁으로 민주당과 동기화되는 현재 상황과 정치적 노동자운동의 유실을 연결지어 평가할 수 있을까요?

박준형 우선 전제로 해야 할 것은 과거의 사건이나 주체의 행동을 평가하는 데 있어서, 그 당시의 맥락과 평가 지점을 고려해야 한다는 점입니다. 물론 과거의 경험이 현재 시점에 기억으로 남아 계승되기도 하지만, 시간이 상당히 지나 다른 정세에서 비슷한 행동을 했을 때의 평가는 전혀 다를 수 있다고 봅니다. 똑같은 노선이나 행동이라 하더라도, 과거에는 부정적으로 평가했는데 지금은 긍정적으로 볼 수도 있겠죠.

전노협 시절 활동가와 노동운동의 관계는 밀접했습니다. 지역별 노동조합협의회 운영위원회에 노동운동단체가 같이 참가했고, 몇만 명의 현장 간부가 정파조직에 직간접적인 멤버십을 가지면서, 노동조합에서 하기 힘든 교육도 진행하고, 일상적인 교섭전략 논의도 같이 이루어졌습니다. 노동운동이 미분화했다고 할 수 있을지 모르겠지만, 노동운동과 정치운동이 상당 부분 교집합을 지녔던 것이죠.

이런 관계는 1991년을 지나면서 분화합니다. 우선 인민노련(이후 한사노당 창준위)이 구 사회주의권의 붕괴라는 정세 변화를 고려해 기존의 비합법 전위정당 운동에서 합법 공간에서 활동하는 대중정당을 만들겠다는 노선으로 전환합니다. 당을 만들게 되면 선거 대응도 해야 하고, 노조 활동을 하기 어려우니 이탈하게 되는 것이죠. 반면, 전국노동운동단체협의회(전노운협)는 정당 건설보다 노동운동의 대중적 기반 강화에 주력하게 됩니다. 전노운협에서 이탈한 전국노동단체연합(전국노련)의 경우에는 여전히 전위정당을 지향합니다. 또, 당시 노동교육협회는 정당운동에 함께하지 않고 노동자 교육단체로 활동하다 나중에 한국노동사회연구소(한노사연)을 만듭니다. 이처럼, 정치적 노동운동을 주도했던 현장 활동가가 분화합니다. 노동현장에 이념 지향 활동가가 상당히 축소된 것입니다. 당시 인민노련 활동가의 증언을 들어보면, 1990~91년을 거치면서 현장에 활동가가 싹 없어졌다고 얘기합니다.

현재 시점에서 정치적 노동자운동의 유실을 평가하고 노동조합 자체가 정치적 성격을 가지고 활동해야 한다고 할 때, 이러한 주장의 근거로 당시 전노운협, 혹은 한사노당 노선이 옳냐 그르냐의 논쟁을 그대로 대입할 수는 없습니다. 또, 지금의 진보정당과 한사노당을 곧장 비교하기도 어려운데, 당시에 전위정당을 주장했던 세력도 지금은 합법정당을 지향하는 것처럼 상황이 많이 달라졌거든요.

사실, 한사노당의 1991년 전환에 대해서 좀 다른 측면에서의 평가도 필요합니다. 만약 우리가 당시에 사회주의를 지향한 노동운동가였다고 했을 때, 소련이 망했다는 사실을 어떻게 받아들였을까요? 그 당시 욕먹으면서까지 합법정당을 하겠다고 했을까요? 사회진보연대에서도 명확히 평가한 게 아니라서 쟁점이긴 한데, 이런 고민을 해볼 필요가 있을 것 같습니다.

소련은 1980년대 말 고르바초프의 개혁개방 노선 전환이 실패해 붕괴까지 온 것인데, 이는 스탈린주의를 벗어나 서구 사민주의 좌파에 가까운 입장으로 전환하고자 한 것이라고 평가할 수 있습니다. 당시 한국의 활동가는 이 사태를 인식하지 못하거나 무시했지만, 한사노당 활동가는 소련조차 노선을 전환하는 마당에 남은 사회주의 운동이 계속 구 소련의 노선을 유지해가기는 곤란하다고 생각했던 것입니다. 또 문민화가 진행되는 상황에서, 과거 군사 독재 시절에 추구한 비합법 전위정당 노선을 통해 체제 전환을 이루려는 구상이 불가능하며 사민당만의 지위나 조직 내부를 고려했을 때 어떤 투쟁방침과 사회적 전선, 노사정 협의에 관한 지향을 가질 수 있었을지 고민이 듭니다. 노사정 협의 과정에서 많은 일이 있었고 조직적 내홍도 겪었습니다. 이런 상황에서 앞으로 노사정 협상이 가능해지려면, 갖춰야 할 최소 요건은 무엇이 되어야 할까요?

박준형 사회진보연대는 노사정 협상에 대해서 원칙적 반대나 찬성이 아니라 전술로 판단해야 한다고 평가했었습니다. 그러나 정부 쪽이 자주 사기를 치니까 어려운 문제긴 합니다. 1998년 2월 합의 이후에도 민주노총이 총파업을 선포했다가, 다시 들어갔다가 하는데요. 사실 이 와중에 정부도 좌충우돌합니다. 선의로 해석해 주자면 김대중 정부의 정치인들은 노사정을 통해서 뭔가 해보려는 생각이 있었는데, '노동시장 정책이나 경제정책을 노동조합과 상의해서는 안 된다'라고 생각하는 관료 중심으로 반대가 컸던 것이죠. 이런 상황에서 민주노총은 뭔가 해주겠다는 쪽인 정치인 얘기만 듣고 왔다가, 나중에 뒤통수를 맞는 상황이 반복됩니다.

근데 이 점도 우리가 상수로 생각해야 할 것 같습니다. 애초에 노사정 협상이라는 게 원래 합의되기 어려운 것이라는 점 말입니다. 따라서 합의를 지향하긴 하지만 협의를 잘하는 기구가 되는 것이 먼저입니다. 문재인 정부 때도 보면, 2018년 경제사회노동위원회(경사노위)에서 탄력근로제 확대 방안을 청년·여성·비정규직 대표까지 배제하고 강행처리했었는데요. 그러나 이렇게 합의가 안 되는 사안은 경사노위로 올려서 명분 만들기 식으로 결정하는 게 아니라, 정부와 여당이 추진하고 상응하는 책임도 져야할 일이죠.

한편, 정부가 이렇게 움직이는 것도 문제지만, 그렇다면 노동운동은 여기서 뭘 얻을 것이냐를 생각해야 합니다. 즉, 협의하다가 합의가 되면 추진하면 되는 것이고, 정당하고 절박한 요구인 경우 합의가 안 되면 판을 깨고 나와서 투쟁하면 되는데요. 물론 노동조합의 투쟁이 사회적 공감대를 얻을 수 있게 충분히 이슈화가 되어있다는 전제가 있어야 합니다. 96~97 총파업이 가능했던 이유는 노개위에 참여하는 이유나 어떤 논의가 오가는지를 조합원에게 광범하게 교육했던 데 있습니다. 그런데 그 이후에는 전술이라는 명목으로 들어갔다가 충분한 내부 소통 없이 덜컥 합의하거나, 판을 깨고 나와도 조합원은 아무것도 모르고 언론을 보고 아는 상황이 반복됩니다.

그렇다면 당시 민주노총이 어떻게 해야 했었냐는 문제는 참 어렵습니다. 사실 IMF 위기가 일어날지를 자본이나 정부도 몰랐는데, 노동조합이 그걸 몰랐다고 비판하는 것은 과도할 수 있어요. 그러나 위기 발생 직후에 단기 외채를 통한 과잉투자 등 위기의 원인이 상당히 알려졌는데, 이후에라도 이를 충분히 인식하지 못한 점은 문제입니다. 그런 인식이 있었다면 1998년과 같은 대응은 하지 않았을 겁니다.

사실 1998년 2월 합의에 대해 사람들은 정리해고제를 도입한 것만 생각하지만, 당시 합의에는 사회보장 제도 같은 긍정적인 내용이 많이 있습니다. 근데 정리해고제는 즉각 통과했지만, 사회보장 제도에 대한 합의는 제대로 이행하지 않았습니다. 민주노총이 우왕좌왕하는 과정에서 합의가 반쪽으로, 즉 정부와 자본에 유리한 것만 이행된 것이죠.

IMF 구제금융 위기의 원인을 재벌의 과잉투자와 금융세계화의 문제로 분명하게 인식했다면, 우선 재벌이 어떻게 책임질 거냐는 문제를 제기했어야 합니다. 한계기업에는 정리해고 상황이 불가피했을 수 있지만, 모든 재벌이 그런 상황은 아니었잖아요. 정리해고를 단행하기 전에

"노조의 투쟁이 고용에 집중된 것은 어쩔 수 없다고 봅니다. 다만, 이제는 경험이 쌓였기에 총연맹의 대응은 달라져야 합니다. 앞으로 노사정 협상이 가능해지려면 조합원의 동의와 요구를 모으는 과정을 반드시 선행해야 한다는 점, 그것이 결렬되었을 때 사회적 투쟁을 할 수 있을 만큼 투쟁 동력이 조직되어야 한다는 점이 중요할 것 같습니다."

안민지 금속노조 총무국장

무분별한 과잉투자에 대해 어떻게 책임을 질 것인지, 재발 방지는 어떻게 할 것인지에 대해 따져 물어야 했습니다.

또한, 금융 투기를 어떻게 규제할 것이냐는 지적이 필요했습니다. 외환위기가 노동조합의 직접적 책임은 아니었으니까요. 이런 요구를 전면에 걸면서, 이 과정에서 노동자에게 부담을 전가하는 일을 최소화하고 사회안전망을 확충하는 사회적 투쟁을 해야 했습니다. 극심한 공포에 빠져서 '회사가 망하니까 정리해고를 수용해야겠구나' 하고 합의하는 게 아니라요. 그래야 신자유주의 정책이 급격하게 들어오는 상황에 관해 전체 노동자 입장에서 방어막을 칠 수 있지 않았을까 합니다.

물론 대기업 노조 주도로 만들어져서 기업별 체제가 중심이 될 수밖에 없다보니, 민주노총이 해고자, 실업자를 대변해 사회적 대안을 요구하는 투쟁을 하지 않은 것은 아니지만 이를 '전면화'하지 못한 점은 평가할 필요가 있을 것입니다. 그래도 반사실적 가정을 해볼 수 있지 않을까 합니다. 더불어, 당시 이런 상황을 지켜보면서 영남노동운동연구소가 '산별노조로 가야 노동자계급 입장에서 대응할 수 있다', '노동조합의 체계를 바꿔야 한다'라고 주장한 것은 높이 평가할 수 있겠습니다.

안민지 고용에 관한 쟁점은 모든 이슈를 압도할 만큼 파급효과가 크기에 노조의 투쟁이 거기에 집중된 것은 어쩔 수 없다고 생각합니다. 다만, 이제는 경험이 쌓였기 때문에 총연맹 차원의 대응은 달라져야 한다고 생각합니다. 저도 일각에서 얘기하는 것처럼 노사정은 어용이고 거부해야 한다는 생각은 과도하고, 전술적으로 사고할 수 있어야 한다고 봅니다. 따라서 앞으로 어떻게 해야 하냐는 평가를 남기는 게 중요한 것 같습니다.

제가 인상 깊었던 부분은 내부 합의가 중요하다는 얘기였습니다. 정리해 보자면, 동의와 요구를 모으는 과정을 반드시 선행해야 한다는 점, 협상이 결렬되었을 때 총파업을 비롯한 사회적 투쟁을 할 수 있을 만큼 투쟁 동력이 확인되고 조직되어야 한다는 점이 중요한 것 같습니다. 그리고 객관적 정세 분석, 특히 경제 상황에 대한 진단이 돼야 한다는 점에 동의합니다. 또한, 총노동의 위상에 걸맞게 특수고용 노동자나 실업자의 사회안전망을 비롯한 사회적 요구를 해야 한다는 점이 중요해 보입니다.

이미지 구체적인 정세 분석을 당시에 못 했다고 평가했는데, 그럼 지금은 가능한지 의문이 듭니다. 주류 경제학의 분석을 봐도 자신들 내부에서도 이견이 많고 혼란합니다. 특히 지금처럼 노조가 정파적으로 의견이 갈려 고착되어 있는 상황에서, 정세 분석 합의가 가능한가 하는 생각이 듭니다.

또한, 노사정 협의를 하려고 해도 실무 역량이 있어야 하는 문제가 있습니다. 제가 노조에서 일하면서 느꼈던 것은, 실제 노동권에 대해 다른 이해와 입장을 가지고 있고, 조직의 의사결정구조가 노조와는 결이 다른 행정 실무자와 일이 해결되는 방향으로 디테일하게 소통하고, 논의를 노동자에게 유리하게 유도해 내는 것 또한 수많은 판단을 동반한 정치적인 실무 역량이 있어야 해결이 가능한 문제라는 것입니다. 그렇지 않으면 결국 상대방에게 휩쓸리고 들러리만 서게 되거나, 역으로 우리 주장만 하다 아무것도 이루지 못하고 튕겨 나와 수세적 투쟁만 반복하게 되니까요.

과연 과거에 그런 역량이 갖춰졌을까요. 당시에는 IMF라는 위기 상황에서 각기 다른 입장으로 부딪칠 수밖에 없었고, 계급적 대안을 가지고 이를 관철해야 하는 타이밍이었는데, 그러면 더욱더 정치적 실무 역량이 높았어야 했을 겁니다. 또한 지금은 그때와는 좀 다른 결로 행정부나 정치권이 여론몰이나 정치적 치장에 예민하게 반응하는 상황에서 계급의 입장을 유연하게 관철할 수 있어야 할 텐데, 그에 맞춘 실무 역량을 키울 계획이 노조 내에 있는가 하는 생각이 들었습니다.

요약하면, 당시 민주노총에게 노동계급의 대안을 구체화할 정세적 합의가 가능했는지, 그리고 지금은 가능한지, 설사 정세를 정확하게 판단했다 하더라도 노동계급의 대안을 관철할 정치적 실무 역량이 있었는지 그리고 지금은 있는지에 대한 질문이겠습니다.

박준형 과거에 민주노총이 자체적으로 정세 판단을 하기 어려웠던 이유는 아무래도 지식인이 떠난 상태에서 민주노총이 만들어졌기 때문입니다. 그래도 민주노총에 지적 자원을 제공했던 영남노동운동연구소나 한노사연이 있었는데, 비록 서로 입장은 달랐지만 노동조합이 나아가야 할 방향을 제시했던 지식인 그룹이었습니다.

그런데 지금은 상황이 그때보다 더 안 좋을 수 있다는 생각도 듭니다. 영남노동운동연구소는 없어졌고, 한노사연에서 이론적 자원을 제공받은 국민파도 김명환 집행부 때 뭔가 해보려다가 이제는 노조에 대한 개입력을 상당히 잃은 것으로 보입니다. 지금은 인민주의 성향의 지식인이 민주노총 주변에서 민주노총이 듣고 싶은 말을 해주는 상황이고, 듣기 싫지만 이렇게 해야 한다고 말하는 세력은 약화했거나 배제된 상황입니다. 어떻게 보면 사회진보연대도 지식인 집단이라 할 수 있는데, 우리가 힘을 못 쓰는 이유는 민주노총이 그런 조건에 처했기 때문이 아닌가 싶습니다.

이아림   정치적 실무 역량 역시 협상의 필요성을 느끼고 해당 경험이 많아야 증진되는 문제라고 봅니다. 그래야 교육에 관한 수요도 생기고 조직에서도 계획을 수립할 텐데, 애초에 협상을 권장하지 않는 조건이다 보니 악순환이 이어지는 것 같네요.

3. 신자유주의 구조조정 이후, 노동자운동의 대응
: 2002년부터 2008년까지

1) 산별교섭과 기업별 교섭의 긴장관계

이아림   이제 셋째 글을 통해, IMF 외환위기 이후부터 2008년 경제위기 전까지의 시기를 살펴볼 건데요. 이 시기가 노동운동이 그래도 뭔가를 주도적으로 해보려던 시기가 아닌가 싶습니다. 산별노조도 만들고 민주노동당 활동을 하면서 양날개 전략을 수립하고, 전략조직화 사업도 시작하던 역동적인 시기라는 점에서 그렇습니다. 특히 산별노조 건설 흐름이 두드러진 시기인데, 그와 관련해서 이미지 회원이 질문을 해주셨습니다.

이미지 민주노총의 양대 산별이라고 일컬어지는 공공운수노조와 금속노조 모두 산별교섭에 어려움을 겪고 있는 것으로 보입니다. 산별교섭이 힘을 가지려면 현장의 임금과 단체협약에 대한 중앙교섭권이 강화되어야 하는데, 중앙교섭이 최소 교섭이 되었을 시 이중 교섭으로 인한 산별교섭 교섭력의 문제가 제기될 수 있음을 해당 글에서도 얘기하고 있습니다.

실제로 교육공무직본부에서도 각 현장에서 뚫을 수 있는 의제가 중앙교섭으로 가면서 지지부진해졌다는 문제 제기가 있었던 것으로 알고 있습니다. 그러나 한편으로, 교육공무직 내 소수 직종이나, 공공기관이나 지자체 중 현장 노동자의 수가 적은 경우에는 현장의 예산 자율성이 제한되어 중앙부처 대상으로 교섭하지 않으면 현장의 요구 자체가 막혀버리는 일도 있습니다.

특정 집단이 '최대 효과'를 보는 것과 노동자 간 임금 격차, 즉 교섭력 격차를 완화하며 '보편적인 기준을 형성하는 것' 사이의 갈등은 사실 기업별 교섭에서도 있는 문제여서 노조가 일상적으로 겪는 갈등이라 할 수 있는데요. 이를 기업 단위에서는 현안을 해결해주면서 노조 집행부의 지도력으로 그 갈등을 무마하는 식으로 풀어갑니다. 또는 여러 직종이 모두 교섭에 참여하게 만들어 교섭 결과에 대한 책임을 각자 지게 만드는 방식을 사용합니다.

그러나 산별 규모로 해당 사안이 커졌을 때, 모든 직종의 교섭 참여는 불가능하고, 갈등 조정을 위한 집행부의 지도력 또한 구축되기 어러운데요. 노조의 대의제가 제 기능을 해야 산별의 지도력이 형성될 것 같은데, 난항을 겪고 있는 게 사실입니다. 이러한 상황에서, 보편적 기준 형성을 위한 조합원의 합의를 형성하는 데 가장 큰 난점이 무엇이라고 생각하는지가 궁금했습니다.

더불어 산별교섭의 형태가 강화된다고 했을 때, 현장 간부 역량이 하락하는 문제도 제기된 것으로 알고 있습니다. 예를 들어, 교육공무직본부는 교섭을 중앙에서 하면서 현장 간부가 임단협 사이클을 책임지는 것을 경험하기 어려워져 간부 역량 문제에 고민이 있었던 것으로 알고 있는데요. 기존 기업별 교섭이 사실상 간부 역량 강화의 거의 유일한 방법이나 다름이 없었을 경우, 교섭이 이관되는 와중에 현장 간부의 역할이 소실되어 조합원과 노조 중앙을 다른 의미로 괴리시키고 더 많은 노동자를 수동적으로 만들 수도 있습니다. 중앙교섭이 강화되면 현장을 강화할 또 다른 주체화 구조와 계급투쟁의 지점이 있어야 할 것으로 보이는데, 이것에 대한 의견을 듣고 싶습니다.

박준형 기업별 교섭권을 통합해 산별교섭을 해보자고 지난 20년 동안 시도를 했는데, 잘 안되었죠. 사실 산별교섭을 하던 유럽 노조가 붕괴하는 상황이기에 한국에서 이 흐름을 역전한다는 게 만만치 않습니다. 여기서는 모든 교섭을 산별에 집중한다는 측면보다 산별에서 할 수 있는 영역을 넓히자는 차원에서 얘기를 좀 해볼게요.

합의를 형성하는 데 가장 큰 난점은 한국 노동조합에서 '기업별 경제주의가 정당하다'는 게 보편적 인식이라는 점 같습니다. 기업별 교섭을 통한 이익 극대화, 즉 경제주의가 노조 활동의 핵심에 자리 잡고 있습니다. 수출 대기업이 중심인 경제 구조에서는 수출 대기업, 즉 재벌 기업은 기업별 임금 극대화 요구를 만족시킬 수 있는 여력이 있기에, 이런 노사구조가 강화된 것이죠. 초기업 교섭을 하게 되면 이런 구조가 약화할 수밖에 없고, 민주노총을 주도하는 대기업 노조가 반발할 수밖에 없습니다. 기업별 노조의 경제주의를 정당화하는 관행에 더해 객관적 조건이 있다는 겁니다.

문제는 이런 구조를 노동조합도 극복하기 어렵지만, 사용자 측에서도 바꿀 이유가 없다는 것입니다. 사측은 산별교섭을 통해 임금 인상을 자제시키면 좋겠다고 생각하다가도, 그렇게 했다가는 대기업 노조가 반발해서 결국 임금 인상을 요구할 것이기 때문에 무망하다고 보는 것 같습니다. 그래서 대기업 노조에서 당장에 산별교섭이 어렵다고 했을 때, 대기업 노조를 포위하는 방식으로, 즉 특수고용 플랫폼 혹은 영세 사업장 노동조합을 중심으로 초기업 노사관계를 발전시키는 게 현 단계에서는 현실적이라고 보입니다.

사실 중앙교섭이 강화되면 현장 활동과 투쟁이 약화된다는 비판은 일각에서 산별노조를 반대하는 근거입니다. 산별교섭을 하게 되면 노동조합의 현장 기층조직은 약화할 것이라고 전제하는데, 이는 생각해 볼 문제입니다. 이런 주장에 따르면 현장을 강화하는 방식은 결국에는 기업별 경제투쟁을 바탕으로 한, 기업별 노조 조직의 이익을 극대화하는 특수한 성격의 운동 주체를 형성하는 것으로 귀결됩니다. 과연 노동운동이 지향하는 주체는 누구인지, 우리 사회에 도움이 되고 노동자계급 전체에 도움이 되는 주체는 어떻게 만들 것인지 질문을 해봐야 할 것 같습니다.

또, 교섭구조를 단일화하면 현장 활동이 약화하는가, 꼭 그렇지도 않습니다. 예를 들어, 건강보험노조도 과거에는 수백 개의 지역별 의료보험노조 연합체로 출발해 조직 발전을 거쳐 이제는 하나의 노동조합으로서 교섭을 중앙에서 모두 관장하게 되었거든요. 그렇다고 현장 활동이 사라진 것은 아닙니다. 지역별 노사협의회도 하고 지역 연대 활동과 교육 사업도 하면서 바쁘게 굴러갑니다. 또, 교섭의 내용이 무엇이 되어야 할지 현장의 논의를 바탕으로 중앙에 의견을 수렴하는 활동을 합니다. 현장의 활동이 사라지는 것이 아니라 활동 내용이 변화하는 것이죠.

이미지 현장에서 교섭하다 보면 아무래도 경제적인 이해관계가 주목적이 될 수밖에 없지만, 현장 간부가 교섭 과정에서 직종별로 갈등을 조정한다거나 예산을 이해하는 회계적인 능력을 갖추게 되기도 합니다. 그러한 이해를 토대로 임금 격차를 줄이려고 노력할 수도 있고요. 또, 대표자에게는 조합원의 입장을 수렴해서 교섭 자리에서 발언하는 기회가 주어지는데, 산별교섭으로 가면 그런 요소가 상실되는 부분은 있는 것 같습니다. 대표성을 갖는 이들의 리더십을 형성하는 구조가 지금은 너무 교섭 중심으로만 되어서 그런 것인데요. 그래서 현장 간부의 역량 강화를 위한 새로운 구조가 필요하다는 생각이 들었습니다.

박준형 간부 양성이나 현장 활동 문제는 교섭권을 상급 단위로 올린 이후에 개발해도 늦지 않다고 생각합니다. 현장마다 할 수 있는 것은 다양하게 있을 것입니다. 또 하나 예를 들면, 민주노총에서 가장 큰 공기업 노조인 철도노조도 지부 수준의 현장에 교섭권이 없지만, 공공운수노조에서 현장 활동을 활발하게 벌이는 곳 중 하나거든요. 교섭을 책임지는 작은 사업장의 현장 활동이 꼭 강하지도 않고요. 제조업 대기업도 비슷할 것입니다. 기업별 조직의 교섭 관장 여부가 간부 양성이나 튼튼한 현장 활동과 반드시 관련된 문제는 아닌 것 같습니다.

이미지 또 하나 궁금한 점은 2016년 저성과자 퇴출, 성과연봉제 관련 투쟁을 할 때, 집회에서 공공기관 노조가 산별에 교섭권을 이관한다는 선언을 한 적이 있었거든요. 이 전술이 당시에 어느 정도 효과가 있었는지, 실제로 현장에 미친 영향이 있는지 궁금했습니다.

박준형 공공운수노조가 미완의 산별노조기 때문에, 공동투쟁을 위해 교섭권을 연맹에 위임하는 과정이 필요했던 건데요. 투쟁에 성과가 있었고 정부 지침도 폐기했지만 돌이켜보면 한계가 있었는데, 투쟁의 성과를 조직적 성과로 잘 수렴하지 못했습니다. 사후에 공공기관 노조들이 교섭권을 집중했던 경험을 살려서, 내부 합의를 만들어가고 이런 틀을 안정적으로 정착하고자 노력해야 했습니다.

사실 지금도 교섭권을 중앙에 집중해서 직무급제 합의를 막고 있는 상황입니다. 근데, 이게 썩 작동이 잘되지 않습니다. 현장에서 산별노조의 방침을 위반하고 직무급제를 합의하는 일이 발생하고, 그러면 공공운수노조가 이를 징계하는 방식으로 대응하는 상황이 계속되고 있습니다. 내부의 합의를 통해서 공동투쟁을 하는 용도로 교섭권을 집중해야 하는데, 방침을 위반하면 징계한다는 조직 규율로 접근하는 상황입니다. 교섭권을 형식적으로 집중하는 것보다도 더 중요한 점은 투쟁 방향에 대한 진정한 합의를 만드는 것이라고 봅니다.

산별노조가 교섭권 집중을 통해서 조직을 끌고 갈 수 있는 도덕적 헤게모니를 갖는 것이 중요한데, 이게 없으면 산하 조직이 징계를 피하고자 이면 합의를 하는 상황이 발생합니다. 헤게모니가 있다면 최대한 할 수 있는 데까지 노력하겠다는 식의 반응이 나오겠죠. 공공운수노조는 산별교섭에 대한 경험도 없고 관행도 충분치 않다 보니까 어려움을 많이 겪고 있는 게 현실입니다.

이아림　　산별노조 건설이 노동운동의 합의처럼 보였는데, 지금 와서 돌이켜 보니 진정한 합의가 있었냐는 생각도 듭니다. 산별노조에 대해 누구는 투쟁 본부 정도의 역할을 기대했던 것이고, 누구는 산별교섭이 기업별 교섭을 극복할 수 있을 정도의 지도력과 권한을 가져야 한다고 생각했던 것인데요. 후자처럼 생각한 진짜 산별주의자가 과연 얼마나 있었을까 싶습니다.

박준형　　물론 그렇게 생각할 수도 있는데, 긍정적인 측면도 평가할 필요가 있습니다. 구조적으로 기업별 노조 체제로 출발하다 보니 산별 노조로 가는 토대가 척박한 상황에서도, 산별노조 건설이 정당하다는 합의를 형식적으로라도 이뤄냈다는 점 자체는 의미를 인정해야 한다고 생각합니다. 실제로는 기업별 교섭을 하고 싶어도, 앞에서는 '산별은 의미 없다'라는 식의 말을 할 수 없는 분위기를 만들었던 것이죠. 그런데 지금은 그런 합의조차 점차 약화되는 상황이 되어버려서 더욱 걱정이 큽니다.

2) 2005년 사회적 대화를 둘러싼 논쟁과 2006년 비정규직법 강행

서선주　　비정규직법이 강행되던 2005~2006년 당시를 노사정위 참여든, 투쟁이든, 아니면 다른 무슨 방법이든 써서 노동운동이 돌파할 수 있는 정세였다고 볼 수 있을지 궁금합니다. 당시 노동운동의 대응을 어떻게 평가할 수 있을까요?

이아림　　더불어서 노사정위원회에 전술적으로라도 참여를 했었어야 했다는 것인지, 아니면 입법 문제에 매달리기보다는 노총으로서 당시 노동시장에서 해결했어야 할 문제에 오히려 집중해야 했다고 생각하신 건지도 궁금했습니다.

박준형   전술적으로 노사정위원회에 꼭 들어가야 했냐는 쟁점은 당시의 세세한 상황을 봐야 하기에 지금 와서 그것까지 구체적으로 평가할 필요는 없을 것 같습니다. 그런데 이 점을 생각해 볼 필요가 있습니다. 당시 노무현 정부가 추진했던 비정규직법이 한계가 있지만, 그렇다고 아예 추진을 안 하는 게 더 나았을까요? 비정규직을 제한하기 위한 제도가 필요한 상황에서, 정부가 낸 정책이 한계가 있다고 해서 그것을 반대하는 활동만 한다고 되는 건 아닌 것 같습니다. 대신 다른 것을 함께 요구해서 처우 개선을 위해 활동해야 했다고 생각합니다.

우리가 종합적인 대안을 가지고 장기적인 관점으로 접근했어야 했다는 생각도 듭니다. 적합한 사례는 아닐 수 있지만, 예를 들어 노무현 정부에서 공공부문 비정규직 종합대책을 냈을 때, 핵심·비핵심 업무를 구분한다는 점과 포괄 범위가 좁은 게 문제라는 비판이 있었습니다. 근데 그 이후에 노조가 계속 투쟁하는 과정에서 보수 정부도 대책을 냈고, 문재인 정부에 와서 정규직 전환 정책이 나왔습니다. 10여 년이 걸린 과정이었습니다. 물론 문재인 정부 정책에 문제가 많지만 그래도 하청, 간접고용 노동자까지 전환하기로 했다는 점은 의미가 있었습니다. 그 이전 박근혜 정부 때 대규모로 무기계약직 전환이 된 것도 의미가 있었습니다.

이런 과정을 돌이켜보면, 노동시장을 변화하는 정책이 한 번에 완벽하게 나오는 경우는 없는 것 같습니다. 투쟁하는 과정에서 정책이 점진적으로 완성되어 가는 거죠. 정부 정책에 반대하고 끝나는 게 아니라, 장기적 시야를 가지고 제도적 변화를 강제하기 위한 실천을 일관되게 끌고 나가야 뭔가 바꿀 수 있는 것 같습니다. 노사정 협상에서 다루게 되는 노동시장, 노사관계 제도의 변화라면 더 어려울 수 있다는 점도 이해해야 하겠죠.

근데 이게 가능해지려면 노동시장의 변화 방향에 대한 합의가 노동운동 안에 있어야 하고, 장기간 추진할 수 있는 동력과 리더십이 있어야 합니다. 공공부문 비정규직 같은 경우에는 자기 과제로 투쟁하는 현장 조직이 있었고 정부라는 단일한 주체가 있으니까 비교적 용이했는데, 노동시장의 제도 변화는 정부에만 요구한다고 되는 게 아니라 사용자까지 포함한 사회적 합의가 이뤄져야 하는 문제입니다. 심지어 미조직 불안정노동자의 경우에는 주체도 취약하죠.

그런데 노동운동이 변화 방향에 대한 합의를 바탕으로 종합적인 정책을 갖고 대응했다고 보기는 어렵습니다. 비정규직법이 논란 끝에 결국 시행이 되었는데, 이후 이걸 어떻게 바꾸자는 운동이 제대로 이어진 것도 아니었고요. 지금도 당시 제정된 기간제법을 어떻게 개정하자는 움직임이 거의 없죠.

3) 전략조직화 사업

안민지   글에서 "독일식 산별노조-산별교섭을 모델로 노동조합과 노사관계의 발전을 추구하는 과정에서 기업별 노사관계가 주류인 미국 노동운동의 전략을 결합한다는 것은 상당한 고민이 필요한 문제였다"라는 내용이 있습니다. 또, "실용적인 조직 확대의 필요성 속에서 산별노조 운동과의 연계는 면밀히 고려하지 않고 별개 사업으로 진행되었다"라고 밝히고 있습니다. 하지만 산별노조 운동과의 관계를 면밀히 고려한 것은 아니었다고 하나, 한편으로는 노조가입률의 한계와 노동자 대표성 문제, 산별교섭 제도화와 노동자운동의 정체 속에서 재생산의 필요성과 조직 확대에 방점이 있었던 것일 텐데요. 전략조직화 사업이 산별노조 운동과의 연계를 면밀히 고려했다면 어떤 노력이 병행되어야 했을지 궁금합니다. 글에는 두 가지 차원의 문제의식이 담겨있습니다. 하나는 조직 확대만이 아니라 산별노조의 내용을 채우는 조직 문화 혁신과 연계했어야 한다는 점이고요. 다른 하나로 산별교섭을 확대하기 위한 조직화 대상을 선정했어야 하는 것 아니냐는 부분을 짚어주셨습니다. 필자는 어떤 부분에 방점을 둔 건지가 궁금합니다.

박준형   민주노총 안에서 합의된 노선 중 하나가 전략조직사업인데, 전략조직사업의 목표는 사람마다 달랐던 것 같습니다. 비정규직, 불안정 노동자가 증가하는 상황에서 이들을 조직해 비정규직 문제를 제기해야 한다는 측면이 가장 주된 이유였지만, 부수적으로 몇 가지 효과를 노렸다고 할 수 있습니다. 먼저 조직 문화 혁신의 측면에서, 기존 노동조합이 전체 노동자를 대변하기 위해 운동하는 조직으로 이념적 쇄신을 해야 한다는 의미가 있었습니다. 더불어, 등 따신 정규직 노조와 달리 전략조직사업으로 조직한 노동자가 전투적 투쟁을 통해 침체한 노동운동에 활력을 주고 투쟁 기풍을 세울 것이라는 의미에서 조직 문화의 변화를 기대한 사람도 있었습니다.

제가 산별교섭과의 연계를 강조하긴 했지만, 이 측면도 부수적인 기대효과였다고 할 수 있습니다. 새로 조직되는 부문에서 처음부터 산별 노사관계를 만들다 보면 기업별 교섭구조가 안착한 쪽보다는 산별 노사관계를 형성하기가 더 쉽지 않을까 생각했던 겁니다.

또 하나 기대한 목표는 민주노총의 약해진 사회경제적 위상을 강화하기 위해 조직 확대가 필요하다는 점이었습니다. 그런데 결과적으로 노조의 조직 확대가 전략조직사업 때문인지는 물음표가 남습니다. 공공부문 정규직 전환 정책으로 인해 전략조직사업을 전혀 하지 않던 한국노총이 민주노총보다 더 많이 조직되기도 했고요. 조직 문화 측면에서는 노조가 조합원만이 아니라 미조직 노동자까지 대변해야 한다는 인식을 남긴 것은 확실한 성과로 보입니다. 그런데, 새롭게 조직된 사람들이 과연 새로운 운동 주체였냐고 했을 때는 꼭 그렇지 않았던 것 같습니다. 비정규직 사업장이라도 기업별 임금 투쟁을 하는 것은 마찬가지였기 때문이죠.

금속은 전략조직사업을 상대적으로 늦게 시작했는데요. 그 이유 중 하나는 금속노조는 지역지부 차원에서 산별교섭을 할 수 있고 새로운 영역을 조직할 필요 없이 공단을 조직하면 되기에, 이건 기존 지역지부 업무인데 굳이 전략조직사업 개념으로 해야 하는가 싶어 공감대가 적어서 그랬던 것 같습니다. 반면에 공공의 경우는 비교적 빨리 시작했는데, 2004년 지금은 고인이 되신 공공연맹 이승원 위원장이 비정규직 전략조직사업을 통해 지역에 기반을 둔 산별노조를 건설해 보자는 전략적 구상을 수립합니다. 물론 현재 성공했다고 보긴 어렵지만, 그래도 이런 시도는 전략조직사업과 산별교섭, 그리고 노동시장의 변화에 대응한 종합적인 구상이었습니다.

근데 대부분 전략조직사업은 이런 식으로 진행이 되지 못했습니다. 조직화 사업은 열심히 했지만, 초기업적인 노사관계를 만들기보다는 기업별 교섭을 늘렸던 경우가 대부분이었습니다. 사회서비스 영역도 비슷한 결과를 낳았는데, 불안정한 사회서비스 노동자 전체를 대변하지 못했고 결과적으로 사회서비스원이라는 기업별 노조 조직화로 귀결되었습니다. 결국 투쟁은 치열하게 했지만 정책 변화로 인해 사업장이 없어져 노조가 사라진 상황입니다.

그래도 건설노조나 화물연대의 조직 확대는 초기업 노사관계를 만

"전략조직사업에서 중요한 것은 결국 '전략'이라고 생각합니다. 그런데 전략조직사업을 하면 조직화가 잘될 곳을 선정하는 경우가 많고, 산별노조의 입장에서 어느 곳을 전략적으로 주목해야 하느냐는 논의가 잘되지 않았습니다. 전략을 합의하는 과정이 정파를 초월해서 이뤄져야 하는데 이게 잘 안되는 문제도 있습니다."

이미지 사회진보연대 광전지부 정책국장

들기 위한 노력을 결합했기에 의미가 있었다고 봅니다. 민주노총 차원에서도 기왕 전략조직사업을 한다면 초기업적 노사관계를 발전시킬 수 있는 플랫폼 노동자라든가 특수고용 노동자를 조직하는 데 힘을 더 쏟았으면 좋지 않았을까 생각합니다. 노동조합이 막대한 재정과 역량을 투입하는 사업이라면 조직 문화의 혁신에 그칠 게 아니라, 현실의 노사관계를 바꾸기 위한 투쟁과 조직화로 연결되어야 한다는 점을 강조하고 싶었습니다.

이미지 전략조직사업에서 중요한 것은 결국 '전략'이라고 생각합니다. 그런데 전략조직사업을 하면 조직화가 잘될 곳을 선정하는 경우가 많고, 산별노조의 입장에서 어느 곳을 전략적으로 주목해야 하느냐는 논의가 잘되지 않았습니다. 게다가 정파적인 갈등이 불거지기도 하는데요. 민족해방파의 경우 조직화의 목표가 자신의 당원 수를 확대하는 데 있기에, 어떤 집행부 때는 힘을 싣고 어떤 집행부 때는 협조하지 않는 식으로 행동합니다. 전략을 합의하는 과정이 정파를 초월해서 이뤄져야 하는데 이게 잘 안되는 문제가 있습니다.

박준형 맞습니다. 사실 글에서는 민족해방파의 전략조직사업에 대해서 특별히 언급하지 않았습니다. 전략조직화를 조직 확대 규모를 중심으로 사고한다고 해도, 기존의 노조는 조합원이 많아지면 노조의 힘이 세진다고 생각하는데, 민족해방파는 조직화를 통해 당원 수를 늘려서 정치적 영향력을 확대한다는 식으로 접근합니다. 민족해방파의 조직사업은 규모 면에서 상당한 성과를 거뒀고 전략조직사업과 정치적 조직화를 결합했다고 할 수 있는데, 평가할 지점이 있다고 생각합니다. 나름대로 내용적 조직화에 성공한 것이니까요. 물론 우리가 그들처럼 정파노조를 지향하는 건 아니고, 그들의 내용이 잘못됐기에 비판할 수 있겠지만 말입니다.

한건희 민족해방파의 경우는 조직 확대를 위해 수단과 방법을 가리지 않는다는 문제가 있는 것 같습니다. 기업별 교섭을 강화하는 게 조직화에 유리하다면 그 방법을 택하는 식입니다. 불법파견 소송을 통한 조직화에 대한 우려가 있는 상황에서도, 일단 조직화에 유리하면 불법파견 소송을 선택합니다. 조직화가 산별노조 운동과 연계되기보다 상충하는 일이 발생하기도 하고요.

4. 2008년 세계 금융위기 이후의 노동자운동

1) 기업별로 대응한 구조조정 저지 투쟁

이아림   2008년 금융위기 당시 한국은 보수 정부가 집권했던 상황이었고, 노동운동은 공공부문 구조조정 등을 정권의 보수적 성격이 초래했다고 오인하게 됩니다. 이런 정세에서 양날개 전략이 실패한 것을 모두가 인정할 수밖에 없는 상황이 펼쳐졌고, 이에 노동운동은 야권연대라는 방식으로 대응합니다. 넷째 글은 참석자들의 경험이 제일 많은 시기인데요, 우선 한건희 회원이 질문해 주셨습니다.

한건희   맨 처음에 필자가 '일어날 일은 일어난다'라는 얘기를 했었는데요. 그동안 축적됐던 민주노총의 경로가 고착해 있는 상황에서 다른 선택이 가능했을지 의문이 듭니다. 특히, 쌍용자동차 투쟁에서 '모든 정리해고 반대' 외에 다른 대응이 가능했을까요? 총연맹의 전반적인 이데올로기 측면에서도, 조합원 정서의 측면에서도 녹록지 않은 선택이 아니었을지 하는 생각이 듭니다.

이아림   글에 어느 정도 실마리는 있다고 생각하는데요. 예를 들면, 단위노조야 그렇다 쳐도 왜 산별노조에서도 실업자까지 아우르는 고용 조정 정책을 제기하지 못했는지 비판하고 있습니다. 저는 이런 주장이 수용되지 않았던 이유를 구체적으로 살펴보면 좋겠다고 생각했습니다. 신자유주의 구조조정 정책이라고 금기시되었던 것인지, 일단 최대치를 요구해야지 그런 정책이라도 추진될 수 있다는 생각이었는지 궁금합니다.

박준형   경로의존성을 고려하면, 다른 대응이 가능했을지 저도 의문이긴 한데요. 금속노조 쌍차지부에서 조합원의 고용을 지키기 위해 기업별 투쟁을 할 수밖에 없는 것은 당연합니다. 쌍차지부보다는 민주노총이나 금속노조가 문제였다고 생각합니다. 물론 투쟁 지원도 필요하지만, 상급 조직이 해야 할 역할은 그 이상이라고 봅니다.

부품사나 하청사에서 광범한 고용 조정이 일어난 상황에서 지역 차원의 고용 대책을 만들어야 한다는 문제 제기가 당시에도 있었습니다. 그런데, 많은 활동가가 마치 지역 차원에 대안이 있는 것처럼 얘기하는 건 쌍용차의 기업별 투쟁을 약화한다고 비판했습니다. 결과적으로 쌍용차 농성 투쟁을 어떻게 엄호하느냐로 모든 쟁점이 빨려 들어가게 됩니다. 기업별 노조 내에서는 어쩔 수 없더라도, 밖에서는 좀 더 넓게 보고 다른 얘기를 할 수 있어야 했는데 말이죠.

지금은 다소 아이러니한 상황입니다. 쌍용차, 한진중공업 투쟁 이후 대기업이 구조조정, 정리해고를 최대한 회피하는 대신, 정규직 고용을 최소화하고 하청을 고용해 고용 불안을 외주화하는 상황이 가속화됩니다. 그래서 최근 수년간 경기가 어려웠음에도 정리해고 투쟁이 거의 없죠. 거제·통영·고성 하청노동자 투쟁도 '조선업 노동시장 혹은 하청 노동자 일반의 문제를 해결하는 식으로 대안이 나와야 했는데' 하는 아쉬움이 있습니다. 결국 원청 사용자성을 높이는 방향의 노조법 2, 3조 개정으로 이어졌습니다.

이렇게 개정하는 것도 나름의 의미는 있지만, 원청 기업에 대응하는 하청 기업별 노조의 기업별 교섭은 가능해져도 결국 원청도 다른, 즉 산업수준에서 하청 노동자를 포괄하는 산별교섭은 여전히 먼일이라는 점에서 이런 대안이 충분한지 하는 문제가 여전히 남습니다.

안민지   하청이 원청을 상대로 교섭할 수 있게 되고 노동3권을 제대로 발휘한다는 게 역사적 의미를 봤을 때 중요하다고 생각합니다. 현실적으로 노동시장 이중구조를 완화하는 방법이 노조법 2, 3조 개정에 있다는 생각이 들어서요. 원청과의 교섭이 가능하게 되면 다단계 하청 구조에서 다양한 시도를 꾀할 수 있습니다. 즉, 이중구조를 완화하는 직접적인 경로 중 하나일 수 있습니다. 그럼에도 불구하고 기업별 관계를 벗어나지 못해서 한계가 있다는 얘기를 해주신 것 같은데, 초기업적 운동을 모색하는 것과 별개로 이 역시도 중요한 시도라 생각합니다. 또한, 지역 차원의 고용 조정 정책으로 해법을 찾기가 어려운 현실적인 조건도 있습니다. 현실적으로 당시에 완성차 조합원의 고용과 임금 수준을 지역의 고용 정책 차원으로 대처하는 건 사실상 불가능했다고 봅니다.

현대차의 경우 지급 여력이 있었기에 복직이 가능했다면, 쌍용자동차는 먹튀 자본의 특이성이 있었습니다. 현실적으로 어떤 다른 시도를 할 수 있었을지 잘 모르겠습니다. 다만 두 가지를 평가로 남길 수 있을 것 같습니다. 쌍용차 투쟁은 먹튀자본 대응에 중요한 시사점을 제공합니다. 지금도 이 문제가 반복되고 있는데요. 먹튀자본과 관련해서 법제도적인 대책을 마련해야 했다고 생각합니다. 저는 상급 조직이 해야 할 그 이상의 역할이 이런 부분이라고 봅니다.

다음으로, 노동조합이 좀 더 확대되어야 다양한 상상을 할 수 있고 목소리를 낼 수 있지 않을까 합니다. 대우조선 투쟁을 할 때 금속노조는 지역 경제와 조선기자재 문제까지 산업 전반을 아우르고자 했습니다. 경남에 조선기자재 관련 지회들이 조직되어 있어 투쟁 주체가 있어서 적극적으로 대응할 수 있었다고 생각합니다.

김승곤　　지금까지 대화를 들으면서 이런 생각이 들었습니다. 사실 저는 단위노조에서 워낙 오래 활동해서 노정대화와 같은 사고구조가 매우 낯섭니다. 이번 기회를 통해 다시 고민할 수 있는 계기가 되었고요. 결국 우리가 하고자 하는 말은 노동조합에 거시적인 시야가 필요하다는 얘기라고 봅니다. 사측의 미시적인 대응이 거시적인 혼란을 불러오기에 정부가 있는 것일 테고, 그런 면에서 정부와의 대화가 중요하다고 생각하게 됩니다. 그런데 기존에 우리가 가진 관념은 그렇지 않았습니다. 정부는 자본가의 위원회에 불과하다고 마르크스가 얘기해서 더 그런지 모르겠습니다만, 총연맹 차원에서 정부와 대화하는 것에 상당한 거부감을 가지고 있습니다.

한국의 상황이 참 불행하다는 생각이 드는 대목입니다만, 사실 노총과 대화할 준비가 되어있었던 정부도 없었고, 우리 역시 그런 대화를 할 만큼 우리 안에서 합의를 만들어 갈 준비도 안 돼 있는 것 같습니다. 결과적으로 노조가 내셔널센터로 기능하지 못하고, 미시적으로 사측만 이득을 축적하는 와중에 노동자 간 격차가 극심하게 벌어지고 있습니다. 현재 국민의 상대적 박탈감이 높고 급기야 출산율도 OECD 꼴찌인 위기 상황 아닙니까? 만약에 우리가 이런 문제를 해결해 보자고 제안했을 때, 그런 대화를 책임지고 해나갈 상대방도 없고 우리 역시 준비가 안 돼 있다는 생각이 듭니다.

그런 면에서 먹튀자본 문제도 비슷한 것 같아요. 먹튀자본이라는 건 개별 자본 수준에서는 문제가 없을 수 있습니다. 쌍용자동차가 무너지는데 현대차는 문제가 없단 말입니다. 오히려 같은 업계에서는 '한계기업이 잘 퇴출 당했구나' 하고 말겠죠. 이런 문제를 정부와 사회적 대화를 통해 해결하려면 우리가 숙고할 수밖에 없을 것 같은데, 정부든

노총이든 먹튀자본 문제로 발생하는 급격한 혼란을 최소화할 논의를 할 수 있는 상태인지 의문이 듭니다.

아까 지역 차원의 고용 정책이 무망하다는 얘기가 인상 깊었습니다. 예를 들어 쌍용자동차에서 해고되었을 때 주변 공단에서 일해도 크게 문제없는 상황이면 좋겠는데, 아시겠지만 현실에서는 말도 안 되는 얘기죠. 쌍용자동차에서 해고되는 건 곧 낭떠러지로 떨어지는 것과 같이 느껴질 것입니다. 막말로 대기업 다니던 사람이 조그만 하청 공장에 가서 일해야 하는 상황을 감수하는 게 상상이 잘 안되잖아요. 노동자 간 격차가 커진 여파로 정리해고에 대해 격하게 반대할 수밖에 없는 지금의 구조를 해결해 가는 데 있어 우리의 역할도 중요하지만, 정부와 협의하여 실마리를 찾는 것 또한 매우 중요하겠습니다.

박준형 노사정 사회적 대화를 평가할 때, 말씀하신 것처럼 정부의 한계는 물론 비판해야 하겠지만 노사 각 주체가 문제가 없었는가 하면 그것도 아닙니다. 사회적 합의가 제대로 안 되는 이유가 정부의 태도 때문만은 아닐 것입니다.

노동운동 안에는, 노사정 협상이라면 정부를 압박해서 사측을 굴복시켜 요구안을 관철해야 한다는 관념이 강합니다. 그런 구도를 통해 요구안을 실현하지 못하면 협상이 실패한 것이라고 간주하는 것이죠. 그런데 현실이 그렇게 전개되기는 어렵다 보니 노사정 협상 자체에 대한 회의도 커지게 됩니다.

이러한 입장의 배경에는 재벌, 수출 대기업은 항상 지불 여력이 있으므로 그들을 압박해서 요구를 관철하면 된다는 생각이 있습니다. 그러나 최근의 쟁점만 봐도, 재벌 대기업이 양보하도록 압박한다고만 해서 합의가 이루어지기 어려운 것이 많습니다. 중소영세기업이나 자영업자도 이해관계자가 됩니다. 의제 측면에서도 인구문제 해결과 같이, 제로섬 게임이 아닌 쟁점도 있습니다. 그래서 노사정 협상에서 노의 상대로 더 중요한 것은 오히려 사라고 말할 수도 있습니다. '사회적 합의'라고 하면서 정부가 노의 손을 들어, 사는 동의하지 않는 상황에서 압박하여 제도를 바꾸는 일은 현실에서는 일어나기 어렵습니다. 노사정 사회적 대화를 투쟁을 통해 일방의 요구를 관철하는 장으로 볼 경우 '사회적 합의'는 힘들 수밖에 없을 것이라는 점에서 어려움이 있습니다. 결국 어떤 이유에서든 재벌에서 자영업자까지, 사도 동의할 수 있는 의제에 대해, 동의되는 어떤 수준으로 합의가 필요할 수밖에 없고, 그래야 지속적으로 작동할 수 있는 '사회적 합의'라는 것이 될 수 있을 것입니다. 이런 점을 무시했기 때문에 역사적으로 한국에서 사회적 합의가 번번이 이루어지지 못하고, 노조의 대응도 실패했던 것이겠죠.

이미지　　　노동 의제 연구 역량이 줄어드는 문제도 있는 것 같습니다. 은퇴하고 광주광역시 광산구 사회협력팀으로 간 기아차의 한 간부에게 얘기를 들었습니다. 지역 고용 실태를 조사하면서 1, 2차 하청을 넘어 3, 4차 하청의 상황을 보게 되었는데, 옛날에 함께 일하던 동료가 중간 착취자가 돼서 2~3명 되는 작은 공장을 하청 받아 운영하는 일이 많다는 겁니다. 그런데, 지역 차원에서 이중구조 문제가 이렇게 드러나는구나 싶어 이 부분에 관해 조사하고 연구 용역을 맡기려고 해도 노동 관련한 연구 인력이 없다고 합니다. 정책이나 사업으로 추진하려면 연구 용역을 맡겨서 근거를 가지고 노동부에 예산을 요청해야 하는데 그 작업도 못 하고 있다는 거죠. 대화의 파트너인 정부의 문제뿐만 아니라, 연구 집단 등 총체적인 문제가 있어 보입니다.

2) 야권연대와 진보정당 운동의 퇴조

한건희   소위 '전민항쟁' 노선을 고집하던 민족해방파가 민주노동당에 본격적으로 개입하게 된 맥락이 궁금합니다. 민주노동당에 참여한 민족해방파의 문제의식은 무엇이었으며, 그들은 민주노동당의 노선 결정에 어떤 영향을 미쳤을까요?

박준형   말씀하신 것처럼 민족해방파가 원래 정당 지향은 아니었죠. 조국통일범민족연합(범민련) 사무총장이었던 민경우 씨가 전향한 이후 쓴 책을 참고해보면, '군자산의 약속' 전까지 민노당에 결합한 민족해방파 활동가는 별로 없었습니다. 크게 민족해방파를 민주주의민족통일전국연합(전국연합), 범민련, 한국대학총학생회연합(한총련)에서 지금의 민중민주당을 결성한 세력으로 나눠볼 때, 군자산의 약속 이후 전국연합 쪽 활동가가 민노당으로 대거 들어오게 됩니다.

알려진 바에 따르면 군자산의 약속은 사실상 북한의 지도로 남한의 민족해방파가 노선을 전환한 것으로 볼 수 있습니다. 전국연합의 주력이 전선 운동을 중심으로 하는 전선체에서 합법 정당 노선으로 전환한 것이죠. 문제는 민족해방파가 노동시장이나 사회 정치적인 문제에 대해 어떤 정립된 노선을 가지고 있다고 보기 어렵다는 점입니다. 민노당의 정책은 대부분 과거 진정추를 중심으로 하는 그룹이나 정책보좌관을 중심으로 생산되었습니다. 민족해방파는 다른 문제에 특정한 정책적 입장이 있다기보다 북한 문제 관련해서만 입장이 있었다고 할 수 있습니다. 지금도 뚜렷하게 정립된 입장이 있기보다 잡다한 인민주의적 입장을 수용하고 있는 것으로 보입니다.

따라서, 북한 문제에 대해 민노당 내 민족해방파가 자신들의 입장을 분명히 내기 전까지 당내에 쟁점이 있던 상황이 아니었습니다. 결국 2000년대 중반부터 북한 쟁점이 터지고 분당까지 이어졌다고 할 수 있어서, 민족해방파가 민주노동당의 노선에 어떤 영향을 끼쳤다기보다는 민주노동당이 분당하는 데 큰 계기가 되었다고 할 수 있겠습니다.

지금도 전국회의나 진보당이 어떤 노선을 결정하는 데 있어서 북한의 입장이 계속 고려되는 게 가장 큰 문제라고 봅니다. 북한 정부의 입장이 남한 노동자한테 유리한 것은 아닐 수 있거든요. 진보당은 남한 노동자계급에 도움이 된다고 여겨서 윤석열 정부 탄핵 투쟁을 하는 게 아니라, 정부의 대북 정책을 바꾸기 위해 투쟁하는 것처럼 보입니다. 그런 입장을 가진 사람들이 민주노총까지 주도하고 있기에, 어떻게 보면 민주노총 집행부가 노동시장 정책에 관심이 없는 것이 당연하다는 생각도 듭니다.

한건희 민족해방파가 단독으로 집권한 양경수 집행부가 출범하기 전까지는, 전국연합이 대략 국민파의 입장에서 움직였지 민주노총의 노선에 크게 영향을 미치지는 않았다고 볼 수 있겠죠?

박준형 그렇죠. 그때는 그럴 수 있었던 것이 어차피 국민파도 민주당 정부하고 잘 해보자는 입장이었기에 여기에 힘을 싣는 게 북한에도 유리했으니까요. 정권이 넘어간 다음에 퇴진 투쟁을 하는 것을 보면 일관된 행동 기준이 있다고 할 수도 있겠습니다.

한건희 김대중 정부 시기에는 신자유주의에 가까운 성향을 지니던 민주당이, 이후 본격적으로 전국대학생대표자협의회(전대협), 한총련 출신을 수혈하는 과정에서 민주진보 이데올로기나 인민주의 정책을 함께 수용한 것처럼 보입니다. 민주노총이 민주당의 야권연대에 동참하기 시작한 시점을 2008년 광우병촛불로 잡을 수 있을까요? 그 전에 이미 운동권이 주도하는 민주노총 내부에 인민주의적 맹아가 있지 않았을까요? 어떻게 보면 민주노총이 민주당에 침식당한 게 아니라 그 반대의 서사로도 이해할 수 있겠다는 생각이 듭니다.

이아림 글에서도 민주당과 민주노총의 세대 연관성, 즉 586 네트워크에 대해서 언급했는데, 그런 부분에 대해서 추가 설명해달라는 의미로 보입니다.

박준형 노무현 정부까지만 해도 386 정치인이 후배 세대 격이었다면, 2010년대가 되어 이들이 나이도 먹고 민주당의 중심이 되면서 당의 성격이 바뀌었다고 볼 수 있습니다. 전대협 의장이었던 임종석이 문재인 정부 때 청와대 비서실장을 역임한 것이 상징적인 일이죠. 2008년 광우병 촛불, 특히 노무현 대통령의 사망을 계기로 해서 운동권, 그리고 민주노총이 반정부 투쟁을 매개로 민주당과 더 긴밀하게 활동하게 되었던 것 같습니다.

과거만 하더라도 민주노총과 민주당 사이에 거리가 꽤 있었는데, 2010년대가 되면서 자연스레 젊은 시절 같은 경험을 한 세대가 두 집단을 주도하면서 공감대가 넓어졌습니다. 과정상으로는 야권연대가 있었지만, 그걸 넘어서 일종의 586 이데올로기를 공유하는 인적 구성의 수렴이라는 측면이 중요하고 그래서 제대로 거리를 갖기도 어려운 상태라는 생각이 듭니다.

이아림 예전에 이 세대가 공유하는 핵심 이데올로기가 무엇이냐 했을 때, 결국 경제정책이나 정치사상의 측면보다도, 반보수, 반일이라는 반테제밖에 없는 것이 아닌지 하는 생각을 했습니다. 사실 정책적인 부분에서는 여야가 수렴하는 부분도 꽤 있었으니까요. 그런데 최근에 문득 정테제가 있었다는 점을 깨달았는데, 바로 북한 문제입니다.

최근 우상호가 낸 민주당사 회고록에서도 민주당의 핵심강령은 '한반도 평화'라고 말했는데, 결국 북한을 대화 파트너로 인정하기 위해 북한의 요구를 최대한 수용해야 하고 이를 발판으로 통일을 이루어야 한다는 구상이 이 세대가 공유하는 핵심 이데올로기라고 생각합니다. 그 전제를 버리지 않는 한, 핵 개발 이후 남한을 협박하고 있는 북한 정권조차 결과적으로는 비호를 하게 되는 것이죠.

박준형 민주노총은 노동조합으로서 노동자계급을 대변하는 독자적인 입장을 가지고, 이를 중심으로 사회와 체제를 바꿔 나가려는 구상이 있어야 합니다. 그런데 지금은 민주당과 민주노총을 주도하는 세대의 공통적인 경험과 입장이 민주노총을 압도하고 있어서, 독자적인 노동자 조직으로서의 기능부전에 빠진 상황이 아닌가 싶습니다.

5. 87년 이후 노동자운동은 변화할 수 있는가

이아림 지금까지 87년 이후 30년이 넘는 민주노조 운동의 역사를 시기별 정세와 주체의 대응이라는 관점에서 평가를 해보았습니다. 필자가 마지막 글에서 실패를 반복하지 않으려면 앞으로 노동운동은 어떻게 달라져야 할지, 변화의 계기는 무엇이 되어야 할지 화두를 던져주셨는데요. 얘기를 나눠봅시다.

서선주 2000년대를 특징지은 주요 노동문제가 노동유연화와 불평등 심화였고, 거기에 대응했던 비정규직 투쟁이 주요한 투쟁이었다면, 지금 정세에서의 주요 문제와 투쟁은 뭐라고 할 수 있을지 얘기해보고 싶습니다.

박준형　　꼭 취지에 맞는 얘기인지 모르겠지만, 최근 영국이 인종주의 폭동 때문에 난리입니다. 브렉시트라는 인민주의적 정책 때문에 1인당 국민소득이 줄고 있을 정도로 영국 경제가 붕괴했는데, 대중은 이 고달픈 현실을 이민자 탓으로 돌립니다. 처음에 브렉시트를 하려고 했던 사람들이 이런 결과를 원했던 것은 아닐 거예요. 사실 브렉시트를 주장했던 좌파도 많았습니다. 활동가의 행동이 어떤 결과를 낳게 되는지, 또 특히 그 결과에 따라서 대중이 어떻게 행동할 것인가는 우리 의도대로 되는 문제가 아니라는 거죠.

　　노동운동사를 보더라도 마찬가지입니다. 노동운동이 어떤 실천을 통해 노동시장을 바꾸려고 투쟁해서 뭔가 변화가 일어났는데, 애초 의도와 같이 작동하지 않고 있습니다. 예를 들어 1990년대에 대기업 노조가 열심히 투쟁해서 고용을 방어했는데, 결과적으로는 노동시장이 이중화가 되었죠. 노동운동가들은 정규직 노조가 자기 일자리를 지켰으니 이제 비정규직을 위해서 행동했으면 하고 기대했지만, 현실은 그렇지 않았습니다. 앞으로도 투쟁의 결과가 우리가 의도한 대로 이어지지 않을 수 있다는 점을 깊이 생각해 보는 게 필요할 것 같습니다.

　　아무래도 지금 정세에서 중요한 문제는 인구감소 문제, 기후위기, 경제위기, 자동화 등일 텐데요. 이에 대해 노동운동이 장기적으로 대응하는 정책을 만들어야 하는데 잘되지 않는 게 현실입니다. 아까 쌍용차에서 해고되면 하청에서 일을 할 수 있느냐는 문제를 얘기했는데, 기후위기만 생각하더라도 화력발전소 노동자가 지역의 다른 일자리로 이동할 수 있는지 하는 쟁점이 있습니다. 대책 마련을 위한 노사민정 기구에 노조가 참여할지에 관한 논란도 있습니다. 지금까지 노동운동 입장에서는 이런 문제에 관한 해결 방안을 알지 못합니다. 기업별로 고용을

"기후위기나 자동화 문제에 기업별로 대응해서 일자리를 유지할 수 있는 이도 있지만, 대다수는 기업별 대안이 통하지 않습니다. 그렇다면 전략의 전환이 필요한데, 노조가 좋은 일자리의 사업장 위주로 조직돼 있다 보니까 기득권을 포기한다는 게 너무나 어려운 것이 현실입니다."

박준형 공공운수노조 교육국장

지키는 것 외에는 경험이 짧습니다.

기후위기나 자동화 문제에 기업별로 대응해서 일자리를 유지할 수 있는 이도 있지만, 대다수는 기업별 대안이 통하지 않습니다. 그렇다면 전략의 전환이 필요한데, 노조가 좋은 일자리의 사업장 위주로 조직돼 있다 보니까 기득권을 포기한다는 게 너무나 어려운 것이 현실입니다. 이 점이야말로 민주노총이 당면한 핵심 문제인 것 같습니다. 어떤 투쟁이든, 민주노총이 기업별 구조를 극복할 수 있느냐는 쟁점 말입니다. 그래서 새롭게 조직되는 영역에서 초기업적 노사관계를 만들자는 구상에 많은 사람이 주목하고 있는 것 같습니다.

김승곤 초기업 교섭의 사례로 얘기한 건설노조를 가까이서 지켜봤는데요. 사실 건설 산업 자체가 자연스럽게 산별로 구조화되어 있습니다. 개별기업에 고용된 노동자라는 인식보다, 해당 산업에 고용된 노동자라는 사실을 노동자도 사측도 상호가 인지하고 있습니다. 따라서 노사관계가 빠르게 산별로 수렴될 수 있었습니다. 그런데, 안타까운 지점은 산별노조를 지향하는 이념적 근거가 좀 취약하다는 문제가 있습니다. 물론 임금과 노동조건에서 전국적인 노동 표준을 만들겠다는 취지의 활동가가 있었고 이들을 주축으로 산별노조 건설을 추진한 것은 사실이지만, 그 의미가 조직 전반에 안착하지 못한 게 현실입니다.

그러다 최근에 중앙교섭이 삐걱거리게 되었습니다. 사측 입장에서 산별교섭을 유지할 유인이 자꾸 감소하고 있습니다. 왜냐하면 아예 조합원 고용을 회피함으로써 노동 비용을 줄이는 게 더 낫겠다고 판단한 것입니다. 이런 상황에서 점차 노조가 강제해서 산별교섭 체결을 끌고 왔던 상황이었고, 결국 사측은 자신의 고유한 권한인 인사권을 침해한다며 정부에 개입을 요청하게 됩니다.

만약 건설노조가 산별교섭을 다시 수립하게 된다면, 보편적인 요구로서 건설업체의 고유한 문제, 즉 국내에 기능공이 제때 공급이 안 되는 문제를 다뤄야 한다고 봅니다. 이건 노사 간에 공동의 이해가 걸려 있는 부분이거든요. 그다음에 건설 안전을 확보하는 문제도 노사가 같이 합의할 부분이 있습니다. 건설노조는 이런 방향을 고민하는 와중에 너무 빠르게 공안 탄압을 받아버려서 어려움을 겪는 상황입니다.

건설노조와는 조금 성격이 다른 플랜트 노조는 지역에서 초기업 교섭을 무려 30년 전에 시작했습니다. 1989년부터 포항에서 지역의 노동 표준을 확립하고 그 역사를 30년 동안 이어오면서 조금씩 확대해 왔습니다. 그런데 역설적으로, 건설노조와 같은 전국 단협을 아직 완성하지 못했습니다. 공고하게 자리 잡은 지역에서의 이해관계를 지양하고 전국적 질서를 창출하는 데 실패한 것입니다. 따라서 단순히 집단교섭이나 초기업 교섭이라는 교섭 형태의 완성만은 능사가 아닐 것이고, 그

것을 왜 하는지가 더 중요할 것 같습니다. 그 이유를 조합원까지 설득해 내고 그 목표에 적합한 의제를 개발할 수 있는지가 관건이라 생각합니다.

이미지 조합원이나 노동운동이 장기적 관점을 갖고 대안적 대표성을 갖추는 것은 특정한 노조 내외의 제도나 슬로건의 형식적 완성보다는 각 정세 속에서 수많은 의식적 노력을 통해 형성된다고 생각합니다. 그러한 면에서 조합원 스스로가 장기적이고 거시적으로 자신의 일터와 노동운동에 대하여 판단하는 것을 지향할 수 있는 구체적인 투쟁 의제가 국면마다 필요할 것 같습니다.

예컨대, 노동시장 이중구조는 노동운동이 오랫동안 분석해왔던 것이기도 한데요. 이에 대한 정부의 공격과 전취에 노조가 방어적인 슬로건을 형성하는 것보다 더 중요하고 시급한 것은 조합원이 진심으로 노동시장 이중구조 문제가 심각하다고 여기고 해결을 요구할 구체적인 지점을 산별마다 발굴해 내는 것입니다. 그리고 그 해결 과정에서 조합원의 너른 합의와 연대투쟁, 교섭에 대한 토론을 조직하고 성과를 교육에 반영하고요.

이런 방식이어야 목표에 따른 투쟁의 결과가 현장에는 의도했던 것과 다르게 귀결되는 괴리를 조금이라도 줄이고 장기적 관점을 꾀할 수 있지 않을까 합니다.

서선주 글의 말미에 '앞으로는 노동조합 운동과 정당운동을 넘나드는 활동가가 (복수의) 진보정당과 연대하는 방식을 취하는 것이 나을 것'이며 '반드시 정당 지향 운동이라는 의미만은 아닌 새로운 형태의 정치적 노동자운동의 복원과 문제 제기가 필요한 시기'라고 했는데, 구체적으로 무엇을 의미하신 건가요?

"단순히 집단교섭이나 초기업 교섭이라는 교섭 형태의 완성만은 능사가 아닐 것이고 그것을 왜 하는지, 즉 산별노조를 지향하는 이념적 근거가 더 중요할 것 같습니다. 그 이유를 조합원까지 설득해 내고 그 목표에 적합한 의제를 개발할 수 있는지가 관건이라 생각합니다."

김승곤
플랜트노조 경인지부 수석부지부장

박준형 사실 정치적인 운동을 하려면 정당을 만드는 게 제일 맞긴 하죠. 그러나 한국의 분열된 진보정당 모습을 봤을 때, 이들이 노동운동의 방향을 제대로 주도할 수 있다고 보기 어려운 상황입니다. 그렇다고 노동운동이 좋은 조건이냐, 물론 그것도 아닙니다. 그렇지만 어떤 정당을 구심으로 하여 활동할 수 있는 조건이 아닌 상황에서 정치적 노동자운동의 복원을 위해 정당운동가, 사회운동가 혹은 노동운동가 모두 각각의 역할을 할 필요가 있다는 건데요. 우리가 노동조합에 있으니까, 노동조합에서 무엇을 할 거냐를 좀 더 생각해 보자는 얘깁니다.

노동조합 운동에서 정치적 전망을 만든다고 했을 때, 전노운협이 주장했던 노동조합에서 정치의식을 고양하는 활동 방식에 대해 당시에 옳았냐, 그르냐를 떠나서 오히려 다시금 평가해 볼 수 있겠다고 생각합니다. 노동조합을 정치적으로 고양하려면, 노조가 노동자계급을 대변할 수 있어야 하겠고 그런 측면에서 노동자계급의 단결을 지향하는 노선적, 정책적 변화가 필요할 것입니다.

또한, 노동운동이 노동자의 특수한 이해만 대변하는 것이 아니라면, 결국 국민경제 전체를 봐야 할 텐데요. 예를 들어, 스웨덴노총은 대의원대회에서 고용률, 실업률, 임금 수준 등 거시경제 지표와 연계해서 정부에 형평성을 달성하기 위한 요구를 제시합니다. 물론 사민당이 있는 스웨덴보다 훨씬 어렵겠지만, 민주노총이라도 경제사회 구조와 노동시장의 변화에 대한 거시적 입장을 가지고 요구하는 게 필요합니다. 또 거시적 수준에서의 대안이 나온다고 했을 때 각각의 현장에서의 판단도 구체화할 수가 있겠죠. 지금은 어디에도 의존할 수 없기에 노동운동이 스스로 해야 하는 상황이죠. 사회운동노조라고 했을 때도 이런 측면으로 접근해야 기업별 경제적 노조주의를 상대화하는 운동을 만들어볼 수 있지 않겠냐는 얘기입니다.

안민지 이념 지향적인 노동조합 운동을 지향하자는 말은 예전부터 이야기해 온 당연한 얘기처럼 들리는데요. 지금에 와서는 조금 앙상하다는 생각이 있습니다. 또한, 정당 지향 운동을 상대화하는 것은 아닌지 고민이 듭니다. 사회진보연대가 내왔던 선거 관련 방침은 왜소한 것이 사실입니다. 좀 더 풍성하게 정치세력화와 관련된 입장을 세운다면 어떤 게 나올 수 있을지 궁금합니다. 정치세력화 관련해서 현실에 접점을 마련할 수 있는 교두보, 혹은 당장은 실현할 수 없더라도 이념 지향적 노동조합 운동의 구현 형태가 무엇이 되어야 하는지 토론해 보고 싶습니다. 또한, 최근 위성정당 문제를 겪으며 갈등이 심해져 정치세력화 논의를 노조 내부에서 할 수 없을 것 같다는 우려가 있습니다.

박준형 그래서 아예 상대화하는 게 낫겠다고 생각합니다. 정치세력화 운동을 하는 궁극적인 목표는 노동조합뿐만 아니라 전체 노동자계급을 단결하려고 하는 것인데, 지금은 이것이 오히려 노동조합을 분열하고 있습니다. 그렇기에 특정 정당을 지지하는 건 무망하다고 봅니다. 심지어는 논란이 될 수 있겠지만, 진보당 반대 운동을 하는 것도 어떤 측면에서는 무망하다고 생각합니다. 정당과의 관계는 각자 잘 하시라고 하고, 노동조합은 노동자의 단결을 위해 무엇을 할 것인가를 사고하는 일이 차라리 현실적이라고 생각합니다. 정당이 자기들끼리 싸우느라고 못하고 있는 거시적인 얘기에 노동조합이 주력하는 게 낫지 않을까요? 그래도 민주노총은 분열된 상황은 아니니 말입니다.

이미지 노동조합에서 '사회운동'과 '노조의 사회운동 참여'에 대해 다양한 사람의 견해를 접하게 되는데요. 방향성은 각기 다르더라도 정당 활동이나 지역투쟁 연대 등 당사자의 일터를 벗어난 활동에 열심히 참여하는 것을 일컫는 것처럼 보이기도 합니다. '노조의 사회운동 참여'를 막연한 긍정 속에서 다양하게 해석하다보니 '사회운동노조주의'의 개념 또한 정착되지 못한 것으로 보입니다. 사회운동노조주의가 여전히 유효하다면 그 의미는 무엇이 되어야 할까요.

이아림 사회운동노조가 큰 틀의 이념적 방향성을 지칭하는 것이라면, 결국은 정세에 따라 그 내용을 구체화하는 과정이 중요하다고 이해할 수 있을 것 같습니다.

박준형 아까 일어날 일은 일어나고, 또한 무슨 일이 일어날지 알고 있더라도, 우리가 뭔가를 해야 한다고 얘기했었는데요. 무척 어렵지만 할 수 있는 바를 계속 찾아가야 합니다.

아까 한사노당의 예를 들었는데요, 그분들이 여러 문제가 있었지만 그래도 당시 정세의 변화를 이해하고 전환을 시도한 점만은 의미가 있었다고 할 수 있습니다. 오히려 지금의 진보정당이 정세 변화에 뒤처지고 있다고 할 수 있습니다. 국제 정세가 변화하는 과정에 대해 진보당은 물론이거니와 정의당도 따라가지 못하는 것처럼 보이고, 경제, 정치 개혁 문제에서 인민주의 정당과 친화성을 보이기도 합니다. 따라서 현재의 진보정당을 중심으로 정치적 노동자운동, 혹은 노동조합의 사회운동 성격 강화를 추구하기에는 무망해 보입니다. 그런데 이런 정치적 노동자운동이 붕괴했다는 것은 그만큼 정세적으로 민감하게 판단할 수 있는 주체가 붕괴했다는 얘기이기도 하거든요. 이러한 주체적 상황을 명확히 인식하면서, 앞으로 노동운동의 새로운 방향을 활동가들과 토론할 필요가 있지 않을까 합니다.

* * *

이아림   결론에 제시한 내용에 대해 오랜 시간 이야기를 나눠 보았는데요, 이렇게 대화를 나누니 그 의미가 더욱 분명해지는 것 같습니다. 이제 마지막 발언을 듣고 좌담을 마무리하겠습니다.

안민지   노동운동사를 보면서 바로 지금이 노동시장 이중구조 문제에 대해 집중적으로 대안을 모색해야 할 때라는 생각이 결론 격으로 들었습니다. 그러기 위해선 전체 노동시장을 대변할 수 있는 역할로서 총연맹의 기능이 회복되고 강화되는 것이 중요합니다. 그리고 산별노조는 제도적 보완이나 새로운 시도에 대해 실제로 연구도 많이 하고 현실적으로 부딪혀가면서 진전시켜야 한다고 봅니다. 저는 지금까지 만들어진 산별노조가 굉장히 역사적 의미가 있다고 생각하는데, 그 역시도 여러 시도를 통해 만들어왔던 것이지 처음부터 완벽히 이상적인 무언가를 설계한 것은 아니기 때문입니다.

특히 정치세력화와 관련해서, 이것이 사실 답이 있는 영역은 아니지만 그만큼 우리가 여러 가지 형태를 많이 시도해 보지 못했다, 그러한 과정이 부족했다는 생각이 듭니다. 그 과정에서 지금보다 훨씬 더 많은 토론을 해야 한다고 생각하고요. 또한, 저도 정치세력화, 정치적 노동자운동과 관련해서는 노동자가 단결되는 것을 주요 원칙으로 삼아야 한다고 생각합니다. 노동운동 역사에서 그 지점이 가장 큰 시사점이 아닐까 합니다.

김승곤 우리가 이념 지향적인 노동조합 운동을 하자는 얘기를 오랫동안 해오고 있지 않습니까. 정당이 아니라 노동조합을 통해서, 생산 대중이 스스로 생산을 통제하고 나아가 공동체를 통제할 수 있는 방향을 우리가 지향하자고 한 것 같습니다. 폭동이 일어나는 게 혁명이 아니고, 노동자가 보편적 계급이 되어가는 과정이 혁명이란 것이 우리의 달라진 혁명론이라고 이해하고 있습니다.

그렇다면 현재 노동조합에서 우리가 할 일은 무엇인지 고민이 듭니다. 노동조합 상황이 엄혹하다고 해서 뛰쳐나갈 것이 아니라면 말입니다. 사회운동노조주의가 원칙적 수준에서 문제가 있는지, 아니면 정세적이고 현실적인 이유로 어려운 것인지, 이것을 어느 수준에서 평가할 것인지 이런 쟁점이 조직 안에 있는 것 아닌지 하는 생각도 듭니다. 우리가 사회운동노조를 이야기해 온 지가 어느덧 20년 가까이 되고 있습니다. 차후에 이런 노선적 논의를 할 기회가 있으면 좋겠습니다.

이미지 연구 집단이든 정당 활동가든 그리고 지식인이든, 한때 혁명에 대해 많이 고민했던, 사회 변혁을 위해서 살았던 사람들의 한 순환이 자연스럽게 생애 주기에 따라서 마감된 것 같습니다. 순환의 마감이라는 게 운동의 결과이기도 하겠지만 생애 주기의 마감일 수도 있다는 생각이 듭니다. 그다음 세대를 생산하지 못한 거죠.

　노동조합과 협력해 왔던 지식인 집단이 노쇠해 가는 과정과 함께, 노동조합도 따라서 노쇠해지고 앙상해지는 과정을 겪는 것 같습니다. 노동조합도 재생산에 어려움을 겪으면서 옛날의 관행이나 풍습을 유지하는 데 급급하기도 하고요. 함께 가라앉거나 고착화되는 것이 아니라 노동조합이 독립적으로 설 수 있는 새로운 계기를 풍부히 찾아야 할 텐데, 그 부분에 대한 역량 투여가 어디서부터 시작되어야 하는지 항상 숙고하고 있습니다. 노동조합에서 어느 부위가 그런 역할을 할 수 있을지, 그리고 거기에 협력할 수 있는 사람은 또 누가 되어야 하고 어떤 역량을 갖추어야 할지 생각해 보고 있습니다.

　이번 노동운동사 연재 글을 통해 큰 틀에서 과거의 운동사를 돌아보면서 몇 가지 추출 해낸 교훈이 있고 잘 구체화했다고 생각합니다. 이러한 문제의식을 느끼고 새로운 주체와 구조를 형성하는 것은 우리 일이라고 생각하는데, 그 지점에서는 또 다른 차원의 논의가 필요한 것이 아닌지 합니다.

　서선주　　아까 2000년대에는 비정규직 투쟁이 있었다면 지금 우리가 중요하게 다뤄야 하는 쟁점이나 투쟁이 뭐가 있을지 질문을 던진 이유는, 우리가 노동운동 평가의 결론으로서 얘기하는 사회운동노조주의의 중간 과제나 매개가 무엇일지 고민했기 때문입니다. 사회운동노조주의라는 말 자체를 지금의 노동운동 현실에 제기할 것이 아니라면, 지금 시대에 노동자운동의 보편적인 과제, 같이 싸워야 할 내용을 던지고 논의를 촉발하는 방식으로 민주노총을 견인해 가야 한다고 생각합니다.

　지금 민주노총에서 30년 위원회가 꾸려져서 조직 혁신이나 정치세력화와 관련한 논의를 하고 있습니다. 그런 계기를 우리가 활용해서 어떤 화두를 던져볼 수 있을지 숙고가 필요한 것 같습니다.

한건희 우리가 노조에서 노동운동사 교육을 하거나, 오래전부터 활동했던 주변 활동가와 얘기했을 때, 노동운동사를 다루는 전형적인 방식이 있는 것 같습니다. 일종의 이분법적 피해자 서사 같은 것인데요. 우리는 착한 편이고 대의를 가지고 잘 하고 있는데, 나쁜 놈들이 몰려와서 우리를 괴롭히고 그거에 대해서 장렬히 맞서 싸웠다. 성과를 내기도 했지만 조금씩 밀리기도 했고, 현재 존재하는 노동 문제는 우리가 밀린 지점에서 생긴 것이라는 평가 말입니다. 이렇게 외부의 나쁜 놈들에게 책임을 돌리는 서사가 주됩니다.

그런데, 우리나라의 노동시장은 말할 것도 없고 어떻게 보면 전반적인 경제, 사회에 있어서 민주노총도 하나의 참여자라는 점을 인정해야 합니다. 우리가 했던 선택이 의도치 않은 상황도 초래했고, 지금 우리가 놓인 문제적 상황에는 나쁜 놈들의 책임만 있는 것은 아니고, 노동운동의 책임도 있을 수 있다는 점을 이번 연재를 통해서 주되게 이야기하고자 했던 것 같습니다. 우리에게도 책임이 있다는 평가가 논란거리가 될 수 있음에도 말이죠.

지금 노동시장 이중구조나 비정규직 문제에 대해 답을 딱 내기는 굉장히 어려울 수 있고, 일단 우리가 지금 당장 할 수 있는 일은 현장에 있지 않을까 합니다. 최소한 어느 정도 책임 의식을 가지고 노동운동을 생각해 볼 수 있는 사람을 만들어낼 수 있으면 좋겠습니다.

박준형 사회진보연대에도 책임이 있는 점을 인정해야겠지요. 사실 역사가 진행되는 시점에서는 잘 알기 어렵고 나중에야 평가할 수 있긴 한데요, 문제는 나중에 가서도 평가를 안 하는 사람이 더 많은 것

"노동시장은 말할 것도 없고 전반적인 경제, 사회에 있어서 민주노총도 하나의 참여자라는 점을 인정해야 합니다. 우리가 했던 선택이 의도치 않은 상황을 초래했고, 지금 우리가 놓인 문제적 상황에는 나쁜 놈들의 책임만 있는 것은 아니고, 노동운동의 책임도 있을 수 있다는 점을 이번 연재를 통해서 주되게 이야기하고자 했던 것 같습니다."

한건희 금속노조 대전충북지부 조직국장

같습니다. 이번 연재의 본격적인 주제는 아니었지만, 나중에 필요하다고 생각하는 작업은, 노동운동사 속에 하나의 참여자였던 사회진보연대의 입장과 활동에 대한 평가입니다. 어떻게 보면 민중민주파 운동을 평가한다는 얘기가 될 수 있을 텐데요. 민중민주파 운동이 소련과 구 사회주의권이 붕괴한 다음에 지금까지 왜 이렇게 흘러왔는가에 대해서 우리 스스로 돌아보는 작업이 필요한 것 같습니다.

　노동자가 있으면 노동조합은 등장하는 것이고, 따라서 자본주의 사회에서는 노동운동이 필연적입니다. 그러나 이 필연적인 운동이 어떻게 나아갈 건지 정해진 방향은 없습니다. 올바른 방향으로도, 아닌 방향으로도 갈 수도 있겠죠. 그렇기에 지금 민주노총이 많은 한계를 가지고 있긴 하지만, 활동가가 과거를 잘 평가하고 앞으로의 방향을 책임 있게 논의해야 한다고 생각합니다.

　네덜란드의 화가 브뤼헐의 '장님의 우화'라는 그림이 있습니다. 눈먼

자가 눈먼 자를 인도하면 둘 다 구덩이에 빠진다는 마태복음(마15:14)의 말씀을 주제로 그린 것이죠. 민주노조 운동이 87년 이후 상당한 기간 거의 이런 상태에서, 마치 눈먼 자가 눈먼 자를 이끄는 것처럼 걸어왔다고도 생각할 수 있습니다. 그러나 다행히도 한국이 망하지 않아서 구덩이에 안 빠지고 올 수 있었다고 할 수 있겠죠. 그런데 앞으로 한국이 걸어갈 길에는 인민주의나 경제위기, 동북아 국제정세의 위기와 같은 구덩이가 도처에 있어서 걱정이 많습니다. 이제는 진짜로 눈먼 자가 이끌게 되면 구덩이에 빠질 수 있다는 위기의식을 가져야 할 때입니다. 정신을 차리고 살자는 심정으로 과거의 역사를 바라볼 수 있지 않으냐는 생각이 들었습니다.

이아림 사실 민주노조 운동의 초창기 시절 말고는 우리 노동운동의 모든 정세는 대부분 불황기였다고 할 수 있습니다. 그런데 3저 호황 이후 87년 노동자 대투쟁이 분출했던 시절 형성된 관념이 운동을 지배하는 상황이 계속되었습니다. 불황기에는 도대체 어떤 제약이 존재하고, 그렇다면 노동운동의 가장 중요한 과제는 무엇인지 이런 토론이 잘되지 않았던 후과가 크다고 생각했습니다. 큰 틀의 합의가 있어야 실마리가 풀려가지 않을까 합니다.

이번 노동운동사 연재가 노동운동이 구덩이에 빠지지 않게 경고하는 작업이라는 점과 함께, 사회진보연대의 용기를 보여주는 일이라 생각합니다. 사실 이번 연재 글을 세세하게 살펴보면 논쟁적이고 날카로운 평가가 많은데요. 운동사회 내에서 큰 논란이 안 된 것을 볼 때, 아직 많이들 보지 못한 것 같다는 생각도 듭니다. 이번 좌담을 계기로 다시금 읽혀서 토론이 촉발되길 기대해 보겠습니다. 긴 시간 다들 고생 많으셨습니다. ●

투쟁의 역사, 성찰의 기록

한국 노동운동사 1987~2025

초판 1쇄 인쇄 | 2025년 10월 20일
초판 1쇄 발행 | 2025년 10월 25일

지은이 | 박준형

발행인 | 정경섭
펴낸곳 | 벽너머
출판등록 | 2021.8.10.(제25100-2021-000065호)
주소 | 서울시 구로구 구로중앙로 19길 28, 3층
전화 | 02-780-1522
이메일 | jjkpssp@gmail.com

ISBN | 979-11-976296-2-4 03300
값 | 30,000원